F. Dormann | J. Klauber | R. Kuhlen (Hrsg.)

Qualitätsmonitor 2019

D1662848

Medizinisch Wissenschaftliche Verlagsgesellschaft

F. Dormann | J. Klauber | R. Kuhlen (Hrsg.)

Qualitätsmonitor 2019

mit Beiträgen von

M. Amon | A. Bieber | S. Blankenberg | D. Drogan | C. Fahlenbrach | V. Falk
P. Follert | A. Geissler | C. Günster | M. Heidinger | L. Heinrich | I. Köster-Steinebach
D. Küster | J. Malzahn | T. Mansky | U. Nimptsch | K. Polin | B. Poppinga
U.K. Preusker | C. Pross | M. Rüdiger | J. Schmitt | M. Schömann | H. Schuster
S. Türk | K. Vetter | J. Vogel | F. Walther

Medizinisch Wissenschaftliche Verlagsgesellschaft

Die Herausgeber

Dr. Franz Dormann
Gesundheitsstadt Berlin e.V.
Schützenstraße 6a
10117 Berlin

Jürgen Klauber
Wissenschaftliches Institut der AOK (WIdO)
Rosenthaler Straße 31
10178 Berlin

Prof. Dr. Ralf Kuhlen
IQM Initiative Qualitätsmedizin e.V.
Alt-Moabit 104
10559 Berlin

MWV Medizinisch Wissenschaftliche Verlagsgesellschaft mbH & Co. KG
Unterbaumstr. 4
10117 Berlin
www.mwv-berlin.de

ISBN 978-3-95466-403-0

Bibliografische Information der Deutschen Nationalbibliothek
Die Deutsche Nationalbibliothek verzeichnet diese Publikation in der Deutschen Nationalbibliografie;
detaillierte bibliografische Informationen sind im Internet über http://dnb.d-nb.de abrufbar.

Produkt-/Projektmanagement: Susann Weber, Berlin
Lektorat: Monika Laut-Zimmermann, Berlin
Layout & Satz: zweiband.media, Agentur für Mediengestaltung und -produktion GmbH, Berlin
Druck: druckhaus köthen GmbH & Co. KG, Köthen

Zuschriften und Kritik an:
MWV Medizinisch Wissenschaftliche Verlagsgesellschaft mbH & Co. KG, Unterbaumstr. 4, 10117 Berlin, lektorat@mwv-berlin.de

Die Autorinnen und Autoren

Margarita Amon, M.Sc.
Bundesministerium für Arbeit, Soziales, Gesundheit
und Konsumentenschutz
Abteilung VIII/B/8
Qualität im Gesundheitssystem,
Gesundheitssystemforschung
Radetzkystraße 2
1030 Wien
Österreich

Anja Bieber, M.Sc.
Technische Universität Dresden
Medizinische Fakultät Carl Gustav Carus
Zentrum für evidenzbasierte Gesundheitsversorgung
(ZEGV)
Fetscherstraße 74
01307 Dresden

Univ.-Prof. Dr. med. Stefan Blankenberg
Universitäres Herzzentrum Hamburg GmbH (UHZ)
Klinik und Poliklinik für Allgemeine und
Interventionelle Kardiologie
Martinistraße 52
20251 Hamburg

Dr. P.H. Dagmar Drogan
Wissenschaftliches Institut der AOK (WIdO)
Rosenthaler Straße 31
10178 Berlin

Claus Fahlenbrach, MPH
AOK-Bundesverband
Abteilung Stationäre Versorgung, Rehabilitation
Rosenthaler Straße 31
10178 Berlin

Prof. Dr. med. Volkmar Falk
Deutsches Herzzentrum Berlin
Stiftung des bürgerlichen Rechts
Klinik für Herz-, Thorax- und Gefäßchirurgie
Augustenburger Platz 1
13353 Berlin

Dipl.-Psych. Peter Follert, MBA
GKV-Spitzenverband
Abteilung Medizin
Reinhardtstraße 28
10117 Berlin

PD Dr. Alexander Geissler
Technische Universität Berlin
Fachgebiet Management im Gesundheitswesen
Straße des 17. Juni 135
10623 Berlin

Dipl.-Math. Christian Günster
Wissenschaftliches Institut der AOK (WIdO)
Rosenthaler Straße 31
10178 Berlin

Martin Heidinger
Bundesministerium für Arbeit, Soziales, Gesundheit
und Konsumentenschutz
Abteilung VIII/B/8
Qualität im Gesundheitswesen,
Gesundheitssystemforschung
Radetzkystraße 2
1030 Wien
Österreich

Dipl.-Biomathematikerin (FH) Luise Heinrich
Technische Universität Dresden
Medizinische Fakultät Carl Gustav Carus
Zentrum für evidenzbasierte Gesundheitsversorgung
(ZEGV)
Fetscherstraße 74
01307 Dresden

Dr. rer. pol. Ilona Köster-Steinebach
Aktionsbündnis Patientensicherheit e.V. (APS)
Am Zirkus 2
10117 Berlin

Dipl.-Betriebsw. (FH) Denise Küster, MPH
Technische Universität Dresden
Medizinische Fakultät Carl Gustav Carus
Zentrum für evidenzbasierte Gesundheitsversorgung
(ZEGV)
Fetscherstraße 74
01307 Dresden

Dr. Jürgen Malzahn
AOK-Bundesverband
Abteilung Stationäre Versorgung, Rehabilitation
Rosenthaler Straße 31
10178 Berlin

Prof. Dr. med. Thomas Mansky
Technische Universität Berlin
Fachgebiet Strukturentwicklung und
Qualitätsmanagement im Gesundheitswesen
Fraunhoferstraße 33–36
10587 Berlin

Ulrike Nimptsch
Technische Universität Berlin
Fachgebiet Strukturentwicklung und
Qualitätsmanagement im Gesundheitswesen
Fraunhoferstraße 33–36
10587 Berlin

Katherine Polin, MPH
Technische Universität Berlin
Fachgebiet Management im Gesundheitswesen
Straße des 17. Juni 135
10623 Berlin

Dipl.-Volksw. Britta Poppinga
AOK-Bundesverband
Abteilung Stationäre Versorgung, Rehabilitation
Rosenthaler Straße 31
10178 Berlin

Dr. Uwe K. Preusker
Vestrantie 112
01750 Vantaa
Finnland

Dr. Christoph Pross
Technische Universität Berlin
Fachgebiet Management im Gesundheitswesen
Straße des 17. Juni 135
10623 Berlin

Prof. Dr. med. Mario Rüdiger
Technische Universität Dresden
Universitätsklinikum Carl Gustav Carus
Fachbereich für Neonatologie und Pädiatrische
Intensivmedizin
Fetscherstraße 74
01307 Dresden

Prof. Dr. med. habil. Prof. h.c. Jochen Schmitt, MPH
Technische Universität Dresden
Medizinische Fakultät Carl Gustav Carus
Zentrum für evidenzbasierte Gesundheitsversorgung
(ZEGV)
Fetscherstraße 74
01307 Dresden

Rechtsanwalt Dr. Matthias Schömann
AOK-Bundesverband
Justitiariat
Rosenthaler Straße 31
10178 Berlin

Dr. med. Horst Schuster
GKV-Spitzenverband
Abteilung Medizin
Reinhardtstraße 28
10117 Berlin

Dr. Silvia Türk
Bundesministerium für Arbeit, Soziales, Gesundheit
und Konsumentenschutz
Abteilung VIII/B/8
Qualität im Gesundheitswesen,
Gesundheitssystemforschung
Radetzkystraße 2
1030 Wien
Österreich

Prof. Dr. Klaus Vetter, MBA, FRCOG, FACOG
Friedrichshaller Straße 7C
14199 Berlin

Justus Vogel, M.Sc.
Technische Universität Berlin
Fachgebiet Management im Gesundheitswesen
Straße des 17. Juni 135
10623 Berlin

Felix Walther, M.Sc.
Technische Universität Dresden
Medizinische Fakultät Carl Gustav Carus
Zentrum für evidenzbasierte Gesundheitsversorgung
(ZEGV)
Fetscherstraße 74
01307 Dresden

Vorwort

Bereits seit Ende der 80er-Jahre sind Qualitätssicherung und Qualitätsmanagement im Sozialgesetzbuch verankert. Das Bemühen um eine gute Qualität der Versorgung und Patientensicherheit findet sich seit Jahren regelmäßig auf der Agenda der deutschen Gesundheitspolitik. Dies liegt nahe, sollte doch, neben der wirtschaftlichen Verfügbarkeit der von den Patienten benötigten Versorgung, deren gute Qualität selbstredend ein Kernanliegen der Gesundheitspolitik und der beteiligten Akteure sein.

Seither wurde manches vorangebracht. Aus freiwilligen Initiativen wurden verbindliche bundesweite Qualitätssicherungssysteme. Seit 1996 sind Kliniken und in der Folge auch niedergelassene Ärzte gesetzlich verpflichtet, Maßnahmen zur Sicherung der Qualität umzusetzen. Der Gemeinsame Bundesausschuss (G-BA) macht dabei die Vorgaben. Die externe Qualitätssicherung im stationären Bereich hat der G-BA zunächst durch die beauftragten Institute BQS und AQUA und seit 2015 durch das Institut für Qualitätssicherung und Transparenz im Gesundheitswesen (IQTIG) schrittweise ausgebaut. Dessen Aufgabe ist es, Qualitätsvorgaben für die Leistungserbringer zu erarbeiten und für die transparente öffentliche Darstellung von Qualität und Qualitätsunterschieden zwischen Krankenhäusern zu sorgen.

Einen neuen größeren politischen Schritt auf dem Weg dieses Qualitätsprozesses gab es mit der Verabschiedung der Qualitätsagenda des Krankenhausstrukturgesetzes (KHSG), das 2016 in Kraft trat. Mit diesem wurden Qualitätsziele für die stationäre Versorgung auf mehreren Ebenen vorgegeben. Stichworte sind: Verankerung von Qualitätskriterien in der Krankenhausplanung mittels planungsrelevanter Qualitätsindikatoren (plan QIs), qualitätsabhängige Vergütung, Qualitätsverträge und die rechtssichere Ausgestaltung von Mindestmengen.

Seit Anfang 2016 laufen nun die Arbeiten an der Qualitätsagenda des KHSG, die Umsetzungsprozesse werfen jedoch Fragen auf. Zwar wurden erste planungsrelevante Qualitätsindikatoren beschlossen, doch gehen die Bundesländer deren Anwendung mit unterschiedlichem Tempo an. Mehrere Länder haben sogar die automatische Umsetzung der planungsrelevanten Indikatoren in ihren Landeskrankenhausgesetzen vollständig ausgeschlossen. Es ist zu befürchten, dass sich regional unterschiedliche Qualitätsstandards entwickeln werden. Aber auch auf Bundesebene ist die Erarbeitung und Weiterentwicklung der plan QIs ein komplexer und langwieriger Prozess. Ähnlich verhält es sich mit der Beantragung und Verabschiedung von neuen bzw. höheren Mindestmengen. Für die Umsetzung der KHSG-Agenda wird es darauf ankommen, wie sich die gemeinsame Selbstverwaltung von Leistungserbringern und Krankenkassen auf Bundesebene der Erkenntnisse zu Qualitätsunterschieden annimmt, und wie dies dann die Krankenhausplanung der Länder aufgreift.

Aus Patientenperspektive kann der nun fast dreijährige Umsetzungsprozess des KHSG nicht zufrieden stellen. So sind doch Qualitätsunterschiede zwischen Kliniken bei der Behandlung einzelner Krankheitsbilder weiterhin vorhanden und der die Ausweitung von Mindestmengen begründende Zusammenhang von Fallzahl und Behandlungsergebnis für viele Indikationen belegt.

Wurden derartige Themen schon mit den beiden vorhergehenden Ausgaben des Qualitätsmonitors aufgegriffen, so scheint es den Herausgebern weiterhin geboten, auch mit diesem dritten Band die notwendige qualitätsorientierte Weiterentwicklung der deutschen Krankenhauslandschaft anzumahnen. Die mit dem KHSG auf den Weg gebrachten Qualitätsthemen sollten nicht aus dem Blick geraten. So ist es das Ziel der Publikation, zur Transparenz des Qualitätsprozesses beizutragen und Impulse für die Versorgungsgestaltung zu setzen. In diesem Sinne richtet sich das Buch vor allem an die Verantwortlichen in Gesundheitspolitik und Selbstverwaltung auf Bundes- und Landesebene, Entscheider und Gestalter bei den Krankenhäusern und anderen Gesundheitsdienstleistern, Wissenschaftler und die interessierte Fachöffentlichkeit.

Der Qualitätsmonitor 2019, umfassend zwölf Beiträge renommierter Autoren, gliedert sich in zwei Teile.

Der erste Teil mit dem Titel „Versorgungssystem unter Qualitätsaspekten gestalten" beschäftigt sich zunächst in zwei Beiträgen mit internationalen Perspektiven. An einen Beitrag zur Reform des finnischen Gesundheitssystems, das u.a. durch eine Krankenhausreform mit Leistungskonzentration entlang von Spezialisierung und hohen Mindestmengen gekennzeichnet ist, schließt sich ein Beitrag zur österreichweiten Erfassung von Hüft- und Knieendoprothesen-Revisionen auf Basis erweiterter Routinedaten an. Die Erfahrungen mit diesem System und die Nutzbarmachung für Leistungserbringer und Öffentlichkeit werden dargelegt.

Zwei weitere Beiträge bewegen sich im Kontext der Umsetzung der nationalen KHSG-Agenda, nachdem diese Reform mittlerweile seit drei Jahren in Kraft ist. Eingegangen wird zum einen auf den Umsetzungsstand der planungsrelevanten Qualitätsindikatoren, zum anderen auf die Entwicklung bei den Mindestmengen vor dem Hintergrund der mit dem KHSG gewollten Stärkung. Ein weiterer Beitrag analysiert in diesem Kontext, ausgehend von den Mindestmengenvorgaben in ausgewählten europäischen Ländern, was striktere Durchsetzungen weiterer Mindestmengen bzw. höherer Mindestmengenvorgaben für die leistungsspezifische Zahl der Anbieter im deutschen Krankenhaussektor bedeuten.

Sind Volume-Outcome-Zusammenhänge, auf denen Festlegungen zu Mindestmengen basieren, in der wissenschaftlichen Literatur international und national für eine Vielzahl von Indikationen und Leistungsbereichen breit belegt, so greift auch der vorliegende Report mit den Katheter-gestützten Aortenklappenimplantationen (TAVI) und der Perinatalmedizin nochmals zwei Themen auf. Während sich die Evidenzlage für die Katheter-gestützten Aortenklappenimplantationen eindeutig darstellt, verweisen die Ergebnisse für den Bereich der Geburtshilfe auf verbleibenden Forschungsbedarf.

Ein weiterer Beitrag unterbreitet mit Blick auf die Steigerung der Qualität der Versorgung einen konzeptionellen Vorschlag für die Konzentration der Geburtshilfe in regionalen perinatalmedizinischen Kompetenzverbünden, unter anderem davon ausgehend, dass heute strukturelle Defizite die Versorgungsqualität mindern.

Den ersten Teil des Buches runden zwei Beiträgen ab, von denen sich einer mit dem Stellenwert von Fallzahlen in öffentlichen Qualitätsvergleichen befasst, ein anderer mit dem Datenzugang als Voraussetzung für eine qualifizierte Qualitätsmessung in der akutstationären Versorgung. Letzterer fordert einen verbesserten Zugang zu den DRG-Daten nach § 21 KHEntgG für die Zwecke der Qualitätssicherung.

Der zweite Teil präsentiert unter der Überschrift „Stationäre Versorgungsstruktur ausgewählter Krankheitsbilder in Deutschland" zunächst Eckdaten zu stationären Versorgungsstrukturen bei ausgewählten Krankheitsbildern, ausgewertet auf der Bundes- und Landesebene. Zentrale Kenngrößen sind dabei zum einen die indikationsspezifischen Fallmengen und deren Verteilung unter den Kliniken, zum anderen Qualitätsdaten aus der externen stationären Qualitätssicherung nach § 136 SGB V. Betrachtet werden die Versorgung in der Geburtshilfe, die Versorgung von Herzinfarkten, Katheter-gestützte Aortenklappenimplantationen sowie einige operative Eingriffe, die häufig in der Folge von Krebserkrankungen durchgeführt werden (Blase, Speiseröhre und Bauchspeicheldrüse). Ergänzt werden diese Analysen um den Krankenhausmonitor. Dabei handelt es sich um eine Liste der analysierten Kenngrößen für die rund 1.400 Kliniken, die im Jahr 2016 Patienten wegen solcher Anlässe behandelt haben.

Wir möchten uns bei allen Beteiligten bedanken, die das Gelingen dieses Projektes erst möglich gemacht haben. Allen voran gilt unser Dank den vielen renommierten Autorinnen und Autoren, die wir für dieses Werk gewinnen konnten. Ein besonderer Dank geht an Frau Dr. Dagmar Drogan und Herrn Christian Günster, die in diesem Jahr die Analyse der Eckdaten zur stationären Versorgungsstruktur ausgewählter Krankheitsbilder durchgeführt haben. Außerdem haben sie im Wissenschaftlichen Institut der AOK (WIdO) das Entstehen des Gesamtwerkes an der Schnittstelle zum Verlag intensiv fachlich begleitet. Danken möchten wir auch Herrn Prof. Dr. Thomas Mansky und Herrn Dr. Jürgen Malzahn, die die Konzeption des Buches mit wertvollen Beiträgen unterstützt haben. Schließlich gilt unser großer Dank Herrn Dr. Thomas Hopfe und Frau Susann Weber von der Medizinisch Wissenschaftlichen Verlagsgesellschaft für die hervorragende verlegerische Betreuung und professionelle Realisierung des Werkes.

Dr. Franz Dormann
Jürgen Klauber
Prof. Dr. Ralf Kuhlen
Berlin im Dezember 2018

Inhalt

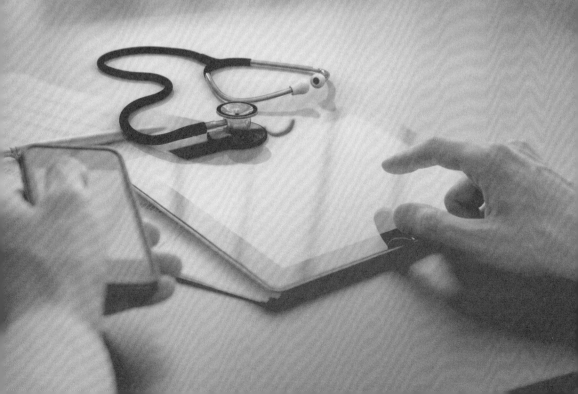

I

Versorgungssystem unter Qualitätsaspekten gestalten

1 Reform des Gesundheitssystems in Finnland

Uwe K. Preusker

Das finnische Gesundheitssystem wird derzeit grundlegend reformiert. Zentrale Bestandteile dieses Reformpaketes sind

- die Neuordnung der Krankenhausversorgung mit einer verstärkten Zentralisierung der Akut- und Notfallversorgung sowie der Vorgabe von Mindestmengen,
- eine umfassende Gebietsreform mit der Verlagerung der Zuständigkeit für die Gesundheitsversorgung von den Kommunen auf neu einzurichtende Regionen,
- verstärkte Wahlmöglichkeiten in der ambulanten Grundversorgung sowie
- eine Reform der Finanzierung des Gesundheitssystems.

Während die Reform der Akut- und Notfallversorgung bereits in Kraft ist, befinden sich die übrigen Reformteile derzeit (Mitte 2018) noch in der Schlussphase der parlamentarischen Beratung.

Nachfolgend wird zunächst ein Überblick über das finnische Gesundheitssystem in seiner derzeitigen Gestalt gegeben. Anschließend werden dann die verschiedenen Reform-Bestandteile dargestellt. Der Schwerpunkt liegt dabei auf der Reform der Akut- und Notfallversorgung, die insbesondere durch eine deutlich verstärkte Konzentration vor allem von spezialisierten Leistungen und durch die Vorgabe von im internationalen Vergleich hohen Mindestmengen gekennzeichnet ist.

1.1 Überblick über das finnische Gesundheitssystem

Die Zuständigkeit für das finnische Gesundheits- und Sozialsystem hat auf der gesamtstaatlichen Ebene das Ministerium für Gesundheit und Soziales

(Sosiaali- ja Terveysministeriö). Ihm obliegt die Vorbereitung der entsprechenden Gesetzgebung, die gesamtstaatliche gesundheits- und sozialpolitische Planung sowie die Überwachung der Einhaltung der gesetzlichen Rahmenbedingungen für die Organisation und Funktion des Gesundheitssystems. Das Budget des Sozial- und Gesundheitsministeriums für das Jahr 2018 betrug rund 15 Milliarden Euro – knapp 27 % des gesamten finnischen Staatshaushaltes. Die Gesundheitsausgaben lagen 2015 bei 9,3 % des Bruttoinlandsproduktes; pro Kopf betrugen die Ausgaben 4.033 US-Dollar PPP (OECD 2017).

Organisation und Finanzierung der gesundheitlichen Versorgung in Finnland unterscheiden sich in einigen zentralen Aspekten vom deutschen Modell (vgl. zum gesamten Kapitel u.a. Preusker 2010, 2012 und 2014). So beruht die Versicherungspflicht auf dem Wohnsitzprinzip. Sie umfasst damit jeden im Lande gemeldeten Einwohner. Damit ist in Finnland – wie in allen anderen nordeuropäischen Ländern auch – grundsätzlich jede im Lande gemeldete Person krankenversichert, unabhängig von ihrer Nationalität, einer Berufstätigkeit oder ihrem Einkommen.

Eine zentrale Herausforderung für die gesundheitliche Versorgung stellt die geografische Ausgangssituation dar: Bei einer Einwohnerzahl von rund 5,5 Millionen Menschen ist Finnland flächenmäßig etwa so groß wie die Bundesrepublik Deutschland, und knapp 20 Prozent aller Einwohner leben in der Region rund um die Hauptstadt Helsinki. Die durchschnittliche Bevölkerungsdichte beträgt 18,1 Einwohner pro Quadratkilometer, doch in den nördlichen und östlichen Landesteilen liegt sie weit niedriger (Tilastokeskus 2017).

1.1.1 Sicherstellungsauftrag und Finanzierung

Der Sicherstellungsauftrag für die gesundheitliche Versorgung der Bevölkerung liegt in Finnland derzeit noch bei den Kommunen und Kommunalzusammenschlüssen. Der Versorgungsauftrag ist entsprechend dieser Grundkonstruktion primär auf die Wohnbevölkerung der jeweiligen Kommune beschränkt. Die Kommunen gewährleisten die Versorgung meist durch Einrichtungen, deren Träger sie auch sind. Die Privatisierung von Gesundheitseinrichtungen und speziell Krankenhäusern stellt in Finnland bisher die Ausnahme dar. Dagegen werden mittlerweile zunehmend häufig Gesundheitsleistungen überregional ausgeschrieben und damit ein Preis- und Qualitätswettbewerb ausgelöst.

Mit dem Prinzip der Sicherstellung und der Eigentümerschaft der Gesundheitseinrichtungen durch die Gebietskörperschaften eng verbunden war lange Zeit die Beschränkung der Wahlfreiheit: Der Bürger konnte – bis auf Notfälle – im Prinzip medizinische Behandlung nur in den Einrichtungen der eigenen, für seine gesundheitliche Versorgung zuständigen Kommune nachsuchen. Dieses Grundprinzip des Zusammenfallens von Versorgungsauftrag und Leistungserbringung hat sich jedoch seit nunmehr rund 20 Jahren zunehmend verändert: Immer häufiger werden Leistungen gebietsüberschreitend ausgeschrieben, wobei auch private Leistungserbringer zugelassen werden. Gleichzeitig hat die Wahlfreiheit der Bürger deutlich zugenommen, einerseits durch zeitliche Behandlungsgarantien, andererseits durch die gesetzlich gewährleistete Wahlfreiheit für den Ort der Behandlung.

Die Finanzierung des finnischen Gesundheitssystems erfolgt weit überwiegend über Steuern. Dabei gibt es eine hohe Übereinstimmung der finanziellen und gestalterischen Verantwortung: Die Kommune, die für die Sicherstellung und Erbringung der gesundheitlichen Versorgung zuständig ist (durch eigene Einrichtungen oder durch den Abschluss von Verträgen mit anderen, auch privaten Einrichtungen), hat auch das Recht zur Erhebung einer linearen Einkommenssteuer, über die ein großer Teil der Gesundheitsausgaben auf der Ebene der Kommune gedeckt wird. Der Steuersatz beträgt derzeit je nach Kommune zwischen 18 und 22,5% vom steuerbaren Einkommen. Zusätzlich zum eigenen Steueraufkommen erhalten die Kommunen nicht zweckgebundene Zuschüsse vom Zentralstaat, die vor allem am Sozialstatus und dem Altersaufbau der kommunalen Bevölkerung orientiert sind.

1.1.2 Ambulante primärärztliche Versorgung

Die ambulante primärärztliche Versorgung in Finnland ist Aufgabe der derzeit rund 140 Gesundheitszentren in der Trägerschaft von Kommunen oder kommunalen Zweckverbänden. In eigener Praxis niedergelassene Haus- bzw. Allgemeinärzte existieren dagegen nicht. In den Gesundheitszentren wird sowohl die ambulante primärärztliche Akutversorgung der Bevölkerung in leichten und mittelschweren Fällen übernommen, als auch die laufende Versorgung von chronisch Kranken sichergestellt. Dabei arbeiten in den Gesundheitszentren typischerweise Allgemeinärzte, Internisten und Kinderärzte, in größeren Gesundheitszentren auch weitere Fachrichtungen. Darüber hinaus sind die Gesundheitszentren mit Pflegepersonal besetzt, das zum Teil auch Spezialisierung vor allem zur Versorgung chronisch Kranker aufweist (z.B. Diabetes- oder Herz-Kreislauf-Schwestern). In den Gesundheitszentren werden auch Vorsorgemaßnahmen sowie Impfungen vorgenommen. Außerdem findet hier ambulante Rehabilitation statt. In vielen Kommunen sind die Gesundheitszentren außerdem auch für Präventionsangebote zuständig. Die gesundheitliche Betreuung von Säuglingen und Kleinkindern dagegen erfolgt durch spezialisiertes Personal, das meist in Räumen arbeitet, die an Kindergärten angeschlossen sind.

Eine Besonderheit in der ambulanten primärärztlichen Versorgung stellt die betriebsmedizinische Versorgung dar. Etwa ein Drittel der Bevölkerung hat hierzu Zugang. Diese Möglichkeit wird dabei von den Berechtigten alternativ zur Versorgung durch die Gesundheitszentren genutzt.

1.1.3 Ambulante und stationäre fachärztliche Versorgung

Die ambulante und stationäre fachärztliche Betreuung übernehmen im finnischen Gesundheitssystem die insgesamt 30 öffentlichen Krankenhäuser, die vor allem in Südfinnland zum Teil über mehrere Standorte verfügen, und 5 Universitätskliniken. Zusätzlich verfügen 8 Gesundheitszentren auch über eine eigene Bettenabteilung; sie gelten als „von Gesundheitszentrums-Ärzten geführte Krankenhäuser". Sie sind vor allem für solche Erkrankungsfälle vorgesehen, die zur Beobachtung bleiben müssen, aber nicht unmittelbar zur spezialisierten Weiterbehandlung an ein Krankenhaus überwiesen werden müssen. Immer wieder werden diese Betten aber auch genutzt, um Patienten vorübergehend unterzubringen, die aus der stationären Behandlung kommen und auf einen Pflegeplatz warten. Die Bettendichte in Finnland lag 2015 bei 3,05 Akutbetten/1.000 Einwohnern, die Anzahl der Krankenhaus-Entlassungen bei 166,2/1.000 Einwohnern (OECD 2017).

Ebenfalls an den Akutkrankenhäusern angesiedelt ist die Notfallversorgung in schwereren Fällen. Das Aufsuchen der fachärztlichen Ambulanz an einem Krankenhaus ist – bis auf akute, krankenhausbehandlungsbedürftige Fälle – nur mit Überweisung eines Primärarztes möglich. In eigener Praxis niedergelassene Fachärzte existieren dagegen nicht. Es existiert daneben ergänzend die Möglichkeit, solche Fachärzte, die meist neben ihrer hauptberuflichen Tätigkeit in sogenannten Ärztezentren für einige Stunden pro Woche Privatsprechstunden anbieten, auch direkt aufzusuchen.

Alle finnischen Kommunen müssen per Gesetz Mitglied in einem von insgesamt 20 Krankenhausbezirken sein. Diese Krankenhausbezirke sind Träger der öffentlichen Krankenhäuser im jeweiligen Bezirk. Die Mitglieds-Kommunen des Krankenhausbezirks beziehen die benötigten ambulanten und stationären fachärztlichen Leistungen vom Krankenhausbezirk, können aber auch über Ausschreibungen von anderen Krankenhausbezirken oder von den wenigen in Finnland tätigen privaten Kliniken Leistungen beziehen. Bei den Verhandlungen über Preis und Menge der benötigten Leistungen spielt der (im Normalfall ärztliche) Leiter der Gesundheitsversorgung in einer Kommune eine zentrale Rolle. Er ist nicht nur verantwortlich für die Gesundheitszentren der Kommune, sondern auch für den Einkauf der benötigten spezialärztlichen Leistungen für die Bevölkerung der eigenen Kommune.

Zusätzlich zu den regionalen Krankenhäusern verfügt Finnland über 5 Universitätskliniken, die für die Ausbildung und einen großen Teil der Spezialisierung der Ärzte und weiterer Gesundheitsberufe zuständig sind. An den Universitätskliniken wird bereits seit längerer Zeit die Versorgung besonders seltener und schwieriger Erkrankungen und Verletzungen zunehmend konzentriert – ein Trend, der durch die gegenwärtige Reform deutlich verstärkt wird.

Im finnischen Gesundheitssystem ist es seit Mitte der 90er-Jahre zu einer deutlichen Verlagerung von ambulant und tagesklinisch durchführbaren Operationen und Behandlungen in den ambulanten bzw. tagesklinischen Bereich gekommen. Dazu sind an vielen Krankenhäusern spezifische ambulante Operationszentren sowie Tageskliniken eingerichtet worden. So ist die Anzahl der ambulanten Operationen in Finnland zwischen 1997 und 2006 von 77.000 auf

171.000 angestiegen. 2006 wurden 40% aller chirurgischen Eingriffe als Tages-chirurgie realisiert (Vuorenkoski 2008). Die Entwicklung der ambulant durch-geführten Katarakt-Operationen und Tonsillektomien in Finnland seit dem Jahr 2000 zeigt, wie stark diese Verlagerung sich auch nach den 90er-Jahren fortsetzte. So ist der Anteil der ambulanten Kataraktoperationen in Finnland von gut 80% (2000) auf 98,7% in 2015 gestiegen. Tonsillektomien wurden im Jahr 2000 noch zu nahezu 90% stationär ausgeführt; heute beträgt der Anteil der ambulant durchgeführten Tonsillektomien 86,3% und liegt damit im OECD-Vergleich am höchsten von allen einbezogenen Ländern (OECD 2017). Gefördert wurde dies u.a. über die Möglichkeit der Vergütung ambulant durch-geführter Operationen durch Fallpauschalen im Rahmen des finnischen DRG-Systems.

Neben den öffentlichen Krankenhäusern und Universitätskliniken exis-tiert in Finnland eine Reihe meist kleinerer privater Krankenhäuser, die je-doch keine Akutkrankenhäuser sind, sondern auf die Behandlung bestimmter Erkrankungen bzw. die Durchführung elektiver Operationen spezialisiert sind.

1.1.4 Nutzung von Gesundheitstelematik

Die umfassende Nutzung der Gesundheitstelematik gilt in Finnland ange-sichts der Flächenausdehnung und der niedrigen Bevölkerungsdichte als ein zentrales Instrument zur Erhöhung der Effizienz der Gesundheitssysteme. Zentraler Bestandteil der Gesundheitstelematik ist die ambulant-stationäre elektronische Patientenakte. Sie beschränkt sich auf wichtige Kerninhalte und wird inzwischen flächendeckend in allen ambulanten und stationären Gesundheitseinrichtungen genutzt – unabhängig davon, ob die Einrichtungen in öffentlicher oder privater Trägerschaft betrieben werden. Die gemeinsamen Inhalte und eine von allen genutzte Struktur der Daten für die elektronische Patientenakte wurden durch eine vom Gesundheitsministerium berufene Kommission festgelegt, in der Vertreter der Einrichtungen und Organisatio-nen des Gesundheitswesens saßen. Zur Austauschbarkeit der Daten zwischen den unterschiedlichen regionalen Lösungen wurden zwischen Vertretern der Behörden, Einrichtungen des Gesundheitswesens und der IT-Unternehmen Schnittstellen festgelegt, die von allen EPA-Lösungen genutzt werden müssen. Die landesweite Archivierung der Patientendaten wird seit 2012 von allen öf-fentlichen und privaten Erbringern von Gesundheitsleistungen sowie den Apotheken genutzt. Dabei ist sowohl für die Datenspeicherung als auch den Datenaustausch jeweils die Zustimmung der Patienten erforderlich. Diese Zu-stimmung muss jährlich erneuert werden.

Weiterer Teil der eHealth-Strategie war eine von öffentlichen Stellen landes-weit sichergestellte Infrastruktur für verschiedene Teilbereiche: So ist das nationale finnische Institut für Gesundheit und Wohlfahrt (THL) für die Bereitstellung eines Code Servers zuständig, der als Open Source die jeweils aktuellen Versionen aller im Gesundheitswesen verwendeten Kodier- und Klassifikationssysteme bereitgestellt. Außerdem gibt es ein System zur eindeutigen Identifikation von Dokumenten, elektronischen Patientenakten, Personen und Institutionen (ISO-OID – Object Identifier). Die eindeutige digitale Identifikation der im Gesundheitswesen Beschäftigten dagegen ist Aufgabe der finnischen Rechtsschutzzentrale für das Gesundheitswesen (TEO). Das landesweite finnische eRezept startete bereits 2008. Pro Jahr werden heute etwa 50 Millionen eRezepte ausgestellt.

1.2 Neuordnung der öffentlichen Krankenhausversorgung

Wichtiger Teil der Gesamtreform ist eine vollständige Neuordnung der öffentlichen Krankenhausversorgung, die im Dezember 2016 verabschiedet wurde und Anfang 2018 vollumfänglich in Kraft getreten ist. Als Übergangzeit gilt das Jahr 2018. Die Reform umfasst drei zentrale Teilbereiche:

1. eine Neuordnung der Notfallversorgung
2. die Konzentration von dezidierten hochspezialisierten Leistungen in einzelnen oder allen Universitätskliniken
3. die Vorgabe von Mindestmengen vor allem in den Bereichen Gelenkersatzchirurgie, Rückenchirurgie und Krebschirurgie

Basis aller drei Teil-Reformen sind Gutachten von aus den jeweiligen Fachbereichen stammenden Medizinern, die jeweils entsprechende Empfehlungen für den von ihnen bearbeiteten Teilbereich abgegeben haben (Ilkka et al. 2016; Huusko 2017; Virolainen u. Pesola 2017; Haapiainen et al. 2017; Konki u. Laine 2017).

1.2.1 Reform der Notfallversorgung

Konkret wird durch die Reform der Notfallversorgung die Zahl der Krankenhäuser in Finnland, die eine umfassende 24-Stunden-Notfallbereitschaft in allen dort vertretenen Fachabteilungen an sieben Tagen in der Woche bereithalten (oberste Stufe der neuen dreistufigen Notfallversorgung), von bisher 40 auf nur noch 12 Krankenhäuser verringert werden. Damit wird ein Trend fortgesetzt, der bereits längere Zeit erkennbar ist. So gab es in Finnland Anfang 2014 noch 60 und Anfang 2017 nur noch 40 rund um die Uhr besetzte Krankenhaus-Notfallaufnahmen (Valtineuvosto Liite 2017).

Die genauen Rahmenbedingungen für diese Krankenhäuser mit einem umfassenden Notfall-Bereitschaftsdienst (Finnisch: laaja ympärivuorokautinen päivystys) beinhaltet eine Verordnung des finnischen Ministerrates vom 24.08.2017, die zum 1. Januar 2018 in Kraft getreten ist (Valtioneuvoston asetus 24.08.2017/583). Nach § 4 dieser Verordnung müssen diese Kliniken mindestens über die folgenden Fachabteilungen verfügen:

- Notfallmedizin
- Anästhesie und Intensivmedizin
- Gastro-Chirurgie
- Kardiologie
- Kinderheilkunde
- Frauenheilkunde und Geburtshilfe
- Neurologie
- Orthopädie und Traumatologie
- Psychiatrie
- Radiologie
- Innere Medizin
- Allgemeinmedizin

Zusätzlich wird dort bestimmt, dass in allen genannten Fachbereichen die umfassende Bereitschaft zur Notversorgung rund um die Uhr sowohl personell als auch von der Raum- und Geräteausstattung her gewährleistet sein muss. Zur personellen Bereitschaft zur Notversorgung gehört u.a. ein fachärztlicher Bereitschaftsdienst. In allen operativen Fachabteilungen muss eine 24-Stunden-OP-Bereitschaft vorgehalten werden. Zu diesen Kliniken mit einem umfassenden Notfall- und Bereitschaftsdienst gehören die fünf finnischen Universitätskliniken (Helsinki, Kuopio, Oulu, Tampere ja Turku), die jeweils über mehr als 20 Fachabteilungen verfügen, sowie 7 Zentralkrankenhäuser (Finnisch: keskussairaala; es handelt sich um die Zentralkrankenhäuser Joensuu, Jyväskylä, Lahti, Lappeenranta, Pori, Seinäjoki und Rovaniemi).

Die übrigen öffentlichen Krankenhäuser müssen ihr Notfall-Versorgungsangebot dagegen einschränken oder sogar einstellen. Weitere acht Zentralkrankenhäuser (Hämeenlinna, Kajaani, Kemi, Kokkola, Kotka, Mikkeli, Savonlinna und Vaasa) müssen nach den Festlegungen in der Verordnung des finnischen Ministerrates als zweite der insgesamt drei Notfallversorgungs-Stufen weiterhin eine 24-Stunden-Notaufnahme anbieten, die allerdings fachübergreifend ausgestaltet werden soll (Finnisch: ympärivuorokautinen yhteispäivystys). Zu den dort weiterhin vorhandenen Fachabteilungen gehört in allen acht Kliniken auch die Allgemeinchirurgie. Allerdings sollen Operationen während der Nacht und an Wochenenden hier nur in unabweisbaren Notfällen ausgeführt werden; in allen anderen Fällen sind die Patienten umgehend an eines der zwölf Krankenhäuser der höchsten Versorgungsstufe zu verlegen.

Alle übrigen öffentlichen finnischen Krankenhäuser werden verstärkt mit rehabilitativen Aufgaben und zum Teil mit der ambulanten Notfallversorgung nachts und an Wochenenden (Teil der dritten Notfallversorgungs-Stufe) betraut, eine operative Tätigkeit ist ihnen zukünftig nicht mehr möglich. Die ambulante Notfallversorgung an Werktagen tagsüber ist dagegen Aufgabe der Gesundheitszentren. In den Regionen, in denen durch diese massive Konzentration des Krankenhaus-Versorgungsangebotes vor allem nachts und an Wochenenden zu lange Anfahrtswege entstehen würden, werden ausgesuchte regionale Krankenhäuser und Gesundheitszentren ebenfalls eine vergleichbare 24-Stunden-Bereitschaft anbieten können. Dies trifft vor allem für Nord- und Ostfinnland zu. Solche Ausnahmen bedürfen jedoch im Einzelfall der Genehmigung durch das finnische Gesundheits- und Sozialministerium.

Ergänzt wird das neue Notfall-System durch insgesamt rund 500 Erste-Hilfe-Versorgungsangebote. Dabei handelt es sich um mit Rettungssanitätern bemannte Rettungsfahrzeuge sowie 5 Rettungshubschrauber, die über die landesweit arbeitenden Notrufzentralen erreichbar sind. Ihre Aufgabe ist es auch, Notfälle, bei denen sich ein spezialisierter Behandlungsbedarf zeigt oder die nachts bzw. am Wochenende operiert werden müssen, in eine der Kliniken der höchsten Versorgungsstufe zu bringen. Außerdem sieht die Neuordnung vor, in ausgewählten Gesundheitszentren des Landes den Nacht- und Wochenend-Bereitschaftsdienst für ambulante Notfälle deutlich auszuweiten.

1.2.2   Konzentration von besonders seltenen und aufwendigen Leistungen an Universitätskliniken

Die Konzentration von besonders seltenen und aufwendigen Leistungen an Universitätskliniken wird in einer weiteren Verordnung des finnischen Ministerrates geregelt (Valtioneuvoston asetus 24.8.2017/582). Danach müssen Operationen bzw. Behandlungen mit einer jährlichen Fallzahl von bis zu 50 Fällen an einem oder einigen der 5 Universitätskliniken konzentriert werden. Außerdem müssen dort 14 in der Verordnung dezidiert genannte weitere Operationen bzw. Behandlungen konzentriert werden. Dazu gehören unter anderem auch die folgenden Operationen bzw. Behandlungen:

- Rückenmarks-Verletzungen
- anspruchsvolle Leberchirurgie
- HIPEC (Hypertherme intraperitoneale Chemotherapie),
- anspruchsvolle Mund-, Kiefer- und Gesichtschirurgie
- umfassende operative Sarkom-Behandlung
- Gelenkersatz bei Hämophilie-Patienten

Die Krankenhausbezirke mit Universitätskliniken werden dabei verpflichtet, untereinander vertraglich zu regeln, in welchen der fünf Universitätskliniken welche der Behandlungen zukünftig durchgeführt werden. Dem Universitätsklinikum Helsinki werden außerdem u.a. die gesamte Transplantationschirurgie, die Behandlungen von schwer und schwerst Brandverletzten sowie die offene Herzchirurgie an Kindern sowie Neugeborenen übertragen.

Operationen und Behandlungen mit einer Fallzahl von bis zu maximal 200 pro Jahr werden nach der Verordnung an allen fünf Universitätskliniken konzentriert. Hier werden zusätzlich auch die Neurochirurgie, die Leberchirurgie, Operationen am offenen Herzen, anspruchsvolle Krebschirurgie, Rheumachirurgie, anspruchsvolle Rückenchirurgie sowie weitere 15 Behandlungs-/Operationsverfahren konzentriert.

1.2.3   Konzentration von Leistungen aufgrund von Mindestmengen

In der gleichen Verordnung des finnischen Ministerrates finden sich auch die Vorschriften zur Konzentration von Leistungen durch die Vorgabe von Mindestmengen (s. Tab. 1). Danach muss die Gelenkersatzchirurgie für Knie- und Hüftgelenke an Krankenhäusern konzentriert werden, die mindestens 600 Gelenkersatz-Fälle pro Jahr behandeln, davon 300 Kniegelenke und 300 Hüftgelenke. Für die Schultergelenkersatzchirugie schreibt die Regelung eine Mindestmenge von 40 pro Jahr vor. Zusätzlich wird für Wiederholungsoperationen für alle drei Gelenkersatz-Bereiche zusammen eine Mindestmenge von 100 Fällen pro Jahr vorgeschrieben.

Für die Rückenchirurgie gibt die Verordnung eine Mindestmenge von 150 Fällen pro Jahr und Krankenhaus sowie 50 Operationen pro operierendem Arzt/Jahr vor. Im Bereich der Krebschirurgie gelten danach die folgenden Mindestmengen pro Krankenhaus: primäre Brustkrebsoperationen 150/Jahr, Dickdarm-, Nieren-, Operation von papillären und follikolären Schilddrüsenkarzinomen, Endometriumkrebs sowie radikale Protatektomie jeweils 70/Jahr.

Bereits 2014 ist in Finnland in der Geburtshilfe eine Mindestmenge von 1.000 Geburten pro Jahr in Kraft getreten. Für eine Übergangszeit kann das Sozial- und Gesundheitsministerium allerdings Ausnahmegenehmigungen für das Weiterbestehen von Geburtshilfe-Abteilungen erteilen. Im Jahr 2017 gab es in Finnland insgesamt 50.155 Geburten in 25 Geburtskliniken. Von diesen Geburtskliniken wiesen 18 mehr als 1.000 Geburten und 4 knapp 1.000 Geburten auf (Terveyden ja Hyvinvoinnin Laitos 2018). In diesen vier Fällen bezog sich die Ausnahmegenehmigung auf die absehbare Erreichung der Mindestmenge von 1.000 Geburten. Bei den übrigen 3 Geburtskliniken handelt es sich

Tab. 1   In Finnland seit Anfang 2018 geltende Mindestmengen (Quelle: Valtioneuvoston asetus 24.8.2017/582 sowie Valtioneuvoston asetus 24.8.2017/583)

Operation/Behandlung	Mindestmenge pro Jahr und Krankenhaus
Gelenkersatz Knie und Hüften	600 (300 Knie, 300 Hüften)
Gelenkersatz Schulter	40
Gelenkersatz Wiederholungsoperationen	100
Rückenchirurgie	150 (50/operierendem Arzt)
Primäre Brustkrebschirurgie	150
Dickdarm-, Nieren-, Operation von papillären und follikolären Schilddrüsenkarzinomen, Endometriumkrebs sowie radikale Protatektomie	70
Geburten*	1.000

* Die Mindestmenge für Geburten gilt bereits seit 2014.

um solche Kliniken, die aufgrund von Lage oder Entfernung zeitlich begrenzte Sondergenehmigungen erhalten haben.

1.2.4 Sozial-Notfalldienst

Zusätzlich zu den gravierenden Veränderungen im Krankenhaus-Bereich müssen an den Kliniken gemäß der Reform auch Bereitschaftsdienste für soziale
Notfälle eingerichtet werden. Für die Einrichtung dieser Notfall-Bereitschafts-
dienste, zum Beispiel für Hilfe in akuten Krisensituationen, bei familiärer
Gewalt oder akuten Problem- und Gefahrensituationen für Kinder und Jugend-
liche sowie bei akuten Alkohol- und Drogenproblemen, waren bisher die Kommunen als Träger der Sozialhilfe und -fürsorge zuständig. Hierfür müssen nun
24-Stunden-Bereitschaften an den Krankenhäusern vorgehalten werden. Ziel
dieser Zusammenführung ist es vor allem, die Kooperation zwischen Gesund-
heits- und Sozialbereich gezielt für alle diejenigen zu verbessern, bei denen
sowohl gesundheitliche wie soziale Probleme existieren beziehungsweise ein
direkter Zusammenhang zwischen beiden besteht.

1.2.5 Ziele der Krankenhaus-Reform sowie Diskussion

Insgesamt soll nach der Umsetzung der Neuordnung die Hälfte der finnischen
Bevölkerung ein Krankenhaus mit der höchsten Notfall-Stufe in weniger als
30 Minuten erreichen können, und 80 Prozent der Bevölkerung in weniger als
50 Minuten. Ziel der Reform ist es einerseits, durch eine verstärkte Konzentration von spezialisierten Leistungen in den fünf Universitätskliniken und
den weiteren sieben Krankenhäusern der Maximalversorgung die Qualität
insgesamt weiter zu erhöhen. Als Beispiele werden hier u.a. operative Eingriffe etwa bei Brust- oder Prostatakrebs genannt, die heute noch in insgesamt
30 Kliniken in zum Teil sehr geringer Zahl ausgeführt und zukünftig deutlich
stärker konzentriert werden sollen. Ein weiteres Ziel der Reform ist die Sicherung einer ausreichenden Zahl an spezialisiertem Fachpersonal. Hier geht die
finnische Regierung davon aus, dass dies bei einer stärkeren Konzentration
von Leistungen an wenigen Standorten besser zu realisieren ist. Zusätzlich
sollen – vor allem durch die Konzentration operativer Leistungen in der Nacht
und an Wochenenden – auch deutliche Einsparungen erreicht werden, die bis
zum Jahr 2020 auf jährlich bis zu 350 Millionen Euro geschätzt werden.

Die Diskussion um diese tiefgreifende Neuordnung der Krankenhausversorgung war in Finnland kaum kontrovers. Kommunen, in deren Gebiet sich
Krankenhäuser befanden, die nach der Reform über deutlich eingeschränk-
tere Leistungsangebote verfügen, haben vor allem auf die Gefahr hingewiesen,
dass es hier zukünftig schwerer sein könnte, ausreichend Personal zu rekru-
tieren. Grundsätzliche Einwendungen oder gar Bürgerproteste gab es dagegen
so gut wie nicht. Der einzige echte Streitpunkt bei der abschließenden Beratung der Krankenhaus-Reform Mitte Dezember 2016 im finnischen Parlament

war dagegen die Bereitstellung aller sozialen und gesundheitlichen Dienstleistungen in schwedischer Sprache. Konkret ging es darum, ob mindestens eines der zwölf Maximalversorger-Kliniken nicht in einem überwiegend schwedischsprachigen Gebiet liegen müsste oder aber das dortige Krankenhaus – konkret ging es um Vaasa an der finnischen Westküste – auch zukünftig als Maximalversorger tätig werden kann. Doch die Mehrheit im Parlament befürwortete den Vorschlag der Regierung, nach dem die Versorgung der schwedischsprachigen Bevölkerung in ihrer Muttersprache durch ausreichend schwedischsprachiges Personal am Krankenhaus der Maximalversorgung im nächstgelegenen Seinäjoki sicherzustellen.

1.3   Gebiets- und Finanzierungsreform

Die parallel zur Krankenhausreform geplante Gebiets- und damit einhergehende Finanzierungsreform sowie die Ausweitung der Wahlmöglichkeiten für die Patienten vor allem in der ambulanten primärärztlichen Versorgung befinden sich derzeit noch in der Endphase der parlamentarischen Beratung. Mit der Verabschiedung dieses Teils des Reformpaketes wird im Spätherbst 2018 gerechnet; das Inkrafttreten ist dann schrittweise ab Anfang 2021 vorgesehen.

1.3.1   Gebietsreform

Im Rahmen einer umfassenden Gebietsreform soll die Zuständigkeit für die Gesundheits- und Sozialversorgung von den Kommunen auf größere regionale Einheiten vollzogen werden. Hintergrund ist insbesondere die unterschiedliche Größe der Kommunen in Finnland, die von 635.000 Einwohnern (Helsinki) bis zu knapp 1.000 Einwohnern reicht. Damit ist das Problem verbunden, dass kleinste und kleine Kommunen selbst im Rahmen kommunaler Kooperationen nicht eine bevölkerungsmäßige Größenordnung erreichen, die eine sinnvolle und vor allem finanziell tragfähige Basis für die gesamte gesundheitliche und soziale Versorgung darstellt.

Gelöst werden soll dieses Problem durch die Einrichtung von 18 Regionen (finnisch: maakunta), die ab Anfang 2021 anstelle der derzeit noch gut 300 Kommunen in Finnland die gesundheitliche und soziale Versorgung ihrer Bevölkerung sicherstellen sollen. Im Zuge der Gebietsreform werden insgesamt rund 220.000 Mitarbeiterinnen und Mitarbeiter im Gesundheits- und Sozialbereich von den Kommunen zu den neuen Regionen wechseln. Die meisten dieser Mitarbeiterinnen und Mitarbeiter waren bisher bei den Kommunen oder den 20 Krankenhausbezirken beschäftigt. Sie wechseln spätestens nach einer Übergangszeit bis Ende 2022 zu den neuen Regionen und werden dort mit allen ihren erworbenen Rechten und Pflichten weiterbeschäftigt.

Im Zuge der Reform werden auch viele Gesundheits- und Sozialimmobilien, die sich bisher im Besitz der Kommunen und der Krankenhausbezirke befinden, auf die Regionen übergehen oder von diesen angemietet werden. Da die Krankenhausbezirke zum Ende des Jahres 2020 aufgelöst werden, wird deren gesamter Immobilienbesitz in das Eigentum der neuen Regionen überführt. Immobilien, die sich im Besitz der Kommunen befinden und von diesen für die Gesundheitsversorgung, für soziale Aufgaben und den Rettungsdienst genutzt wurden, verbleiben im Besitz der Kommunen, werden aber von den Regionen für eine Mindestdauer von drei Jahren angemietet. Nach Ende dieser Übergangszeit entscheiden die Regionen, ob sie diese von den Kommunen angemieteten Immobilien weiter nutzen.

Die Aufgaben der zukünftigen finnischen Regionen

Die neuen 18 Regionen werden ab Anfang 2021 vor allem für ein umfassendes Aufgabenspektrum im Bereich der Gesundheits- und Sozialversorgung zuständig sein. Dazu gehören insbesondere:

- ambulante und stationäre Gesundheitsversorgung
- zahnärztliche Versorgung
- psychiatrische und psychosomatische Betreuung
- Versorgung von Suchtkranken
- Kinder- und Jugendlichen-Fürsorge
- Behindertenfürsorge
- Altenpflege
- Hauspflege
- Umweltschutz
- Krankentransport und Rettungsdienst

Dabei obliegt den Regionen vor allem die Sicherstellung der Versorgung in diesen Zuständigkeitsbereichen. Die Erbringung der Leistungen dagegen kann durch eigene Einrichtungen oder aber durch private und freigemeinnützige Leistungserbringer erfolgen. Werden nicht nur eigene Einrichtungen genutzt, müssen die Leistungen für alle Anbieter in einem offenen Verfahren ausgeschrieben werden. In bestimmten Teil-Leistungsbereichen mit Wahlfreiheit – so etwa der ambulanten medizinischen Grundversorgung sowie der zahnmedizinischen Versorgung – müssen in jedem Fall auch private und freigemeinnützige Leistungserbringer zugelassen werden, wenn sie die gesetzlich festgelegten qualitativen und strukturellen Anforderungen erfüllen.

1.3.2 Reform der Finanzierung

Mit dem Stichtag 1. Januar 2021 fallen durch die Reform für die Kommunen rund 17,7 Milliarden Euro an Netto-Kosten weg, die bisher zu zwei Dritteln über die kommunale Einkommen- und Gewerbesteuer finanziert wurden. Um eine massiv steigende Steuerlast der Bevölkerung und der Unternehmen zu verhindern, werden parallel die kommunale Einkommensteuer um 60 Prozent und die Gewerbesteuer um 40 Prozent gesenkt und die zentralen Steuern des finnischen Staates entsprechend nach oben angepasst. Außerdem werden knapp sechs Milliarden Euro staatliche Zuschüsse, die bisher an die Kommunen flossen, zukünftig zur direkten Finanzierung der Gesundheits- und Sozialversorgung durch die neu zu schaffenden 18 Regionen verwendet. Diese erhalten auf Basis des Bedarfs ihrer Bevölkerung, korrigiert vor allem gemäß Altersquotient sowie Krankheits- und Soziallast, jährlich Budgetmittel durch den finnischen Staat zugewiesen. Über die konkrete Verwendung der staatlichen Zuwendungen entscheiden – auf Basis der gesetzlichen Rahmenbedingungen – die Regionalparlamente und Regionalregierungen, die ihre Tätigkeit nach entsprechenden Wahlen im Frühjahr 2019 aufnehmen. Zusätzlich fließen die Gelder aus der – in Finnland recht hohen – Selbstbeteiligung im Gesundheitssystem, die für etwa 20 Prozent der gesamten Gesundheitskosten steht, direkt an die Regionen.

Im Krankenhausbereich wird es bei der bisherigen Vergütung auf der Basis des finnischen DRG-Systems bleiben. Anders als das deutsche G-DRG-System bietet das finnische System allerdings auch bisher schon die Möglichkeit der Verhandlung über die Höhe der Fallpauschalen zwischen Krankenhaus und Finanzierer – also zukünftig den Regionen. Hinzu kommen Mengenrabatte, die ebenfalls bisher schon Teil der Vergütungsvereinbarungen waren.

1.3.3   Ausweitung der Wahlmöglichkeiten

Ebenfalls Teil der umfassenden Reform werden ausgeweitete Wahlmöglichkeiten der Patienten in der ambulanten primärärztlichen Grundversorgung und bei einem Teil der Sozialleistungen sein. Vorgesehen ist, dass neben den öffentlichen Gesundheitszentren ab Anfang 2023 auch private und freigemeinnützige Anbieter von den Patienten frei wählbar sind. Allerdings wird dieses System nicht dem deutschen Modell der niedergelassenen Hausärzte entsprechen, sondern sich auf Einheiten beziehen, in denen neben in der Grundversorgung tätigen Ärztinnen und Ärzten auch Krankenschwestern und -pfleger, Physiotherapeuten sowie möglicherweise weitere Gesundheitsberufe und Sozialarbeiter tätig sind. Solche Einheiten für die medizinische Grundversorgung werden dann nach gesetzlich festgelegten qualitativen Grundsätzen zugelassen werden. Das neue Vergütungssystem für die ambulante Primärversorgung soll aus verschiedenen Bestandteilen bestehen, zu denen eine Kopfpauschale pro eingeschriebenem Patienten gehören wird, aber auch Leistungskomplexpauschalen sowie – vor allem für Leistungen aus dem Bereich Gesundheitsschutz und -förderung wie etwa Impfungen – feste Einzelleistungs-Pauschalen.

Für die zahnärztliche Versorgung gilt im neuen System ab Anfang 2023 ebenfalls der Grundsatz der freien Wahl des Anbieters. Zugelassen werden – unabhängig von ihrer Trägerschaft – alle zahnärztlichen Versorger, die ein bestimmtes festgelegtes Mindestspektrum an zahnärztlichen und prothetischen Leistungen erbringen. Die Patienten können dann für ihre Versorgung unter allen zugelassenen Leistungserbringern in Finnland wählen.

1.4   Diskussion

Die finnische Reform der Notfallversorgung, die Konzentration vieler hochspezialisierter Leistungen an den Universitätskliniken und vor allem die Vorgabe hoher Mindestmengen vor allem in der Orthopädie, der Krebschirurgie und der Geburtshilfe nimmt auch international eine Sonderstellung ein. Gestützt sind die Entscheidungen hierzu durchweg auf Gutachten von medizinischen Fachleuten, die in der finnischen medizinischen Fachwelt eine breite Zustimmung erfahren haben, zumal die bisherigen Erfahrungen mit bereits vollzogenen Konzentrationsschritten auch zu qualitativ guten Ergebnissen geführt haben. So lag etwa die Säuglingssterblichkeit in Finnland 2015 bei 1,7/1.000 Lebendgeborenen, die Sterblichkeit aufgrund von Krebs bei 172,3/100.000 Einwohnern und die Fünf-Jahres-Überlebensrate bei Brustkrebs bei 88,5% (OECD 2017) und damit in der OECD-Statistik jeweils mit in der Spitzengruppe. Bei der Abwägung zwischen Erreichbarkeit und Qualität wird der Qualität im finnischen Gesundheitssystem ein klarer Vorrang eingeräumt. Bezogen auf die finnische Bevölkerung bedeutet die Konzentration auf die 20 Krankenhäuser der beiden höchsten Notfall-Bereitschaftsstufen eine Versorgungsdichte von einem Krankenhaus pro 275.000 Einwohner. Wie oben bereits ausgeführt, wird nach der Umsetzung der Neuordnung die Hälfte der finnischen Bevölkerung ein Krankenhaus mit der höchsten Notfall-Stufe in weniger als 30 Minuten und 80 Prozent der Bevölkerung in weniger als 50 Minuten erreichen können. In den so erreichbaren Krankenhäusern ist dann aber eine durchgehende Versorgung durch Fachärzte sichergestellt. Denn zu den Anforderungen gehört ein fachärztlicher Bereitschaftsdienst nachts und an Wochenenden in den Krankenhäusern mit einem umfassenden Notfall-Bereitschaftsdienst, der seinerseits durch die Konzentration von hochspezialisierten Leistungen an diesen Krankenhäusern sichergestellt werden soll.

Eine rein rechnerische Übertragung der jetzt in Finnland an die Notfallversorgung gestellten Anforderungen in den beiden obersten Versorgungsstufen und der durch sie versorgten Bevölkerung würden ein Netz von 300 Notfall-versorgenden Krankenhäusern in Deutschland ergeben. Legt man die Berechnungen von Augurzky et al. (Augurzky 2014) zur Erreichbarkeit innerhalb von 30 Minuten Fahrzeit zugrunde, kommt man mit 350 Standorten in Deutschland zu einem ähnlichen zahlenmäßigen Ergebnis.

Die Übertragung der auf der Mindestmenge von 1.000 Geburten pro Geburtsklinik und Jahr beruhenden durchschnittlichen Geburtenzahl der 25 finnischen Geburtskliniken (2.006 Geburten/Klinik im Jahr 2017; eigene Berechnungen sowie Terveyden ja Hyvinvoinnin Laitos 2018) würde für Deutschland auf der Grundlage der statistischen Daten für 2016 (761.777 Entbindungen; Destatis 2017) ein Netz von insgesamt knapp 380 Geburtskliniken bedeuten. Nach den Daten des Statistischen Bundesamtes gab es in Deutschland im Jahr 2016 noch insgesamt 690 Krankenhäuser, in denen Geburten stattfanden (Destatis 2017).

In eine ähnliche Richtung würde eine Übertragung der Mindestmengen bei Hüft- und Kniegelenk-Endoprothesen gehen. Legt man die finnischen Daten und die durch die aktuelle Reform vorgenommene Konzentration zugrunde (20.607 Hüft- und Kniegelenks-Implantationen im Jahr 2016/Konzentration auf max. 20 Krankenhäuser mit einer durchschnittlichen Fallzahl von 1.030 Hüft- und Kniegelenkersatz-Operationen; eigene Berechnungen sowie Valtioneuvosto Liite 2017), ergibt dies für Hüft- und Kniegelenk-Endoprothetik in Deutschland auf der Grundlage der statistischen Daten von 2016 (233.424 Hüftgelenk-Endoprothesen; 187.319 Kniegelenk-Endoprothesen; Destatis 18.07.2018) insgesamt 408 Krankenhäuser, die bei einer Übertragung der finnischen Rahmendaten noch zur Versorgung berechtigt wären.

Die Anhebung von Mindestmengen auf das finnische Niveau würden also im Ergebnis zu einer deutlichen Verringerung der Anzahl, gleichzeitig aber zu einer deutlich stärkeren Konzentration der Versorgung in den genannten Bereichen führen.

Take home messages

- *Die aktuelle Reform des finnischen Krankenhaussystems zielt vor allem auf eine stärkere Konzentration und Spezialisierung von Leistungen. Vor allem die für die Erreichung dieser Ziele genutzten Vorgaben hoher Mindestmengen insbesondere in der Orthopädie, der Krebschirurgie und der Geburtshilfe nimmt auch international eine Sonderstellung ein. So gelten etwa für die Knie- und Hüftgelenkersatz-Chirurgie Mindestmengen von zusammen 600 Hüft- und Kniegelenkersatz-Fällen pro Jahr und Krankenhaus, und in der Geburtshilfe sind 1.000 Geburten/ Jahr und Geburtsklinik als Mindestmenge in Kraft.*
- *Besonders seltene bzw. aufwendige Leistungen werden durch die Reform an den Universitätskliniken des Landes konzentriert.*
- *Auch die stationäre Notfallversorgung nachts und an Wochenenden wird durch die Reform auf wenige hochspezialisierte und sehr gut ausgerüstete Krankenhäuser konzentriert. Diese müssen über ein breites Spektrum an Fachabteilungen sowie über einen fachärztlichen Bereitschaftsdienst 24/7 einschließlich OP-Bereitschaft in den vertretenen operativen Fachabteilungen verfügen. Bezogen auf die finnische Bevölkerung bedeutet die Konzentration auf die 20 Krankenhäuser der beiden höchsten Notfall-Bereitschaftsstufen eine Versorgungsdichte von einem Krankenhaus pro 275.000 Einwohner.*
- *Ziel der Gesamtreform ist es einerseits, durch eine verstärkte Konzentration von spezialisierten Leistungen in den fünf Universitätskliniken und den weiteren sieben Krankenhäusern der Maximalversorgung die Qualität insgesamt weiter zu erhöhen. Weiteres Ziel der Reform ist die Sicherung einer ausreichenden Zahl an spezialisiertem Fachpersonal. Hier geht die finnische Regierung davon aus, dass dies bei einer*

stärkeren Konzentration von Leistungen an wenigen Standorten besser zu realisieren ist. Bei der Abwägung zwischen Qualität und Erreichbarkeit von gesundheitlichen Versorgungsangeboten wird der Qualität eindeutig Vorrang eingeräumt.

Literatur

Augurzky B, Beivers A, Straub N, Veltkamp C (2014) Krankenhausplanung 2.0. RWI Essen

Destatis (2017) Grunddaten der Krankenhäuser 2016. Wiesbaden

Destatis (2018) Die 20 häufigsten Operationen – Vollstationär behandelte Patientinnen und Patienten in Krankenhäusern 2016. URL: https://www.destatis.de/DE/ZahlenFakten/GesellschaftStaat/Gesundheit/Krankenhaeuser/Tabellen/DRGOperationen.html (abgerufen am 18.07.2018)

Haapiainen R, Hendolin N, Victorzon M (2017) Syöpäkirurgian järjestämistä koskevat periaatteet 2020-luvulla. Selvityshenkilön raportti. Helsinki

Huusko T (2017) Konservatiivisten erikoisalojen järjestämistä koskevia periaatteita 2020-luvulla. Selvityshenkilön raportti. Helsinki

Ilkka L, Kurola J, Laukkanen-Nevala P, Olkinuora A, Pappinen J, Riihimäki J, Silfvast T, Virkkunen I, Ekstrand A (2016) Valtakunnalinen Selvitys Ensihoitopalvelun Toiminasta. Välirapporti 2. Helsinki

Konki K, Laine J (2017) Suun terveydenhuollon erikoissairaan-hoidon järjestämistä koskevat periaat-teet 2020-luvulla. Selvityshenkilön raportti. Helsinki

OECD (2017) Health at a Glance 2017. OECD Indicators. Paris

Preusker UK (2010) Krankenhaus- und Gesundheitsversorgung in ländlichen Regionen – wie machen es die Nordeuropäer? In: Augurzky B, Gülker R, Krolop S, Schmidt CM, Schmidt H, Schmitz H, Terkatz S (Hrsg.) Krankenhaus Rating Report 2010. 62–69. RWI Essen

Preusker UK (2012) Erfahrungen mit der Krankenhausplanung in Nordeuropa. Gesundheits- und Sozialpolitik 4, 64–70

Preusker UK (2014) Gesundheit unterm Nordlicht. Gesundheit + Gesellschaft 6, 30–37

Terveyden ja Hyvinvoinnin Laitos (THL) (2018) Perinataalitilasto ennakot 2017. Helsinki. URL: https://thl.fi/tilastoliite/tilastoraportit/2018/Perinataalitilasto_ennakot_2017.pdf (abgerufen am 10.07.2018)

Tilastokeskus (2017) Suomen Tilastollinen Vuosikirja 2017. Helsinki

Valtioneuvosto (2017) Valtioneuvoston asetus erikoissairaanhoidon työnjaosta ja eräiden tehtävien keskittämisestä, 24.8.2017/582. Helsinki

Valtioneuvosto (2017) Valtioneuvoston asetus kiirellisen hoidon perusteista ja päivystyksen erikoisalskohtaisista edellytyksistä, 24.8.2017/583. Helsinki

Valtioneuvosto. Liite (2017) Muistio: Valtioneuvoston Asetus kiirellisen hoidon perusteista ja päivystyksen erikoisalskohtaisista edellytyksistä. Helsinki

Virolainen P, Pesola M (2017) Ortopedian ja traumatologian järjestämistä koskevat periaatteet. 2020-luvulla. Selvityshenkilöiden raportti. Helsinki

Vuorenkoski L (2008) Finland: Health System review. Copenhagen

Dr. Uwe K. Preusker

Publizist; Experte für Nordeuropäische Gesundheitssysteme

Studium der Volkswirtschaft, Finanzwissenschaft und Politikwissenschaft sowie Promotion zum Dr. rer. pol. an der Universität Köln. Danach verschiedene Tätigkeiten im Gesundheitswesen, u.a. stellv. Hauptgeschäftsführer des Marburger Bundes, Vorstandsmitglied des Gelenkersatz-Krankenhauses COXA OY in Tampere/Finnland sowie langjährige europaweite Beratungstätigkeit.

2 Qualitätsberichterstattung zur Hüft- und Knieendoprothetik in Österreich – wie Routinedaten zur Analyse von Revisionen genutzt werden

Silvia Türk, Martin Heidinger und Margarita Amon

2.1 Einleitung

Die Implantation von künstlichen Gelenken stellt heutzutage zunehmend einen Routineeingriff dar. Die epidemiologische Analyse von Primärimplantationen zeigt, dass Österreich bei der Häufigkeit von Hüfttotalendoprothesen (HTEP; 210 HTEP pro 100.000 Einwohner) und Knietotalendoprothesen (KTEP; 202 KTEP pro 100.000 Einwohner) im internationalen Spitzenfeld liegt (s. Abb. 1) (Sadoghi et al. 2012; Vielgut et al. 2013). Die meisten dieser Eingriffe finden in Österreich bei Patienten der Altersgruppe von 70–74 Jahren statt (Leitner et al. 2018).

Die Revisionshäufigkeit stieg im Zeitraum von 2009 bis 2015 sowohl bei HTEP als auch bei KTEP an (Leitner et al. 2018). Dies entspricht internationalen Entwicklungen (Bhandari et al. 2012; Boddapati et al. 2018; McGrory et al. 2016).

Um dabei sowohl Patientenorientierung als auch Patientensicherheit zu garantieren, sind umfassende Qualitätsmanagementsysteme notwendig, die Qualität messbar und vergleichbar machen, Verbesserungspotenziale für Gesundheitsdienste- und Medizinprodukteanbieter aufzeigen und somit eine optimale Versorgung ermöglichen. Diese Systeme sollen im Sinne der österreichischen Qualitätsstrategie im Gesundheitswesen Ziele erfüllen, die unter anderem die kontinuierliche Verbesserung der Prozess- und Ergebnisqualität, die Transparenz im Gesundheitswesen und Veröffentlichung von Qualitätsberichten umfassen.

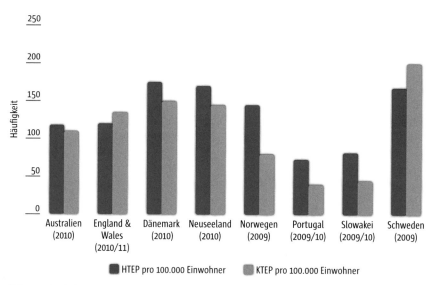

Abb. 1   Häufigkeit primärer Hüft- und Knietotalendoprothesen im internationalen Vergleich
(adaptiert nach Sadoghi et al. 2012; Vielgut et al. 2013)

Die nationale Entwicklung ging seit 2001 von freiwilligen Registern für Hüft-endoprothesen aus, die allerdings mit einer geringen Rücklaufquote verbunden waren. Weniger als 15% der abgerechneten Fälle waren darin enthalten. Valide Daten als Grundlage für optimale Qualitätsarbeit waren daher nicht ausreichend vorhanden. In weiterer Folge wurde die Routine-Dokumentation im Zuge der leistungsorientierten Krankenanstaltenfinanzierung (LKF) um verpflichtende Routinedaten erweitert und in Einklang mit dem System Austrian Inpatient Quality Indicators (A-IQI) gebracht, das sich vollständig auf Routinedokumentation stützt. Dadurch werden die Daten für Diagnostik, Therapie, Implantation und Revision vollständig, einheitlich und österreichweit zu 100% erfasst.

Der vorliegende Beitrag stellt unsere Erfahrungen und das Potenzial der vollständigen österreichweiten Erfassung von Hüft- und Knieendoprothesen-Revisionen auf Basis erweiterter Routinedaten dar. Zusätzlich stellen wir unseren Weg der Ergebnisdissemination und der praktischen Konsequenzen vor.

2.2   Methodik der Datenerhebung

Aufgrund der mangelnden Dateneingabe in den freiwilligen Registern entschied sich das nunmehrige österreichische Bundesministerium für Arbeit, Soziales, Gesundheit und Konsumentenschutz (BMASGK) 2013 in Zusammenarbeit mit den wissenschaftlichen Fachgesellschaften für Orthopädie und Unfallchirurgie dazu, die Datenerhebung umzugestalten. Das Ziel war es, die Registerinformationen daraufhin zum Großteil durch Routinedaten zu erfassen, um einen vollständigen und korrekten Datensatz zu schaffen. Dies geschah zusätzlich zu der Regelung der österreichischen Medizinproduktebetreiberverordnung (BGBl. II Nr. 70/2007 i.d.g.F.), wodurch jeder Betreiber eines Medizinproduktes ein dementsprechendes Implantatregister zu führen hat.

Ein Großteil der erfassten Parameter wurde durch Erweiterungen und Differenzierungen in die Routinedokumentation des österreichischen LKF-Systems aufgenommen und als Pflichtfelder bei der Codierung definiert. Diese beinhaltet bspw. die Angabe zumindest eines Revisionsgrundes (aus 30) als Diagnose bei jeder Hüft- oder Knierevision oder eine Seitenangabe (li/re). Weiters wurden die Eingriffe an Hüfte und Knie in einer weitaus differenzierteren Form im LKF-Leistungskatalog abgebildet. Indikatoren für Erstimplantation und Revision wurden in A-IQI integriert. Die gesonderte Erfassung jedes Revisions-Falles erfolgt über eine Website. Alle bereits vorhandenen Routinedaten sind dort bereits vorbefüllt, und nur mehr die darüber hinaus zusätzlich benötigten Informationen sind vom Krankenhaus einzugeben. Diese ergänzenden, retrospektiv erhobenen Daten betreffen vor allem:

- Komorbiditäten
- Komplikationen
- Stehzeit und
- verwendete Medizinprodukte.

Wie auch in A-IQI erhalten sowohl die Gesundheitsfonds als auch die Krankenhäuser Ergebnisse und Vergleichswerte aus der Erhebung.

Durch die Neuregelung der Pseudonymisierung von Patientendaten im „Bundesgesetz über die Dokumentation im Gesundheitswesen" (BGBl. Nr. 745/1996 i.d.g.F.) im Jahr 2015 wurde die Messung von Revisionsraten ausschließlich durch Routinedaten erstmals möglich. Seither wird die Pseudonymisierung der gesundheitsbezogenen Daten der stationären Patientinnen und Patienten sowohl mittels Einweg-Ableitung des bereichsspezifischen Personenkennzeichens (bPK GH-GD) in ein Pseudonym als auch durch Einweg-Ableitung der Aufnahmezahl in eine Datensatz-ID sowie durch das Ersetzen des Geburtsdatums durch Altersgruppen gewährleistet.

Seit 2017 werden auch Revisionen von Knieendoprothesen detailliert in den Routinedaten des LKF-Systems dargestellt. Dementsprechend fand im selben Jahr die erste, über die Routinedaten hinausgehende bundesweite Erhebung aller Revisionen von Hüft- und Knieendoprothesen statt.

Die Basisauswertung erfolgt nach den von der Technischen Universität Berlin (Mansky et al. 2013, 2017) entwickelten „Inpatient Quality Indicators" (IQI). Diese Qualitätsmessung wird analog zu Schweiz (CH-IQI) und Deutschland (G-IQI) nach Adaptation an nationale Gegebenheiten seit 2011 in ganz Österreich (A-IQI) verwendet (aktuell Vers. 5.1; Türk et al. 2018). Darüber hinaus werden Endoprothesen-Revisionen innerhalb von 12 Monaten nach Implantation differenziert nach Indikation und Eigen- sowie Fremdrevisionen analysiert.

Zusätzlich zu den regulären A-IQI Indikatoren mit Datenbasis 2016 wurden alle in diesem Jahr durchgeführten Revisionen über die erweiterten und differenzierenden Routinedaten hinaus betrachtet – die gesonderte Erfassung jedes Revisions-Falles. Der Zeitpunkt der Erstimplantation ist in dieser Analyse unbeschränkt.

> *!* Die Erhebung von Revisionsraten ausschließlich mittels routinemäßig dokumentierten pseudonymisierten Patientendaten wurde durch das im Jahr 2015 in Kraft getretene „Bundesgesetz über die Dokumentation im Gesundheitswesen" (BGBl. Nr. 745/1996 i.d.g.F.) erstmals möglich.

2.3 Ergebnisse der Endoprothetikversorgung in Österreich

2.3.1 Erstimplantationen einer Hüft- oder Knieendoprothese

Basierend auf den Routinedaten des österreichischen LKF-Systems wurden im Datenjahr 2016 in Österreich 21.988 Primärimplantationen an der Hüfte durchgeführt. Davon entfielen 16.854 Fälle (76,65%) auf Erstimplantationen bei Koxarthrose und chronischer Arthritis, 4.536 Fälle (20,63%) auf Erstimplantationen bei Schenkelhals- und pertrochantärer Fraktur und 598 Fälle (2,72%) wurden unter „anderen" Indikationen zusammengefasst.

Am Knie wurden im selben Datenjahr 19.443 Erstimplantationen durchgeführt. Davon entfielen 18.920 Fälle (97,31%) auf Erstimplantationen bei Gonarthrose und chronischer Arthritis und 523 Fälle (2,69%) wurden unter „anderen" Indikationen zusammengefasst.

Es wurden zusätzlich in 460 Fällen Tumorendoprothesen in Hüfte oder Knie implantiert. In 25 Fällen wurde einseitig eine Hüft- und Knieendoprothese implantiert.

2.3.2 Revisionen einer Hüft- oder Knieendoprothese

Wie im methodischen Teil dargestellt, basieren die hier dargestellten Daten sowohl auf erweiterten Routinedaten der LKF mit Datenbasis 2016 als auch auf retrospektiven Krankengeschichtenanalysen mit fallbezogenem Dokumentationsbogen. Festzuhalten ist, dass die Bezeichnung Revision in diesem Kapitel synonym zu Prothesenwechsel verwendet wird und keine Einschränkung des Erstimplantationsdatums gegeben ist.

Im Jahr 2016 wurden in Österreich demnach 2.521 Fälle einer Hüft- und 1.928 Fälle einer Knieendoprothese revidiert und erfasst.

Wesentliche epidemiologische Daten bei Hüft- und Knieendoprothesen-Revisionen sind in der Subgruppenanalyse der Tabelle 1 dargestellt.

Tab. 1   Detailergebnisse Hüft- und Knieendoprothesen-Revisionen, Datenbasis 2016
         in Österreich*

	Hüftendoprothesen-Revisionen	Knieendoprothesen-Revisionen
Anzahl Revisionen (Datenbasis 2016)	2.521	1.928
Altersgruppen		
■ ≤ 50 Jahre	9,41%	9,79%
■ 51–60 Jahre	15,31%	18,36%
■ 61–70 Jahre	30,74%	35,01%
■ 71–80 Jahre	34,07%	32,62%
■ ≥ 80 Jahre	10,48%	4,20%
mindestens 1 Komorbidität	57,6%	53,1%
Polypharmazie (> 5 regelmäßige Medikamente/d)	52%	50,8%
Übergewicht (BMI > 25) u. Adipositas	65%	81,2%
Revisionen in der Klinik der Erstimplantation	57,2%	59,2%
3 häufigste Revisionsgründe	32,5% Implantat-lockerung 21,9% Infektion 15,6% Periprothet. Fraktur	34,4% Infektion 24,2% Implantat-lockerung 17,4% sonstige
Prothesen-Lebensdauer**		
■ 0–2 Jahre	38,0%	46,9%
■ 3–9 Jahre	22,2%	31,8%
■ 10–19 Jahre	29,1%	19,3%
■ über 20 Jahre	10,7%	2,0%

* Prozentzahlen teilweise gerundet
** Die Prothesen-Lebensdauer ist definiert als Zeitraum zwischen Erstimplantation und Erst-Revision. Durch die Rekonstruktion von Patientenhistorien war es möglich, die Prothesen-Lebensdauer einzelner Implantate zu ermitteln (n Hüfte = 1.523, n Knie = 1.157). Als Limitation muss hierbei allerdings ausdrücklich festgehalten werden, dass lange Prothesen-Lebensdauern, bei denen die Rekonstruktion der Patientenhistorie nicht möglich war, unterrepräsentiert sein können. Demnach besteht die Möglichkeit, dass die repräsentierten Daten hin zu kürzeren Prothesen-Lebensdauern verschoben sind.

Mindestens eine Komorbidität war bei 57,56% der Patientinnen und Patienten, die eine Hüftendoprothesen-Revision erhielten, sowie bei 53,1% der Personen mit einer Knieendoprothesen-Revision vorhanden (s. Abb. 2).

Die präoperative Verweildauer von stationärer Aufnahme bis zum Eingriff betrug bei zwei Drittel der Hüftendoprothesen-Revisionen (66,89%) und bei dem Großteil der Knieendoprothesen-Revisionen (80,86%) zwischen 0 bis 2 Tagen. Die Verweildauer lag in 38,48% der Hüftendoprothesen-Revisionen und in 47,20% der Knieendoprothesen-Revisionen zwischen 8 bis 14 Tage.

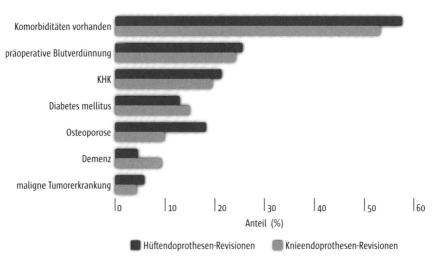

Abb. 2   Anteil von Patientinnen und Patienten mit Komorbiditäten bei Hüft- und Knieendoprothesen-Revisionen

Wechseloperationen innerhalb eines Jahres – Ergebnisse der Sonderauswertung Endoprothetik-Revisionen

Bei Hüftendoprothesen zeigte sich eine Revisionsrate innerhalb eines Jahres von 1,98 %. Der Großteil (93,12 %) der Revisionen einer Hüftendoprothese innerhalb eines Jahres wurde in derselben Krankenanstalt durchgeführt, in der auch die Erstimplantation erfolgte.

Bei Knieendoprothesen lag die Revisionsrate innerhalb eines Jahres bei 2,13 %. Auch bei einer Knieendoprothesen-Revision innerhalb eines Jahres wurde der Großteil (90,66 %) in derselben Krankenanstalt durchgeführt, in der auch die Erstimplantation erfolgte.

> **!** 2015/2016 wurden in Österreich rund 2 % der Hüft- als auch der Knie-
> endoprothesen-Primärimplantationen innerhalb eines Jahres revi-
> diert.

2.3.3   Gründe für Wechseloperationen

Mittels der oben präsentierten Daten der bundesweiten Erhebung wurde in einer Korrelationsanalyse der Zusammenhang zwischen unterschiedlichen Messgrößen und Patientinnen-/Patienten-Eigenschaften untersucht und hinsichtlich der statistischen Signifikanz mit einem Konfidenzintervall von 95 % ($p \leq 0,05$) als auch der Effektstärke untersucht.

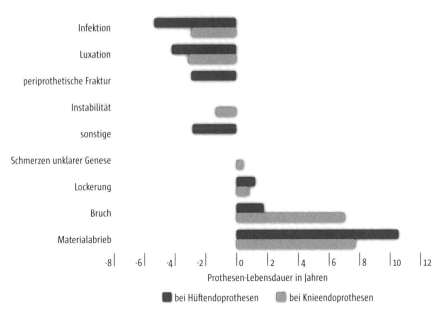

Abb. 3   Signifikante Zusammenhänge zwischen Prothesen-Lebensdauer und Hauptrevisionsgründen bei Hüft- und Knieendoprothesen-Revisionen. Die präsentierten Zusammenhänge sind
allesamt statistisch signifikant (p ≤ 0,05) und zeigen sowohl den Zusammenhang als auch
die Stärke des Zusammenhangs in Jahren an, der zwischen den jeweiligen Hauptrevisionsgründen und der damit verbundenen Prothesen-Lebensdauer im Vergleich zur durchschnittlichen Prothesen-Lebensdauer aller Hüft- respektive Knieendoprothesen besteht.

Zusammenhang zwischen Hauptrevisionsgründen und Prothesen-Lebensdauer

Die statistische Signifikanz wurde mittels eines zweiseitigen Wilcoxon-Rang-
summentests ermittelt. Die Effektstärke wurde definiert als Differenz der
Prothesen-Lebensdauer im Zusammenhang mit den Hauptrevisionsgründen.
Es fanden sich signifikante Verkürzungen und Verlängerungen der Prothesen-Lebensdauern bei diversen Hauptrevisionsgründen, wie in Abbildung 3
dargestellt.
Exemplarisch soll die Entwicklung der Prothesen-Lebensdauern bei dem
Hauptrevisionsgrund Infektion vorgestellt werden. So fand sich dabei eine
signifikant kürzere Prothesen-Lebensdauer von Hüftendoprothesen, die im
Mittel 5,28 Jahre betrug. Bei Knieendoprothesen betrug die signifikant ver-
kürzte Prothesen-Lebensdauer durchschnittlich 2,88 Jahre.

Komplikationen bei Wechseloperationen

Die statistische Signifikanz wurde mittels Chi-Quadrat Test ermittelt. Die Effektstärke wurde durch das relative Risiko einer Komplikation angegeben.
Komplikationen wurden im Zuge der Erarbeitung des A-IQI-Rückmeldebogens
im Expertenkonsens definiert. Folgende Komplikationen wurden erfasst:

- allgemeine Komplikationen (TVT, Herzinfarkt/-insuffizienz, Blutverlust, Allergien/Unverträglichkeiten, systemischer Infekt)
- OP-spezifische Komplikationen (lokaler Infekt, intraoperative Fraktur, lokale Blutung/Hämatom, Nervenverletzung, Luxation, Lockerung)

Eine signifikante Erhöhung des Komplikationsrisikos fand sich bei dem Hauptrevisionsgrund Infektion. Dabei erhöhte sich das relative Risiko für eine Komplikation bei Hüftendoprothesen-Revisionen auf das 2,33-fache und bei Knieendoprothesen-Revisionen auf das 2,26-Fache.

2.4 Nutzung der Qualitätsdaten

Durch Qualitätsmessung kann Verbesserungspotenzial in der gesamten Patientenbehandlung (Strukturen, Prozesse, Ergebnisse) identifiziert werden. Für den Umgang mit den vorhandenen Qualitätsdaten wurde ein Jahresablaufplan erarbeitet, der die Meilensteine Datenanalyse (Erstanalyse, Versand der Ergebnisse an Gesundheitsfonds und Krankenhäuser, Kodierüberprüfung), Information und Peer-Review-Verfahren beinhaltet.

Um die Ergebnisse der Messungen zu disseminieren werden die Resultate im Wesentlichen für zwei Gruppen aufbereitet: einerseits für Expertinnen und Experten (A-IQI Bericht), andererseits für die Bevölkerung (kliniksuche.at).

2.4.1 Nationaler A-IQI-Qualitätsbericht und Themenbericht Endoprothetik

Seit 2013 erfolgt durch das BMASGK eine jährliche Berichterstattung hinsichtlich des Systems A-IQI. Dargestellt werden im A-IQI-Bericht die Ergebnisse der A-IQI-Qualitätsindikatoren des jeweiligen Berichtsjahres, die Ergebnisse der stattgefundenen Peer-Review-Verfahren sowie die sich daraus ableitenden Verbesserungsmaßnahmen und deren Monitoring. Schlussendlich wird ein Ausblick über die zukünftigen Aktivitäten gegeben (Türk et al. 2018a).

In Spezialberichten, wie beispielsweise dem kürzlich veröffentlichten Bericht zur „Hüft- und Knieendoprothetik in Österreich", wird auf die historische Entwicklung und die gesetzlichen Grundlagen im speziellen Themengebiet der Endoprothetik eingegangen. Neben Beiträgen durch die Fachgesellschaften für Orthopädie und Unfallchirurgie werden darin auch die Perspektiven der Industrie und der Patientenanwaltschaft dargestellt. Schlussendlich werden die Ergebnisse der Hüft- und Knieendoprothetik im Detail dargestellt (Türk et al. 2018b).

> *!* Die Berichterstattung für Expertinnen und Experten erfolgt einerseits mit den jährlichen A-IQI-Berichten sowie andererseits mit Spezialberichten, wie beispielsweise dem kürzlich veröffentlichten Bericht zur „Hüft- und Knieendoprothetik in Österreich".

2.4.2 Peer-Review-Verfahren

Auslöser für Peer-Review-Verfahren sind die vorhandenen Qualitätsdaten. Jährlich werden Schwerpunkte festgelegt, aktuell Magenoperationen. Alle statistisch signifikanten Auffälligkeiten in den Indikatoren werden laut Jahresablaufplan analysiert und Peer-Review-Verfahren durchgeführt. Das Herzstück des Verfahrens ist die gemeinsame Diskussion der Einzelfälle mit den Verantwortlichen vor Ort und eine anschließende gemeinsame Festlegung von Verbesserungsmaßnahmen. Ziele sind:

- Optimierung des gesamten Behandlungsprozesses (von Abteilungsdenken zu interdisziplinären Fallbetrachtungen; Abläufe, Strukturen und Schnittstellen optimieren)
- Aufdecken lokaler Besonderheiten (Krankenhausstruktur und Umfeld)
- Etablieren einer offenen Fehlerkultur (offene sachliche Diskussion mit allen Beteiligten, Förderung von kritischer Selbsteinschätzung)
- Nachhaltigkeit des Verbesserungsprozesses
- Kontrolle der Kennzahlen

2.4.3 Kliniksuche.at – Veröffentlichung der Ergebnisse für die Bevölkerung

Kliniksuche.at ist eine vom BMASGK unterhaltene und mit Daten der LKF sowie Daten der Plattform Qualitätsberichterstattung befüllte Online-Plattform zur Veröffentlichung von patientenrelevanten Qualitätsdaten. Durch die Darstellung soll die Bevölkerung in Vorbereitung auf einen Krankenhausaufenthalt bei der Entscheidungsfindung unterstützt werden.

Die dargestellten Informationen auf Kliniksuche.at umfassen sieben Themengebiete mit insgesamt 35 einzeln abrufbaren Eingriffen, die österreichweit auf Krankenhausebene dargestellt werden. Konkret werden dazu die Anzahl der behandelten Fälle, diverse Kriterien zum Aufenthalt (z.B.: Verweildauer, Operationstechnik) als auch allgemeine Kriterien des Krankenhauses dargestellt.

> Die staatlich verwaltete Online-Plattform kliniksuche.at veröffentlicht patientenrelevante Qualitätsdaten und unterstützt die Bevölkerung dadurch sowohl bei der Vorbereitung eines Krankenhausaufenthaltes als auch bei der Entscheidungsfindung.

Im Themengebiet „Bewegungsapparat", werden unter anderem die elektiven Eingriffe „Hüftprothese" und „Knieprothese" aufgeführt. Angezeigt werden darin sämtliche Krankenhäuser in denen diese Operationen durchgeführt werden. Dargestellt und bewertet wird die Anzahl dieser Operationen (über, in oder unter der bundesweiten Bandbreite) und als Kriterium für den Aufenthalt die Verweildauer (bundesweiter Vergleichswert) im jeweiligen Kranken-

Abb. 4   Darstellung eines Beispielkrankenhauses auf kliniksuche.at (Quelle: kliniksuche.at)

haus. Allgemeine Kriterien des Krankenhauses umfassen Faktoren zu einge-
richtetem Entlassungs- und OP-Management, Meldesystem für Krankenhaus-
infektionen, Patientenbefragungen, Beschwerde-/Feedbackmanagement und
strukturiertem Vorgehen im Umgang mit Risiken, kritischen Situationen und
Fehlern (s. Abb. 4).

2.5   Zusammenfassung

Ansteigende Erst- und Folgeimplantationen (Revisionen, Wechsel) von Knie-
und Hüftendoprothesen bedürfen eines besonderen Monitorings inkl. der Evaluation aller Qualitätsmerkmale.

In Österreich erfolgt die Diagnosencodierung entsprechend internationaler
Vorgaben nach ICD-10. Die leistungsorientierte Krankenanstaltenfinanzierung (LKF) erlaubt durch eine jährliche Anpassung über eine nationale Verordnung eine rasche Anpassung an neue Gegebenheiten. Diese bundeseinheit-
liche, verpflichtende und einfache Codierung im Rahmen der Abrechnung
einerseits, und die Pseudonymisierung von Patientendaten andererseits, ergeben zusammen eine kurzfristig verfügbare (ca. 6 Monate nach Kalender-
jahresabschluss) und praktisch komplette österreichweite Datenlage und ist
Registern damit in der Qualitätsarbeit überlegen. Kurzfristige Revisionen (in
unserer Auswertung innerhalb von 12 Monaten) von Implantaten können dadurch identifiziert sowie Langzeitergebnisse, Korrelationsanalysen und eventuelle Fehleranalysen durchgeführt werden. Eine Auswertung anhand von
A-IQI-Indikatoren und ergänzende Vor-Ort-Peer-Review-Verfahren erlauben
eine unmittelbare individuelle Analyse einer optimierungsbedürftigen Pro-
zess- und Ergebnisqualität, sofortige Reaktion und weiters ein Monitoring
eingeleiteter Maßnahmen. Analog dazu können, neben der „akuten" Fehler-
meldung von Medizinprodukten an das nationale Bundesamt für Sicherheit
im Gesundheitswesen, auch langfristig eventuelle Schwachstellen bei eingesetzten Medizinprodukten erkannt und korrigiert werden.

Die erhobenen Daten können zu bundesweiten und internationalen Vergleichen verwendet werden. Durchschnittsberechnungen für ganz Österreich erlauben Leistungserbringern und auch Patientinnen und Patienten individuelle Vergleiche. Eine 2013 publizierte systematische Analyse nationaler Endoprothetik-Register zeigte in Bezug auf Revisionsursachen bei HTEP vorwiegend aseptische Lockerungen, gefolgt von Luxationen und septischen Lockerungen. Bei KTEP fanden sich ebenso primär aseptische Lockerungen, gefolgt von septischen Lockerungen und Schmerzen aufgrund unklarer Ursachen als Revisionsgründe (Sadoghi et al. 2013). Auch in Österreich ist bei Hüftendoprothesen-Revisionen 2016 der primäre Revisionsgrund die nicht infektiöse Lockerung, bei den Knieendoprothesen-Revisionen sind in Österreich die Infektionen (septische Lockerung) häufiger als international. Dies ist in Hinblick auf die erhöhte postoperative Morbidität und Mortalität nach Implantatinfektionen von Bedeutung (Boddapati et al. 2018).

Die Kombination aus erweiterten, differenzierenden und verpflichtend mit der Abrechnung zu erfassenden Codes, die Auswertung anhand von A-IQI-Indikatoren und Peer-Review-Verfahren erhöhen die Patientensicherheit und schaffen Transparenz für Patientinnen und Patienten, Gesundheitsdiensteund Medizinprodukteanbieter. Durch die Verbindung der Datenerfassung mit der Leistungsabrechnung sind die Daten bundesweit gleichartig und vollständig erfasst. Sie lassen dadurch hohe Integrität mit minimalem administrativem Aufwand erwarten.

Ab 1.1.2015 waren die gesetzlichen Grundlagen der Verwendung pseudonymisierter Daten geschaffen, die eine exakte Darstellung aller Krankheitsverläufe (Patientenkarrieren) ermöglicht. Dies wurde für die oben dargestellte Sonderauswertung zu Endoprothesenrevisionen innerhalb der ersten 12 Monate nach Erstimplantation verwendet und zeigt, dass eine klare statistische Datenlage entsteht. Seit ihrer Einführung 2015 erlaubt die Pseudonymisierung der Patientendaten die Betrachtung von Jahr zu Jahr längerer Krankheitsverläufe und reduziert zusätzliche retrospektive Erhebungen.

Take home messages

- Durch die Integration relevanter Parameter der Hüft- und Knie-Endoprothetik in das System A-IQI sowie in die österreichische leistungsorientierte Krankenanstaltenfinanzierung (LKF), durch die damit einhergehende Reduktion zusätzlicher retrospektiver Erhebungen je Revision sowie durch die Neuregelung der Pseudonymisierung von Patientendaten wurde die 100%ige Erfassung aller nationalen Revisionen von Hüft- und Knietotalendoprothesen ermöglicht.
- Als häufigste Hauptrevisionsgründe zeigten sich sowohl bei Hüft- als auch bei Knieendoprothesen Implantatlockerungen und Infektionen. Mittels Korrelationsanalysen konnte weiters gezeigt werden, dass signifikante Zusammenhänge zwischen diversen Hauptrevisionsgründen

und der Haltbarkeit von Hüft- und Knieimplantaten bestehen. Infektionen verkürzten die durchschnittliche Haltbarkeit einer Hüftendoprothese demnach um 5,28 Jahre, die Haltbarkeit einer Knieendoprothese um 2,88 Jahre.

- *Neben der Berichterstattung für Expertinnen und Experten wird die Aufbereitung der Qualitätsdaten in einer patientenrelevanten und verständlichen Form auf der staatlich verwalteten Online-Plattform kliniksuche.at regelmäßig durchgeführt. Dadurch soll die Bevölkerung bei der Vorbereitung auf einen Krankenhausaufenthalt und der Entscheidungsfindung Unterstützung erhalten.*

Literatur

Bhandari M, Smith J, Miller L, Block J (2012) Clinical and Economic Burden of Revision Knee Arthroplasty. Clinical Medicine Insights: Arthritis and Musculosceletal Disorders 5:89–94. doi: 10.4137/CMAMD.S10859

Boddapati V, Fu MC, Mayman DJ, Su EP, Sculco PK, McLawhorn AS (2018) Revision total knee arthroplasty for periprosthetic joint infection is associated with increased postoperative morbidity and mortality relative to noninfectious revisions. J Arthroplasty. 33(2):521–526. doi: 10.1016/j.arth.2017.09.021.

Leitner L, Türk S, Heidinger M, Stöckl B, Posch F, Maurer-Ertl W, Leithner A, Sadoghi P (2018) Trends and Economic Impact of Hip and Knee Arthroplasty in Central Europe: Findings from the Austrian National Database. Sci Rep. 8(1):4707. doi: 10.1038/s41598-018-23266-w

Mansky T, Nimptsch U, Cools A, Hellerhoff F (2017) G-IQI–German Inpatient Quality Indicators Version 5.1–Band 2: Definitionshandbuch für das Datenjahr 2017. Universitätsverlag der TU Berlin (Version 4.0: 2013)

Mansky T, Nimptsch U, Winklmair C, Hellerhoff F (2013) G-IQI German Inpatient Quality Indicators Version 4.0. Band 3. Erläuterungen und Definitionshandbuch für das Datenjahr 2013. 2. Auflage. Universitätsverlag der TU Berlin. URL: https://www.seqmgw.tu-berlin.de/fileadmin/fg241/GIQI_V40_Band_3_Aufl_2_online.pdf (abgerufen am 26.09.2018)

McGrory B, Etkin C, Lewallen D (2016) Comparing contemporary revision burden among hip and knee joint replacement registries. Arthroplasty Today 2, 83e86. http://dx.doi.org/10.1016/j.artd.2016.04.003

Sadoghi P, Liebensteiner M, Agreiter M, Leithner A, Böhler N, Labek G (2013) Revision surgery after total joint arthroplasty: a complication-based analysis using worldwide arthroplasty registers. J Arthroplasty. 28(8):1329–32. doi: 10.1016/j.arth.2013.01.012.

Sadoghi P, Schröder C, Fottner A, Steinbrück A, Betz O, Müller PE, Jansson V, Hölzer A (2012) Application and survival curve of total hip arthroplasties: a systematic comparative analysis using worldwide hip arthroplasty registers. Int Orthop. 36(11):2197–203. doi: 10.1007/s00264-012-1614-6.

Türk S, Amon M, Bachinger G, Heidinger M, Klimek P, Lindinger P, Vukic I, Wiss. Ges. f. Orthopädie und Unfallchirurgie (2018b) Hüft- und Knie-Endoprothetik in Österreich. Wien: BMASGK. https://www.bmgf.gv.at/cms/home/attachments/7/5/0/CH1367/CMS1385999778812/180727_endoprothetik-bericht_final.pdf (abgerufen am 28.07.2018)

Türk S, Amon M, Pesec B, Rath I, Vukic I (2018) Austrian Inpatient Quality Indicators (A-IQI). Indikatorenbeschreibung Version 5.1. Wien: BMASGK. https://www.bmgf.gv.at/cms/home/attachments/3/2/9/CH1367/CMS1411031157954/indikatorenbeschreibung_aiqi_5.1.pdf (abgerufen am 28.07.2018)

Türk S, Pesec B, Amon M, Rath I, Vukic I (2018a) Austrian Inpatient Quality Indicators (A-IQI) Bericht 2017. Wien: BMASGK. https://www.bmgf.gv.at/cms/home/attachments/7/5/0/CH1367/CMS1385999778812/a-iqi_bericht_2017.pdf (abgerufen am 28.07.2018)

Vielgut I, Kastner N, Pichler K, Holzer L, Glehr M, Gruber G, Leithner A, Labek G, Sadoghi P (2013) Application and surgical technique of total knee arthroplasties: a systematic comparative analysis using worldwide registers. Int Orthop. 37(8):1465–9. doi: 10.1007/s00264-013-1933-2.

Dr. Silvia Türk

Lehre der pharmazeutischen Assistentin, Studium der Humanmedizin an der Universität Wien, Berechtigung zur selbstständigen Berufsausübung als Allgemeinmedizinerin, Studium Gesundheitsmanagement und -ökonomie an der Wirtschaftsuniversität Wien. Seit 2009 Abteilungsleiterin der Abteilung VIII/C/8, Qualität im Gesundheitswesen und Gesundheitssystemforschung des Bundesministeriums für Arbeit, Soziales, Gesundheit und Konsumentenschutz (BMASGK).

Martin Heidinger

Student der Humanmedizin an der Medizinischen Universität Graz und seit 2017 Mitarbeiter der Abteilung VIII/C/8 des Bundesministeriums für Arbeit, Soziales, Gesundheit und Konsumentenschutz (BMASGK).

Margarita Amon, M.Sc.

Ausgebildete Gesundheits- und Krankenschwester. Studium Gesundheitsmanagement sowie Patientensicherheit und Qualität. Seit 2008 im Qualitätsmanagement tätig und seit 2014 Mitarbeiterin der Abteilung VIII/C/8 des Bundesministeriums für Arbeit, Soziales, Gesundheit und Konsumentenschutz (BMASGK).

3 Umsetzungsstand der planungs-
relevanten Qualitätsindikatoren

Claus Fahlenbrach und Britta Poppinga

3.1 Vorbemerkung und Einleitung

Im Koalitionsvertrag zur 18. Legislaturperiode (2013–2017) hatten die Koalitions-
partner CDU, CSU und SPD schon im November 2013 ausgeführt, dass sie Qualität als weiteres Kriterium für Entscheidungen bei der Krankenhausplanung
gesetzlich einführen wollen (Bundesregierung 2013).

Eine von der damaligen Bundesregierung eingesetzte Bund-Länder-Arbeits-
gruppe[1] zur Krankenhausreform 2015 hat ein knappes Jahr später Eckpunkte
vorgelegt, die zu umfangreichen gesetzlichen Änderungen durch das Gesetz
zur Reform der Strukturen der Krankenhausversorgung (Krankenhausstrukturgesetz – KHSG) vom 10. Dezember 2015 geführt haben.

> *„Qualität soll als weiteres Kriterium bei der Krankenhausplanung der Länder gesetzlich
> eingeführt werden. Die Länder werden so effektiv bei der Qualitätsplanung unterstützt.
> Dazu soll der Gemeinsame Bundesausschuss Qualitätsindikatoren entwickeln und die-
> se den Ländern für Planungszwecke zur Verfügung stellen." (Bund-Länder-AG 2014)*

Diese Eckpunkte wurden überwiegend mit dem KHSG durch Änderungen im
Sozialgesetzbuch Fünftes Buch (SGB V), Krankenhausfinanzierungsgesetz (KHG)

---

1 Unter dem Vorsitz des damaligen Bundesgesundheitsministers Hermann Grohe (CDU) haben mitgearbeitet: die
Vorsitzende der Gesundheitsministerkonferenz, Cornelia Prüfer-Storcks (SPD), Vertreter der Bundesländer Bayern,
Bremen, Hessen, Niedersachsen, Nordrhein-Westfalen, Rheinland-Pfalz, Saarland und Sachsen

und weiteren Gesetzen umgesetzt. Neben anderen qualitätsorientierten Regelungen für die Krankenhausversorgung in Deutschland (wie z.B. Strukturfonds, neue Notfallversorgungsstrukturen, Zentralisierung von komplexen Leistungen, Mindestmengen) wurden für die Krankenhausplanung der Länder die sogenannten planungsrelevanten Qualitätsindikatoren (plan QI) eingeführt[2]. Hiermit wurden die überwiegend bundesrechtlich geregelte Qualitätssicherung für Krankenhäuser und die in der Zuständigkeit der Länder liegende Krankenhausplanung, die bis dahin wenig verbunden waren, rechtlich und inhaltlich verknüpft.

Unter dem Aspekt der qualitätsorientierten Krankenhausplanung waren die wesentlichsten Neuerungen, dass der Gesetzeszweck der wirtschaftlichen Sicherung von Krankenhäusern in § 1 Absatz 1 KHG um das Ziel der patientengerechten und hochwertigen qualitativen Versorgung als Grundlage für Entscheidungen (auch in der Krankenhausplanung) erweitert wurde. Mit dem neu eingeführten § 136c SGB V wurde der Gemeinsame Bundesausschuss (G-BA) beauftragt, die plan QI zu erarbeiten. Hiermit sollte den Bundesländern ein Instrument an die Hand gegeben werden, mit dem sie zukünftig die Versorgungsqualität bei Entscheidungen im Rahmen der Krankenhausplanung berücksichtigen sollen.

Mit dem GKV-Versorgungsstärkungsgesetz (GKV-VSG) wurde 2015 den Bundesländern bei den Richtlinien nach § 92 Absatz 1 Satz 2 Nummer 13 SGB V und den Beschlüssen nach §§ 136b und 136c SGB V ein Mitberatungsrecht im Gemeinsamen Bundesausschuss eingeräumt[3], soweit diese Richtlinien und Beschlüsse für die Krankenhausplanung von Bedeutung sind. Somit hatten die Länder von Beginn an auch ein Mitberatungsrecht bei der Erarbeitung der Richtlinie zu planungsrelevanten Qualitätsindikatoren (plan. QI-RL) durch den G-BA.

Gutes oder schlechtes Abschneiden bei den plan QI soll bei der Krankenhausplanung mitentscheidend sein. Eine nicht nur vorübergehend und in einem erheblichen Maß unzureichende Qualität soll dazu führen, dass ein Krankenhaus ganz oder teilweise aus dem Krankenhausplan herausgenommen bzw. nicht dort aufgenommen wird.

In § 6 Abs. 1a KHG wurde vorgegeben, dass die Empfehlungen des G-BA zu den planungsrelevanten Qualitätsindikatoren (automatisch) Bestandteil des Krankenhausplans sind. Aber schon im Gesetz wurden Ausnahmen ermöglicht, indem durch Landesrecht die Geltung der planungsrelevanten Qualitätsindikatoren ganz oder teilweise ausgeschlossen oder eingeschränkt werden kann. Gleichzeitig wurde den Ländern aber auch ermöglicht, weitere länderspezifische Qualitätsanforderungen zum Gegenstand der Krankenhausplanung zu machen.

Die Bewertung und die Anwendung der plan QI bei der Krankenhausplanung ist in den Bundesländern nicht einheitlich. Die überwiegende Anzahl der Bun-

---

2 KHSG vom 10.12.2015 in Artikel 1 Nr. 1, 2 und 3 [§§ 1, 6 und 8 KHG] sowie Artikel 6 Nr. 15 [§ 136c SGB V neu] BGBl 2015 Teil I Nr. 51 vom 17.12.2015
3 § 92 Absatz 7f SGB V neuer Satz 1, Gesetz zur Stärkung der Versorgung in der gesetzlichen Krankenversicherung (GKV-Versorgungsstärkungsgesetz – GKV-VSG) vom 11.06.2015, BGBl 2015 Teil I S. 1211

automatische Anwendung Plan-QI im Landeskrankenhausgesetz ausgeschlossen
Gesetzesänderungsprozess eingeleitet oder geplant
keine Änderungen im Landesrecht derzeit vorgesehen

Abb. 1   Landeskrankenhauspläne und Plan-QI

desländer plant, die Landesgesetze zur Krankenhausplanung anzupassen. Die politischen Beratungen sind hierzu noch nicht überall abgeschlossen. Drei Länder haben ihre Landeskrankenhausgesetze bereits angepasst, mit dem Ergebnis, dass der Automatismus zur Übernahme der Empfehlungen des G-BA zu den plan QI in den Krankenhausplan vollständig ausgeschlossen wird. Damit werden die bundeseinheitlich erhobenen Qualitätsinformationen nicht automatisch deutschlandweit ihre Wirkung entfalten können. Eine Übersicht mit Stand Juli 2018 ist in Abbildung 1 dargestellt.

Wie bereits weiter oben ausgeführt, können die Länder gemäß § 6 Absatz 1a Satz 2 KHG ergänzende Qualitätsanforderungen festlegen. Als Beispiel sei hier Hamburg aufgeführt. Dort sollen die plan QI in ihrer unmittelbaren Umsetzung im Rahmen der Krankenhausplanung volle Gültigkeit erlangen. Das Landeskrankenhausgesetz wurde nicht verändert. Ergänzend dazu hat Hamburg mit einer Verordnung über ergänzende Qualitätsanforderungen (HmbGVBl 2018) zur Gewährleistung einer qualitativ hochwertigen stationären Versorgung in den Bereichen Gefäß-, Herz-, Kinderherz- und Thoraxchirurgie Qualitätsanforderungen an personelle und strukturelle Ausstattung sowie an Organisation und Prozesse der Leistungserbringung vorgegeben. Die Erfüllung der Vorgaben ist Voraussetzung für die Erteilung eines Versorgungsauftrages in den entsprechenden Teilgebieten. Diese Verordnung trat am 1. Juli 2018 in Kraft, sodass derzeit noch keine Erfahrungen bezüglich einer konsequenten Umsetzung vorliegen.

Auch andere Bundesländer führten oder führen qualitätsorientierte Vorgaben in die Krankenhausplanung ein. Dies sind überwiegend Struktur- und Personalvorgaben zu einzelnen Fachgebieten wie z.B. Kardiologie oder Geriatrie. Diese Vorgaben sind jedoch in ihrem Grad der Verbindlichkeit und den sich daraus ergebenden Konsequenzen deutlich unterschiedlich gestaltet. Insgesamt zeigt sich ein sehr heterogenes Bild, wie weit in den einzelnen Bundesländern bereits der Qualitätsgedanke in der Krankenhausplanung Eingang gefunden hat. Auch der Detailgrad der Krankenhausplanung, etwa ob diese nur auf Ebene der Fachabteilungen und Bettenanzahl oder auch nach Strukturkriterien oder weiteren detaillierten qualitätsorientierten Planungskriterien stattfindet, ist sehr heterogen und macht die Entwicklung und Auswahl von planungsrelevanten Qualitätsindikatoren und deren Umsetzung auf Länderebene zur Herausforderung.

3.2 Richtlinie zu planungsrelevanten Qualitätsindikatoren (plan. QI-RL)

3.2.1 Der Weg zur Erstversion

Der Gesetzgeber beauftragte mit § 136c Absatz 1 und 2 SGB V den G-BA, Qualitätsindikatoren zur Struktur-, Prozess- und Ergebnisqualität zu entwickeln, die als Grundlage für *qualitätsorientierte Entscheidungen* der Krankenhausplanung geeignet sind, sowie Maßstäbe und Kriterien zur Bewertung der Qualitätsergebnisse von Krankenhäusern festzulegen. Zusätzlich erfolgten weitere gesetzliche Regelungen zur Operationalisierung, z.B. wurde vorgeben, dass erste Indikatoren bis zum 31. Dezember 2016 zu beschließen seien. Aus der engagierten Fristsetzung und der Gesetzesbegründung war herauszulesen, dass die geforderte zügige Beschlussfassung des G-BA nur einen Rückgriff auf bzw. eine Weiterentwicklung von bestehenden Qualitätsindikatoren aus der gesetzlichen Qualitätssicherung der Krankenhäuser zuließ und zunächst nicht vorsah, dass eine Neuentwicklung von Qualitätsindikatoren mehrere Jahre in Anspruch nimmt.

Das im Rahmen der KHSG-Umsetzung neu gegründete Institut für Qualitätssicherung und Transparenz im Gesundheitswesen (IQTIG) wurde vom G-BA am 17.03.2016 (G-BA 2016a) beauftragt, in einem ersten Schritt aus den bestehenden Indikatoren der externen stationären Qualitätssicherung solche auszuwählen, die als Grundlage für qualitätsorientierte Entscheidungen der Krankenhausplanung geeignet sind. Zusätzlich sollte ein Verfahren entwickelt werden, um einrichtungsbezogene Auswertungsergebnisse der plan QI an die für die Krankenhausplanung zuständigen Behörden zu übermitteln. Dabei sollten auch Maßstäbe und Kriterien zur Bewertung der Qualitätsergebnisse festgelegt werden. Gemäß § 136c Abs. 2 sollte das Auswertungsverfahren einschließlich des Strukturierten Dialogs gegenüber dem Verfahren bei der externen stationären Qualitätssicherung der Krankenhäuser um sechs Monate – und damit deutlich – verkürzt werden.

Aus Sicht des IQTIG erschien es am erfolgversprechendsten, für eine rasche Identifikation planungsrelevanter Indikatoren jene Leistungsbereiche herauszuarbeiten, die einzeln oder gemeinsam das Leistungsspektrum eines Fachgebiets (häufige Planungseinheit der Länder) möglichst umfassend abbilden. Nach intensiven Beratungen unter Beteiligung der Länder hat der G-BA die Richtlinie zu planungsrelevanten Qualitätsindikatoren (plan. QI-RL) am 15. Dezember 2016 (G-BA 2016c) und damit innerhalb der vom Gesetzgeber vorgegebenen Frist in einer Erstversion beschlossen. Der G-BA beschrieb in den tragenden Gründen zum Beschluss methodische Limitationen des vom Gesetzgeber implizit als Ausgangsbasis vorgegebenen Rückgriffs auf Indikatoren der externen Qualitätssicherung der Krankenhäuser. Diese Indikatoren ließen in der ersten Stufe der Einführung von plan QI noch keine weitergehende Qualitäts-Differenzierung zu. Parallel wurde eine Liste planungsrelevanter Qualitätsindikatoren beschlossen (G-BA 2016b). Die Liste umfasst die Leistungsbereiche gynäkologische Operationen, Geburtshilfe und Mammachirurgie mit insgesamt elf Qualitätsindikatoren (IQTIG 2016).

Gynäkologische Operationen
- Indikatortyp Indikationsstellung: 2
- Indikatortyp Ergebnisindikator: 1

Geburtshilfe
- Indikatortyp Prozessindikator: 4
- Indikatortyp Ergebnisindikator: 1

Mammachirurgie
- Indikatortyp Prozessindikator: 3

Ziel dieser Richtlinie und deren Weiterentwicklung ist, eine patientengerechte und qualitativ hochwertige stationäre Versorgung zu sichern. In der Richtlinie werden weitere Verfahrensschritte und Detailregelungen getroffen, die zum Beispiel Bestimmungen zur Erhebung, Übermittlung, Prüfung und Auswertung der Daten enthalten. Auch die Rechenregeln und das Vorgehen bei Neuberechnung bei statistischen Auffälligkeiten sowie die Referenzbereiche werden geregelt. Es werden Vorgaben gemacht, jeweils am IQTIG eine Kommission zur fachlichen Klärung der Auffälligkeiten und ein Gremium für die Systempflege zu bilden. Dabei werden Regelungen für die Begleitevaluation sowie für die öffentliche Berichterstattung durch den G-BA festgehalten.

Die Krankenhäuser erfassen die derzeit benötigten Daten bereits im Rahmen der externen stationären Qualitätssicherung. Neu ist die obligate quartalsweise Datenübermittlung. Der Prozess laut plan. QI-RL sieht genaue Datenübermittlungstermine für die Krankenhäuser vor. Im Gegenzug erhalten die Krankenhäuser Zwischenberichte, sogenannte Quartals- und rollierende Jahresauswertungen. Das erste Erfassungsjahr für die Qualitätsindikatoren im Rahmen der plan QI war das Jahr 2017.

Nach der Datenübermittlung beginnt der Prozess der Datenvalidierung. Dieser Prozess besteht aus einem Aktenabgleich und einem Verfahren zur möglichen Korrektur der Dokumentation. Dieses Verfahren wird für vier Gruppen von Krankenhäusern durchgeführt: Krankenhäuser mit statistischen Auffälligkeiten, Krankenhäuser, die im jeweiligen Vorjahr statistische Auffälligkeiten aufgewiesen haben, Krankenhäuser einer Stichprobe und Krankenhäuser, die Daten nachgeliefert haben. Die Prüfung der Dokumentation kann durch die auf Landesebene beauftragte Stelle und/oder den MDK durchgeführt werden. Je nach Kategorie beginnen die Prüfungen am 15. März bzw. 15. April und sind zum 31. Mai abzuschließen. Ist ein Krankenhaus nach Datenvalidierung und ggf. durchgeführter Neuberechnung weiterhin statistisch auffällig, so wird ein Stellungnahmeverfahren durchgeführt. Die Stellungnahme wird durch das IQTIG mittels Unterstützung der Fachkommission gem. § 12 plan. QI-RL fachlich bewertet, um mögliche relevante Ausnahmetatbestände zu ermitteln. Erst wenn alle diese Schritte durchlaufen sind und es auch keine weiteren Hinweise gibt, die bei der Bewertung zu berücksichtigen sind, kann festgestellt werden, dass eine unzureichende Qualität vorliegt. Die Ergebnisse werden an die Planungsbehörden der Länder, die Landesverbände der Krankenkassen und die Ersatzkassen jeweils zum 1. September übermittelt. Anschließend kommt es auf die jeweilige Ausgestaltung der Landeskrankenhausgesetze in den einzelnen Bundesländern an, ob die Empfehlungen des G-BA in den Krankenhausplan vollständig, teilweise oder gar nicht automatisch aufgenommen werden.

Die Ergebnisse des Qualitätssicherungsverfahrens veröffentlicht der G-BA jeweils zum 31. Oktober auf seinen Internetseiten. Diese einrichtungsbezogenen Ergebnisse umfassen alle Einrichtungen, die Leistungen erbringen, die durch die plan QI beschrieben werden.

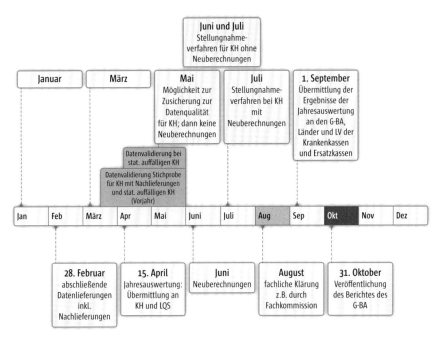

Abb. 2   Zeitliche Verteilung der Verfahrensschritte

Dieser Prozess (im Überblick dargestellt in Abb. 2) ist insgesamt für alle Beteiligten zeitlich anspruchsvoll, doch ist er zum einen inhaltlich notwendig, um eine akzeptable Aktualität der Ergebnisse zu erreichen, zum anderen hat der Gesetzgeber explizit eingefordert, das Verfahren zu verkürzen.[4]

Somit werden den für die Krankenhausplanung zuständigen Landesbehörden sowie den Landesverbänden der Krankenkassen und den Ersatzkassen regelmäßig statistische Auswertungen übermittelt. Zudem werden die Maßstäbe und Kriterien zur Bewertung der Qualitätsergebnisse zur Verfügung gestellt. Hierbei handelt es sich derzeit in erster Linie um für alle Leistungserbringer bundesweit einheitlich gültige Rechenregeln, anhand derer nachvollzogen werden kann, wie die Ergebnisse zustande gekommen sind und welche Aussagekraft sie haben. Es werden aber auch Grenzwerte mitgeliefert, ab wann ein rechnerisches Ergebnis mit einer gegebenen Irrtumswahrscheinlichkeit bei definierten Qualitätsanforderungen als nicht genügend angesehen wird (gem. § 8 plan. QI-RL). Grundsätzliches Ziel ist eine vergleichbare qualitätsorientierte Entscheidung der Krankenhausplanungsbehörden in den einzelnen Ländern, was vermutlich nur mittels bundesweit geltender Rahmenvorgaben erreicht werden kann.

---

4   siehe § 136c Abs. 2 Satz 4 SGB V

3.2.2   Weiterentwicklung der planungsrelevanten Qualitätsindikatoren

Auftrag einer Weiterentwicklung an das IQTIG

Der Regelbetrieb der ersten planungsrelevanten Qualitätsindikatoren begann zum 1. Januar 2017. Am 18. Mai 2017 beauftragte der G-BA das IQTIG, weitere Qualitätsindikatoren aus vorhandenen Richtlinien zur Strukturqualität gem. § 136 Abs. 1 Nr. 2 SGB V sowie aus den Mindestmengenregelungen abzuleiten (G-BA 2017). Diese plan QI müssen zumindest geeignet sein, qualitativ unzureichende Qualitätsergebnisse zu identifizieren. Des Weiteren sollen auch zusätzlich konkrete Umsetzungsvorschläge für Leber- und Nierentransplantation vorgelegt werden. Das IQTIG hat am 27. April 2018 dem G-BA diesen Bericht vorgelegt. Die Beratungen zu den Ergebnissen dieses Teils des Auftrags wurden in G-BA-Gremien aufgenommen, Ergebnisse sind bisher noch nicht öffentlich.

Der Auftrag an das IQTIG beinhaltete auch die Erstellung eines Konzepts zur Neu- und Weiterentwicklung von Indikatoren als Grundlage für qualitätsorientierte Entscheidungen bei der Krankenhausplanung. Hierbei geht es ganz grundsätzlich um die Frage, welche Qualitätsaspekte sich für die Krankenhausplanung eignen und auch entsprechend umgesetzt werden können. Hinsichtlich der Dimensionen der Versorgungsqualität (Struktur-, Prozess- oder Ergebnisqualität) gab es keine Einschränkungen. Den Abschlussbericht mit dem Konzept zur Neu- und Weiterentwicklung von plan QI hat das IQTIG noch nicht an den G-BA weitergeleitet. Dieser wird dem G-BA am 21. Dezember 2018 vorgelegt. Da noch kein Stellungnahmeverfahren eingeleitet wurde, kann derzeit noch keine Aussage gemacht werden, wie aufwendig oder umfangreich diese Vorschläge für neue plan QI sind. Es kann daher zurzeit nur gemutmaßt werden, wie lange die Entwicklung von neuen plan QI dauern könnte, es ist jedoch davon auszugehen, dass vom Startpunkt der Entwicklung bis zu ersten Ergebnissen und damit der Wirksamkeit neuer plan QI bis zu vier Jahre vergehen werden.

Die wesentlichen Änderungen von der Erstversion zur Zweitversion

Im Verlauf der Beratungen zur Erstfassung der plan. QI RL ergaben sich offenbar Unklarheiten über die Ausgestaltung der den Ländern zur Verfügung zu stellenden Kriterien und Maßstäbe. Daher wurde mit einem Omnibus-Gesetz[5] 2017 in § 136c Abs. 2 SGB V eine klarstellende Ergänzung eingefügt. Diese besagt, dass die Maßstäbe und Kriterien eine Bewertung der Qualitätsergebnisse von Krankenhäusern insbesondere im Hinblick darauf ermöglichen müssen, ob eine in erheblichem Maße unzureichende Qualität vorliegt. Später wurde die Richtlinie seitens des G-BA so angepasst (G-BA 2018b), dass die ab

---

5 Durch Artikel 8 Nr. 8 des Gesetzes zur Fortschreibung der Vorschriften für Blut- und Gewebezubereitungen und zur Änderung anderer Vorschriften vom 18. Juli 2017, BGBl. Teil I S. 2757

dem Jahr 2018 zu beschließenden neuen Indikatoren eine Bewertung der Qualitätsergebnisse von Krankenhäusern entsprechend ermöglichen müssen.

Im Rahmen dieser Beschlussfassung erfolgten weitere Klarstellungen; zum Beispiel, dass die Maßstäbe und Kriterien zur Bewertung sich auf nur einen einzelnen Qualitätsindikator oder auch auf mehrere beziehen können. Die Zuordnung der Fälle zum jeweiligen Erfassungsjahr wurde definiert und es wurden Details zu den Auswertungsberichten für die Krankenhäuser und zur Darstellungsweise in den strukturierten Qualitätsberichten der Krankenhäuser festgelegt.

Begleitevaluation

Parallel zur Weiterentwicklung der plan QI wird der gesamte sehr aufwendige Prozess evaluiert. Das IQTIG wurde vom G-BA am 19. April 2018 beauftragt, die Begleitevaluation gemäß § 16 plan. QI-RL durchzuführen (G-BA 2018c). Dabei sollen unter Berücksichtigung des Berichts zur Systempflege nach § 15 plan. QI-RL die Prozesse hinsichtlich ihrer Praktikabilität und Umsetzung in der Einführungsphase evaluiert werden. Die Begleitevaluation umfasst auch die Maßstäbe und Kriterien zur Bewertung der Qualitätsergebnisse. Eine jährliche Abfrage bei den zuständigen Landesplanungsbehörden und bei den zuständigen Landesverbänden der Krankenkassen und den Ersatzkassen zum aktuellen Stand und den aus den plan QI-Ergebnissen abgeleiteten Konsequenzen ist ebenfalls beauftragt. Im Folgenden sind zwei Fragestellungen aus dem Auftrag beispielhaft aufgeführt:

- Werden die plan QI in den Bundesländern umgesetzt und für Entscheidungen der KH-Planung verwendet?
- Welche Qualitätsanforderungen für die in der Richtlinie verankerten Leistungsbereiche werden darüber hinaus für die KH-Planung verwendet und in welchen Ländern?

Das IQTIG soll bis zu einem Zwischenbericht zum 31. Dezember 2020 auch Kriterien zur Bewertung der Zweckmäßigkeit der Richtlinie unter Berücksichtigung der bis dahin erreichten Ergebnisse entwickeln und bis zum 31. Dezember 2022 in einem Abschlussbericht anhand dieser Kriterien evaluieren, ob die Ziele der Richtlinie erreicht wurden.

Ergebnistransparenz als Grundlage für Patientensouveränität

In § 17 plan. QI-RL ist die Veröffentlichung der einrichtungsbezogenen Ergebnisse angelegt. Hiermit soll größtmögliche Transparenz und Verständlichkeit für die Öffentlichkeit zu den Ergebnissen der planungsrelevanten Indikatoren hergestellt werden. Das IQTIG wurde daher im Juni 2018 beauftragt, zu den planungsrelevanten Qualitätsindikatoren einen Bericht mit einrichtungsbezogenen Ergebnissen zum Erfassungsjahr 2017 einschließlich Leseanleitung zu erstellen (G-BA 2018d). Dabei fordert der G-BA einige Mindestangaben zu den Ergebnissen der planungsrelevanten Qualitätsindikatoren, zur Grundgesamtheit, zu den Referenzbereichen, zur Vollständigkeit der Datenlieferungen und den Ergebnissen der Datenvalidierung sowie zu den Ergebnissen der Stellungnahmeverfahren mit den Krankenhäusern. Das IQTIG hat fristgerecht zum 21. September einen barrierefreien Musterbericht vorgelegt, den der G-BA regelhaft zu beschließen hat. Eine Veröffentlichung ist für den 31. Oktober 2018 geplant. Damit wären die Ergebnisse ein Vierteljahr früher verfügbar als über die Qualitätsberichte.

Erweiterung des Wirkungskreises der planungsrelevanten Qualitätsindikatoren

Der G-BA hat mit einem Beschluss (G-BA 2018a) im April 2018 die Vereinbarung von Sicherstellungszuschlägen für Krankenhäuser modifiziert. Künftig sollen bei der Vereinbarung dieser Zuschläge für die Geburtshilfe auch die Ergebnisse der plan QI herangezogen werden. Auch angesichts von Hinweisen aus Studien hinsichtlich eines möglichen Zusammenhangs zwischen Fallzahl und Qualität in der Geburtshilfe (s. Kap. 7), ist die Finanzierung von kleinen Organisationseinheiten über Sicherstellungszuschläge sehr kritisch zu sehen. Es sollen daher keine Standorte über Sicherstellungszuschläge finanziert werden, die unzureichende Qualität aufweisen und somit eine Gefahr für Patienten darstellen. Dies bedeutet, dass Krankenhäuser, die in der Geburtshilfe unzureichende Qualität bei den plan QI aufzeigen, keinen Sicherstellungszuschlag hierfür vereinbaren können.

3.3 Bewertung und Fazit

In der 18. Legislaturperiode hat der Gesetzgeber insbesondere mit dem KHSG mannigfaltige Vorgaben zur Berücksichtigung von Qualitätsaspekten in der stationären Versorgung der Krankenhäuser eingeführt. Ein Aspekt dabei war die Einführung von Qualitätsindikatoren, deren Ergebnisse bei der Krankenhausplanung berücksichtigt werden sollen. Eine nicht nur vorübergehend und in erheblichem Maß unzureichende Qualität soll dazu führen, dass ein Krankenhaus ganz oder teilweise aus dem Krankenhausplan herausgenommen bzw. nicht aufgenommen wird. Bei der Entwicklung solcher Qualitätsindikatoren sollte zunächst auf vorhandene Indikatoren der externen Qualitätssicherung zurückgegriffen werden, um den Entwicklungsprozess zu beschleunigen.

Die Erarbeitung einer Richtlinie durch den G-BA stand unter hohem Zeitdruck. Die Selbstverwaltungspartner als stimmberechtigte Mitglieder des G-BA hatten die Interessen der Länder einzubinden, denen per Gesetz erstmals ein Mitberatungsrecht eingeräumt worden war.

Der G-BA hat zwar fristgerecht Regelungen zu den plan QI beschlossen, aber gleichzeitig auf deutliche methodische Limitationen hingewiesen. Zu einem gewissen Anteil ist dies auch den Vorgaben des Gesetzgebers geschuldet, wonach zunächst bereits vorhandene Qualitätsindikatoren zu nutzen sind. Es folgte eine Diskussion darüber, inwieweit die beschlossenen plan QI im Rahmen der Krankenhausplanung anwendbar sind. Einige Verfahrensbeteiligte gehen davon aus, die vorhandenen plan QI seien nur eingeschränkt nutzbar. Nur wenige Länder haben sich vorgenommen, diese in der notwendigen Konsequenz automatisch auch anzuwenden (s. Abb. 1). Die meisten Länder werden durch landeseigene Gesetzgebung die unmittelbare Wirksamkeit der plan QI auf die Versorgungsstrukturen aufheben oder zumindest deutlich einschränken bzw. in ihr eigenes Ermessen stellen. Einige Länder haben dies bereits vollzogen.

Ziele sind u.a. die Sicherung einer patientengerechten und qualitativ hochwertigen stationären Versorgung. Eine der Erwartungen dabei war, mit einer zügigen Anwendung der plan QI Krankenhäuser (oder Teile von ihnen) mit schlechter Qualität unter dem Aspekt der Patientensicherheit aus dem Krankenhausplan und damit aus der Versorgung zu nehmen. Zudem sollten die plan QI neben vielen weiteren Maßnahmen (wie z.B. den Strukturfonds, neue Notfallversorgungsstrukturen, Zentralisierung von komplexen Leistungen, Mindestmengen) auch einen dringend notwendigen Strukturumbau in der Krankenhausversorgung in Deutschland fördern. Beides scheint noch nicht erreicht. Ob die beabsichtigte Ergebnistransparenz als Grundlage für Patientensouveränität erreicht wird, kann noch nicht beurteilt werden. Die Vorarbeiten und Umsetzungsregelungen sind noch nicht öffentlich verfügbar. Zumindest die Absicht aller Beteiligten darf man aber unterstellen.

Von der Erklärung im Koalitionsvertrag im November 2013 über die Beschlussfassung erster plan QI im G-BA Ende 2016 bis zur Umsetzung im Sinne von ersten vorliegenden Ergebnissen Ende 2018 werden fünf Jahre vergangen sein. Eine Weiter- und insbesondere Neuentwicklung von zusätzlichen plan QI ist noch nicht beauftragt. Die Begleitevaluation soll Ende 2022 Ergebnisse zur Verfügung stellen. Es muss befürchtet und gemutmaßt werden, dass eine Neuentwicklung von weiteren plan QI unter Berücksichtigung von Ergebnissen aus der Evaluation noch bis zum Jahre 2023 dauern könnte.

Immerhin scheinen das Mitberatungsrecht der Länder im G-BA und die Regelungen des KHG, die einen aktiven Ausschluss von plan QI nur durch Landesrecht ermöglichen, die Diskussion über und Anwendung von Qualitätsanforderungen in der Krankenhausplanung befördert zu haben. Allerdings gehen die Länder dies mit unterschiedlichem Tempo an, wenngleich mit einzelnen Vorreitern. Vermieden werden muss aber, dass dies zu regional deutlich unterschiedlichen Qualitätsstandards führt.

Bevor es zu einer dem ursprünglichen Ansinnen entsprechenden Anwendung von plan QI kommen kann, werden zehn Jahre und fast drei Legislaturperioden vergangen sein. Dies kann von den an der Gesetzgebung im Jahr 2015 Beteiligten nicht gewollt gewesen sein. Die Selbstverwaltungspartner im Gemeinsamen Bundesausschuss könnten mit einer konstruktiven Begleitung eine zügigere Weiterentwicklung der plan QI unterstützen. Aber es wird auch in der Verantwortung der Länder liegen, im Rahmen ihrer Daseinsvorsorge eine qualitativ hochwertige, patienten- und bedarfsgerechte sowie wirtschaftliche Versorgung der Bevölkerung zu ermöglichen und den auf das Patientenwohl ausgerichteten plan QI zum Erfolg zu verhelfen.

Take home messages

- Am Beispiel der planungsrelevanten Qualitätsindikatoren zeigt sich, dass das 2015 mit dem Krankenhausstrukturgesetz angestrebte Ziel einer qualitätsorientierten Krankenhausversorgung noch nicht erreicht ist.
- Die bisherigen planungsrelevanten Qualitätsindikatoren sind nur ein erster Schritt auf dem Weg zu einer auch an der Qualität der Leistungserbringung ausgerichteten Krankenhausplanung. Es liegt wesentlich mit in der Verantwortung der Länder, diesen Weg erfolgreich zu beschreiten.
- Im Detail zeigt sich ein komplexes und aufwendig umzusetzendes Verfahren. Dennoch sollten die planungsrelevanten Qualitätsindikatoren (und andere qualitätsorientierte Maßnahmen) als Instrument zu Erhöhung der Patientensicherheit, von Qualitätstransparenz und -standards zügig und stringent ausgebaut und weiterentwickelt werden.

Literatur

Bundesregierung (2013) Deutschlands Zukunft gestalten. Koalitionsvertrag zwischen CDU, CSU und SPD. 18. Legislaturperiode. S. 78. URL: https://www.bundesregierung.de/Content/DE/_Anlagen/2013/2013-12-17-koalitions vertrag.pdf?__blob=publicationFile (abgerufen am 27.09.2018)

Bund-Länder-AG (2014) Eckpunkte der Bund-Länder-AG zur Krankenhausreform 2015. S. 2. URL: https://www.bundesgesundheitsministerium.de/fileadmin/Dateien/3_Downloads/B/Bund_Laender_Krankenhaus/Eckpunkte_Bund_Laender_Krankenhaus.pdf (abgerufen am 27.09.2018)

G-BA (2016a) Beschluss des Gemeinsamen Bundesausschusses über die Beauftragung des IQTIG zu planungsrelevanten Qualitätsindikatoren gemäß § 136c Abs. 1 SGB V sowie für ein Verfahren zur Übermittlung einrichtungsbezogener Auswertungsergebnisse an die für die Krankenhausplanung zuständigen Behörden einschließlich Maßstäben und Kriterien zur Bewertung der Qualitätsergebnisse gemäß § 136c Abs. 2 SGB V. URL: https://www.g-ba.de/downloads/39-261-2552/2016-03-17_IQTIG-Beauftragung_planungsrelv_QI.pdf (abgerufen am 27.09.2018)

HmbGVBl (2018) Verordnung über ergänzende Qualitätsanforderungen nach § 6b Absatz 3 des Hamburgischen Krankenhausgesetzes (HmbQualiVO) vom 20. Februar 2018. S. 44. URL: https://www.luewu.de/gvbl/docs/2226.pdf (abgerufen am 27.09.2018)

G-BA (2016c) Richtlinie zu planungsrelevanten Qualitätsindikatoren (plan. QI-RL). URL: https://www.g-ba.de/downloads/62-492-1581/plan-QI-RL_2018-01-18_iK_2018-05-12.pdf (abgerufen am 27.09.2018)

G-BA (2016b) Beschluss des Gemeinsamen Bundesausschusses über die Liste der Qualitätsindikatoren gemäß § 136c Abs. 1 SGB V: Liste planungsrelevanter Qualitätsindikatoren. URL: https://www.g-ba.de/downloads/39-261-2816/2016-12-15_PlanQI-RL_Liste-planQI_BAnz.pdf (abgerufen am 27.09.2018)

IQTIG (2016) Planungsrelevante Qualitätsindikatoren. Abschlussbericht zur Auswahl und Umsetzung. S. 139. URL: https://iqtig.org/dateien/berichte/2016/IQTIG_Planungsrelevante-Qualitaetsindikatoren_Abschluss bericht.pdf (abgerufen am 27.09.2018)

G-BA (2017) Beschluss des Gemeinsamen Bundesausschusses über eine Folgebeauftragung des IQTIG zu planungsrelevanten Qualitätsindikatoren gemäß § 136c Abs. 1 SGB V. URL: https://www.g-ba.de/downloads/39-261-2956/2017-05-18_IQTIG-Folgebeauftragung_planQI.pdf (abgerufen am 27.09.2018)

G-BA (2018b) Beschluss des Gemeinsamen Bundesausschusses über eine Änderung der Richtlinie zu planungsrelevanten Qualitätsindikatoren – plan. QI-RL: Anpassungen zum Erfassungsjahr 2018. URL: https://www.g-ba.de/downloads/39-261-3207/2018-01-18_PlanQI-RL_Anpassungen-Erfassungsjahr-2018_BAnz.pdf (abgerufen am 27.09.2018)

G-BA (2018c) Beschluss des Gemeinsamen Bundesausschusses über eine Beauftragung des IQTIG: Begleitevaluation gemäß § 16 plan. QI-RL. URL: https://www.g-ba.de/downloads/39-261-3298/2018-04-19_IQTIG-Beauftragung_Begleitevaluation_planQI.pdf (abgerufen am 27.09.2018)

G-BA (2018d) Beschluss des Gemeinsamen Bundesausschusses über eine Beauftragung des IQTIG mit der Erstellung eines Berichts gemäß § 17 plan. QI-RL. URL: https://www.g-ba.de/downloads/39-261-3378/2018-06-21_IQTIG-Beauftragung-Bericht-planQI-RL.pdf (abgerufen am 27.09.2018)

G-BA (2018a) Beschluss des Gemeinsamen Bundesausschusses über die Änderung der Regelungen für die Vereinbarung von Sicherstellungszuschlägen gemäß § 136c Absatz 3 des Fünften Buches Sozialgesetzbuch (SGB V). URL: https://www.g-ba.de/downloads/39-261-3302/2018-04-19_SiZu-R_Sicherstellungszuschlaege_Aenderung_BAnz.pdf (abgerufen am 27.09.2018)

Claus Fahlenbrach, MPH

Von 1983 bis 1989 Studium der Humanmedizin an den Universitäten Marburg und Göttingen, klinisch tätig in Krankenhäusern in Bremen, Neuss und Potsdam, Facharzt für Innere Medizin, 1997 bis 2003 leitender Notarzt der Landeshauptstadt Potsdam, 2000 bis 2002 Studium Public Health an der Technischen Universität Berlin, Magister Public Health, 2003 bis 2009 Deutsche Krankenhausgesellschaft, ab September 2009 Referent und seit Juni 2011 Leiter des Referates Versorgungsqualität in der Abteilung Stationäre Versorgung und Rehabilitation im AOK-Bundesverband.

Dipl.-Volksw. Britta Poppinga

Nach dem Volkswirtschaftstudium an der Westfälischen Wilhelms-Universität Münster seit 1996 in verschiedenen Bereichen der Gesundheitswirtschaft als Referentin für Grundsatzfragen und Verbandspolitik für die Kranken- und Pflegeversicherung tätig.

Parallele Tätigkeit als Dozentin für Sozial- und Gesundheitspolitik. Seit Anfang 2017 Schwerpunkt der Arbeit Qualitätssicherung in der stationären Versorgung als Referentin beim AOK-Bundesverband.

Foto: © Annette Koroll

4 Neustart: Überlegungen im „Jahr eins" nach Änderung der Mindestmengenregelung

Peter Follert, Horst Schuster und Jürgen Malzahn

4.1 Hintergrund

Anspruchsvolle Behandlungen, bei denen das Risiko, eine schwere Komplikation zu erleiden, hoch ist, sollten nur in Krankenhäusern erbracht werden, wo sie häufig durchgeführt werden. Diesen Gedanken greift die Mindestmengenregelung (MM-R) des Gemeinsamen Bundesausschusses (G-BA) auf. Dabei steht der Gedanke der Risikominimierung im Vordergrund. Die MM-R dient nicht der Qualitätsmessung, sondern der Absicherung eines Mindestmaßes an Patientensicherheit. Die vom G-BA festgesetzten Mindestmengen werden daher auch nicht als Äquivalent für die datenbasierte Qualitätssicherung eingesetzt, die mit statistisch belastbaren Aussagen über Qualität als Grundlage für Qualitätsverbesserungen arbeitet. Mindestmengen sollen dazu dienen, wenigstens eine Gelegenheitsversorgung bei risikoreichen Eingriffen auszuschließen.

Die bestehenden Mindestmengen wurden bisher oft nicht eingehalten, wodurch viele Patientinnen und Patienten hohen vermeidbaren Risiken ausgesetzt wurden (Nimptsch et al. 2016). Darüber hinaus konnte dieses wichtige Qualitätssicherungsinstrument wegen Klageverfahren von Krankenhäusern gegen Mindestmengenfestlegungen des G-BA vor den Sozialgerichten in den letzten Jahren kaum Wirkung zeigen und in der Folge wurden auch keine neuen Mindestmengen mehr festgelegt. Der Gesetzgeber hat im Jahr 2016 mit dem Krankenhausstrukturgesetz (KHSG) seine Vorgaben im SGB V zur rechtssicheren

Festlegung von Mindestmengen durch den G-BA und zu deren Anwendung durch die Krankenhäuser und Krankenkassen weiterentwickelt. Die Urteilsbegründungen des BSG in den erwähnten Klageverfahren waren dafür eine wichtige Grundlage, die bestehenden Regelungen zu schärfen.

Im Ergebnis der Gesetzesänderung hat der G-BA jetzt den Auftrag, Beschlüsse über einen *Katalog planbarer Leistungen, bei denen die Qualität des Behandlungsergebnisses von der Menge der erbrachten Leistungen abhängig ist, sowie Mindestmengen für die jeweiligen Leistungen je Arzt oder Standort eines Krankenhauses oder je Arzt und Standort eines Krankenhauses* zu treffen (§ 136b Abs. 1 Satz 1 Nr. 2 SGB V). Der zuvor geforderte Nachweis eines „besonderen" Zusammenhangs zwischen Leistungsmenge und Qualität des Behandlungsergebnisses ist entfallen, ein voll beweisender Kausalzusammenhang nicht erforderlich. Um die Rechtssicherheit seiner Beschlüsse zu erhöhen, hat der G-BA das Nähere zur Festlegung der Leistungen und der Höhe der Mindestmenge zudem in seiner Verfahrensordnung zu regeln (§ 136b Abs. 3 Satz 2 SGB V). Auch Konsequenzen und Wirkweise der Mindestmengenvorgaben sind konkretisiert worden: Krankenhäuser, welche eine Mindestmenge voraussichtlich nicht erfüllen werden, dürfen die Leistungen nicht mehr erbringen. Für die Zulässigkeit der Leistungserbringung müssen die Krankenhäuser nun jährlich mit einer Prognose gegenüber den Krankenkassen darlegen, dass sie im nächsten Jahr die Mindestmenge voraussichtlich erreichen werden. Damit wurde ein maßgebliches Problem gelöst, nämlich dass die Krankenkassen bisher immer erst nachträglich darüber informiert wurden, wenn eine Mindestmenge nicht erreicht wurde – also zu spät. Die Leistungen waren bereits erbracht und sind vergütet worden, das Krankenhaus hatte inzwischen weitergearbeitet. Die neue Regelung führt jetzt zu prospektiv wirksamen Entscheidungen, die rechtzeitig zur Umsetzung möglicher Konsequenzen vorliegen und damit auch endlich Wirkung entfalten können.

Seit dem 1.1.2018 gilt die vom G-BA beschlossene Neufassung der MM-R für planbare stationäre Leistungen. Mindestmengen können immer dann festgelegt werden, wenn es in der Literatur Hinweise auf einen Zusammenhang zwischen der Qualität des Behandlungsergebnisses und der Menge der erbrachten Leistungen gibt. Als Qualitätsziele stehen hier in erster Linie die Vermeidung von mit dem Eingriff verbundenen schwerwiegenden Komplikationen oder die Senkung der Krankenhausmortalität, d.h. je öfter eine Operation durchgeführt wird, umso niedriger ist das Risiko für den Patienten, Komplikationen zu erleiden oder gar zu versterben. Mindestens aber soll die sogenannte „Gelegenheitsversorgung" von planbaren Leistungen unterbunden werden. Ein Beispiel für eine potenzielle neue Mindestmenge ist vor diesem Hintergrund die chirurgische Versorgung von Brustkrebs: Sollen Patientinnen in Krankenhäusern, die Brustkrebsoperationen weniger als 20-mal im Jahr durchführen, behandelt werden? In der Literatur finden sich Hinweise, dass bei mangelnder Erfahrung und Durchführungspraxis das Rezidiv-Risiko steigt.

Vor dem Hintergrund der beschlossenen Änderungen, die das Instrument Mindestmengen für die Qualitätssicherung wieder reaktiviert haben, sind jetzt die alten, bereits bestehenden Mindestmengen (d.h.: die leistungsspezifischen Anlagen, welche die zur Zählung der jeweiligen MM heranzuziehenden OPS-Codes auflisten) zu überarbeiten und anzupassen sowie für weitere, für die Patientensicherheit besonders relevante Eingriffe, neue Mindestmengen einzuführen.

4.2 Mindestmengen und Patientensicherheit

Das Risiko, an einer Komplikation eines mit einer MM belegten Eingriffes im Krankenhaus zu versterben, ist nachweislich in jenen Krankenhäusern signifikant höher, welche die Mindestmenge nicht erfüllen (Nimptsch et al. 2016); durch die Nichtbeachtung von Mindestmengen treten in der Folge vermeidbare Todesfälle auf.

Das trifft zum Beispiel für Operationen an der Speiseröhre (Ösophagus) zu: Nimptsch et al. (2016) stellen dar, dass von den insgesamt 28.931 komplexen Eingriffen am Ösophagus, die von 2006 bis 2013 in den Daten identifiziert wurden, 8.228 in Krankenhäusern mit Fallzahl unterhalb der Mindestmenge von 10 pro Jahr durchgeführt wurden. Der Anteil der Fälle in diesen Krankenhäusern lag im Jahr 2006 bei 31%, im Jahr 2013 immer noch bei 26%. Die absolute jährliche Fallzahl nahm im Betrachtungszeitraum zu. Die adjustierte Sterblichkeit in Kliniken mit Fallzahlen unterhalb der Mindestmenge betrug 12,1% gegenüber 9,2% in Kliniken mit einer Fallzahl oberhalb der Mindestmenge, ein statistisch signifikanter Unterschied (Nimptsch u. Mansky 2016). In den Niederlanden wurde 2011 für dieselben Operationen an der Speiseröhre eine Mindestmenge von 20 pro Jahr durchgesetzt – also doppelt so hoch wie in Deutschland. Dort wird die Mindestmenge strikt eingehalten: Die Krankenhaussterblichkeit liegt in den Niederlanden bei 4% (Betrachtungszeitraum 2011–2014) und damit nur halb so hoch wie in Deutschland in den Jahren 2010 und 2014 (Mansky et al. 2017).

4.3 Die neuen Regeln

4.3.1 Prognose über die Erfüllung der Mindestmenge

Auf der Grundlage der Vorgaben des KHSG und der resultierenden Änderungen in § 136b SGB V hat der G-BA ein Verfahren zur Feststellung der Zulässigkeit der Leistungserbringung entwickelt und in der Mindestmengenregelung umgesetzt: Als Voraussetzung für die Berechtigung zur Leistungserbringung muss der Krankenhausträger nun jährlich bis zum 15. Juli gegenüber den Landesverbänden der Krankenkassen und den Ersatzkassen eine Prognose abgeben und mit ihr darlegen, dass das Krankenhaus die erforderliche Mindestmenge im jeweils nächsten Kalenderjahr voraussichtlich erreichen wird (s. Abb. 1).

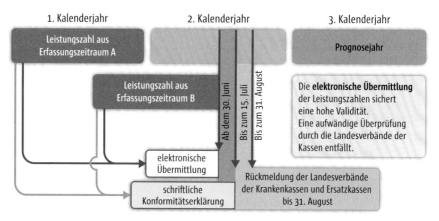

Abb. 1   Prozess der Prognoseübermittlung

Zeigt die Prognose, dass die erforderliche Mindestmenge voraussichtlich nicht erreicht wird, dürfen entsprechende Leistungen im Folgejahr nicht mehr bewirkt werden. Einem Krankenhaus, das die Leistungen dennoch bewirkt, steht kein Vergütungsanspruch zu. Die Zählung der erbrachten Leistungen erfolgt dabei jetzt standortbezogen je Krankenhaus. So wird zukünftig verhindert, dass Krankenhausträger Fallzahlen von unterschiedlichen Orten der Leistungserbringung addieren und damit das intendierte Ziel umgehen können.

Die Prognose ist grundsätzlich prospektiv und besteht aus zwei Teilen: aus der tatsächlich erbrachten Leistung (Leistungszahlen) und – falls diese nicht erreicht wurde – aus weiteren Prognosekriterien (u.a. personelle und strukturelle Veränderungen), die eine gute Prognose trotz nicht erreichter Leistung begründen können. Ab 2020 wird die Leistungszahl elektronisch direkt aus einer im Krankenhaus eingesetzten Software heraus an die Landesverbände der Krankenkassen und Ersatzkassen übermittelt. Hierzu verwenden Krankenhäuser, welche eine mit einer Mindestmenge belegte Leistung erbringen möchten, künftig ein Softwaremodul, mit dessen Hilfe die tatsächliche Leistungszahl aufwandsarm aber nach einheitlichen Regeln ermittelt und automatisiert an die Landesverbände der Kassen übermittelt wird (dunkle Pfeile in Abb. 1). Wie bei allen anderen elektronischen Datenübermittlungen folgt auch hier eine schriftliche Erklärung, dass die Daten spezifikationskonform erhoben wurden (helle Pfeile in Abb. 1).

4.3.2 Transparenz

Im Interesse einer größeren Transparenz werden zukünftig im Qualitätsbericht der Krankenhäuser und damit auch in den internetbasierten Kliniksuchmaschinen der Krankenkassen alle zur Leistungserbringung infrage kommenden Kliniken, deren jeweils erbrachte Fallzahlen und ggf. in Anspruch genommene Prognosekriterien und Ausnahmetatbestände sowie Ausnahmereglungen der für die Krankenhausplanung verantwortlichen Landesbehörden veröffentlicht. Bisher wussten weder die Patienten noch die Krankenkassen oder die Landesplanungsbehörden genau, welche Krankenhäuser mit welcher Fallzahl mindestmengenbelegte Leistungen erbringen. Bald können aber die Patienten selbstbestimmt prüfen und überlegen, ob sie den anstehenden Eingriff in einem Krankenhaus mit wenig Erfahrung durchführen lassen wollen.

4.4 Bestehende Mindestmengen: Überarbeitungsbedarf

Abgesehen davon, dass diese Mindestmengen in der Vergangenheit kaum eingehalten wurden, enthalten die Codelisten zudem OPS-Ziffern, die aus fachlicher Sicht nicht im Sinne der beabsichtigten Mindestmenge gezählt werden dürften. Solche Codes sind zum Beispiel jene für die postmortalen Organentnahmen bei den Mindestmengen „Lebertransplantation" und „Komplexe Eingriffe an der Bauchspeicheldrüse".

Die komplexe interdisziplinäre Vorbereitung des Patienten auf die Transplantation und die Nachsorge und Immunsuppression nach erfolgter Transplantation sind die wesentlichen Aspekte dieser Mindestmengen, welche als „Teamleistung" mit gesicherter Expertise erbracht werden sollen. Durch die postmortale Entnahme hingegen entsteht kein Zugewinn an Expertise, der dem Standort der Leistungserbringung zuzuschreiben wäre, weil die Entnahme in der Regel durch fremde, von der Deutschen Stiftung Organtransplantation (DSO) zu diesem Zweck entsandte Entnahme-Teams vorgenommen wird. Um etwa das „operative Geschick" in den Fokus zu nehmen und hierfür die Leistung dann auch korrekt zuzuschreiben, wäre eine auf den einzelnen Arzt bezogene Mindestmenge eher geeignet. Hinzu kommen rechtliche Bedenken bezüglich des Geltungsbereiches der MM-R für die Organentnahmen von Verstorbenen.

Auch bei der Mindestmenge „Komplexe Eingriffe an der Speiseröhre" gibt es mehrere Codes, welche die intendierte Zielrichtung dieser Mindestmenge unterlaufen und aus zweierlei Aspekten zu Problemen in der Umsetzung geführt haben. Mit dem Attribut „Komplex" sind die technisch herausfordernden und komplikationsreichen Zweihöhleneingriffe gemeint. Zusätzlich sind jedoch auch Anlagen oder Revisionen von Implantaten zur Refluxbehandlung inkludiert. Diese Eingriffe sind in fachlichem Anspruch und drohendem Komplikationsrisiko in keiner Weise mit den anderen Leistungen dieser Mindestmenge vergleichbar. Dem Aspekt, dass diese Eingriffe das Erreichen der Mindestmenge für einige Standorte erleichtern, steht der große Nachteil gegenüber, dass gerade diese vergleichsweise einfachen Prozeduren Eingriffe der Grundversorgung sind und durch Aufnahme in die MM-R an keinem anderen Standort erbracht werden dürfen. Sie werden damit auch dem Versorgungsspektrum vieler anderer Krankenhäuser vorenthalten, welche die mit der Mindestmenge eigentlich adressierten, hochkomplexen Zweihöhleneingriffe gar nicht anbieten wollen. Auch diese nicht intendierte Auswirkung, die die konsequente Umsetzung der MM-R bisher zum Teil mit verhindert hat, muss schnell abgestellt werden.

Bei der Mindestmenge „Komplexe Eingriffe an der Speiseröhre" hat sich durch Prüfung der aktuelleren Literatur zudem auch Anpassungsbedarf bezüglich der Höhe der Mindestmenge ergeben. Wie bereits oben dargestellt, liegt die derzeit in Deutschland geltende Mindestmenge mit 10 Eingriffen pro Jahr sehr weit unter der zu besseren Ergebnissen führenden MM in europäischen Nachbarländern und noch weiter unter dem aus der Literatur tatsächlich ableitbaren Schwellenwert für eine Verbesserung der Patientensicherheit. Wie bereits oben dargestellt, wurde 2011 in den Niederlanden für dieselben Operationen an der Speiseröhre eine Mindestmenge von 20 pro Jahr durchgesetzt – doppelt so hoch wie in Deutschland. Dort wird die Mindestmenge auch strikt eingehalten; die Krankenhaussterblichkeit ist nur halb so hoch wie in Deutschland (Mansky et al. 2017). Daher wird sich der G-BA bei diesem Thema neben der Überarbeitung der OPS-Code-Liste zur korrekten Erfassung der zur Ermittlung der Leistungszahlen relevanten Leistungen gleichzeitig mit einer möglichen Anhebung der MM befassen müssen.

Ein ähnlicher kombinierter Änderungsbedarf ergibt sich auch bei der Mindestmengenleistung „Stammzelltransplantationen (SZT)". Über die reine Präzisierung der ursprünglich intendierten Zielintervention dieser Mindestmenge hinaus, soll künftig zwischen allogenen (von fremden Spendern) und autologen (eigene, vor der Immunodepletion entnommene Stammzellen) SZT differenziert werden können. Dem deutlich höheren fachlichen Anspruch und den für den Patienten drohenden Behandlungsrisiken bei allogenen SZT soll künftig mit einer eigenen MM Rechnung getragen werden.

Vor diesem Hintergrund wurden vom GKV-Spitzenverband im G-BA im Frühjahr 2018 entsprechende Anträge zur Aufnahme von Beratungen gestellt.

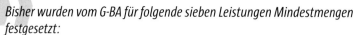

Bisher wurden vom G-BA für folgende sieben Leistungen Mindestmengen festgesetzt:
- *Lebertransplantationen: 20*
- *Nierentransplantationen: 25*
- *komplexe Eingriffe an der Speiseröhre: 10*
- *komplexe Eingriffe an der Bauchspeicheldrüse: 10*
- *Transplantationen von Knochenmarks- oder Blutstammzellen (bei verschiedenen Blutkrebserkrankungen): 25*
- *Versorgung von Frühgeborenen: 14*
- *Einbau von künstlichen Kniegelenken: 50*

4.5   Neue Mindestmengen

Mit der Umsetzung des KHSG durch die Neufassung der MM-R und die Ergänzungen der Verfahrensordnung des G-BA (VerfO) ist es nun auch wieder möglich, weitere neue Mindestmengen in einem rechtssicheren und transparenten Verfahren zu beraten und festzulegen. Mehrere Themen werden seitens der GKV geprüft und für eine Antragstellung vorbereitet. Dringlich erscheinen zum Beispiel die Vermeidung von Gelegenheitsversorgung und die Verbesserung der Patientensicherheit bei

- Versorgung des Mammakarzinoms,
- Thoraxchirurgie,
- Hüft- und Schulter-Endoprothesen,
- operativer Behandlung des Prostatakarzinoms und des
- Kolonkarzinoms.

Beispielhaft werden hier die aktuelle Situation und die mögliche zukünftige Versorgung des Mammakarzinoms dargestellt:

Mit ca. 70.000 Neuerkrankungen pro Jahr ist Brustkrebs die häufigste Krebserkrankung bei Frauen in Deutschland. Etwa eine von acht Frauen erkrankt im Laufe ihres Lebens an Brustkrebs. Nahezu drei von zehn betroffenen Frauen erkranken vor dem 55. Lebensjahr. Das mittlere Erkrankungsalter der Frauen liegt bei 64 Jahren. Ca. ein Viertel der Erkrankten verstirbt in den ersten fünf Jahren nach der Diagnosestellung. Pro Jahr sind ca. 17.000 Todesfälle auf ein Mammakarzinom (Brustkrebs) zurückzuführen.

Die Versorgung der Patientinnen mit Brustkrebs ist komplex. Vor einer am Einzelfall ausgerichteten Therapie, die neben chirurgischen Maßnahmen auch eine begleitende medikamentöse Behandlung sowie die Chemo- und/oder Strahlentherapie umfassen kann, steht die genaue Diagnose und Abgrenzung der Tumorart. Zusätzlich muss der Grad der Ausbreitung genau bestimmt werden, um die richtige Therapie für jeden Einzelfall zu wählen. Eine optimale und an den Bedürfnissen der einzelnen Patientinnen ausgerichtete Behandlung ist daher nur als Teamaufgabe zu bewältigen, die Erfahrung und eine enge Kooperation unterschiedlicher Fachbereiche – möglichst unter einem Dach – erfordert. Für die tatsächliche Operation der Brustdrüse hingegen wäre dann auch der Arztbezug für eine mögliche Mindestmenge in Betracht zu ziehen. Die Deutsche Krebsgesellschaft (DKG) fordert dabei pro Krankenhaus mindestens 100 behandelte Brustkrebspatientinnen pro Jahr pro Operationsstandort und mindestens 50 operierte Fälle pro gemeldeter Chirurgin bzw. gemeldetem Chirurg pro Jahr (OnkoZert 2016). Eine derartige Festsetzung durch den G-BA könnte – bei konsequenter Umsetzung – die Behandlungsqualität von Frauen mit Brustkrebs in Deutschland deutlich verbessern. Demgegenüber ist die aktuelle Realität der Versorgung, dass von den rund 750 Krankenhäusern die Brustkrebsoperationen durchführen, fast 280 Krankenhäuser weniger als 20 Eingriffe pro Jahr erbringen (IQTIG 2017).

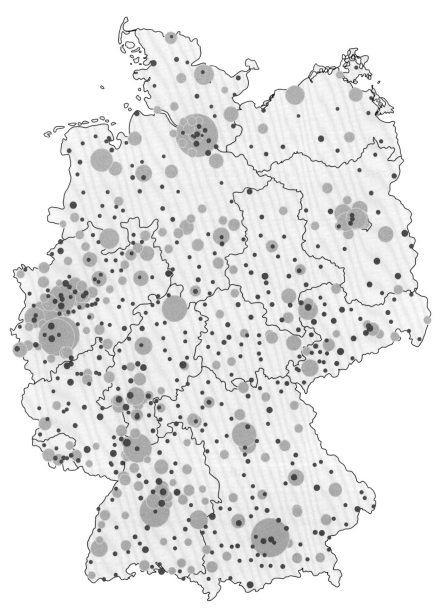

Abb. 2   Angenommene Mindestmenge „operative Versorgung Mamma-CA" (100) (Kliniksimulator
GKV-Spitzenverband 2018; dunkle Punkte: < 100 Eingriffe/Jahr; helle Punkte: ≥ 100/Jahr,
die Punktgröße gibt die Leistungszahl wieder)

Abbildung 2 veranschaulicht, wie sich die Verteilung der Standorte bei Einführung einer Mindestmenge für die Brustkrebsbehandlung in Deutschland
verändern würde. Es sind alle Krankenhausstandorte dargestellt, welche im
Jahr 2016 Leistungen mit Bezug zu Brustkrebsoperationen erbracht haben. Die

Standorte, welche weniger als 100 Operationen in diesem Jahr ausführten, sind dunkel markiert. Die hellen Punkte zeigen, auch anhand der Punktgröße (Leistungsvolumen oberhalb der hypothetischen Mindestmenge von 100 Fällen pro Jahr pro Standort), die wahrscheinliche Verteilung der Standorte bei Einführung einer entsprechenden Mindestmenge.

Die oft geäußerte Befürchtung, eine flächendeckende Versorgung würde durch Mindestmengen gefährdet, ist hier sichtbar unbegründet. Abgesehen davon werden vom G-BA nur Mindestmengen für planbare Leistungen festgelegt, sodass generell die Frage der Versorgungsplanung unter Einbezug von Erreichbarkeitszeiten anders zu bewerten ist als bei der Notfallversorgung.

4.6   Erwartungen an eine konsequente Umsetzung

4.6.1   Erwartungen an den G-BA und die Krankenkassen

In jedem Fall bleibt nach den letzten Jahren des faktischen Stillstands bei den Mindestmengen jetzt viel zu tun: Vonseiten der GKV wird das für die Patienten wichtige Qualitätssicherungsinstrument „Mindestmengen" jetzt wieder prioritär genutzt und in den G-BA werden Anträge für neue Mindestmengen eingebracht werden. Der G-BA hat die Aufgabe, die Beratungen zu neuen Mindestmengen zeitgerecht umzusetzen. Aktuell müssen alle 7 bestehenden Mindestmengen bearbeitet werden, darunter auch die Aktualisierung der Mindestmenge für die Frühgeborenen unter 1.250 Gramm. Zwei der oben genannten neuen Themen, die Behandlung des Mammakarzinoms und die Thoraxchirurgie, wurden bereits zur Beratung neuer Mindestmengen vom G-BA beschlossen. Ausgehend von einer Beratungsdauer von schätzungsweise zwei Jahren bis zu einer Beschlussfassung, würde der G-BA zu einem im Oktober 2018 eingebrachten neuen Mindestmengenvorschlag seine Beratungen frühestens Ende 2020 abschließen können. Verbindlich wäre sie damit frühestens für das Jahr 2021, jedoch wegen der Übergangsregelung für neue Mindestmengen erst ab dem Jahr 2022 oder 2023 in voller Höhe. Und da das Ergebnis der Prognoseprüfung durch die Krankenkassen erst für das Jahr nach der Prognosedarlegung zu Konsequenzen für die Krankenhäuser führt, sind die Leistungen dann frühestens ab dem Jahr 2024 nur noch in den Einrichtungen möglich, welche die Mindestmenge „voraussichtlich" erreichen. Der G-BA wird prüfen müssen, wie der Zeitraum von wenigstens 6 Jahren vom Antrag bis zur vollen Wirkung einer Mindestmenge verkürzt werden kann und auch der Gesetzgeber wird bewerten müssen, ob diese Zeitspannen mit dem KHSG so intendiert waren.

Die Krankenkassen haben jetzt die Aufgabe, überall dort die Mindestmengeneinhaltung konsequent durchzusetzen, wo die Krankenhäuser keine nachvollziehbare Prognose im Hinblick auf eine Erfüllung der Mindestmengen darlegen können.

4.6.2 Erwartungen an die Länder

Neben der Verbesserung der Bearbeitungsgeschwindigkeit im G-BA zur Abarbeitung einer jetzt wachsenden Zahl von neu zu beratenden Mindestmengenthemen ist es unerlässlich, dass die Länder ihre durch das KHSG gewonnenen Spielräume in der Planung nutzen und aktiv Akzente setzen. Parallel zu den Anpassungen der MM-R für die Bundesebene ist es für eine qualitätsbasierte Krankenhauslandschaft erforderlich, Qualität als Planungsdimension auf der Landesebene wirklich anzuwenden. Profitieren würden davon die Patienten, die dann nur noch in Häusern versorgt würden, die über die notwendige Expertise verfügen und adäquat medizintechnisch ausgerüstet sind. Dafür müssen die Länder nicht zwingend auf Mindestmengenfestlegungen oder Qualitätsindikatoren des G-BA warten, sondern können die Versorgung einzelner Bereiche wie der Krebstherapie, von Schlaganfällen oder die Behandlung von Herzinfarkten auf die dafür geeigneten Krankenhäuser exklusiv konzentrieren. Damit würde eine neue Art von Qualitätswettbewerb entstehen – nämlich ein Wettbewerb darum, die jeweils beste Versorgungsqualität regional umzusetzen, wobei der G-BA mit etwaigen Mindestmengen eben nur die untere Baseline vorgibt. Schließlich muss eine Bundesvorgabe auch in einem Flächenland umgesetzt werden können, Stadtstaaten können aus strukturellen Gründen über die Höhe solcher Mindestvorgaben hinausgehen. Zu begrüßen wäre es in diesem Prozess allerdings, wenn erkannt würde, dass „flächendeckende Versorgung" bzw. Erreichbarkeitsdebatten keine Begründungen für Strukturkonservierung oder mangelnden Reformwillen sind. Gerade die strengen Regeln für die Aufnahme von Leistungen in die MM-R verhindern, dass Leistungen der Grund- oder Notfallversorgung durch diese Regelung auf wenige Zentren konzentriert würden. Bei jenen planbaren risikoreichen Leistungen, die überhaupt für Mindestmengen infrage kommen, sollte die Erreichbarkeit (Anfahrtsweg) gar kein Kriterium sein. Wenn der Zusammenhang zwischen Leistungsmenge und Ergebnis der Behandlungsqualität nachgewiesen ist, dann sollten im Extremfall auch wenige Zentren für das Bundesgebiet ausreichen, ergänzt um neue Konzepte für Transporte und Unterbringung von Angehörigen.

An dieser Stelle sei auf den oben erwähnten Änderungsbedarf zur MM „komplexe Eingriffe an der Speiseröhre" zurückverwiesen: Die Association of Upper Gastrointestinal Surgeons of Great Britain and Ireland (AUGIS) geht mit ihrer Empfehlung für das englische Gesundheitswesen weit über die bereits genannte niederländische Mindestmenge hinaus: Eine „ideale Abteilung für Viszeralchirurgie" hält entsprechend dieser Empfehlung 4 bis 6 Chirurgen vor, von denen jeder Einzelne ein Minimum von 15 bis 20 Speiseröhrenresektionen pro Jahr ausführt – gleichbedeutend mit einer Mindestmenge für den entsprechenden Krankenhausstandort von ca. 60 bis 80 Operationen pro Jahr. Ein solches Klinikum solle nach Einschätzung der AUGIS 1 bis 2 Millionen Einwohner versorgen (AUGIS 2016). Weniger als 60 Einrichtungen, an denen diese Eingriffe dann mit entsprechend hoher Sicherheit und Expertise durchgeführt werden könnten, wären demnach für Deutschland ausreichend.

In der Realität werden Speiseröhrenresektionen in Deutschland an 416 Kliniken und Magenresektionen an 878 Kliniken durchgeführt (Daten des Statistischen Bundesamtes, Mansky et al. 2017).

Abgesehen davon, dass im britischen NHS-System die empfohlene Mindestmenge von 80 Speiseröhreneingriffen pro Jahr von den Kliniken weit übererfüllt wird (z.B. Nottingham University Hospital: 343 erbrachte Operationen im Jahr 2016), bietet das NHS-System auch ein beispielhaftes Niveau an Transparenz: Jenseits aller Bedenken in Deutschland hinsichtlich „schützenswerter Persönlichkeitsrechte" kann sich jedermann auf der Homepage von AUGIS nicht nur die entsprechenden Leistungszahlen der Kliniken – sondern auch pro Operateur die individuellen Leistungszahlen, die adjustierte 30-Tages- und 90-Tagessterblichkeitsrate der von ihm operierten Patienten und deren durchschnittliche Verweildauer im Krankenhaus ansehen – mit Namen des Operateurs und dessen Arztnummer.

Zusätzlich zu der offensichtlich gut umsetzbaren Mindestmenge von 60 Speiseröhrenoperationen pro Jahr und Standort wäre auch über eine arztbezogene Mindestmenge nachzudenken. In einer 2016 publizierten Kohortenstudie erreichten die Chirurgen erst nach 60 Operationen (kumulativ) ein Niveau mit einer stabilen 5-Jahres-Überlebensrate der Patienten (Markar et al. 2016).

Es ist eine gemeinsame Aufgabe aller Beteiligten, der Öffentlichkeit zu erklären, dass qualitativ hochwertige, moderne Medizin nicht beliebig in die Fläche gebracht werden kann. Die Organisation des Gesundheitswesens muss immer aus der Perspektive der Versorgungsqualität und Patientensicherheit abgeleitet werden – dies führt zwangsläufig zu Konflikten mit Leistungserbringern, Krankenkassen und der regionalen Wirtschaftsförderung, aber auch mit individuellen Wünschen der Patienten nach einer möglichst wohnortnahen Versorgung mit der für sie bestmöglichen Medizin.

4.7 Bewertung und Ausblick: Qualitätssicherung versus qualitätsorientierte Versorgungsplanung

Die Anpassungen im SGB V für die Mindestmengenregelung können auch im Kontext der grundsätzlichen Zielstellung des vom Gesetzgeber gestalteten KHSG im Hinblick auf die Qualitätssicherung in Verantwortung des G-BA gesehen werden.

Das KHSG enthält neben zahlreichen Maßnahmen zur Verbesserung der Finanzlage der Krankenhäuser auch viele neue Vorgaben, welche insbesondere auch die Ergebnisse aus der datenbasierten Qualitätssicherung der Krankenhausleistungen für mehr als die bisherigen Maßnahmen der Qualitätsförderung nutzen will. Über 10 Jahre der Qualitätssicherung im stationären Bereich

(Externe Stationäre Qualitätssicherung/ESQS) haben insbesondere mit den online verfügbaren Qualitätsberichten zur Transparenz beigetragen und die Qualität in den Krankenhäusern durch die strukturierten Dialoge mit den Krankenhäusern im Rahmen der stationären Qualitätssicherung weiter befördert. Trotzdem blieb diese Form der Qualitätssicherung bei schwerwiegenden Qualitätsproblemen, dauerhaften Qualitätsmängeln oder gar Teilnahmeverweigerung für die Krankenhäuser so gut wie folgenlos. Auch die von der ESQS gänzlich unabhängige Mindestmengenregelung wurde in vielen Fällen nicht beachtet und blieb für viele Krankenhäuser ohne Konsequenz, wenn diese die Mindestmenge nicht erreichten.

Die Grenzen der ESQS werden zum Beispiel daran deutlich, dass es in über 10 Jahren der Qualitätsmessung, -darstellung und -bewertung immer noch nicht erreicht werden konnte, dass alle Krankenhäuser ihre Patienten mit einer Schenkelhalsfraktur, wie in den Qualitätssicherungsvorgaben vorgesehen, innerhalb von 24 Stunden operieren (Gleisberg et al. 2017). Das KHSG hat hier an einigen Stellen nachgeschärft, denn schlechte und insbesondere dauerhaft schlechte Qualitätsergebnisse mit Gefahrenpotenzial für die Patientenversorgung müssen auch Konsequenzen haben: Entweder das Krankenhaus ist in der Lage, die Qualitätsvorgaben zeitnah wieder zu erfüllen oder es sollte keine Patienten mehr behandeln dürfen. Eine prospektiv ausgestaltete Regelung im SGB V wie bei der Mindestmengenregelung wäre auch hier hilfreich.

Neben der Klarstellung der Konsequenzen bei Unterschreiten der vom G-BA festgelegten Mindestmengen umfasst das KHSG insbesondere auch neuen Regelungen zu planungsrelevanten Qualitätsindikatoren und eröffnet neue Möglichkeiten, Qualitätsverträge für bestimmte vom G-BA festzulegende Leistungsbereiche schließen zu können oder zukünftig qualitätsbasierte Zu- und Abschläge auf vom G-BA festgelegte, einzelne DRG-Leistungen anzuwenden. Dazu wurden auch die Qualitätskontrollen gestärkt, indem der MDK auf Basis von Regelungen einer G-BA-Richtlinie Qualitätsprüfungen in Krankenhäusern durchführen kann bzw. muss.

Über zwei Jahre nach dem Inkrafttreten des KHSG fällt die Zwischenbilanz über das Erreichbare unterschiedlich aus. Die Mindestmengenregelung wurde grundlegend geändert. Zusätzlich ist – gemäß dem gesetzlichen Auftrag – ein die Auswahl und Festlegung neuer Mindestmengen betreffender neuer Abschnitt in die Verfahrensordnung des G-BA aufgenommen worden. Beide Regelungen wurden Ende 2017 beschlossen; die neue MM-R ist zum 01.01.2018 in Kraft getreten. Wie sich nun der neue Prozess der Prognosedarlegung auswirken wird und ob dieses vom Gesetzgeber im SGB V vorgegebene Modell wirklich zu einer stringenten Einhaltung der vom G-BA festgelegten Mindestmenge führt, muss in den nächsten Jahren gut beobachtet werden.

Erste planungsrelevante Indikatoren sind vom G-BA beschlossen worden, ebenso die Entwicklung weiterer neuer Indikatoren, die für die Krankenhausplanung geeignet sind. Einige für die Planung verantwortlichen Landespla-

nungsbehörden haben aber schon signalisiert, dass in den jeweiligen Landes-
gesetzen diese Indikatoren nicht übernommen werden (Dittmann 2018; Stollmann 2017). Bei den Zu- und Abschlägen sind die Entwicklungen erst noch im
Gange, sodass der Beginn qualitätsbasierter Vergütung nicht vor 2021 erwartet
wird.

Auch wenn die Qualitätssicherung des G-BA durch das KHSG gestärkt wurde
und inakzeptable Qualitätsergebnisse nun auch Konsequenzen für die Krankenhäuser nach sich ziehen können, reichen die gesetzlichen Vorgaben noch
nicht aus, Versorgungsstrukturen effizient weiterzuentwickeln.

Wie soll die Versorgung der Patientinnen und Patienten im Jahr 2028 ausse-
hen? Wie lässt sich eine Versorgung mit hoher Qualität erreichen, die zudem
wirtschaftlich ist? Eine solche konzeptionelle und in die Zukunft orientierte
Planung blickt auch nicht nur auf die Krankenhäuser, sondern umfasst auch
die ambulante Versorgung. Sie wird aber auch Veränderungen in der Krankenhauslandschaft erfordern, die schon jetzt erkennbar sind (SVR Gesundheit
2018), aber bisher nicht erfolgen. Nach der geltenden Kompetenzverteilung
wäre es grundsätzlich Aufgabe der Länder, „überzählige Krankenhäuser zu
schließen und die verbleibenden bedarfsgerecht zu stärken", heißt es in einem
aktuellen Gutachten (Bundesministerium der Finanzen 2018). „Dazu kommt
es aber nicht in dem wünschenswerten Maße. Das dürfte daran liegen, dass
die politischen Kosten der Schließung eines Krankenhauses den politischen
Nutzen in aller Regel übersteigen." Es wäre wünschenswert, wenn sich Bund
und Länder gemeinsam der Zukunftsaufgabe stellen würden. Das wäre auch
für die Qualitätssicherung positiv, da sie nicht die Aufgabe haben und es auch
nicht leisten kann, grundsätzliche und politisch zu verantwortende Struktur-
veränderungen zu ersetzen.

Take home messages

- *Mindestmengen für planbare Leistungen sind ein wichtiges Instrument der Qualitätssicherung und sorgen für eine Verbesserung der
  Patientensicherheit.*
- *Die neuen Regelungen des KHSG und G-BA lassen auf eine stringente
  Anwendung hoffen.*
- *Neben den planungsrelevanten Indikatoren sollten die Landesplanungsbehörden auch die Einhaltung der Mindestmengen als Qualitätsziel der Versorgung stringent verfolgen bzw. ein Unterschreiten
  der Mindestmenge auch ohne weitere Vorgaben des G-BA als „in erheblichem Maße unzureichende Qualität" bewerten.*
- *Es fehlt eine zukunftsorientierte Planung und Weiterentwicklung im
  Hinblick auf qualitativ hochwertige, wirtschaftliche Versorgungsstrukturen.*

Literatur

AUGIS (2016) Outcomes Data 2016.

Bundesministerium der Finanzen (2018) Über- und Fehlversorgung in deutschen Krankenhäusern: Gründe und Reformoptionen. URL: https://www.bundesfinanzministerium.de/Content/DE/Standardartikel/Ministerium/Geschaeftsbereich/Wissenschaftlicher_Beirat/Gutachten_und_Stellungnahmen/Ausgewaehlte_Texte/2018-06-19-Ueber-und-Fehlversorgung-Krankenh.pdf?__blob=publicationFile&v=3 (abgerufen am 22.08.2018)

Dittmann H (2018) Das Krankenhausstrukturgesetz: Hehre Ziele – Ernüchternde Umsetzung. Gesundh ökon Qual manag 23(01), 29–34. DOI: https://doi.org/10.1055/s-0043-109524

Gleisberg C, Malek D, Stich AK, Follert P (2017) Die bisherigen Maßnahmen der Qualitätssicherung reichen nicht aus. 90 Prozent – das E-Magazin des GKV-Spitzenverbands. URL: https://www.gkv-90prozent.de/ausgabe/07/autorenbeitrag/07_femurfraktur/07_femurfraktur.html (abgerufen am 22.08.2018)

IQTIG (2017) Qualitätsreport 2016. Berlin. URL: https://iqtig.org/downloads/berichte/2016/IQTIG_Qualitaetsreport-2016.pdf (abgerufen am 22.08.2018)

Mansky T, Nimptsch U, Grützmann N, Lorenz D (2017) Zentrenbildung in der Pankreas- und Ösophaguschirurgie. In: Klauber J, Geraedts M, Friedrich J, Wasem J (Hrsg.) Krankenhausreport 2017. 95–106. Schattauer Stuttgart

Markar SR, Mackenzie H, Lagergren P, Hanna GB, Lagergren J (2016) Surgical Proficiency Gain and Survival After Esophagectomy for Cancer. J Clin Oncol 34(13), 1528–36. DOI: 10.1200/JCO.2015.65.2875

Nimptsch U, Peschke D, Mansky T (2016) Mindestmengen und Krankenhaussterblichkeit – Beobachtungsstudie mit deutschlandweiten Krankenhausabrechnungsdaten von 2006 bis 2013. Gesundheitswesen 79(10), 823–834. DOI: http://dx.doi.org/10.1055/s-0042-100731

OnkoZert (2016) URL: https://www.onkozert.de/organ/brust/ (abgerufen am 29.08.2018)[1]

Stollmann F (2017) Planungsrelevante Qualitätsindikatoren – wie geht es weiter? Stand der Umsetzung in den Ländern, Vortrag im Rahmen der QS-Konferenz des G-BA Berlin. URL: https://www.g-ba.de/downloads/17-98-4336/Programm-QS-Konferenz%202017_Stand_2017-09-21.pdf (abgerufen am 22.08.2018)

SVR Gesundheit (Sachverständigenrat zur Begutachtung der Entwicklung im Gesundheitswesen) (2018) Bedarfsgerechte Steuerung der Gesundheitsversorgung. Gutachten 2018. Bedarfsgerechte Steuerung der Gesundheitsversorgung. URL: https://www.svr-gesundheit.de/fileadmin/user_upload/Gutachten/2018/SVR-Gutachten_2018_WEBSEITE.pdf (abgerufen am 22.08.2018)

---

[1] Die hier zitierte Empfehlung von OnkoZert über 100 Fälle pro Jahr und Standort stammt aus dem Jahr 2016 und wurde von OnkoZert inzwischen modifiziert. Unter dem hier angegebenen Quellpfad öffnet sich ein Fenster, in dem der „Erhebungsbogen Brustzentren" als Word-Dokument angeklickt werden kann: Unter 5.2.6 auf S. 26 findet sich die neue Empfehlung, die am 28.9.17 von Onkozert in Kraft gesetzt wurden. Demnach wird nun eine arztbezogene Mindestmenge von 50 pro Jahr für den Chirurgen und (implizit auch) für seinen Vertreter empfohlen, was bei mehr als zwei Chirurgen pro Standort sogar noch über der vormaligen Empfehlung von 100 Fällen pro Standort liegt.

Dipl.-Psych. Peter Follert, MBA

Peter Follert studierte nach einer handwerklichen Ausbildung Psychologie an der Universität des Saarlandes mit Auslandsstudienzeiten in den Niederlanden und Italien. Nach dem Studium arbeitete er in einer Psychosomatischen Rehabilitationsklinik und später an der Uniklinik Freiburg, dabei primär zu Themen der Qualitätsmessung und -sicherung. Nach dieser praktisch und wissenschaftlich orientierten Zeit wechselte er erst zum Verband der Ersatzkassen (vdek) und dann 2009 zum GKV-Spitzenverband. Der Diplom-Psychologe leitet seit 2015 das Referat Qualitätssicherung in der Abteilung Medizin des GKV-Spitzenverbandes.

Dr. med. Horst Schuster

Facharzt für Plastische Chirurgie und Arzt für Sozialmedizin. Studium der Medizin in Berlin sowie in Spanien und den USA. Ärztliche Tätigkeit an der Charité Berlin, am Universitätsspital Zürich, am Behandlungszentrum Vogtareuth und am Emil-von-Behring-Krankenhaus Berlin. Nachfolgend Gutachter für den MDK Berlin/Brandenburg und Fachberater für den Medizinischen Dienst des Spitzenverbandes Bund der Krankenkassen (MDS). Seit 2013 beim GKV-Spitzenverband in der Abteilung Medizin, dort Fachreferent für das Thema Qualitätssicherung, insbesondere zuständig für die Mindestmengenregelung.

Dr. Jürgen Malzahn

Jürgen Malzahn studierte an der Freien Universität Berlin, der Humboldt-Universität zu Berlin und der Johann Wolfgang Goethe-Universität Frankfurt am Main Humanmedizin. Seit dem Studium arbeitete er in verschiedenen Funktionen im AOK-Bundesverband, dabei primär zu den Themen Krankenhausvergütung und Qualitätssicherung. Der promovierte Arzt leitet seit 2007 die Abteilung Stationäre Versorgung, Rehabilitation im AOK-Bundesverband, in der neben den gesundheitsökonomischen Fragestellungen des Krankenhaus- und Rehabilitationsbereichs auch Themen wie „Qualitätssicherung mit Routinedaten", Behandlungsfehlermanagement und das Regressmanagement von Medizinprodukten angesiedelt sind.

5 Implikationen von Mindestmengen und Zertifizierungsvorgaben: Auswirkungen verschiedener Vorgaben auf den deutschen Krankenhaussektor

Justus Vogel, Katherine Polin, Christoph Pross und Alexander Geissler

5.1 Einleitung

Vorgaben zu Mindestmengen sollen den positiven Zusammenhang zwischen der Anzahl durchgeführter Eingriffe und der erzielten Ergebnisqualität in den stationären Krankenhaussektor übersetzen. Dieser Zusammenhang wurde bereits 1979 erstmalig gezeigt (Luft et al. 1979). Seitdem wurde diese positive Korrelation in zahlreichen Folgestudien bestätigt und gilt mittlerweile für eine Reihe von Leistungsbereichen (LB) als wissenschaftlich gesichert. Der zugrunde liegende Zusammenhang zwischen Menge und Ergebnisqualität wird oftmals in besserer Struktur- und Prozessqualität gesehen (Russo et al. 2010). Weiterhin wird in der Literatur zwischen dem „Practice Makes Perfect (PMP)"- und dem „Selective Referral (SR)"-Ansatz unterschieden (Luft et al. 1987; Markar et al. 2012). Der PMP-Ansatz erklärt die bessere Ergebnisqualität durch Lernkurveneffekte, wobei die Anzahl der durchgeführten Eingriffe als Surrogatparameter für die Erfahrung eines Operateurs bzw. eines Krankenhauses angesehen wird. Der SR-Ansatz basiert auf der Annahme, dass Patienten (oder ihre Einweiser) Zentren mit höheren Fallzahlen aufgrund der besseren Ergebnisqualität für ihre Behandlung wählen. In diesen Zentren ist so eine bessere Ausbildung für die Operateure gewährleistet. Darüber hinaus sind diese Zentren aufgrund des Leistungsspektrums attraktiv für qualifizierte Operateure. Mindestmengen sind eine gesundheitspolitische Antwort auf diese wissenschaftlichen Ergebnisse und werden bereits seit geraumer Zeit in der deutschen

Fachliteratur diskutiert, etwa im Krankenhaus-Report 2002 oder in der Novemberausgabe 2007 der Fachzeitschrift „der Chirurg". Entsprechend hat der Gemeinsame Bundesausschuss (G-BA) gemäß § 136ff. des SGB V bereits 2004 erste LB wie z.B. komplexe Pankreas- und Ösophaguseingriffe in einen Mindestmengenkatalog aufgenommen (Gemeinsamer Bundesausschuss 2018). Der Mindestmengenkatalog wurde in den folgenden Jahren schrittweise erweitert und für einige LB wurde der Schwellenwert der Mindestmengenvorgabe (MMV) angehoben. Schließlich muss gemäß jüngstem Entscheid des Bundesgesundheitsministeriums lediglich noch ein „wahrscheinlicher" Zusammenhang zwischen der Anzahl durchgeführter Eingriffe und Ergebnisqualität bestehen, um MMV für einen LB festlegen zu können (Hillienhof 2018). Laut aktuellster MMV des G-BA bestehen weiterhin eine Reihe an Übergangs- und Ausnahmeregelungen. Diese Regelungen erlauben es Krankenhäusern, auch bei (prognostizierter) Unterschreitung des definierten Schwellwerts die Leistung weiterhin durchzuführen und abzurechnen, z.B. zur Sicherstellung einer flächendeckenden Versorgung.

Neben den MMV des G-BA bestehen in Deutschland weitere MMV verschiedener Fachgesellschaften zur Zertifizierung von Organ- und Behandlungszentren, die so für hohe Behandlungskompetenz ausgezeichnet werden und den Qualitätswettbewerb verstärken sollen. Darüber hinaus verwenden auch andere Länder in Europa MMV zur stationären Leistungssteuerung, wobei v.a. Unterschiede bei der Art der erlassenden Behörde, der Anzahl der LB, der Anwendungsebene, der Regulierungsabsicht, der Höhe der vorgegebenen Schwellenwerte und den Ausnahmeregelungen bestehen.

Trotz des klaren positiven Zusammenhangs zwischen Fallzahlen und Ergebnisqualität, der zahlreichen Initiativen und des hohen Aufwands zur Mindestmengenregulierung gibt es immer noch zahlreiche Krankenhäuser, die mit relativ geringen Fallzahlen komplexe und spezialisierte Eingriffe durchführen (Peschke et al. 2014). MMV bleiben damit bisher weit hinter ihren vor über 10 Jahren aufgestellten und ambitionierten Zielen zurück und haben ihre volle Wirkung zur Leistungssteuerung noch nicht entfaltet. Vor dem Hintergrund hoher Qualitätsunterschiede, einer mangelnden Spezialisierung und Konzentration sowie Investitionsrückständen und generellem Fachkräftemangel (Sachverständigenrat 2018) müssen die Ausgestaltung, Folgen und strikte Durchsetzung von Mindestmengen stärker in den Fokus der gesundheitspolitischen Diskussion rücken.

Dieser Beitrag soll Informationen und Argumente für diese dringend notwendige Diskussion liefern und analysiert die aktuelle Ausgestaltung und Auswirkungen von MMV entlang der Themenblöcke:

1. Mindestmengenvorgaben in Deutschland
2. Mindestmengenvorgaben in acht ausgewählten europäischen Ländern
3. Auswirkungen einer strikteren Durchsetzung (höherer) Mindestmengenvorgaben auf den deutschen Krankenhaussektor

Die strukturierte Darstellung der MMV in Deutschland und ausgewählten europäischen Ländern verschafft einen Überblick über den Umfang und den Grad der Anwendung von MMV, wobei auf die MMV in Deutschland detailliert eingegangen wird. Hierbei werden Gemeinsamkeiten und Unterschiede der verschiedenen MMV analysiert und LB für die Modellierung der Auswirkungen einer strikteren Durchsetzung der Mindestmengen identifiziert. Diese Analyse veranschaulicht zweierlei: Erstens besteht in Deutschland weiterhin eine starke Streuung der Leistungserbringung, gerade auch bei komplexen Eingriffen. Zweitens wird ersichtlich, wie viele Krankenhäuser bei einer strikten Durchsetzung verschiedene MMV derzeit erfüllen würden.

5.2 Methodik

Die Erstellung dieses Beitrags wurde in folgenden Schritten vorgenommen:

- Es wurde eine *Literaturrecherche* durchgeführt. Ziele der Literaturrecherche waren das Sammeln und Strukturieren von verschiedenen MMV in Deutschland und die Identifikation von Ländern in Europa, in denen MMV genutzt werden. Außerdem wurden vergleichbare Ansätze zum hier verwendeten Modellierungsansatz untersucht.
- Es wurde eine *einfache Modellierung* des Effekts einer strikten Durchsetzung von MMV auf die deutsche Krankenhauslandschaft durchgeführt.

5.2.1 Literaturrecherche

Zur Identifikation verschiedener MMV in Deutschland wurden die Regelungen des G-BA und verschiedener Fachgesellschaften konsultiert. MMV von anderen europäischen Ländern wurden mittels einer Recherche in wissenschaftlichen Datenbanken (z.B. Pubmed, Google Scholar) und einer Internetrecherche ermittelt. Im Zuge der Recherche wurde ein Mangel an systematischen Reviews zu MMV im internationalen Kontext festgestellt. Angaben zu MMV mussten deshalb teilweise in nationalen Dokumenten in der Landessprache identifiziert und mithilfe von Experteninterviews validiert werden. Fraglos kommen darüber hinaus international weitere MMV zum Einsatz, die jedoch nicht identifiziert werden konnten.

Zur Identifikation der acht Vergleichsländer Dänemark, Finnland, Frankreich, Großbritannien, Italien, Niederlande, Österreich und Schweiz wurde wie folgt vorgegangen: In einem *ersten* Schritt wurde nach Ländern gesucht, in denen MMV für die gleichen LB wie in Deutschland bestehen. In einem *zweiten* Schritt wurden Länder, für die nur eine geringe Schnittmenge an LBs identifiziert werden konnte, nicht näher betrachtet und ausgeschlossen (Spanien und Schweden).

Für die Literaturrecherche wurden folgende Begriffe verwendet (auf dänisch, deutsch, englisch, französisch und italienisch): „minimum volume requirements", „minimum volume regulation", „minimum volume laws", „reviews volume outcome relationship", „minimum volume effects", „hospital centralization", „hospital planning". Die Suchwörter wurden mit den Namen einzelner Länder verbunden, um landesspezifische Informationen zu erhalten.

5.2.2 Modellierung

Für das Untersuchungs- und zuletzt verfügbare Datenjahr 2016 wurde in einem *ersten Schritt* folgendes analysiert:

- Anzahl der Krankenhäuser, die mind. 1 Eingriff des jeweiligen LBs durchführten, und die durchschnittliche Anzahl durchgeführter Eingriffe je Krankenhaus
- Anzahl der Krankenhäuser, die die jeweilige MMV erbringen, und die durchschnittliche Anzahl der durchgeführten Eingriffe in diesen Krankenhäusern

Als Dateninput wurden die von den Krankenhäusern in den strukturierten Qualitätsberichten der externen stationären Qualitätssicherung für das Untersuchungsjahr 2016 angegebenen OPS-Fallzahlen verwendet. Hierbei wurden Krankenhäuser über die Kombination von Institutionskennzeichen und Standortnummer identifiziert, d.h. jeder Krankenhausstandort wurde als ein „Krankenhaus" gezählt (vgl. gesetzliche Vorgabe zum Gültigkeitsbereich von Mindestmengen § 136b Abs. 1 Satz 1 Nr. 2 SGB V und G-BA 2018). Zur Kategorisierung der OPS-Codes in LB wurden die Abgrenzungen bzw. Definitionen des G-BA, der Deutschen Gesellschaft für Allgemein- und Viszeralchirurgie (DGAV), der Deutschen Krebsgesellschaft (DKG), des Wissenschaftlichen Instituts der AOK (WIdO) und des Disease Management Programms (DMP) für Brustkrebs herangezogen. Die Definitionen unterscheiden sich hinsichtlich ihres Umfangs (Anzahl der OPS-Codes und Eingriffsarten je LB) und hinsichtlich ihrer Detailtiefe (Angabe als 4-, 5- oder 6-Steller). Für eine Übersicht der verwendeten Definitionen je LB s. Tab. 1.

In den strukturierten Qualitätsberichten liegen lediglich die Summen der OPS-bzw. ICD-Codes auf Fachabteilungs- bzw. Krankenhausebene vor. Daten auf Patientenebene, d.h. ICD-Code (Hauptdiagnose) in Kombination mit erfolgter Behandlung als OPS-Code(s) auf Patientenebene, sind nicht verfügbar. Deshalb werden in der Modellierung ausschließlich OPS-Codes zur Definition der LB verwendet. Die dadurch entstehende Datenungenauigkeit und das durch den Datenschutz bedingte Fehlen von Fallzahlen ≤ 3 Eingriffe wurden für die durchgeführte Analyse als akzeptabel angesehen (OPS-Fallzahlen ≤ 3 werden als 1 Eingriff gezählt).

Für LB, für die mehr als eine Definition besteht, wurde die obige Modellierung für jede Definition durchgeführt. Die Ergebnisse dieses ersten Modellierungsschritts werden im folgenden Kapitel vorgestellt.

Tab. 1 Definition und Abgrenzung der Leistungsbereiche anhand von ICD- und OPS-Codes
gemäß G-BA, DGAV, DKG, WIdO und DMP

Leistungs-bereich	G-BA	DGAV	DKG	WIdO	DMP	Sonstige
Pankreas	Σ ~11.000 5-523.2 und .x 5-524.0 bis .x 5-525.0 bis .x	Σ ~9.750 5-524.0 bis –.4, 5-525.0 bis –.2	Σ ~10.500 OPS: 5-524, 5-525 ICD: C25	–	–	–
Ösophagus	Σ ~3.850 5-423 bis –426 5-427.0, .1, 5-429.p, .q 5-438.0, .1, .x	Σ ~7.600 5-422, 5-425, 5-426, 5-438	Σ ~3.500 OPS: 5-423 bis –426, 5-438.0, .1, .x ICD: C15, C16.0, D00.1	–	–	–
Leber	–	Σ ~6.450 5-502 Σ ~2.300 davon 5-502.1, .2, .3, .6	Σ ~7.200 OPS: 5-502, 5-504 ICD: C22.0	–	–	–
Kolorektale Eingriffe	–	Σ ~113.700 5-455, 5-456, 5-458 5-484, 5-485 5-486.3, .4	Σ ~111.500 OPS: 5-455, 5-456, 5-458, 5-484, 5-485 ICD: C18 bis C20	–	–	–
Bariatrische Chirurgie	–	Σ ~15.100 5-434.31, .41, .51, .61 5-439 5-445.30, .31, .40 bis .43, .51 5-447.6, .7 5-448.c0 bis .c3 .d0, .d2, .e2,.x2 5-449.n 5-467.5	–	–	–	–
Cholezys-tektomie	–	–	–	Σ ~175.550 OPS: 5-511.0 bis 3, .x, .y ICD: K80	–	–
Mamma-karzinom	–	–	OPS: s. DMP ICD: C50	–	Σ ~110.750 5-870, 5-872, 5-874, 5-877, 5-879	–
Geburts-hilfe	–	–	–	–	–	Σ ~551.350 Z38

Hinweise: Nur zur Modellierung verwendete LB angegeben. ICD-Codes wurden mit aufgenommen, um die voll-
ständigen Definitionen darzustellen, ICD-Codes wurden jedoch nicht zur Modellierung verwendet (Ausnahme:
Geburtshilfe). Die Definition für den LB Geburtshilfe wurde eigenständig vorgenommen. Es wird immer die höchste
Aggregationsebene verwendeter Codes angegeben (z.B. 5-511.0 anstatt 5-511.01 und 5-511.02 oder 5-423 statt
5-423.0 bis .y). Die Gesamtzahl der in 2016 von den in der Stichprobe enthaltenen Krankenhäusern durchgeführten
Eingriffe ist nach dem Summenzeichen auf volle 50-er gerundet angegeben.
Quellen für Definition der LB: Blum und Offermanns (2006), Gemeinsamer Bundesausschuss (2018), DGAV e.V. (2018),
Onkozert (2018), WIdO (2017)
Datenquelle: Strukturierte Qualitätsberichte der externen stationären Qualitätssicherung 2016

In einem *zweiten Schritt* wurde für den deutschen Krankenhaussektor darge-stellt, wie viele Krankenhäuser die MMV anderer europäischer Länder erfül-len. Die Ergebnisse dieses Modellierungsschritts werden im vierten Abschnitt dargestellt.

Loos et al. (2016) haben eine ähnliche Modellierung für den deutschen Kran-kenhaussektor unter Berücksichtigung der Auswirkungen auf die durch-schnittliche Erreichbarkeit vorgenommen. Schwellenwerte leiten die Autoren aus der Fachliteratur ab. Im Unterschied zu Loos et al. werden im vorliegenden Beitrag die Schwellenwerte zur Modellierung aus dem Vergleich von in Deutschland und anderen europäischen Ländern gültigen MMV abgeleitet und Implikationen auf die Erreichbarkeit oder die Patientenfahrzeit werden nicht näher beleuchtet. Weitere mögliche Weiterentwicklungen der hier durchge-führten einfachen Modellierung sind (1.) Berechnung der Auswirkungen auf die Ergebnisqualität (z.B. in Form von Mortalität), (2.) Umverteilung der Pa-tienten von Krankenhäusern, die von der Versorgung ausgeschlossen werden und (3.) Berücksichtigung von Kapazitätsbedingungen und -verschiebungen. Arbeiten, die sich selektiv mit den obigen Weiterentwicklungen befassen, sind beispielsweise Loos et al. (2016) und Geraedts et al. (2010) für Erreichbar-keit bzw. Patientenreisezeit sowie Nimptsch u. Mansky (2018) für Ergebnis-qualität und Patientenreisezeit. Außerdem wurden von de Cruppé et al. (2014) und de Cruppé und Geraedts (2016 und 2018) umfassende Studien zur Einhal-tung von G-BA-MMV für die Datenjahre 2004 bis 2010, 2006 bis 2010 bzw. 2006 bis 2014 durchgeführt. Darüber hinaus wurde eine systematische Übersichts-arbeit zum Zusammenhang zwischen Menge und Qualität unter anderem von Chowdhury et al. (2007) vorgelegt.

5.3 Mindestmengen- und Zertifizierungsvorgaben in Deutschland

Unterschiedliche Organisationen geben in Deutschland unterschiedlich hohe und restriktive MMV für unterschiedliche Zwecke vor. MMV, die direkte Aus-wirkungen auf die Vergütung von Krankenhäusern haben und „Gelegenheits-chirurgie" eindämmen sollen, werden durch den G-BA bestimmt. Diese MMV sind ein direkter, regulativer Eingriff in die Versorgungsstruktur durch einen mittelfristigen Ausschluss von Krankenhäusern von der Versorgung. Fachge-sellschaften definieren darüber hinaus MMV zur (Re-)Zertifizierung von Organ- oder Behandlungszentren (z.B. Darmkrebszentrum der DKG oder Zentrum für Endoskopie der DGAV). Zertifizierungsvorgaben sollen Spitzenmedizin anzei-gen sowie Zentren mit hoher Qualität auszeichnen und so den Qualitätswett-bewerb nachhaltig verstärken. Ziel ist eine langfristige Verlagerung der Patien-tenströme hin zu zertifizierten Zentren, wobei Krankenhäuser mit niedrigen Fallzahlen nicht zwangsweise von der Versorgung ausgeschlossen werden. Während die MMV des G-BA für alle Krankenhäuser rechtlich bindend sind, müssen nur solche Krankenhäuser, die eine (Re-)Zertifizierung einer bestimm-ten Fachgesellschaft erlangen wollen, entsprechende MMV berücksichtigen.

5.3.1   Mindestmengenvorgaben des G-BA

Der aktuellste durch den G-BA erarbeitete Mindestmengenkatalog umfasst acht LB (G-BA 2018). Die Anzahl der Eingriffe bzw. Fälle pro LB sind jährlich pro Standort eines Krankenhauses zu erbringen und nachzuweisen:

1. Lebertransplantation: 20
2. Nierentransplantation: 25
3. Komplexe Eingriffe am Organsystem Ösophagus: 10
4. Komplexe Eingriffe am Organsystem Pankreas: 10
5. Stammzellentransplantation: 25
6. Kniegelenk-Totalendoprothesen: 50
7. Koronarchirurgische Eingriffe: ohne die Festlegung einer konkreten Mindestmenge
8. Versorgung von Früh- und Neugeborenen mit einem Geburtsgewicht von < 1.250 g: 14

Die Zählung und der entsprechende Nachweis der erbrachten Fallzahl je LB basiert auf einer vom G-BA festgelegten Auswahl an OPS-Codes, wobei für koronarchirurgische Eingriffe bisher keine Mindestmenge und keine OPS-Codes festgelegt wurden. Damit ein Krankenhaus Behandlungen in den obigen LB durchführen darf, muss das Krankenhaus eine berechtigte Prognose der erwarteten Behandlungsmenge basierend auf dem letzten Kalenderjahr bei den Landesverbänden der Krankenkassen und Ersatzkassen einreichen. Eine positive Prognose ohne Erreichen der Mindestmenge im vorangegangen Kalenderjahr kann hier mit personellen, strukturellen und/oder sonstigen Veränderungen begründet werden. Sollte keine positive Prognose abgegeben werden können bzw. eine positive Prognose nicht akzeptiert werden, wird das entsprechende Krankenhaus von der Versorgung ausgeschlossen und erhält im Falle einer dennoch durchgeführten Behandlung keine Vergütung. Eine positive Prognose ohne Erreichen der Mindestmenge im vorangegangen Leistungsjahr kann darüber hinaus dann beschieden werden, wenn das Krankenhaus einen Ausnahmetatbestand oder eine Übergangsregelung geltend machen kann. Als Ausnahmetatbestand kann entweder vorgebracht werden, dass die Leistung erstmalig bzw. erneut (mind. 24 Monate Unterbrechung) erbracht wird oder, dass die erbrachte Qualität den Anforderungen und Kriterien des G-BA für die entsprechende Leistung entspricht. Darüber hinaus greifen die MMV bei Neueinführung oder Erhöhung einer Mindestmenge auf Krankenhausebene oder Einführung eines Arztbezugs für einen LB bis zu 24 Monate i.S.e. Übergangsregelung nicht und die Leistung kann ohne Einschränkungen erbracht werden.

5.3.2   Mindestmengenvorgaben durch Fachgesellschaften

Neben den MMV des G-BA bestehen MMV für die Zertifizierung von Organ- und Behandlungszentren verschiedener Fachgesellschaften. In diesem Beitrag wird beispielhaft auf die MMV der DGAV und der DKG eingegangen, da beide Fachgesellschaften v.a. chirurgische LB fokussieren, für die ein ausgeprägter Mengen-Qualitäts-Zusammenhang besteht und die deshalb für die Modellierung verwendet werden.

Insgesamt bietet die DGAV Zertifizierungen für elf verschiedene Zentren (DGAV e.V. 2018), wobei für jedes Zentrum zwischen den Leveln Kompetenz-, Referenz- und Exzellenzzentrum unterschieden wird. Für Kompetenzzentren gelten die niedrigsten und für Exzellenzzentren die höchsten Anforderungen, welche von der DGAV und ggf. kooperierenden Fachgesellschaften (z.B. der Deutschen Hernien Gesellschaft) erarbeitet werden. Eine für alle Zertifizierungen der DGAV gültige Anforderung ist der Nachweis von Mindestmengen für den LB des Zentrums. Dieser LB wird anhand einer festgelegten Auswahl an OPS-Codes definiert. Hierbei ist zu beachten, dass die DGAV mehrere Eingriffsarten innerhalb eines LBs definiert. Je nach LB bestehen Schwellenwerte entweder separat für jede Eingriffsart oder für die Summe der Eingriffe aller Eingriffsarten. Beispielsweise werden vier Eingriffsarten für das *Zentrum für Chirurgische Erkrankungen des Pankreas* mit jeweils einem Schwellenwert je Eingriffsart definiert (z.B. 25 Pankreaskopfresektionen und [totale] Pankreatektomien für Kompetenzzentren). Ein Beispiel für den Nachweis der Summe der Eingriffe aller Eingriffsarten ist die (Re-)Zertifizierung als *Zentrum für Adipositas- und metabolische Chirurgie*: Hierfür muss ein Kompetenzzentrum insgesamt die Summe von 50 Eingriffen pro Jahr in acht Eingriffsarten (u.a. Magenband) nachweisen.

Der Nachweis der geforderten Mindestmenge muss bei Erstzertifizierung für die letzten zwei Kalenderjahre und bei Rezertifizierung für die letzten drei Kalenderjahre vor Antragsstellung erfolgen. Der Nachweis wird anhand von Vorlage der durchgeführten Eingriffe je Eingriffsart erbracht. Generell bestehen keine Ausnahmen für ein Nichterreichen der geforderten Mindestmengen in der definierten Anzahl an Kalenderjahren vor (Re-)Zertifizierung. Jedoch kann bei einer Unterschreitung der Mindestmenge in einer Eingriffsart in einem Kalenderjahr auch der Durchschnitt der letzten zwei Kalenderjahre bei Erstzertifizierung bzw. der letzten fünf Kalenderjahre bei Rezertifizierung zur Einhaltung der Mindestmenge in dieser Eingriffsart herangezogen werden.

Neben der DGAV ist auch die DKG in der Zertifizierung von Zentren aktiv. Insgesamt können acht Zertifizierungen für verschiedene Organ(-systeme), wie zum Beispiel Darm oder Lunge, erworben werden (Onkozert 2018). Darüber hinaus werden für das onkologische und das viszeralonkologische Zentrum mehrere Zusatzmodule angeboten (z.B. Kinderonkologie oder Leber). Die Zertifizierungsvorgaben für jedes Zentrum werden von Fachgruppen innerhalb einer interdisziplinären Zertifizierungskommission erarbeitet. Für den Großteil der LB werden MMV auf Ebene von ICD- und/oder OPS-Codes definiert. Beispielsweise muss ein viszeralonkologisches Zentrum für die (Re-)Zertifizierung des Moduls *Leber* eine jährliche Mindestmenge von 30 Leberkarzinomen (Primärdiagnose) anhand des ICD-Codes C22.0 nachweisen. Darüber hinaus müssen jährlich mindestens 25 Leberresektionen und/oder -transplantationen durchgeführt werden (OPS-Codes 5-502 und 5-504). Grund für den Nachweis sowohl auf ICD- wie auch auf OPS-Code-Ebene ist, dass die DKG Zentren mit nachgewiesener Kompetenz in der Krebsbehandlung auszeichnen möchte. Hierfür ist eine Identifizierung der der Behandlung zugrunde liegenden Hauptdiagnose unerlässlich. Die DGAV beschränkt sich lediglich auf den Nachweis anhand von OPS-Codes, da die Kompetenz eines Zentrums für eine bestimmte Behandlung bzw. einen Eingriffsbereich (z.B. Endoskopie oder Hernienchirurgie) oder ein Organ(-system) (z.B. Pankreas oder Speiseröhre und Magen) unabhängig von der Diagnose ausgewiesen werden soll.

5.3.3 Vergleich deutscher Mindestmengenvorgaben

Für einige LB bestehen MMV von mehreren Organisationen. Hierbei gilt es zu beachten, dass (1.) der beabsichtigte Zweck der MMV variiert, (2.) entsprechend der (rechtliche) Geltungsbereich der MMV unterschiedlich ist (s.o. in der Einleitung zu 5.3.), (3.) MMV auf verschiedenen Ebenen (Krankenhaus und/oder Operateur) vorgegeben werden und außerdem (4.) die Höhe der Schwellenwerte anders gesetzt ist. Weiterhin deuten (5.) zwar die Klarnamen der LB auf Gemeinsamkeiten hin, die Abgrenzung anhand von ICD- und/oder OPS-Codes ist jedoch nicht deckungsgleich. Beispielsweise umfassen für den LB *Pankreas* sowohl die MMV des G-BA wie auch der DGAV OPS-Codes für verschiedene partielle Resektionen des Pankreas und (totale) Pankreatektomien, jedoch inkludiert der G-BA zusätzlich zwei 5-stellige OPS-Codes zur inneren Drainage des Pankreas in seiner MMV (s. Tab. 1). Die DGAV inkludiert die innere Drainage des Pankreas auch in ihren MMV, jedoch nicht in der gleichen Eingriffsart wie partielle Resektionen des Pankreas bzw. wie (totale) Pankreatektomien, sondern in der Eingriffsart *Weitere Eingriffe am Pankreas*. Darüber hinaus inkludiert die DGAV alle inneren Drainagen, d.h. OPS-Code 5-523, in ihrer MMV. Außerdem gehören der Eingriffsart *Weitere Eingriffe am Pankreas* noch sechs weitere 5-stellige und mehr als ein Dutzend 6-stellige OPS-Codes an. Schließlich inkludiert die DGAV für den LB *Pankreas* noch die Eingriffsart *interventionelle Therapien* (z.B. Abszessdrainage) in ihrer MMV. Weitere Unterschiede in den Definitionen der LB sind der Detailgrad einzelner OPS-Codes (4-, 5- und 6-stellige OPS-Codes) und verschiedene Definitionen gleicher Eingriffsarten (z.B. [totale] Pankreatektomie umfasst drei OPS-Codes mehr in der G-BA-MMV als in der DGAV-MMV). Außerdem macht die DGAV für einige Zentren MMV für zusammenhängende Organsysteme (z.B. *Ösophagus und Magen*) bzw. definiert auch für diagnostische Leistungen MMV (z.B. für *Koloproktologie*).

Demgegenüber definiert die DKG LB in den meisten Fällen neben OPS-Codes für den Nachweis der operativen Expertise zusätzlich über eine Kombination von ICD- und OPS-Codes oder nur ICD-Codes zum Nachweis von Primärfällen. So umfassen die DKG-MMV für den LB *Pankreas* eine operative Expertise von mind. 20 Pankreasresektionen sowie 12 operativen Primärfällen (für genaue

Definition s. Tab. 1). Die Eingriffe der operativen Expertise sind für den LB *Pankreas* an keine Diagnose gekoppelt und können auch für benigne Tumore durchgeführt worden sein. Für den Großteil der MMV werden 4-stellige OPS-Codes und 3-stellige ICD-Codes verwendet. Im Übrigen fordert die DKG Mindestmengen sowohl auf Krankenhaus- wie auch zusätzlich auf Operateurebene, während G-BA und DGAV nur MMV auf Krankenhausebene festlegen. Abschließend bleibt festzustellen, dass die den MMV zugrunde liegende Logik jedoch in allen Fällen dieselbe ist und auf der in der Einleitung beschriebenen Korrelation zwischen Ergebnisqualität und der Anzahl der durchgeführten Eingriffe bzw. Behandlungen fußt.

5.3.4 Modellierung deutscher Mindestmengenvorgaben

Der im Abschnitt *Methodik* skizzierte erste Modellierungsschritt wird entlang drei verschiedener MMV (G-BA, DGAV, DKG) und entlang vier LB (Pankreas, Ösophagus, Leber, Kolorektale Eingriffe) dargestellt. Zur Modellierung wurden diejenigen LB ausgewählt, für die aufgrund verschiedener Definitionen und/oder MMV unterschiedliche Auswirkungen auf den deutschen Krankenhaussektor gegeben wären. Von den DGAV-MMV wurde(n) die Eingriffsart(en) ausgewählt, die mit den MMV des G-BA und/oder der DKG am ehesten vergleichbar sind. Außerdem werden die DGAV-Schwellenwerte für Kompetenzzentren angewendet.

Im Untersuchungsjahr führten 618 bzw. 610 Krankenhäuser Eingriffe der Definition für den LB **Pankreas** des G-BA bzw. der DKG durch. Demgegenüber fallen nur 460 Krankenhäuser unter die Definition der DGAV, was daran liegt, dass die DGAV einerseits den LB enger definiert und andererseits nur Krankenhäuser gezählt wurden, die jeweils mind. einen Eingriff der zwei fokussierten Eingriffsarten erbracht hatten (s. Abb. 1). Lediglich 66 Krankenhäuser entsprechen der DGAV MMV, was am relativ hohen Schwellenwert und MMV für zwei separate Eingriffsarten liegt (25 Pankreaskopfresektion und totale Pankreatektomien, 5 Pankreaslinks- und Segmentresektionen). Demgegenüber entspricht mehr als die Hälfte der Krankenhäuser der G-BA-MMV.

Auch für den LB **Ösophagus** ist die Anzahl der Krankenhäuser nach G-BA-Definition mit der Anzahl der Krankenhäuser nach DKG-Definition vergleichbar. Die Anzahl der Krankenhäuser nach DGAV-Definition ist demgegenüber um mehr als 100 Krankenhäuser geringer. Gründe hierfür sind, dass nur Krankenhäuser gezählt wurden, die jeweils mindestens einen Eingriff beider fokussierten Eingriffsarten durchführten (vgl. *Pankreas*), und dass der LB wesentlich anders definiert ist (s. Tab. 1). Auch für *Ösophagus* fordert die DGAV MMV für zwei Eingriffsarten (15 Ösophagusresektionen bei Malignom und 5 sonstige Eingriffe am Ösophagus). In Summe inkludiert die DGAV ca. doppelt so viele Eingriffe wie die DKG und der G-BA (s. Tab. 1), die kombiniert mit der geringeren Anzahl an Krankenhäusern in einer ca. 2,6-mal höheren durchschnittlichen Anzahl an Eingriffen je Krankenhaus resultiert (ohne MMV). Es erfül-

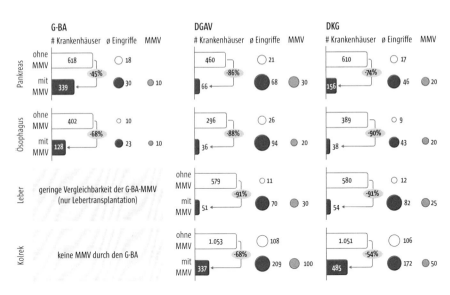

Abb. 1   Anzahl an Krankenhäusern, die unterschiedlichen deutschen MMV auf Krankenhausebene entsprechen. Hinweise: (1.) Die durchschnittliche Anzahl der Eingriffe für „mit MMV" bezieht sich nur auf die Eingriffe, die von den Krankenhäusern tatsächlich erbracht wurden. Eingriffe, die von Krankenhäusern erbracht wurden, die der MMV nicht entsprechen, wurden nicht auf die verbleibenden Krankenhäuser verteilt. (2.) Für die MMV der DKG handelt es sich lediglich um eine Abbildung nach Teilkriterien (OPS-Codes). Für eine vollständige Darstellung sind ICD- und OPS-Codes auf Patientenebene nötig.

len ca. 3,5-mal so viele Krankenhäuser die G-BA-MMV wie die DGAV- bzw. die DKG-MMV. Jedoch ist der Anteil der Krankenhäuser, der die verschiedenen MMV für *Ösophagus* erfüllt, generell kleiner als für *Pankreas* und mit jeweils um die 10% im Falle der DGAV- und der DKG-MMV insgesamt sehr gering. Entsprechend ist die durchschnittliche Anzahl durchgeführter Eingriffe je Krankenhaus jeweils ca. 4-mal so hoch wie ohne MMV, während die G-BA-MMV geringere Auswirkungen auf die durchschnittliche Anzahl der Eingriffe hat (ca. 2,4-mal so hoch wie ohne MMV). Trotzdem wird deutlich, dass sowohl für *Pankreas* wie auch für *Ösophagus* eine strikte Anwendung der G-BA-MMV starke Zentralisierungseffekte hätte und „Gelegenheitschirurgie" unterbunden würde. Außerdem erfüllt ein signifikanter Anteil an Krankenhäusern die G-BA-MMV nicht, was zumindest teilweise durch die Ausnahmeregelungen zu erklären ist (vgl. de Cruppé u. Geraedts 2018).

Für den LB **Leber** wurden nur solche MMV verglichen, die anatomische (typische) Leberresektionen miteinschließen. Da die G-BA-MMV lediglich Teilresektionen und Hepatektomien zur Transplantation und Transplantationen an sich umfasst, wird die G-BA-MMV hier nicht mit betrachtet. Die DGAV inkludiert nur anatomische Leberresektionen in ihrer MMV während die DKG zusätzlich Lebertransplantationen akzeptiert (s. Tab. 1). Entsprechend ist die durchschnittliche Anzahl an Eingriffen trotz beinahe gleicher Anzahl der

Krankenhäuser für die DKG-MMV höher als für die DGAV-MMV (s. Tab. 1). Obwohl die DGAV für anatomische Leberresektionen allgemein eine MMV von 25 Eingriffen und zusätzlich davon mindestens 5 Resektionen von 4 und mehr Segmenten der Leber fordert, entsprechen nur unwesentlich weniger Krankenhäuser dieser MMV als der DKG-MMV. Insgesamt entsprechen weniger als 10% der Krankenhäuser der DGAV- bzw. der DKG-MMV.

Da die DGAV- und die DKG-Definitionen für den LB **Kolorektale Eingriffe** beinahe deckungsgleich sind, fällt quasi die gleiche Anzahl an Krankenhäusern unter beide Definitionen. Obwohl der DGAV-Schwellenwert doppelt so hoch ist wie der DKG-Schwellenwert, ist die Anzahl der Krankenhäuser, die die DKG-MMV einhalten, nur ca. 44% höher. Entsprechend ist die Anzahl der durchschnittlich durchgeführten Eingriffe je Krankenhaus für die DGAV-MMV lediglich um ca. 22% höher. Hieraus kann gefolgert werden, dass der Grad der Zentralisierung weniger stark zunimmt als der Schwellenwert. Dies deutet darauf hin, dass auch ohne MMV bereits viele Krankenhäuser eine relativ hohe Menge an Eingriffen durchführen. Dass mit ca. 32% bzw. 46% relativ viele Krankenhäuser der DGAV- bzw. der DKG-MMV entsprechen, unterstützt die obige Schlussfolgerung zusätzlich. Im Übrigen definiert sowohl die DGAV als auch die DKG separate Schwellenwerte für die Eingriffsarten Kolonresektion (75 bzw. 30 Eingriffe) und Rektumresektion (25 bzw. 20 Eingriffe).

Abschließend kann festgestellt werden, dass weder die G-BA-, oder die DGAV-, noch die DKG-MMV von einem signifikanten Anteil der Krankenhäuser in Deutschland eingehalten werden. Hierbei ist der Anteil, der die G-BA-MMV einhält, am größten (ca. 55% für *Pankreas* und ca. 32% für *Ösophagus*), während die DGAV-MMV generell vom geringsten Anteil der Krankenhäuser eingehalten werden. Dies entspricht den Absichten der verschiedenen MMV: Während der G-BA an einer Vermeidung von Gelegenheitschirurgie interessiert ist, über die Vergütung direkt in Versorgungsstrukturen eingreift und darüber hinaus eine flächendeckende Versorgung berücksichtigen muss, möchten DGAV und DKG (wenige) Zentren der Spitzenmedizin auszeichnen, so Qualitätstransparenz und -wettbewerb stärken und eine natürliche, langfristige Steuerung der Patientenströme erreichen.

Loos et al. (2016) betrachten in ihrer Modellierung andere LB als die hier analysierten LB, weshalb ein direkter Vergleich der Ergebnisse nicht gegeben ist. Außerdem verwenden die Autoren zwar ebenfalls die strukturierten Qualitätsberichte der externen Qualitätssicherung als Datenbasis, untersuchen jedoch das Jahr 2014. Insgesamt lässt sich aber feststellen, dass der Grad der Leistungserbringer, die eine MMV einhalten bzw. nicht einhalten, vergleichbar mit den oben vorgestellten Ergebnissen ist (z.B. 38% der Krankenhäuser erfüllen eine MMV von 40 radikalen Prostatovesikulektomien). Die Forschergruppe um de Cruppé und Geraedts untersuchen teilweise die gleichen LB wie die hier analysierten LB und nutzen ebenfalls die strukturierten Qualitätsberichte der externen stationären Qualitätssicherung als Datenbasis, jedoch für andere Datenjahre (s. Kap. 5.2). Wie oben gezeigt, finden die Autoren ebenfalls, dass ein größerer Anteil an Krankenhäusern die G-BA-MMV für *Pankreas* einhält als für *Ösophagus* (de Cruppé u. Geraedts 2018). Der Anteil der Krankenhäuser, die die G-BA-MMV einhält, ist für die von den Autoren untersuchten Datenjahre vergleichbar zu dem hier für 2016 gefundenen, der Einhaltungsgrad ist insgesamt jedoch höher (zwischen 50 und 60% für Ösophagus und zwischen 65 und 75% für Pankreas). Erklärung hierfür könnte sein, dass generell Unterschiede zwischen den verschiedenen Informationskategorien der Qualitätsberichte bestehen (z.B. OPS-Fallzahlen gegenüber [Selbst-]Angabe der Krankenhäuser zu Einhaltung von Mindestmengen). Bei Verwendung der gleichen Informationskategorie können Unterschiede zumindest teilweise durch verschiedene Zählweisen für nicht gemeldete Fälle ≤ 3 und/oder die Zählweise einzelner Krankenhausstandorte erklärt werden (s. Kap. 5.2). Im Übrigen ist die von de Cruppé und Geraedts untersuchte Stichprobe nicht direkt mit der hier analysierten Stichprobe an Krankenhäusern vergleichbar, da die Autoren die durch die Krankenhäuser vorgebrachten Begründungen der Nicht-Einhaltung einer MMV untersuchen und nicht die Einhaltungsgrade verschiedener MMV an sich.

Demgegenüber haben Mansky et al. (2016) für das Datenjahr 2015 Einhaltungsraten von ca. 36% für *Ösophagus* und 55% für *Pankreas* im Rahmen einer Auswertung der German Inpatient Quality Indicators errechnet, welche für *Ösophagus* nur gering bzw. für *Pankreas* fast gar nicht von den oben dargestellten Einhaltungsraten für 2016 abweichen.

5.4 Mindestmengenvorgaben in Europa

Im Folgenden wird eine Übersicht über die MMV in acht europäischen Ländern angeführt: Dänemark, Finnland, Frankreich, Großbritannien, Italien, Niederlande, Österreich und Schweiz. Für jedes Land werden die MMV für insgesamt acht LB der Allgemein-/Viszeralchirurgie und der Mutter-Kind-Versorgung tabellarisch vorgestellt (Pankreas, Ösophagus, Leber, Kolorektale Eingriffe, Bariatrische Eingriffe, Cholezystektomie, Mammakarzinom, Geburtshilfe). Diese LB wurden ausgewählt, da hier eine große Überschneidung zwischen den untersuchten Ländern und Deutschland gefunden werden konnte (Ausnahme: Cholezystektomie). Relevante Unterschiede im Vergleich zu MMV in Deutschland werden diskutiert. Abschließend wird die Anwendung der MMV der europäischen Vergleichsländer für die deutsche Versorgungslandschaft für alle LB dargestellt.

5.4.1 Übersicht und Vergleich

Für eine Übersicht der MMV je LB und Land s. Tab. 2. Die Rechercheergebnisse je Land werden entlang folgender sechs Dimension verglichen: (1.) Art der erlassenden Behörde, (2.) Anzahl der LB mit MMV, (3.) Anwendungsebene der MMV (Krankenhaus vs. Operateur), (4.) Regulierungsabsicht, (5.) Höhe der

Tab. 2 Übersicht Mindestmengenvorgaben in Europa

Kategorie	Allgemein-/Viszeralchirurgie						Mutter-Kind-Versorgung	
Leistungsbereich	Pankreas	Ösophagus	Leber	Kolorektale Eingriffe	Bariatrische Eingriffe	Cholezystektomie	Mammakarzinom	Geburtshilfe
Deutschland								
▪ G-BA	KH: 10	KH: 10						
▪ DGAV	KH: 25[a] & 5[b]	KH: 15[a] & 5[b]	KH: 25[b] & 5[c]	KH: 75[d] & 25[e]	KH: 50			
▪ DKG	KH: 20, O: 10	KH: 20, O: 10	KH: 25	KH: 30[k] & 20[f], O: 15[k] & 10[f]			KH: 100, O: 50	
▪ DMP							KH: 150, O: 50	
Dänemark	KH: 80–100 O: 30	KH: 80–100 O: 20–30	KH: 80–100 O: 30	KH: 80–100 O: 30	KH: 80–100 O: 30			
Österreich	KH: 10	KH: 10	KH: 10	KH: 15	KH: 25			
Schweiz	KH: 20	KH: 15	KH: 25	KH: 25	KH: 25			
Niederlande	KH: 20	KH: 20	KH: 20	KH: 20	KH: 200		KH: 50	
Großbritannien	KH: 80–100 O: 12	KH: 60 O: 15–20	KH: 150 O: 15		KH: 100 O: 50			
Frankreich	KH: 30	KH: 30	KH: 30	KH: 30			KH: 30	KH: 300
Finnland				KH: 70			KH: 150	KH: 1.000
Italien						KH: 100	KH: 150	KH: 1.000

Abkürzungen: KH = Krankenhausebene; O = Operateurebene

Eingriffsarten DGAV: Pankreas[a] = Pankreaskopfresektion und totale Pankreatektomien; Pankreas[b] = Pankreaslinks- und Segmentresektionen; Ösophagus[a] = Ösophagusresektionen bei Malignom; Ösophagus[b] = Sonstige Eingriffe am Ösophagus; Leber[b] = Anatomische Leberresektionen; Leber[c] = Resektionen von 4 und mehr Segmenten; KolRek[d] = Kolonresektion; KolRek[e] = Rektumresektion

Eingriffsarten DKG: KolRek[k]: Kolonresektion; KolRek[f] = Rektumresektion

Hinweise: Bei Von-Bis-Angaben wurde der mittlere Schwellenwert zur Modellierung angesetzt (z.B. 90 für 80 bis 100). Zur Modellierung wurden nur MMV auf Krankenhausebene verwendet.
Quellen: s. Tab. 1 und Einleitung zu 5.3.

Schwellenwerte, (6.) Grad der Durchsetzung und Ausnahmeregelungen (Allum et al. 2011; AUGIS 2010; Geissler et al. 2017; Italia 2012, 2015; Jüni et al. 2014; KCE 2017; Nederlandse 2017; Nederlandse Vereniging voor Heelkunde 2017; NHS 2018; Nobilio et al. 2004; ÖSG 2017; République Française 2011; SPLG 2018; Suomi 2017; Zorguerzekeraars Nederland 2017).

Art der erlassenden Behörde

In den acht Vergleichsländern werden MMV sowohl von nationalen wie auch regionalen Behörden festgelegt. Darüber hinaus definieren in den untersuchten Ländern ähnlich wie in Deutschland Fachgesellschaften MMV und in manchen Fällen werden MMV direkt von Krankenversicherungen festgelegt. In Österreich und Frankreich werden MMV ausschließlich von den Bundesministerien für Gesundheit erlassen. Demgegenüber werden in Deutschland wie bereits gesehen MMV einerseits mit bundesweiter Gültigkeit durch den G-BA und auf freiwilliger Basis durch die med. Fachgesellschaften definiert. In der Schweiz werden MMV für komplexe LBs (vgl. Tab. 1) durch die Interkantonale Vereinbarung über die hochspezialisierte Medizin erlassen. Zusätzlich sind jedoch die kantonalen Direktorate für die Krankenhauskapazitätsplanung und die Erstellung der sogenannten Spitalliste verantwortlich, wofür zusätzliche MMV festgelegt und verwendet werden können. Entsprechend variiert die Höhe der Schwellenwerte gleicher LBs entlang der Bevölkerungsdichte und den damit verbundenen Anforderungen an die Versorgungsdichte je Kanton. In Großbritannien und den Niederlanden werden MMV von den Fachgesellschaften entwickelt. Jedoch legen in den Niederlanden auch Krankenversicherungen MMV fest, deren Schwellenwerte generell höher liegen als die der Fachgesellschaften. Jedoch gelten diese MMV nur für Krankenhäuser, die bei der jeweiligen Krankenversicherung versicherte Patienten behandeln.

Anzahl der Leistungsbereiche mit MMV

Kein Land hat für alle acht fokussierten LB MMV definiert. In Frankreich und den Niederlanden bestehen mit sechs LB die meisten MMV. In Deutschland bestehen inkl. Zertifizierungsvorgaben ebenfalls MMV für sechs LB. In Finnland und Italien bestehen MMV für drei LB und damit insgesamt am wenigsten MMV für die Fokuskategorien Allgemein-/Viszeralchirurgie und Mutter-Kind-Versorgung. Jedoch gilt zu beachten, dass Finnland und Italien für andere LB weitere MMV definiert haben (z.B. Gelenkersatz Schulter in Finnland oder Herzinfarkt in Italien).

Im Übrigen haben Dänemark, die Niederlande, Österreich und die Schweiz für die gleiche Zusammenstellung aus fünf LB MMV festgelegt. Schließlich haben für die LB *Pankreas*, *Ösophagus*, *Leber* und *Kolorektale Eingriffe* insgesamt sieben Länder MMV definiert, während für die LB *Bariatrische Eingriffe*, *Mammakarzinom* und *Geburtshilfe* nur sechs bzw. fünf und drei Länder MMV festlegen. Für den LB *Cholezystektomie* gilt eine MMV nur in Italien.

Anwendungsebene der MMV

Alle Länder haben MMV auf Krankenhausebene für ihre jeweiligen LB eingeführt. Für ausgewählte LB bestehen in Deutschland (DKG-MMV für *Pankreas, Ösophagus, Kolorektale Eingriffe*; DKG- und DMP-MMV für *Mammakarzinom*), Großbritannien (*Pankreas, Ösophagus, Leber, Bariatrische Eingriffe*) und Dänemark (s. Großbritannien zzgl. *Kolorektale Eingriffe*) MMV auf Operateurebene. Darüber hinaus gelten ab 2019 erstmalig auch in der Schweiz im Kanton Zürich Mindestfallzahlen pro Operateur.

Regulierungsabsicht

In einer ersten Recherche wurde festgestellt, dass die untersuchten Länder MMV für vier Absichten verwenden, die aufsteigend gemäß ihrer regulativen Härte und damit Auswirkung auf den Zentralisierungsgrad aufgeführt werden:

- **Zertifizierung** (z.B. Deutschland): Diese werden von Krankenhäusern freiwillig erworben, um eine hohe Qualifizierung für die Behandlung einer bestimmten Krankheit oder eines Organ(-systems) nachweisen zu können. Ein zentrales Kriterium ist hierfür das Erreichen einer Mindestzahl an Eingriffen bzw. Behandlungen. Der so entstehende Qualitätswettbewerb hat bei ausreichender Qualitätstransparenz zur Folge, dass Patienten und Einweiser nur solche Zentren auswählen, die zertifiziert sind, was langfristig eine Zentralisierung der Leistungen zur Folge hat.
- **Vergütung** (z.B. Deutschland): Ein erbrachter Eingriff bzw. eine durchgeführte Behandlung wird nur dann vergütet, wenn die MMV für diesen Eingriff bzw. diese Behandlung eingehalten wurde. Durch eine fehlende Vergütung sind also solche Krankenhäuser, die die MMV nicht erreichen können, dazu angehalten, entsprechende Kapazitäten abzubauen und Patienten nicht weiter zu behandeln. Mittel- bis langfristig werden diese Patienten in den Zentren behandelt, die der MMV entsprechen.
- **Leistungsvergabe** (z.B. Frankreich, Niederlande): MMV werden genutzt, um Krankenhäuser zu identifizieren, die als Partner für Selektivverträge bzw. als Leistungserbringer für komplexe Eingriffe geeignet sind. Hierdurch entsteht mittelfristig eine schrittweise Zentralisierung dieser Leistungen.
- **Kapazitätsplanung** (z.B. Italien, Niederlande, Österreich, Schweiz): Indem nur solche Krankenhäuser Kapazitäten zugesprochen bekommen (z.B. Betten für eine Fachabteilung), die eine bestimmte MMV für einen LB erfüllen (Strukturkriterium für Kapazitätsvergabe), soll eine kurzfristige, wirkungsvolle Zentralisierung von Krankenhauskapazitäten herbeigeführt werden.

Höhe der Schwellenwerte

Die Höhe der Schwellenwerte je LB unterscheidet sich stark zwischen den untersuchten Ländern. In Dänemark und England gelten generell relativ hohe Schwellenwerte, was auf stärkere Zentralisierungsbemühungen dieser beiden Länder hindeutet. In Österreich sind die Schwellenwerte insgesamt am niedrigsten angesetzt. Auffällig ist, dass die beiden durch den G-BA gesetzten Schwellenwerte für *Pankreas* und *Ösophagus* genauso hoch wie die Schwellenwerte in Österreich und damit im Vergleich ebenfalls am niedrigsten sind. Die in Deutschland gültigen Zertifizierungsvorgaben fordern demgegenüber vergleichbar hohe Schwellenwerte wie beispielsweise in Frankreich und liegen damit im Mittelfeld.

Grad der Durchsetzung und Ausnahmeregelungen

Während in Deutschland eine Reihe an Ausnahme- und Übergangsregelungen gelten, bestehen in den Vergleichsländern generell weniger Möglichkeiten, MMV zu umgehen. In Frankreich besteht zum Beispiel lediglich die Ausnahme, dass bei lückenhafter Versorgungsdichte die jeweilige MMV ausgesetzt werden kann, was jedoch anhand des an der Bevölkerung abgeleiteten Bedarfs nachgewiesen werden muss. In der Schweiz wird zur Prognose der Fallzahl und Einhaltung der MMV der 2-Jahresdurchschnitt des jeweiligen LBs herangezogen. Sollte dieser Durchschnitt erstmalig unter dem Schwellenwert liegen, darf das jeweilige Krankenhaus die Leistung unter Vorbehalt ein weiteres Jahr erbringen. Diese Erlaubnis wird im Folgejahr nicht noch einmal vergeben, sollte die MMV ein weiteres Mal nicht eingehalten worden sein. Da in den Niederlanden MMV von mehreren, teilweise privaten Organisationen definiert werden, konnte kein klares Muster an Ausnahmen festgestellt werden. Generell haben aber Krankenversicherungen den Anreiz, relativ hohe MMV mit wenigen Ausnahmen zu definieren, um im (Qualitäts-)Wettbewerb um Versicherte glaubhaft höhere Ergebnisqualität versprechen zu können.

5.4.2 Modellierung europäischer Mindestmengenvorgaben

Für die vorliegende Analyse wurde für die LB *Pankreas* und *Ösophagus* die G-BA-Definition verwendet. Für die LB *Leber* und *Kolorektale Eingriffe* wurde die DKG-Definition und für *Mammakarzinom* die entsprechende DMP- bzw. DKG-Definition genutzt. Für den LB *Cholezystektomie* wurde die WIdO-Definition angewendet und für den LB *Geburtshilfe* wurde eine eigene, allgemeine Definition verwendet (s. Tab. 1). Für die jeweiligen LB wurden dann die entsprechenden Schwellenwerte der Vergleichsländer (s. Achsenbeschriftung Abb. 2) genutzt, um die Anzahl der Krankenhäuser in Deutschland, die der jeweiligen MMV entsprechen, und die durchschnittliche Anzahl der Eingriffe je Krankenhaus zu berechnen.

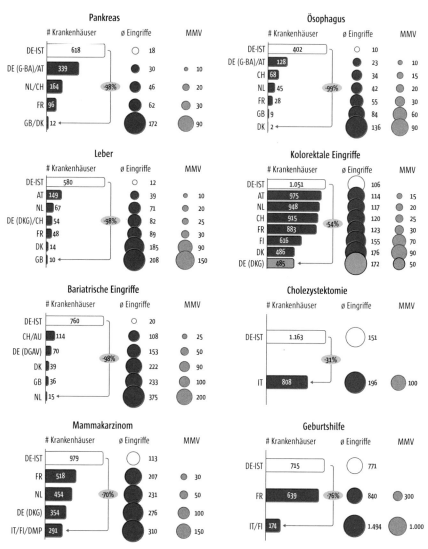

Abb. 2   Anzahl an Krankenhäusern, die unterschiedlichen deutschen MMV auf Krankenhausebene entsprechen. Hinweise: (1.) Länderkürzel gem. internationaler Klassifizierung
(2.) Die durchschnittliche Anzahl der Eingriffe für „mit MMV" bezieht sich nur auf die
Eingriffe, die von den Krankenhäusern tatsächlich erbracht wurden. Eingriffe, die von
Krankenhäusern erbracht wurden, die der MMV nicht entsprechen, wurden nicht auf die
verbleibenden Krankenhäuser verteilt. (3.) Für die MMV der DKG handelt es sich lediglich
um eine Abbildung nach Teilkriterien (OPS-Codes). Für eine vollständige Darstellung sind
ICD- und OPS-Codes auf Patientenebene nötig.

Insgesamt sind die Schwellenwerte je LB von anderen Ländern wesentlich höher angesetzt als in Deutschland und entsprechend werden die verschiedenen
MMV nur von einem Bruchteil der Krankenhäuser in Deutschland eingehalten

(s. Abb. 2). Besonders signifikant ist der Effekt für *Pankreas, Ösophagus, Leber* und *Bariatrische Eingriffe*, am schwächsten ist der Effekt einer MMV für *Cholezystektomie*. Wenig überraschend gründet dieser Umstand v.a. in der Höhe des Schwellenwerts für die jeweiligen LB und die Komplexität des LBs an sich. Neben den in der *Methodik* beschriebenen Limitationen sollte zusätzlich beachtet werden, dass in der Analyse jeweils die in Abbildung 2 angegebenen Definitionen je LB angewendet wurden und in der limitierten Recherchedauer nicht abschließend geklärt werden konnte, zu welchem Grad die Definitionen der LB der Vergleichsländer sich von den verwendeten Definitionen unterscheiden (generell stellt die Definition der LB inkl. Anzahl Eingriffsarten die siebte Ebene von MMV dar). Entsprechend wurde die Definition je LB gewählt, die am allgemeinsten formuliert ist (4-stellige und/oder viele 5-stellige OPS-Codes) um eine generelle Vergleichbarkeit herzustellen und die verschiedenen Schwellenwerte eines LBs für die Analyse verwenden zu können. Darüber hinaus sind die Kodiersysteme im Allgemeinen in Europa äußerst heterogen, weshalb eine Vergleichbarkeit von LBs z.B. anhand von Prozedurencodes derzeit nicht gegeben ist (Geissler et al. 2015). Einige internationale Projekte, wie z.B. das ICD-9 CM Matching der OECD oder das Hospital Data Project (Hospital Data Project 2008; Lorenzoni u. Marino 2017), haben einen Abgleich verschiedener europäischer Definitionen von Diagnosen und Prozeduren bzw. LB vorgelegt. Diese Matching-Ansätze können jedoch nicht direkt auf die vorliegende Analyse übertragen werden, da sich die Kodiersysteme in der Zwischenzeit erneuert haben, nicht alle hier betrachteten LB untersucht wurden und/oder andere Klassifizierungssysteme für das Matching genutzt wurden.

Ungeachtet dessen bietet die Analyse interessante Erkenntnise, wovon die folgenden drei näher beleuchtet werden sollen:

- Die DKG-MMV für *Kolorektale Eingriffe* hat den signifikantesten Effekt, obwohl der aggregierte Schwellenwert nicht der höchste ist. Dies liegt daran, dass die DKG-MMV Schwellenwerte für zwei Eingriffsarten umfasst (30 Kolonresektionen und 20 Rektumresektionen). Da eine Aufteilung der Mengen zwischen diesen beiden Eingriffsarten für die Vergleichsländer nicht angegeben bzw. nicht vorhanden ist, wurden die Schwellenwerte der Vergleichsländer auf die Summe aller Kolon- und Rektumresektionen angewendet. Dies unterstreicht die Erkenntnis des letzten Kapitels, dass neben dem (aggregierten) Schwellenwert auch die Anzahl der Eingriffsarten großen Einfluss auf den (potenziellen) Zentralisierungsgrad hat.
- Die Anzahl der Krankenhäuser, die mindestens 1 Eingriff des LBs *Bariatrische Eingriffe* durchführen, ist gemessen an der Anzahl der Krankenhäuser, die schon eine MMV von 25 Eingriffen nicht mehr erfüllen, relativ hoch. Dies ist u.a. auf die breite DGAV-Definition dieses LBs zurückzuführen (s. Tab. 1), unter die auch allgemeinere Eingriffe fallen (z.B. 5-467.5: Andere Rekonstruktion des Darmes – Revision einer Anastomose).

- Lediglich etwas mehr als 170 Krankenhäuser in Deutschland würden einer *Geburtshilfe*-MMV mit einem Schwellenwert von 1.000 Lebendgeburten entsprechen (durchschnittlich weniger als 3 Geburten pro Tag). Darüber hinaus führen ca. 75 Krankenhäuser weniger als durchschnittlich 1 Geburt pro Tag durch und würden dementsprechend einer MMV mit einem Schwellenwert von 300 Lebendgeburten nicht gerecht werden.

5.5 Zusammenfassung

Aus der vorgenommenen quantitativen Analyse lässt sich ableiten, dass (1.) trotz bestehender MMV in Deutschland weiterhin eine starke Streuung der Leistungserbringung vorhanden ist, gerade auch für komplexe LB wie *Pankreas* oder *Ösophagus*, dass (2.) nur ein Bruchteil der Krankenhäuser im Untersuchungsjahr die MMV des G-BA, verschiedener Fachgesellschaften und europäischer Vergleichsländer erfüllt hätte, (3.) eine strikte Durchsetzung dieser MMV entsprechend signifikante Auswirkungen auf den stationären Krankenhaussektor hätte und dass (4.) der Effekt der strikten Durchsetzung einer MMV von der Definition des LBs, der Anzahl der Eingriffsarten mit Schwellenwerten und der Höhe des (jeweiligen) Schwellenwerts abhängt. Zu (2.) muss limitierend hinzugefügt werden, dass eine Umleitung der Patienten von Krankenhäusern unter den jeweiligen Schwellenwerten hin zu Krankenhäusern, die die jeweilige MMV erfüllen, nicht berücksichtigt wurde.

Im Übrigen ergeben sich durch die qualitative Analyse der verschiedenen MMV folgende sieben Erkenntnisse:

1. **Definition der LB**: Abgesehen von den Klarnamen der Leistungsbereiche besteht keine einheitliche Definition der LB. In Deutschland basieren die Definitionen auf ICD-Codes, OPS-Codes oder einer Kombination dieser Codes.
2. **Art der erlassenden Behörde**: MMV werden von Bundesministerien bzw. deren Stellvertretern auf bundesweiter und/oder regionaler Ebene, Fachgesellschaften und Krankenversicherungen erlassen. Die Art der erlassenden Behörde hat Einfluss auf die Definition der LB, die Regulierungsabsicht, die Höhe der Schwellenwerte und auf den Umfang und die Art der Ausnahmeregelungen.
3. **Anzahl der LB**: Jedes der untersuchten Länder nutzt MMV, jedoch variiert die Anzahl und die Zusammenstellung der LB zwischen den Ländern.
4. **Anwendungsebene der MMV**: MMV werden sowohl auf Krankenhausebene als auch auf Operateursebene eingesetzt.
5. **Regulierungsabsicht**: MMV werden festgelegt, um Zertifizierungen zu vergeben, Vergütung von Leistungen zu regeln, die Leistungsvergabe z.B. durch Selektivverträge zu steuern und Kapazitäten zu planen. Während Zertifizierungen durch einen verstärkten Qualitätswettbewerb die Krankenhauslandschaft eher indirekt und langfristig beeinflussen, sind

die übrigen Regulierungen mit zunehmenden Grad direkte Eingriffe in die Versorgungsstruktur.

6. **Höhe der Schwellenwerte:** Die Höhe der Schwellenwerte je LB variiert beträchtlich zwischen den untersuchten Ländern und Organisationen. Generell steht die Höhe des Schwellenwertes für den beabsichtigten Zentralisierungsgrad bzw. repräsentiert die Menge, um ein Zentrum der „Spitzenmedizin" auszuzeichnen.

7. **Ausnahmeregelungen:** Während der G-BA eine Reihe von Ausnahmeregelungen vorsieht, wurde Vergleichbares für andere deutsche und europäische MMV nicht im gleichen Umfang gefunden. Die bisher mäßige Zentralisierung komplexer Leistungsbereiche könnte auf diese Regelungen zurückzuführen sein.

Vor dem Hintergrund dieser Ergebnisse sollte unter Berücksichtigung der jeweiligen Regulierungsabsichten eine einheitlichere Definition der LBs geprüft werden, um die Vergleichbarkeit der MMV zu erhöhen. Außerdem sollte kontinuierlich geprüft werden, ob die Höhe der Schwellenwerte der Regulierungsabsicht weiterhin entspricht (vgl. Begleitforschung der Einführung von Mindestmengen in Deutschland). Schließlich sollte überprüft werden, (1) ob MMV auf Operateursebene die jeweilige Regulierungsabsicht unterstützen können, (2) ob und welche Ausnahmeregelungen der Regulierungsabsicht im Wege stehen könnten und (3) ob nicht noch weitere Leistungsbereiche für MMV in Deutschland infrage kämen.

Gemäß der oben aufgeführten und in der *Methodik* beschriebenen Limitationen, werden folgende Weiterentwicklungen der Modellierung in einem umfassenden Modell empfohlen, um die Erkenntnisse dieses Beitrags zu festigen und zu erweitern sowie die Wirksamkeit von MMV als gesundheitspolitische Maßnahme weiter zu prüfen:

- Umverteilung der Patienten, die in von der Versorgung ausgeschlossenen Krankenhäusern behandelt wurden
- Auswirkungen des Ausschlusses von Krankenhäusern gemäß MMV auf die Patientenreisezeit
- Berechnung des positiven Effekts auf die Ergebnisqualität je Krankenhaus und auf Systemebene durch MMV
- Berechnung der Zentralisierung von Kapazitäten und damit Ressourceneinsparung durch MMV

Eine Modellierung, die alle obigen Punkte einschließt, könnte beispielsweise mit den Daten der DRG-Statistik auf Patientenebene und insbesondere mit Standortbezug durchgeführt werden. Diese Daten sind der Forschung jedoch zum jetzigen Zeitpunkt nicht vollumfänglich zugänglich. Die verwendeten Daten der externen stationären Qualitätssicherung sind für Analysen dieser Art nicht vorgesehen und besitzen ein zu hohes Aggregationsniveau.

>>> **Take home messages**

- **quantitative Analyse:** *Es besteht eine starke Streuung der Leistungs-erbringung in Deutschland, die je nach MMV unterschiedlich stark zentralisiert würde.*

- **qualitative Analyse:** *MMV in Deutschland und den acht untersuchten europäischen Ländern unterscheiden sich auf sieben Ebenen, die alle direkten oder indirekten Einfluss auf den potenziellen Zentralisierungs-effekt der MMV haben.*

- **Weiterentwicklung:** *Es sollte ein Modell vorgelegt werden, das die Auswirkungen von MMV in Deutschland realistisch anhand der Va-riablen* erzielte Ergebnisqualität, Patientenreisezeit *und* Kranken-hauskapazität *simuliert. Optimale Datengrundlage hierfür sind die Daten der DRG-Statistik auf Patientenebene mit Standortbezug.*

Literatur

Allum WH, Blazeby JM, Griffin SM, Cunningham D, Jankowski JA, Wong R (2011) Guidelines for the management of oesophageal and gastric cancer. URL: http://www.augis.org/wp-content/uploads/2014/05/Gut-2011-Allum-gut-2010-228254.pdf (abgerufen am 11. Juni 2018)

Ärztekammer Berlin (2016) Logbuch Facharztweiterbildung Frauenheilkunde und Geburtshilfe. URL: https://www.aerztekammer-berlin.de/10arzt/15_Weiterbildung/11Logbuecher/Facharzt-Weiterbildung/Ueber-sicht_LB_Frauenheilkunde_und_Geburtshilfe/Logbuch_FA_Frauenheilkunde_Geburtshilfe_1_-7__NT.pdf (abgerufen am 06. Juni 2018)

AUGIS – Association of Upper Gastrointestinal Surgeons of Great Britain and Ireland (2010) Guidance on Mini-mum Surgeon Volumes. URL: http://www.augis.org/wp-content/uploads/2014/05/AUGIS_recommenda-tions_on_Minimum_Volumes.pdf (abgerufen am 11. Juni 2018)

Blum K, Offermanns M (2006) Auswirkungen der DMP Brustkrebs auf die Krankenhäuser. Studie des Deutschen Krankenhausinstituts (DKI) im Auftrag der Deutschen Krankenhausgesellschaft (DKG). URL: https://www.dki.de/sites/default/files/publikationen/bericht_dmp.pdf (abgerufen am 11. Juni 2018)

Chowdhury M, Dagash H, Pierro A (2007) A systematic review of the impact of volume of surgery and specializa-tion on patient outcome. Br J Surg 94(2), 145–161.

de Cruppé W, Geraedts M (2016) Wie konstant halten Krankenhäuser die Mindestmengenvorgaben ein? Eine retrospektive, längsschnittliche Datenanalyse der Jahre 2006, 2008 und 2010. Zentralbl Chir 141(04), 425–432.

de Cruppé W, Geraedts M (2018) Mindestmengen unterschreiten, Ausnahmetatbestände und ihre Konsequen-zen ab 2018. Komplexe Eingriffe am Ösophagus und Pankreas in deutschen Krankenhäusern im Zeitverlauf von 2006 bis 2014. Zentralbl Chir 143(3), 250–258.

de Cruppé W, Malik M, Geraedts M (2014) Achieving minimum caseload requirements: an analysis of hospital quality control reports from 2004–2010. Dtsch Arztebl Int 111(33–34), 550–555.

Deutsche Gesellschaft für Allgemein- und Viszeralchirurgie e.V. (2018) Zertifizierungen der DGAV. URL: http://dgav.de/savc/zertifizierungen.html (abgerufen am 20. Juni 2018)

Geissler A, Lee S, Quentin W (2017) Der Einsatz von Qualitätsinformationen für Krankenhausplanung und Leis-tungseinkauf in Frankreich, Italien, Niederlande, Österreich und der Schweiz. In: Klauber, Geraedts, Fried-rich, Wasem, eds. (2017) Wissenschaftliches Institut der AOK (WIdO), Krankenhaus-Report 2017, Schwer-punkt: Zukunft gestalten. Schattauer-Verlag, Stuttgart.

Geissler A, Quentin W, Busse R (2015) Heterogeneity of European DRG systems and potentials for a common Eu-roDRG system: Comment on "Cholecystectomy and Diagnosis-Related Groups (DRGs): patient classification and hospital reimbursement in 11 European countries." Int J Health Policy Manag 4(5), 319–320.

Gemeinsamer Bundesausschuss (2018) Regelungen des Gemeinsamen Bundesausschusses gemäß § 136b Absatz 1 Satz 1 Nummer 2 SGB V für nach § 108 SGB V zugelassene Krankenhäuser. In: Mindestmengenregelungen. URL: https://www.g-ba.de/downloads/62-492-1601/Mm-R_2018-05-17_iK-2018-06-08.pdf (abgerufen am 12. Mai 2018)

Geraedts M, De Cruppe W, Blum K, Ohmann C (2010) Distanzen zu Krankenhäusern mit Mindestmengen-relevanten Eingriffen 2004 bis 2006. Das Gesundheitswesen 72(05), 271–278.

Hillienhof A (2018) Mindestmengen: Wahrscheinliche Zusammenhänge reichen aus. Dtsch Arztebl 115(24), 1149.

Hospital Data Project (2008) Phase 2 – Final Report: The equal need for metadata and data. URL: http://ec.europa.eu/health/ph_projects/2004/action1/docs/action1_2004_frep_32_en.pdf (abgerufen am 18. August 2018)

Italia (2012) Gli Standard per La Valutazione dei Punti Nascita. URL: http://www.salute.gov.it/imgs/C_17_pagine Aree_4483_listaFile_itemName_2_file.pdf (abgerufen am 12. Juni 2018)

Italia (2015) Decreto 2 aprile 2015, n. 70, Regolamento recante defi nizione degli standard qualitativi, strutturali, tecnologici e quantitativi relativi all'assistenza ospedaliera. Gazzetta Ufficiale. URL: http://www.gazzettaufficiale.it/eli/id/2015/06/04/15G00084/sg (abgerufen am 05. Juni 2018)

Jüni P, Hossmann S, Rat J, Limacher A, Rutjes AWS (2014) Interkantonale Vereinbarung zur hochspezialisierten Medizin (IVHSM): Seltenheit als Kriterium für die Konzentration der hochspezialisierten Medizin. Institut für Sozial- und Präventivmedizin, Universität Bern. URL: https://www.gdk-cds.ch/fileadmin/docs/public/gdk/themen/hsm/organe/hsm_finalreport_executivesummary_version_pj_20140508_dt.pdf (abgerufen am 14. Juni 2018)

KCE – Federaal Kenniscentrum voor de Gozondheidszork (2017) Required Hospital Capacity in 2025 and Criteria for Rationalisation of Complex Cancer Surgery, Radiotherapy and Maternity Services. In: KCE Report 289. URL: https://kce.fgov.be/sites/default/files/atoms/files/Download%20het%20rapport%20in%20het%20Engels%20%28550%20p.%29.pdf (abgerufen am 01. Juli 2018)

Loos S, Albrecht M, Schiffhorst G, Ochmann R, Möllenkamp N (2016) Faktencheck Krankenhausstruktur. Spezialisierung und Zentrenbildung. In: IGES/Bertelsmann Stiftung. URL: https://www.bertelsmann-stiftung.de/fileadmin/files/Projekte/Faktencheck_Gesundheit/FC_Krankenhausstruktur_Studie_final.pdf (abgerufen am 12. Juni 2018)

Lorenzoni L, Marino A (2017) Understanding variations in hospital length of stay and cost: Results of a pilot project. OECD Health Working Papers, No. 94

Luft HS, Bunker JP, Enthoven AC (1979) Should operations be regionalized? The empirical relation between surgical volume and mortality. N Engl J Med 301(25), 1364–1369.

Luft HS, Hunt SS, Maerki SC (1987) The Volume-Outcome-Relationship: Practice-Makes-Perfect or Selective-Referral Patterns? Health Serv Res 22(2), 157–182.

Mansky T, Nimptsch U, Cools A, Hellerhoff F (2016) G-IQI – German Inpatient Quality Indicators : Version 5.0 – Band 2: Definitionshandbuch für das Datenjahr 2016. doi: 10.14279/depositonce-5424

Markar SR, Karthikesalingam A, Thrumurthy S, Low DE (2012) Volume-Outcome Relationship in Surgery for Esophageal malignancy: Systematic Review and Meta-analysis 2000–2011. J Gastrointest Surg 16(5), 1055–1063.

National Health Service (NHS) (2018) Highly specialized services 2017. URL: https://www.england.nhs.uk/commissioning/spec-services/highly-spec-services/ (abgerufen am 12. Juni 2018)

Nederlandse, Inspectie voor de Gezondheidszork, Ministerie van Volksgezondheid, Welzijn en Sport (2017) Het resultaat telt ziekenhuizen 2015. URL: https://www.rijksoverheid.nl/documenten/rapporten/2017/02/22/het-resultaat-telt-ziekenhuizen-2015 (abgerufen am 12. Juni 2018)

Nederlandse Vereniging voor Heelkunde (2017) Normering Chirurgische Behandelingen 7.0. URL: https://heelkunde.nl/sites/heelkunde.nl/files/Normen%207.0%20definitief_1.pdf (abgerufen am 12. Juni 2018)

Nimptsch U, Mansky T (2018) Volume-Outcome-Zusammenhänge in Deutschland. In: Dormann F, Klauber J, Kuhlen R (Hrsg.) Qualitätsmonitor 2018, 55–68. Medizinisch Wissenschaftliche Vertragsgesellschaft Berlin.

Nobilio L, Fortuna D, Vizioli M, Berti E, Guastaroba P, Taroni F, Grilli R (2004) Impact of regionalization of cardiac surgery in Emilia-Romagna, Italy. J Epidemiol Community Health 58, 97–102.

Onkozert (2018) Zertifizierung durch Onkozert. URL: http://www.onkozert.de/index.htm (abgerufen am 12. Mai 2018)

ÖSG – Der Österreichische Strukturplan Gesundheit 2017 (2017). Leistungsmatrix stationär 2019, Stand 29.06.2018. URL: https://www.bmgf.gv.at/home/Gesundheit/Gesundheitssystem_Qualitaetssicherung/Planung_und_spezielle_Versorgungsbcrciche/Der_Oesterreichische_Strukturplan_Gesundheit_ndash_OeSG_2017 (abgerufen am 12. Juni 2018)

Peschke D, Nimptsch U, Mansky T (2014) Achieving minimum caseload requirements – an analysis of hospital discharge data from 2005–2011. Dtsch Arztebl Int 111(33–34), 556–563.

République Française, Ministère de la Santé et des Sports (2011) Guide méthodologique pour l'élaboration du SROS-PRS. URL: http://solidarites-sante.gouv.fr/IMG/pdf/Guide_SROS.pdf (abgerufen am 12. Juni 2018)

Russo MJ, Iribarne A, Easterwood R (2010) Post-heart transplant survival is inferior at low-volume centers across all risk strata. Circulation 122(11), 85–91.

Sachverständigenrat zur Begutachtung der Entwicklung im Gesundheitswesen (2018) Bedarfsgerechte Steuerung der Gesundheitsversorgung. URL: https://www.svr-gesundheit.de/fileadmin/user_upload/Gutachten/2018/SVR-Gutachten_2018_WEBSEITE.pdf (abgerufen am 25. Juli 2018)

SPLG – Spitalplanungs-Leistungsgruppen Kanton Zürich (2018) URL: https://www.gdk-cds.ch/index.php?id=822 (abgerufen am 12. Juni 2018)

Suomi, Valtioneuvosto (2017) Valtioneuvoston asetus erikoissairaanhoidon työnjaosta ja eräiden tehtävien keskittämisestä, 24.8.2017/582 sowie Valtioneuvosto. Valtioneuvoston asetus kiirellisen hoidon perusteista ja päivystyksen erikoisalskohtaisista edellytyksistä. URL: https://www.finlex.fi/fi/laki/alkup/2017/20170582 (abgerufen am 12. Juni 2018)

Wissenschaftliches Institut der AOK (2017) Indikatorenhandbuch für Leistungsbereiche mit Berichterstattung im AOK-Krankenhausnavigator, Verfahrensjahr 2017. URL: http://www.qualitaetssicherung-mit-routine-daten.de/imperia/md/qsr/methoden/wido_qsr_indikatorenhandbuch_mit_bericht_2017.pdf (abgerufen am 18. Juni 2018)

Zorguerzekeraars Nederland (2017) Minimum kwaliteitsnormen ziekenhuizen. URL: https://www.minimum-kwaliteitsnormen.nl/Normen.htm (abgerufen am 26. Juni 2018)

Danksagungen

Wir bedanken uns bei unseren Experten Florian Bachner (Gesundheitsökonomie und -systemanalyse, Gesundheit Österreich GmbH), Florien Kruse (Scientific Center for Quality of Healthcare, Netherlands), Bruno Lucet (Direction de l'Amélioration de la Qualité & de la Sécurité des Soins), Marianna Mauro (Associate Professor of Business Economics University of Catanzaro) und Dominik Moser (Technische Universität Berlin) für die geführten Interviews.

Justus Vogel, M.Sc.

Bachelor- und Masterstudium von 2010 bis 2015 an der WHU – Otto Beisheim School of Management. Im Anschluss mehrjährige Beschäftigung bei der Boston Consulting Group mit Fokus auf Beratung von Unternehmen des Gesundheitssektors. Seit Februar 2018 Wissenschaftlicher Mitarbeiter im Projekt Qualitätstransparenz und deren Auswirkung auf die Qualität stationärer Versorgung des Fachgebiets Management im Gesundheitswesen der Technischen Universität (TU) Berlin.

Katherine Polin, MPH

Nach Beendigung ihres Studiums der Geisteswissenschaften (Schwerpunkt: vergleichende Literatur) an der Yale University, arbeitete sie für Organisationen im Bereich Gesundheitswesen, Menschenrecht und Systemverwaltung. Als Council of Women World Leaders Fellow 2012 wertete sie für das Bundesministerium für Familien, Senioren, Frauen und Jugend Primärversorgungsinitiativen bzgl. der Gewalt gegen Frauen aus. 2013 schloss sie ihre Masterarbeit im Bereich Gesundheitswesen an der Columbia University ab. 2014 und 2015 Arbeit als Transatlantic Fellow der Robert Bosch Stiftung in Berlin. Danach mehrjährige Arbeit für die Beratungsfirma SEEK Development und seit Februar 2018 Wissenschaftliche Mitarbeiterin im Projekt Qualitätstransparenz und deren Auswirkung auf die Qualität stationärer Versorgung des Fachgebiets Management im Gesundheitswesen der TU Berlin.

Dr. Christoph Pross

Nach dem VWL-Studium am Davidson College, USA, und der London School of Economics arbeitet er seit 2011 für die Boston Consulting Group in der Beratung von Unternehmen des Gesundheitssektors. Von 2014 bis 2017 promovierte er an der TU Berlin zum Thema Qualitätstransparenz und deren Auswirkung auf die Qualität stationärer Versorgung und co-leitet aktuell das gleichnamige Forschungsprojekt an der TU Berlin.

PD Dr. Alexander Geissler

Wissenschaftlicher Mitarbeiter am Fachgebiet Management im Gesundheitswesen der TU Berlin. Dort leitet er den Arbeitsbereich stationäre Versorgung. Er ist promovierter Gesundheitsökonom und habilitiert für die Fächer Gesundheitssystemforschung und Gesundheitsökonomie an der TU Berlin. Seine Forschung beschäftigt sich mit Anreiz- und Vergütungssystemen von Krankenhäusern und deren Auswirkungen auf die Qualität und Wirtschaftlichkeit der Versorgung.

6 Konzentration von TAVI-Leistungen führt zu erhöhter Patientensicherheit – zur Notwendigkeit von Herzklappenzentren

Volkmar Falk und Stefan Blankenberg[1]

6.1 Volumen/Ergebnisabhängigkeit

Die Beziehung zwischen der Operations- oder Eingriffsmenge einer Einheit und der Sterblichkeit sowie anderen Qualitätsindikatoren ist für viele Eingriffe in der Herzchirurgie und Kardiologie (Mitralklappenchirurgie, Aortenchirurgie, Kinderherzchirurgie, Stentimplantation, u.a.) evident und durch diverse Publikationen belegt.

Nachfolgend wird diese Beziehung anhand der gegenwärtigen Evidenzlage für Katheter-gestützte Aortenklappenimplantationen (TAVI) zusammengefasst und diskutiert.

Eine der ersten Studien zum Thema Eingriffsvolumina und Ergebnisqualität wurde von Badheka im American Journal of Cardiology 2015 veröffentlicht (Badheka et al. 2015). An einer kontinuierlich erfassten Patientenpopulation von 1.481 TAVI-Prozeduren (USA) wurde dargelegt, dass sowohl Mortalität als auch Komplikationsraten in Abhängigkeit der Mengengruppe des Krankenhausvolumens sinken (s. Abb. 1). Diese Beziehung besteht auch nach Korrektur Risiko-modifizierender Faktoren weiterhin.

---

1 Für die Autorengruppe Volkmar Falk, Stefan Blankenberg, Michael Borger, Jan Gummert, Christian Hagl, Ulf Landmesser, Axel Linke, Steffen Massberg, Hermann Reichenspurner, Holger Thiele, Thomas Walther und Andreas Zeiher.

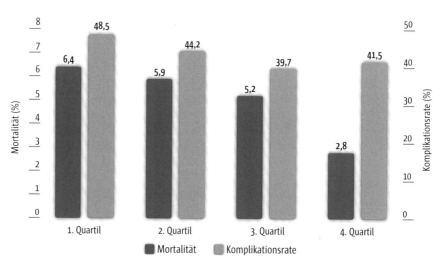

Abb. 1   Abhängigkeit der Sterblichkeit und Komplikationsrate vom Hospitalvolumen (dargestellt für 4 Mengengruppen mit niedrigem [1. Quartil] und hohem [4. Quartil] Eingriffsvolumen) (modifiziert nach Badheka et al. 2015)

Die Autoren belegten nicht nur den Zusammenhang zwischen der Menge der Eingriffe und Krankenhaussterblichkeit, sondern assoziierten die Variable Eingriffsvolumen auch mit dem Auftreten von Komplikationen, einem prolongierten Krankenhausaufenthalt (> 6 Tage) wie auch höherer Kosten der Hospitalisierung (Badheka et al. 2015). Hierbei zeigt sich schon bei relativ geringen Volumina der Eingriffe pro Krankenhaus (bis max. 50) eine eindeutige Reduktion schwerwiegender Komplikationen.

Noch eindrücklicher wird der Zusammenhang zwischen Zahl der pro Institution durchgeführten Eingriffe und Krankenhaussterblichkeit bei deutlich höherer Fallzahl pro Krankenhaus für Deutschland belegt. 2016 wurden bei der 82. Jahrestagung der Deutschen Gesellschaft für Kardiologie in Mannheim erstmals Daten zur Krankenhausmortalität nach TAVI in Abhängigkeit von den Eingriffsvolumina für Deutschland vorgestellt. Sie basieren auf dem Datensatz zur Qualitätssicherung gemäß § 137 SGB V und beziehen sich auf knapp 10.172 transfemorale TAVIs in 81 Einrichtungen. Die Ergebnisse zeigen, dass die Sterblichkeit nicht durchgängig, aber doch im Trend mit der Zahl der Eingriffe pro Jahr korreliert. Wie bei den US-amerikanischen Daten zeigte sich auch in dieser Analyse ein deutlicher Zusammenhang zwischen höherer Eingriffszahl und niedrigerer Sterblichkeit (Bestehorn 2016). Erst jenseits von 140 Eingriffen gab es keine Einrichtung mehr mit einer Sterblichkeit von über 6 %, und jenseits der 200 Eingriffe pro Jahr keine Einrichtung mehr mit einer Sterblichkeit von über 4 %.

Abbildung 2 zeigt zudem, dass neben der Volumen-assoziierten Reduktion des postprozeduralen Sterblichkeitsrisikos auch eine deutlich geringere Streuung der Sterblichkeit innerhalb der hochvolumigen Mengenklassen zu erkennen

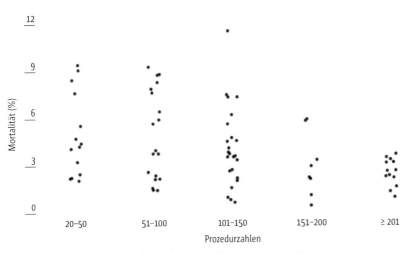

Abb. 2   Sterblichkeit bei transfemoralen TAVI in Abhängigkeit vom Behandlungsvolumen.
Erweiterte Darstellung des Zusammenhangs zwischen Prozedurzahlen und Sterblichkeit
bei TAVI mit Daten aus Bestehorn (2016). Analyse durch A. Meyer, DHZB. Neben dem
klaren Trend zu einer niedrigeren Mortalität bei Zentren mit höherem Volumen ist auch
die Streuung der Ergebnisse deutlich kleiner, d.h. die Ergebnisqualität ist homogener.

ist. Da die absoluten Fallzahlen in allen Mengenklassen vergleichbar sind, ist
die geringe Ausprägung des Vertrauensbereiches in der höchsten Fallzahlklasse ein weiteres Merkmal der Qualitätskonstanz. Unbestritten kann auch in
einem kleinen Zentrum eine gute Ergebnisqualität erreicht werden; jedoch
ist zwischen den Zentren mit geringerem Fallzahlvolumen eine Konstanz der
hohen Qualität gemäß den publizierten Ergebnissen nicht darstellbar (hohe
Streuung). In Zentren mit hohen Fallzahlvolumina (i.e. > 200/Jahr) liegen die
Ergebnisse sehr dicht beieinander, sodass von einer hohen Wahrscheinlichkeit homogener guter Ergebnisse ausgegangen werden kann.

Anhand von AQUA-Daten für elektive transfemorale TAVI-Prozeduren (TF-TAVI), die 2014 an 87 deutschen Krankenhäusern durchgeführt wurden, analysierte Bestehorn die Krankenhaussterblichkeit unter Anwendung des Aortenklappenscores 2.0 risikoadjustiert in Beziehung zum Eingriffsvolumen (Bestehorn et al. 2017) (s. Abb. 3). Es zeigte sich eine kontinuierliche, statistisch signifikante Abhängigkeit des Verhältnisses von beobachteter zu erwarteter
Sterblichkeit mit steigenden TF-TAVI-Volumina (p < 0.001). Die durchschnittliche Krankenhaussterblichkeit betrug in Zentren mit weniger als 50 TF-TAVI-Prozeduren im Jahr 5,6 ± 5,0% verglichen mit 2,4 ± 1,0% für Zentren mit mehr
als 200 TF-TAVI-Eingriffen im Jahr. In der logistischen Regression zeigt sich
eine kontinuierliche Abnahme der Sterblichkeit mit zunehmendem Volumen,
auch bei Fallzahlen jenseits der 200 Fälle pro Jahr.

Eine weitere Publikation mit Daten von insgesamt 50.765 TAVI-Patienten aus
Deutschland (2009–2014) (Nimptsch u. Mansky 2017) unterstreicht die These
der mengenabhängigen Ergebnisqualität (s. Abb. 4).

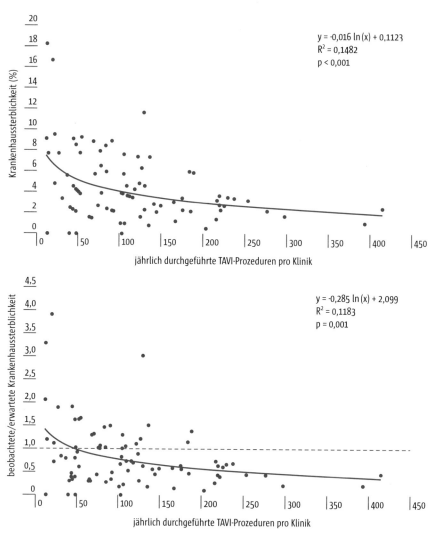

Abb. 3   Beobachtete Krankenhaussterblichkeit (oben) und nach dem Aortenklappenscore
risikoadjustierte, beobachtete vs. erwartete (observed vs. expected = O/E) Sterblichkeit
in Abhängigkeit von der Eingriffsmenge (unten) (Bestehorn et al. 2017, mit Genehmigung
durch Europa Digital & Publishing)

Die Krankenhaussterblichkeit betrug in dem Fünftel der Zentren mit dem höchsten Volumen 5,2% (95% CI 4.8 to 5.7) im Vergleich zu 7,6% (7.1 to 8.2) im Fünftel der Kliniken mit dem niedrigsten Volumen. Auch in der Betrachtung der Krankenhaussterblichkeit als kontinuierlicher Variable zeigte sich ein unabhängiger Effekt zwischen der Krankenhaussterblichkeit und der Eingriffsmenge.

Als minimales Volumen um eine Sterblichkeit unterhalb der Durchschnittsmortalität von 6,6% zu erreichen wurde ein Volumen von 157 Fällen pro Jahr errechnet. Wenn nur Zentren mit einer Fallzahl oberhalb der so errechneten Minimal-

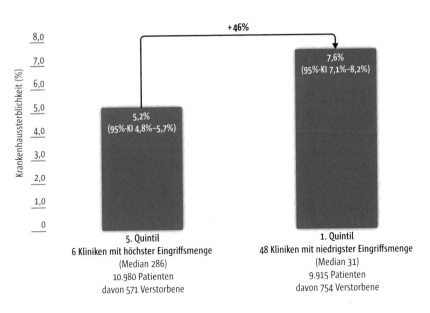

Abb. 4   Mediane, risikoadjustierte Krankenhaussterblichkeit im 1. (rechts) und 5. (links) Quintil
der Eingriffsmenge. Der Unterschied zwischen Hoch- und Niedrig-Volumen-Mengen-
klassen ist statistisch signifikant (Nimptsch u. Mansky 2017).

zahl TAVI-Prozeduren durchführen würden, könnte rein rechnerisch ein Todes-
fall pro 133 behandelte Patienten vermieden werden (Nimptsch u. Mansky 2017).
Aktuelle Daten aus den USA im Zeitraum von 2011–2015 (395 Krankenhäuser,
insgesamt 42.988 Patienten) aus dem STS/ACC TVT-Register belegen diese Beobachtung (Carroll et al. 2017). Die Autoren verwendeten methodisch einen
„Case sequence approach" (Analyse stratifiziert nach Fall-Volumen-Reihenfol-
ge), der unadjustierte und risikoadjustierte Ergebnisse als Funktion zunehmender Fallzahlen darstellt. Ein höheres Eingriffsvolumen war mit einer niedrigeren Krankenhaussterblichkeit verbunden (p < 0.02) (s. Abb. 5). Aber auch
vaskuläre Komplikationen (p < 0.003) und Blutungen (p < 0.001) traten signifikant weniger häufig auf. Dabei nahmen die risikoadjustierten Ereignisraten
vom ersten bis zum 400. Fall kontinuierlich ab (Mortalität von 3,57% auf 2,15%,
Blutung von 9,56% auf 5,08%, Gefäßkomplikationen von 6,11% auf 4,20% und
Schlaganfall von 2,03% auf 1,66%). Diese Daten deuten darauf hin, dass die As-
soziation zwischen klinischem Outcome und Auftreten schwerwiegender Komplikationen in Abhängigkeit der durchgeführten Prozeduren kein eindeutiges
Plateau erreicht, sondern risikoadjustiert annähernd linear abnimmt.

Die Autoren kommen zu der Schlussfolgerung, dass, unabhängig davon ob es
sich um eine prolongierte Lernkurve bei kleinen Zentren oder einen generellen
Volumen-/Outcome-Effekt handelt, die Konzentration von TAVI-Prozeduren
in Hoch-Volumen-Zentren eine geeignete Maßnahme zur Risikoreduktion
darstellt (Carroll et al. 2017).

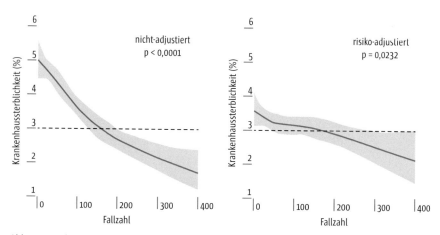

Abb. 5   Sterblichkeit in Abhängigkeit vom Eingriffsvolumen (ohne und mit Risikoadjustierung) nach dem „Case Sequence Approach" (Daten aus dem STS/ACC TVT-Register 2011–2015; Carroll et al. 2017, Nachdruck mit Genehmigung durch Elsevier)

Neben der Mortalität und dem Auftreten von Komplikationen ist auch die stationäre Wiederaufnahme innerhalb der ersten 30 Tage nach einer TAVI ein Marker für die Behandlungsqualität. Hierzu gibt es aktuelle Daten aus den USA (Khera et al. 2017). Anhand der Daten von über 16.000 Patienten zeigte sich, dass die 30-Tage-Wiederaufnahmerate in Häusern mit mehr als 100 Eingriffen pro Jahr mit 15,6% signifikant niedriger war als in solchen mit 50–100 Eingriffen pro Jahr (19,0%) (adjustierte Odds Ratio, 0.76; 95% CI, 0.68–0.85; P < 0.001) oder mit niedrigen Eingriffszahlen unter 50 pro Jahr (19,5%) (adjustierte Odds Ratio, 0.75; 95% CI, 0.60–0.92; P = 0.007).

6.2   Argumente für die Durchführung von TAVI an Herzklappenzentren

6.2.1   Konversionsraten und Erfordernis für eine Herzchirurgie on-site

Kontinuierliche Verbesserungen in der Implantat-Technologie und Implantationstechnik haben zu einem deutlichen Rückgang der schweren Komplikationen im Rahmen der Katheter-gestützten Aortenklappenimplantation geführt. Dennoch ist in gleichbleibend ca. 1% der Fälle aufgrund schwerwiegender Komplikationen (Anulusruptur, Device-Embolisation, u.a.) notfallmäßig die Konversion zu einer Herzoperation erforderlich (IQTIG 2016). In einer monozentrischen Untersuchung (2011–2016) an 1.775 Patienten war aus unterschiedlichen Gründen eine sofortige Konversion zur Sternotomie in 32 Fällen erforderlich (2,1%). Das 30-TageÜberleben in dieser Gruppe lag bei 56%, die Ein-Jahresüberlebensrate bei 41% (Arsalan et al. 2018).

Nach einer 2018 publizierten Untersuchung des European Registry on Emergent Cardiac Surgery during TAVI (EuRECSTAVI) an 27.760 Patienten in 79 Zent-

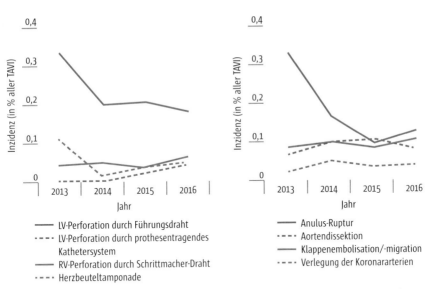

Abb. 6   Notwendigkeit notfallmäßiger herzchirurgischer Versorgung während transfemoraler
TAVI-Implantationen nach Ursache (EuRECS-TAVI Register; Eggebrecht et al. 2018,
mit freundlicher Genehmigung von Oxford University Press)

ren, bei denen im Zeitraum von 2013 bis 2016 eine TF-TAVI durchgeführt wurde, war bei 212 (0,76%) Patienten eine notfallmäßige herzchirurgische Versorgung erforderlich (Eggebrecht et al. 2018) (s. Abb. 6). Nachdem im Jahr 2013 noch 1,07% der Patienten davon betroffen waren, lag in den letzten drei Beobachtungsjahren (2014–2016) die Inzidenz der notfallmäßigen herzchirurgischen Versorgung jeweils konstant unter 0,75%. Hier scheint nun ein Plateau einzutreten, da in den letzten drei Beobachtungsjahren kein Trend zu einer weiteren Abnahme erkennbar ist (Eggebrecht et al. 2018).

Parallel zu der oben dargestellten Entwicklung wurden im gleichen Zeitraum Patientinnen und Patienten mit zunehmend niedrigerem Risikoprofil mittels TAVI behandelt. Hieraus ergibt sich, dass auch bei TAVI-Routineprozeduren bei Patientinnen und Patienten mit niedrigerem Risikoprofil die Rate des Auftretens lebensbedrohlicher Komplikationen bestehen bleibt. Eine umfangreiche statistische Analyse des GARY-Registers konnte entsprechend keine Prädiktoren für das Auftreten lebensbedrohlicher Komplikationen ermitteln (Walther et al. 2015). Diese Komplikationen, die im Rahmen der TAVI-Prozedur auftreten und in ca. 50% der Fälle unmittelbar chirurgisch versorgt werden können, sind daher wahrscheinlich der TAVI-Prozedur immanent. Dies ist insbesondere bei einer weiteren Indikationsausweitung zu berücksichtigen.

Die Krankenhaussterblichkeit der Patienten mit notfallmäßiger herzchirurgischer Versorgung betrug 46,0%; 54% der Patienten überlebten den Eingriff. Legt man eine durchschnittliche komplikationsbedingte Konversionsrate von 1% in Deutschland zugrunde, ergibt sich bei einer jährlichen TAVI-Implantationszahl von aktuell 19.549 (IQTIG-Berichtsjahr 2017, noch nicht veröffentlicht) die Notwendigkeit zur Konversion in 195 Fällen, von denen bestehend auf dieser Datengrundlage, 105 eine notfallmäßige Herzoperation überleben werden. Ohne die Durchführung der Prozedur durch ein interdisziplinäres Team aus Kardiologen und Herzchirurgen in einem geeigneten Hybrid-OP mit einer vollständigen herzchirurgischen Infrastruktur – wie derzeit seitens des GBA gefordert – kann dies nicht gewährleistet werden.

6.2.2 Optimale Wahl des Zugangsweges

In Deutschland wurden laut IQTIG-Qualitätsbericht 2016 trotz einer allgemein anerkannten „transfemoral first"-Strategie noch 11% der TAVI-Eingriffe transapikal mit sehr niedrigen Komplikationsraten durchgeführt (IQTIG 2016). Bei risikobedingt erhöhter Sterblichkeit sind die prozeduralen Komplikationsraten dabei niedriger als bei transfemoralem Vorgehen (s. Tab. 1 u. 2; IQTIG 2016). Alternative chirurgische Zugangswege werden aufgrund der Limitationen für

Tab. 1   IQTIG-Qualitätsbericht 2016: Komplikationsraten nach transfemoraler und transapikaler TAVI. Kennzahlübersicht „Aortenklappenchirurgie, isoliert (kathetergestützt)" (IQTIG 2016, mit freundlicher Genehmigung)

intraprozedurale Komplikationen (Werte 2016)	gesamt kathetergestützt	endovaskulär	transapikal
Patientinnen und Patienten mit mind. einer intraprozeduralen Komplikation	2,67% 455/17.065	2,80% 421/15.029	1,67% 34/2.036
Device-Fehlpositionierung	0,75% 128/17.065	0,77% 166/15.029	0,59% 12/2.036
Koronarostienverschluss	0,16% 28/17.065	0,18% 27/15.029	0,05% ≤ 3/2.036
Aortendissektion	0,12% 21/17.065	0,13% 20/15.029	0,05% ≤ 3/2.036
Anulusruptur	0,17% 29/17.065	0,19% 29/15.029	0,00% 0/2.036
Perikardtamponade	0,60% 103/17.065	0,68% 102/15.029	0,05% ≤ 3/2.036
LV-Dekompensation	0,60% 102/17.065	0,53% 80/15.029	1,08% 22/2.036
Hirnembolie	0,13% 22/17.065	0,15% 22/15.029	0,00% 0/2.036
Aortenregurgitation ≥ 2. Grades	0,42% 72/17.065	0,46% 69/15.029	0,15% ≤ 3/2.036
Device-Embolisation	0,19% 33/17.065	0,21% 32/15.029	0,05% ≤ 3/2.036

Tab. 2   IQTIG-Qualitätsbericht 2016: Risikoklassen nach transfemoraler und transapikaler TAVI.
          Patienten-Risikoprofil anhand der Risikoklassen nach log. euroSCORE I (IQTIG 2016,
          mit freundlicher Genehmigung)

Risikoklassen nach logistischem euroSCORE I	endovaskulär	transapikal
≤ 10%	28,47% 4.279/15.029	15,72% 320/2.036
> 10%–≤ 20%	37,71% 5.668/15.029	32,47% 661/2.036
> 20%–≤ 40%	24,59% 3.696/15.029	35,02% 713/2.036
> 40%	9,22% 1.386/15.029	16,80% 342/2.036

einen vaskulären Zugang auch in Zukunft erforderlich sein. Zwar ist davon auszugehen, dass der transvaskuläre Zugang zukünftig der in über 95% genutzte Zugangsweg werden wird, alternative Methoden sollten aber im Portfolio eines Klappenzentrums verfügbar sein und bei Bedarf eingesetzt werden. Zusammenfassend sollte die gemeinsame Entscheidung über den besten und für den Patienten risikoärmsten Zugangsweg jeweils im Herz-Team mit kardiologischer und herzchirurgischer Kompetenz gefällt werden.

6.2.3   Die Sicht der Leitlinien

Die 2017 gemeinsam von der europäischen Gesellschaft für Kardiologie (ESC) und europäischen Gesellschaft für Herz-, Thorax- und Gefäßchirurgie (EACTS) veröffentlichten Leitlinien zu Klappenerkrankungen geben eine eindeutige Empfehlung dafür, TAVI-Eingriffe nur an Zentren durchzuführen, die über eine herzchirurgische Abteilung sowie über eine strukturierte Zusammenarbeit zwischen den beiden Abteilungen verfügen (Baumgartner et al. 2017). Als Gründe dafür an einer herzchirurgischen Fachabteilung vor Ort festzuhalten werden in der ESC/EACTS-Leitlinie u.a. aufgeführt:

1. Zur Gewährleistung der maximalen Sicherheit des Patienten kann insbesondere angesichts der Ausweitung der Indikation für TAVI auf Patienten mit „intermediärem" Risiko im Falle von Komplikationen (einschließlich der Notwendigkeit einer Konversion zu einer offenen Herzoperation) eine Behandlung auf höchstem Standard nur mit einer herzchirurgischen Fachabteilung vor Ort gewährleistet werden, auch wenn die Komplikationsrate insgesamt bei TAVI stark abgenommen hat und die Notwendigkeit zu einer herzchirurgischen Konversion insgesamt seltener geworden ist (s.a. Ausführungen unter 6.2.1).

2. Der Entscheidungsprozess über die richtige Therapie (TAVI oder offener chirurgischer Aortenklappenersatz) bei Patienten mit Aortenstenose und die dafür erforderliche Evaluierung der Patienten ist sehr komplex geworden. Das erfordert eine intensive Zusammenarbeit des Heart Teams im TAVI-Zentrum, die mit der notwendigen Qualität und Sicherheit idealerweise nur in einer Struktur mit kardiologischer und herzchirurgischer Fachabteilung vor Ort gewährleistet werden kann.

Die ESC/EACTS-Leitlinie weist zudem darauf hin, dass alle bisherigen multizentrischen, randomisierten Studien ausschließlich an Zentren mit kardiologischer und herzchirurgischer Fachabteilung vor Ort durchgeführt wurden und ebenfalls der Großteil der Registerdaten aus solchen Zentren stammt. Insofern kann derzeit nur spekuliert werden, inwieweit unter anderen Bedingungen eine ähnlich gute Behandlungsqualität erzielt werden kann.

In Übereinstimmung mit den ESC/EACTS-Leitlinien empfehlen auch alle anderen internationalen Leitlinien ein gemeinschaftliches Vorgehen der kardiologischen und herzchirurgischen Fachabteilungen, von der Indikationsstellung über Durchführung bis zum Komplikationsmanagement. Dies gewährleistet neben einer kritischen Indikationsstellung auch eine sichere Anwendung der Prozedur.

6.2.4 Strukturelle Voraussetzungen für ein Herzklappenzentrum

Die ESC/EACTS-Leitlinie bezieht sich bzgl. der strukturellen Voraussetzungen zur Therapie von Klappenerkrankungen auf ein Positionspapier der ESC zur Definition eines Herzklappenzentrums (Chambers et al. 2017), das detailliert die Voraussetzungen zur Durchführung von Klappeneingriffen zusammenfasst (s. Tab. 3). Hierzu zählt auch das Konzept des Heart-Teams, das insbe-

Tab. 3 Kriterien für ein Herzklappenzentrum nach der Definition der europäischen Gesellschaft für Kardiologie (ESC) (Chambers et al. 2017, mit freundlicher Genehmigung von Oxford University Press)

Minimum	Zusätzlich in ausgewählten Zentren
Mindestanforderungen **Spezialisiertes Herzklappenzentrum**	
Bildgebung: ■ Echokardiografie: 2D/3D ■ Stress-Echokardiografie ■ transösophageale Echokardiografie ■ intraoperative Echokardiografie ■ kardiale Magnetresonanz-Tomografie ■ kardiale Computertomografie ■ Positronen-Emissions-Tomografie ■ entsprechend zertifizierte Abteilungen/ Untersucher	

Minimum	Zusätzlich in ausgewählten Zentren
Mindestanforderungen Spezialisiertes Herzklappenzentrum	

Behandlungsangebot/chirurgisch:
- Ersatz sämtlicher Herzklappen
- Mitral- und Trikuspidalklappenrekonstruktion
- Chirurgie der Aortenwurzel und der Aorta ascendens
- Ablation bei Vorhofflimmern

Behandlungsangebot/perkutan:
- TAVI
- Mitraclip-Verfahren
- Kooperation mit hochspezialisierten Zentren

chirurgisch:
- Ross-Operation, Aortenklappenrekonstruktion, Mitralklappenrekonstruktion mittels Robotik-Verfahren, Herztransplantation

perkutane Verfahren:
- Mitralkappen-Valvotomie mit Ballon, Verschluss von Insuffizienz nach Klappenersatz, Entwicklung interventioneller Verfahren zur Mitralklappen- und Trikuspidalklappen-Behandlung
- Perkutane Entnahmeverfahren von Schrittmachern und Defibrillatoren

vernetzte Behandlungsteams/ Zusammenarbeit mit:
- Herzinsuffizienz- und Elektrophysiologie-Team
- Intensivmedizin (Intensivbetten, Möglichkeit extrakorporaler Membranoxygenierung)

fachübergreifende Spezialisierung:
- Gefäßchirurgie, Allgemeine Chirurgie, Neurologie, Nephrologie, Gerontologie, Psychologie, zahnärztliche Chirurgie

Prozesse:
- Organisation in fachübergreifende Teams inklusive Endokarditis-Team
- Sicherstellung des Behandlungsangebots rund um die Uhr auch bei Ausfällen durch Krankheit und Urlaub
- ausgeprägte Sicherheitskultur
- Planung regelmäßiger Klappen-bezogener Fortbildungsrunden

- Forschungsprogramme

Datenüberprüfung:
- interne Audits mit jährlicher Evaluation und zusammenfassender Aufbereitung innerhalb von 5 und 10 Jahren: Rekonstruktionsraten, hämodynamische Ergebnisse, Komplikationen, Haltbarkeit und Rate der Re-Operationen
- Beteiligung an nationalen Datenbanken mit vorgeschriebener externer Überprüfung

sondere für die komplexen Entscheidungsprozesse bezüglich Interventionszeitpunkt und Wahl des Behandlungsverfahrens (einschl. alternativer Zugangswege bei TAVI) unverzichtbar geworden ist. Neben dem Vorhalten entsprechender Spezialisten und technischer Ausstattung sowie ausreichender

Kompetenz in der Durchführung der verschiedenen Eingriffe wird von den Zentren eine entsprechende transparente Ergebnisdokumentation und -kontrolle gefordert. In Deutschland ist dies über die gesetzlichen Vorgaben, Richtlinien im Gesundheitssystem und die Qualitätssicherung durch das Institut für Qualitätssicherung und Transparenz im Gesundheitswesen (IQTIG) bereits realisiert. Die Behandlung der Aortenklappe – sei es operativ, sei es Katheter-basiert – erfordert neben der operativen und interventionellen Exzellenz vor allem eine hohe fachliche Expertise in der kardiovaskulären Bildgebung. Bei der apparativen Ausstattung eines Herzklappenzentrums wird neben der gesamten invasiven und nicht-invasiven Bildgebung einschließlich Echo, CT und MRT auch die Verfügbarkeit eines PET-CT empfohlen. Die CT-Diagnostik und bildbasierte Planung für TAVI-Eingriffe kann mit der nötigen Qualität nur mit hochauflösenden CT-Daten unter Verwendung von CT-Systemen mit ausreichender Orts- und Zeitauflösung erbracht werden. Auch diese muss für Indikationsstellung und Eingriffsplanung an einem Herzklappenzentrum nachweislich existieren.

Weiterhin stellt die Verfügbarkeit der unterschiedlichen Klappenprothesentypen die Voraussetzung für ein optimales Ergebnis einer TAVI-Implantation dar, da nur diese Voraussetzung eine angepasste Prothesenauswahl und Implantationstechnik bei unterschiedlichen anatomischen Voraussetzungen, Verkalkungsmustern und Landezonen ermöglicht. Dies ist nur in Zentren mit ausreichendem Volumen und Expertise für die unterschiedlichen Klappentypen möglich.

6.3 Implikationen des Krankenhausstrukturgesetzes

Das Krankenhausstrukturgesetz (KHSG) soll Qualitätsorientierung in der Krankenhausversorgung auf unterschiedlichen Steuerungsebenen fördern:

- bei der Krankenhauswahl der Patienten durch verbesserte Qualitätstransparenz
- bei der Krankenhausplanung der Länder in Form von Qualität als Planungskriterium
- System der Krankenhausvergütung durch die Einführung von qualitätsbezogenen Zu- und Abschlägen

Zur weiteren „Konkretisierung der besonderen Aufgaben" für Zentren werden im Gesetz bereits drei Kriterien genannt:

- eine „überörtliche" und „krankenhausübergreifende" Aufgabenwahrnehmung (z.B. im Rahmen einer Netzwerkorganisation, bei krankenhausübergreifender Koordination oder Dokumentation)
- die Erforderlichkeit von „besonderen Vorhaltungen" eines Krankenhauses, z.B. für die Behandlung von „Risiko- und Hochrisikopatienten" oder bei Behandlungen mit einer „besonderen krankheitsspezifischen Komplexität"

- die Notwendigkeit der Konzentration der Versorgung an einzelnen Standorten wegen „außergewöhnlicher technischer und personeller Voraussetzungen".

Die Einrichtung von TAVI-Programmen in Herzklappenzentren gemäß der Position der beiden europäischen Fachgesellschaften ESC und EACTS (s. Kap. 6.2.4) entspricht in allen Punkten den oben gestellten Forderungen. Als Argument gegen eine stärkere Konzentration und Zentrumsbildung in der Krankenhausversorgung wird gelegentlich angeführt, dass Patienten längere Wege für ihre Krankenhausbehandlung in Kauf nehmen müssen. Von Kritikern wird darin ein wesentliches Hemmnis für eine stärkere Konzentration und Zentrumsbildung in der Krankenhausversorgung gesehen. Dieses Argument kann durch die Analyse im Krankenhausstrukturreport der Bertelsmann Stiftung leicht widerlegt werden (Loos 2016). Mit ca. 80 Kliniken in Deutschland, die TAVI-Prozeduren durchführen, ist mit einer mittleren Erreichbarkeit eines TAVI-Zentrums in 27 Minuten eine flächendeckende Versorgung jetzt und in Zukunft sicher gewährleistet (s. Abb. 7–9). Da es sich fast ausschließlich (99 %) um elektive Eingriffe handelt, ergibt sich keine Notwendigkeit für die Vorhaltung entsprechender Infrastruktur im ländlichen Raum.

Take home messages
- *Es besteht ein kontinuierlicher Zusammenhang zwischen Ergebnisqualität und der Menge der durchgeführten TAVI-Prozeduren.*
- *Dieser Zusammenhang ist auch oberhalb einer Grenze von > 200 Fällen im Jahr noch nachweisbar.*
- *Zentren mit hohen Eingriffszahlen haben eine geringere Sterblichkeit.*
- *Zentren mit hohen Eingriffszahlen haben eine geringere Streuung der Ergebnisqualität (homogen gute Ergebnisse).*
- *Schwerwiegende Komplikationen, die eine notfallmäßige herzchirurgische Versorgung erforderlich machen, treten in bis zu 1% der Fälle bei TAVI auf.*
- *50% der Patienten überleben eine notfallmäßige herzchirurgische Versorgung (ca. 100 Patienten/Jahr in Deutschland).*
- *Europäische Leitlinien zu Herzklappenerkrankungen von 2017 empfehlen die Durchführung von TAVI nur an Zentren mit kardiologischer und herzchirurgischer Fachabteilung.*
- *Positionspapiere der europäischen Fachgesellschaften definieren die Mindestanforderungen an Herzklappenzentren und herzchirurgische Fachabteilungen.*
- *Die Zentrumsbildung ist erklärtes Ziel des Krankenhausstrukturgesetzes.*
- *Eine flächendeckende Versorgung der Bevölkerung ist bei einer Konzentration von TAVI-Eingriffen in Zentren mit kardiologischer und herzchirurgischer Fachabteilung gewährleistet.*

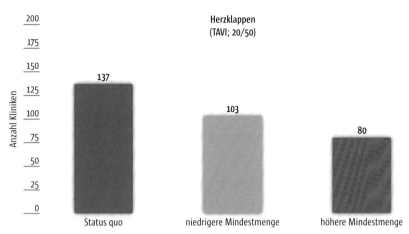

Abb. 7   Zahl der Zentren, die eine Leistung in Abhängigkeit von angenommenen Mindestfallzahlen (0/20/50) erbringen können (Loos 2016, mit freundlicher Genehmigung der
Bertelsmann Stiftung)

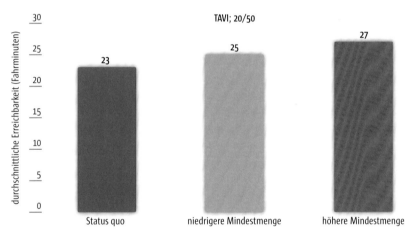

Abb. 8   Durchschnittliche Fahrzeit zu einem Zentrum, das eine Leistung in Abhängigkeit von
Mindestfallzahlen (0/20/50) erbringen kann (Loos 2016, mit freundlicher Genehmigung
der Bertelsmann Stiftung)

Literatur

Arsalan M, Kim WK, Van Linden A, Liebetrau C, Pollock BD, Filardo G, Renker M, Möllmann H, Doss M, Fischer-Ra-
sokat U, Skwara A, Hamm CW, Walther T. Predictors and outcome of conversion to cardiac surgery during
transcatheter aortic valve implantation. Eur J Cardiothorac Surg. 2018 Mar 1. doi: 10.1093/ejcts/ezy034.
[Epub ahead of print] PubMed PMID: 29506158.

Badheka AO, Patel NJ, Panaich SS, Patel SV, Jhamnani S, Singh V, Pant S, Patel N, Patel N, Arora S, Thakkar B,
Manvar S, Dhoble A, Patel A, Savani C, Patel J, Chothani A, Savani GT, Deshmukh A, Grines CL, Curtis J, Mangi
AA, Cleman M, Forrest JK. Effect of Hospital Volume on Outcomes of Transcatheter Aortic Valve Implanta-
tion. Am J Cardiol. 2015 15; 116: 587–94.

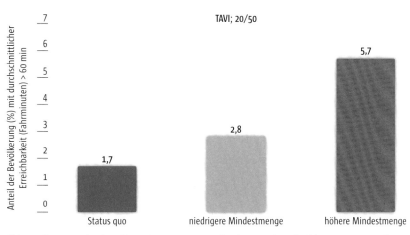

Abb. 9   Prozentualer Anteil von Patienten mit mehr als einer Stunde Fahrzeit zu einem Zentrum,
das eine Leistung in Abhängigkeit von Mindestfallzahlen (0/20/50) erbringen kann
(Loos 2016, mit freundlicher Genehmigung der Bertelsmann Stiftung)

Baumgartner H, Cremer J, Eggebrecht H, Diegeler A, Hamm C, Welz A, Haude M, Beyersdorf F, Ince H, Walther
T, Kuck KH, Falk V. Kommentar zu den Leitlinien (2017) der ESC/EACTS zum Management von Herzklappenerkrankungen DGK/DGTHG. Kardiologe 2018; 12: 184–193.

Baumgartner H, Falk V, Bax JJ, De Bonis M, Hamm C, Holm PJ, Iung B, Lancellotti P, Lansac E, Muñoz DR, Rosenhek R, Sjögren J, Tornos Mas P, Vahanian A, Walther T, Wendler O, Windecker S, Zamorano JL; ESC Scientific
Document Group. 2017 ESC/EACTS Guidelines for the management of valvular heart disease. Eur Heart J
2017; 38: 2739–2791.

Beckmann A, Beyersdorf F, Diegeler A, Mohr FW, Welz A, Rein JG, Cremer J. Basic standards for a department
of cardiac surgery. Quality requirements for the care of cardiac patients in connection with operations on
the heart, the heart vessels and thoracic organ transplantation. Thorac Cardiovasc Surg. 2013; 61: 651–5.

Bestehorn K, Eggebrecht H, Fleck E, Bestehorn M, Mehta RH, Kuck KH. Volume-outcome relationship with
transfemoral transcatheter aortic valve implantation (TAVI): insights from the compulsory German Quality
Assurance Registry on Aortic Valve Replacement (AQUA). EuroIntervention 2017; 13: 914–920.

Bestehorn K. Cardionews 2016/03; 38.

Carroll JD, Vemulapalli S, Dai D, Matsouaka R, Blackstone E, Edwards F, Masoudi FA, Mack M, Peterson ED, Hol-
mes D, Rumsfeld JS, Tuzcu EM, Grover F. Procedural Experience for Transcatheter Aortic Valve Replacement
and Relation to Outcomes: The STS/ACC TVT Registry. J Am Coll Cardiol. 2017 Jul 4; 70(1): 29–41.

Chambers JB, Prendergast B, Iung B, Rosenhek R, Zamorano JL, Piérard LA, Modine T, Falk V, Kappetein AP,
Pibarot P, Sundt T, Baumgartner H, Bax JJ, Lancellotti P. Standards defining a ‚Heart Valve Centre': ESC
Working Group on Valvular Heart Disease and European Association for Cardiothoracic Surgery Viewpoint.
Eur Heart J 2017; 38: 2177–2183.

Eggebrecht H, Vaquerizo B, Moris C, Bossone E, Lämmer J, Czerny M, Zierer A, Schröfel H, Kim WK, Walther T,
Scholtz S, Rudolph T, Hengstenberg C, Kempfert J, Spaziano M, Lefevre T, Bleiziffer S, Schofer J, Mehilli
J, Seiffert M, Naber C, Biancari F, Eckner D, Cornet C, Lhermusier T, Philippart R, Siljander A, Giuseppe
Cerillo A, Blackman D, Chieffo A, Kahlert P, Czerwinska-Jelonkiewicz K, Szymanski P, Landes U, Kornowski
R, D'Onofrio A, Kaulfersch C, Søndergaard L, Mylotte D, Mehta RH, De Backer O; European Registry on
Emergent Cardiac Surgery during TAVI (EuRECS-TAVI). Incidence and outcomes of emergent cardiac surgery
during transfemoral transcatheter aortic valve implantation (TAVI): insights from the European Registry
on Emergent Cardiac Surgery during TAVI (EuRECS-TAVI). Eur Heart J. 2018 Feb 21; 39(8): 676–684.

IQTIG-Qualitätsreport 2016.

Khera S, Kolte D, Gupta T, Goldsweig A, Velagapudi P, Kalra A, Tang GHL, Aronow WS, Fonarow GC, Bhatt DL, Aronow HD, Kleiman NS, Reardon M, Gordon PC, Sharaf B, Abbott JD. Association Between Hospital Volume and 30-Day Readmissions Following Transcatheter Aortic Valve Replacement. JAMA Cardiol 2017 1; 2: 732–741.

Loos A: Faktencheck Krankenhausstruktur Spezialisierung und Zentrenbildung, Bertelsmann Stiftung 2016.

Nimptsch U, Mansky T. Hospital volume and mortality for 25 types of inpatient treatment in German hospitals: observational study using complete national data from 2009 to 2014. BMJ Open 2017; 7: e016184.

Pagano D, Kappetein AP, Sousa-Uva M, Beyersdorf F, Klautz R, Mohr F, Falk V. European Association for Cardio-Thoracic Surgery (EACTS) and the EACTS Quality Improvement Programme. EACTS clinical statement: guidance for the provision of adult cardiac surgery. Eur J Cardiothorac Surg. 2016; 50: 1006–1009.

Walther T, Hamm CW, Schuler G, Berkowitsch A, Kötting J, Mangner N, Mudra H, Beckmann A, Cremer J, Welz A, Lange R, Kuck KH, Mohr FW, Möllmann H; GARY Executive Board. Perioperative Results and Complications in 15,964 Transcatheter Aortic Valve Replacements: Prospective Data From the GARY Registry. J Am Coll Cardiol 2015; 65(20): 2173–80.

Prof. Dr. med. Volkmar Falk

Volkmar Falk ist Ärztlicher Direktor und Direktor der Abteilung für Herz-, Thorax- und Gefäßchirurgie des Deutschen Herzzentrums Berlin. Er leitet zugleich die Klinik für Herz- und Gefäßchirurgie der Charité – Universitätsmedizin Berlin.

Falk begann seine chirurgische Ausbildung an der Universität Göttingen und absolvierte seine Assistenzzeit an der Abteilung für Herzchirurgie des Herzzentrums Leipzig. Ab 1998 war er dort als Oberarzt tätig. Von 2009 bis 2014 war Falk Professor und Direktor der Abteilung für Herz- und Gefäßchirurgie am Universitätsspital Zürich.

Seine Schwerpunkte in der klinischen und akademischen Forschung liegen auf den Gebieten der endoskopischen und minimal-invasiven Herzchirurgie und der bildgestützten Transkatheter-Therapie. Falk bekleidet verschiedene Funktionen (Vorstandsmitglied, Präsident, Komitees) in zahlreichen internationalen Fachgesellschaften (EACTS, ESC, DGTHG, SGHC, ISMICS u.a.) und gehört zum Autorenteam der aktuellen ESC-/ EACTS-Leitlinien zur myokardialen Revaskularisation, zur Behandlung von Herzklappenfehlern und zur Herzinsuffizienz.

Univ.-Prof. Dr. med. Stefan Blankenberg

Nach Abschluss seines Medizinstudiums in Mainz, Frankfurt und New York sowie nach seiner Promotion und Anerkennung zum Facharzt für Innere Medizin habilitierte Stefan Blankenberg an der Universität Mainz. In 2005 erfolgte die Berufung zum W2-Professor für Innere Medizin an die medizinische Fakultät der Johannes Gutenberg-Universität. Von Januar 2007 bis März 2011 war er dort leitender Oberarzt sowie Personaloberarzt und stellvertretender Direktor der II. Medizinischen Klinik. Seit April 2011 leitet Stefan Blankenberg die Klinik für Allgemeine und Interventionelle Kardiologie am Universitären Herzzentrum Hamburg (UHZ), dessen Ärztlicher Leiter er seit Januar 2018 ist.

Er ist Mitglied des Vorstands der Deutschen Gesellschaft für Kardiologie und war bis April 2017 Vorsitzender der Programmkommission. Er ist Mitglied verschiedenster internationaler Gremien wie des Lenkungsausschusses „Functional Genomics" der American Heart Association, der MORGAM Study, LIPID Study, Gutenberg Gesundheitsstudie sowie vielfältiger klinischer Studien.

Der Schwerpunkt seiner wissenschaftlichen Tätigkeit liegt im Bereich der individualisierten kardiovaskulären Medizin mit speziellem Fokus auf Akutes Koronarsyndrom und Herzinsuffizienz. Er ist einer der führenden Experten im Bereich Genomik und Genetik zur Biomarkeridentifizierung und populationsbasierter Anwendung.

7 Neue Volume-Outcome-Ergebnisse in der Perinatalmedizin

Jochen Schmitt, Anja Bieber, Luise Heinrich, Denise Küster, Felix Walther und Mario Rüdiger

Die Versorgung von Neugeborenen steht im Spannungsfeld von einer möglichst „natürlichen" Geburt eines gesunden Neugeborenen begleitet durch Hebammen bis hin zur Maximalversorgung extrem unreifer Kinder an der Grenze der Überlebensfähigkeit bzw. schwerkranker Neugeborener mit der Vorhaltung der entsprechenden technischen und personellen Ausstattung in hochspezialisierten Zentren. Die personellen und technischen Voraussetzungen für eine Maximalversorgung von Schwangeren mit erhöhtem Risiko bzw. Früh- und kranken Neugeborenen können nicht in jedem Krankenhaus vorgehalten werden und müssen damit auf einzelne Zentren beschränkt bleiben.

Für Frühgeborene mit einem deutlich erniedrigten Geburtsgewicht ist die Studienlage eindeutig: Drei international publizierte systematische Reviews (Rashidian et al. 2014; Lasswell et al. 2010; Neogi et al. 2012) zeigen zusammenfassend eine bessere Qualität der Frühgeborenversorgung in Abhängigkeit der Ausstattung der Geburtskliniken, dem Grad der Zentralisierung und dem Fallvolumen.

Vor diesem Hintergrund wurde in Deutschland für die Versorgung von deutlich zu früh Geborenen und von Kindern mit erheblichen vorgeburtlichen Wachstumsstörungen eine Zentralisierung der Geburtsmedizin mit Perinatalzentren (PNZ) unterschiedlicher Strukturanforderungen für die Versorgung von Neugeborenen mit sehr niedrigem Geburtsgewicht eingeführt. Demnach dürfen nur Kliniken mit PNZ Level 1 Frühgeborene < 1.250 g Geburtsgewicht regelhaft behandeln, Level-2-Kliniken Kinder ab einem Geburtsgewicht von 1.250 g und alle übrigen Kliniken nur Kinder mit einem Geburtsgewicht > 1.500 g. Als Mindestmenge für Level-1-Kliniken gelten 14 Kinder mit einem Geburtsgewicht < 1.250 g pro Jahr.

In Deutschland wird derzeit diskutiert, ob die Zahl der jährlich durchgeführten Geburten bzw. betreuten Neugeborenen *auch bei Kindern ohne deutliche Wachstumsverzögerung oder eine andere individuelle Risikokonstellation* die Qualität der perinatalen Versorgung beeinflusst und sich unter Qualitätsgesichtspunkten eine „Mindestmenge" an Geburten definieren lässt, was in der Konsequenz zu einer Schließung von Einrichtungen mit geringen Geburtenzahlen führen könnte (Rossi et al. 2018; Poets et al. 2004). Anlass der Diskussion sind u.a. internationale Vergleiche der neonatalen Sterblichkeit mit dem Grad der Zentralisierung der Geburtsmedizin, denen zufolge Deutschland zwar mit 2,3 neonatalen Todesfällen/1.000 Lebendgeborenen im europäischen Mittelfeld liegt, aber von Ländern mit einer stärkeren Zentralisierung der Geburtsmedizin wie Portugal (2,1/1.000 Lebendgeborene), Schweden (1,6/1.000 Lebendgeborene) und Norwegen (1,5/1.000 Lebendgeborene) oder Finnland (1,2/1.000 Lebendgeborene) deutlich übertroffen wird (UN Interagency Group for Child Mortality Estimation 2017). Letztlich handelt es sich hier jedoch um den Vergleich aggregierter Daten mit den entsprechenden Limitationen, sodass direkte gesundheitspolitische Konsequenzen kaum ableitbar erscheinen. Dennoch regen diese Befunde weitere wissenschaftliche Untersuchungen an.

Dieser Beitrag verfolgt das Ziel, diese aktuelle Diskussion mit Daten aus Deutschland und Evidenz internationaler Studien zum Volume-Outcome-Zusammenhang in der Geburtsmedizin zu untersetzen. Der Beitrag gliedert sich in zwei Teile. Er stellt zunächst publizierte Studien zu Volume-Outcome-Beziehungen in Form einer systematischen Übersichtsarbeit in der Perinatalmedizin mit Fokus auf nicht risikoselektierte Kohorten dar. Der zweite Teil fasst aktuelle Ergebnisse aus einer Sekundärdatenanalyse einer Geburtskohorte von AOK PLUS-versicherten Kindern aus Sachsen zur gleichen Fragestellung zusammen.

7.1   Studienevidenz zum Zusammenhang zwischen Patientenvolumen und Versorgungsqualität in der Perinatalmedizin

7.1.1   Material und Methodik

Zwischen März und Mai 2018 führte das Autorenteam ein systematisches Review zum Zusammenhang zwischen Volume und Outcome in der Geburtshilfe durch. Das systematische Review wurde nach den Vorgaben des PRISMA Statements angefertigt (Moher et al. 2009) und im International Prospective Register of Systematic Reviews (PROSPERO) registriert. Die Hauptfragestellung lautete:

> *„Besteht ein Zusammenhang zwischen Fallmenge einer Geburtsklinik (primäre Exposition) und Behandlungsqualität, definiert als kindliche und/oder mütterliche Sterblichkeit (primäres Outcome) bei explizit Reifgeborenen, Niedrigrisikogeburten sowie unselektierten Geburtskohorten?"*

Zur Sicherstellung einer Übertragbarkeit auf die aktuelle bundesdeutsche Situation wurden nur Studien aus Ländern mit einem nationalen Median der Neugeborenensterblichkeit von < 5/1.000 Lebendgeborene gemäß des aktuellen Childmortality-Reports eingeschlossen (UN Interagency Group for Child Mortality Estimation 2017), die ab dem Jahr 2000 bis zur Durchführung der systematischen Literatursuche im April 2018 publiziert wurden. Ausgeschlossen wurden Studien mit einem ausschließlichen Fokus auf vulnerablen Gruppen, wie Frühgeborene oder Geburten mit niedrigem Geburtsgewicht (< 2.500 g). Ausgeschlossen wurden weiterhin Studien, die weder deutsch- noch englischsprachig publiziert wurden.

Das primäre Outcome Mortalität wurde in die folgenden fünf Untergruppen eingeteilt:

- **Totgeburt**: unterschieden in antepartum, d.h. vor der Geburtsphase und intrapartum, d.h. während der Geburt
- **frühe neonatale Mortalität**: innerhalb der ersten sieben Lebenstage
- **neonatale Mortalität**: innerhalb der ersten 28 Lebenstage
- **perinatale Mortalität**: nach der 22. Schwangerschaftswoche bis einschließlich der ersten sieben Lebenstage
- **maternal**: mütterliche Sterblichkeit in Zusammenhang mit der Geburt

Gemäß des PRISMA Methodenstandards wurden alle relevanten Arbeitsschritte wie Literatursuche und Datenextraktion jeweils unabhängig voneinander durch zwei Autoren durchgeführt und ein dritter Autor wurde bei Unstimmigkeiten herangezogen. Weitere methodische Details werden auf Anfrage von den Autoren zur Verfügung gestellt.

7.1.2 Ergebnisse

Von insgesamt 6.464 Treffern der Literaturrecherche wurden nach einem mehrstufigen Auswahlprozess schließlich 11 relevante Artikel zur Forschungsfrage identifiziert und analysiert. Die eingeschlossenen Studien stammen aus Finnland (Karalis et al. 2016; Pyykönen et al. 2014; Hemminki et al. 2011) den USA (Friedman et al. 2016; Snowden et al. 2012), Deutschland (Heller et al. 2002; Heller et al. 2003), Australien (Tracy et al. 2006), Norwegen (Moster et al. 2001), Großbritannien (Joyce et al. 2004) und Schweden (Finnström et al. 2006).

Die Daten sind zumeist nationalen Geburtsregistern entnommen. Eine Ausnahme bilden die Studien aus Deutschland von Heller et al., die Daten der hessischen Perinatalerhebung verwendeten (Heller et al. 2002 und Heller et al. 2003). Anzumerken ist, dass sich die Publikationen von Heller auf überlappende Studienkollektive beziehen. Da die Publikationen unterschiedliche Ergebnisse berichten, werden sie im Folgenden dennoch separat betrachtet. Eine der beiden Studien aus den USA nutzte Daten einer Institution für Forschung und Qualität im Gesundheitssektor (Friedman et al. 2016). Die Studien der nordischen Länder und die australische Studie beziehen jeweils landesweite Daten der nationalen Geburtsregister ein, mit Selektierungen bezüglich des Ausschlusses von Mehrlingsgeburten (Finnström et al. 2006), Risikogeburten (Karalis et al. 2016) und nicht termingerechten Geburten bzw. Geburten in Universitätskliniken (Pyykönen et al. 2014). Beide US-Studien nutzen Daten des Bundesstaates Kalifornien (s. Tab. 1).

Tab. 1   Studiencharakteristika der eingeschlossenen Studien (n = 10) und Publikationen (n = 11)

Nr.	Autor	Land	Datenerhebungs-zeitraum	Design	Setting	Sample	Primäres Outcome
1	Finnström et al. 2006	SE	1985–1999	Populations-basierte Kohortenstudie	regional unter Berücksichtigung des KH-Einzugsgebiets	1.538.814 Geburten; keine Mehrlinge	Neonatalmortalität, 5-Min-Apgar, Atemwegsstörung, infantile Zerebralparese
2	Friedmann et al. 2016	US	1998–2010	Kohortenstudie	regional: US-Bundesstaat Kalifornien	50.433.539 Geburten	schwere maternale Erkrankungen; Rettungsversagen (Mortalität)
3	Heller et al. 2002	DE	1990–1999	Populations-basierte Kohortenstudie	alle Geburten Hessen 1990–1999	582.655 Geburten, davon 545.292 Geburten mit Geburtsgewicht ≥ 2.500 g	frühe Neonatalmortalität (Tod während bis 7 Tage nach Geburt)
4	Heller et al. 2003	DE	1990–2000	Populations-basierte Kohortenstudie	alle Geburten der hessischen Perinatalerhebung + aus Register	640.554 Geburten und Aufnahmen in Kinderklinik in den ersten 10 Lebenstagen	frühe Neonatalmortalität (Tod während bis 7 Tage nach Geburt)
5	Hemminki et al. 2011	FI	1991–2008	Querschnittsanalyse versch. Krankenhauslevels	alle Geburten 2004–2008	293.373 Geburten	Perinatalmortalität, Geburtsoutcome und -prozeduren
6	Joyce et al. 2004	UK	1994–1996	Querschnittsanalyse	alle Geburten in Thames Region	540.834 Geburten	standardisierte Raten: Totgeburt und Neonatalmortalität
7	Karalis et al. 2016	FI	2005–2009	Populations-basierte Kohortenstudie	regional	267.066 Niedrigrisikogeburten	Totgeburt, frühe Neonatalmortalität und -asphyxie, Neugeborenenintensivbehandlung
8	Moster et al. 2001	NO	1967–1996	Populations-basierte Kohortenstudie	regional	1.221.155 Geburten; 429.697 in Universitätskliniken	Neonatalmortalität
9	Pyykönen et al. 2014	FI	2006–2010	Populations-basierte Kohortenstudie	regional	294.726 Geburten: Reifgeborene, Einlinge, ohne Universitätskliniken	perinatale + (frühe) neonatale Mortalität, 5-Min-Apgar (< 4 + 7), pH (< 6.95, 7.00, 7.05, 7.10), Geburtsgewicht > 4.500 g, Erb'sche Lähmung, Schlüsselbeinbruch, Geburtstraumata, Beatmung; Neugeborenenverweildauer ≥ 7d
10	Snowden et al. 2012	US	2006	Retrospektive Kohortenstudie	regional: US-Bundesstaat Kalifornien	527.617 Geburten	Neonatalmortalität und Geburtsasphyxie
11	Tracy et al. 2006	AUS	1999–2001	Populations-basierte Kohortenstudie	regional: alle Geburten AUS	702.413 Geburten; davon 331.147 Niedrigrisikogeburten	Neonatalmortalität, operative Interventionen bei Geburt

7.1.3 Kategorisierung der Fallmenge (Exposition) und Studienkohorten

Die Fallmenge der Geburtskliniken wurde in den verschiedenen Studien nicht einheitlich in feste Größenkategorien eingeteilt. Gleiche Geburtenzahlen begründeten teilweise in unterschiedlichen Studien gegensätzliche Kategorien. So definierten Pyykönen et al. (2014) beispielsweise Kliniken mit bis 999 Geburten/Jahr als „klein", während Friedmann et al. (2016) Kliniken > 600 Geburten/Jahr als „groß" definierten. Hierzu gibt es zahlreiche Beispiele, sodass letztendlich ein Vergleich der Ergebnisse unterschiedlicher Studien zu einer bestimmten Fallmenge erschwert wurde. In 9 Studien wurde jeweils eine der Kategorien als Referenzwert eingestuft und in zwei Studien die Outcomes jeweils auf den Gesamtdurchschnitt bezogen.

Auch die Referenzkategorie wurde nicht einheitlich definiert: In unterschiedlichen Studien diente individuell die größte, kleinste, eine mittlere oder Universitätskliniken als Referenzgruppe, mit der die anderen Volume-Kategorien verglichen wurden. Die untersuchte Population waren entweder alle Geburten oder, insofern diese in der Studie separat berichtet wurden, Niedrigrisikogeburten termingeborener Kinder mit einem Geburtsgewicht von mindestens 2.500 g (s. Tab. 1).

7.1.4 Zusammenhang zwischen Fallmenge und Mortalität

Eine Studie (Friedmann et al. 2016) untersuchte die mütterliche Mortalität; zwei Studien (Karalis et al. 2016 und Pyykönen et al. 2014) befassten sich mit Totgeburten. Insgesamt vier Studien (Karalis et al. 2016; Pyykönen et al. 2014; Heller et al. 2002 und 2003) berichteten zu früher neonataler Sterblichkeit. Sieben Studien (Finnström et al. 2006; Moster et al. 2001; Pyykönen et al. 2014; Snowden et al. 2012; Tracy et al. 2006; Heller et al. 2003 und Joyce et al. 2004) analysierten neonatale Sterblichkeit. Zwei Studien (Pyykönen et al. 2014 und Hemminki et al. 2011) berichten zu perinataler Sterblichkeit.

Mütterliche Mortalität

Eine kalifornische Studie untersuchte die maternalen Outcomes Geburtskomplikationen und Müttersterblichkeit (Friedman et al. 2016). Definiert als *failure to rescue* wurden Todesfälle im Zusammenhang des Umgangs mit schwerwiegenden Geburtskomplikationen berichtet. Verglichen wurden die Krankenhäuser in den Kategorien „klein" < 400 (Vergleichsgröße/Referenz); „mittel" 400–600 und „groß" > 600 Geburten/Jahr. Die mütterliche Sterblichkeit war mit einem Risk Ratio von 1,25 bzw. 1,66 in den mittleren und großen Kliniken erhöht, dabei aber nur bei den großen Kliniken statistisch signifikant. Adjustiert wurde nach demografischen und klinikspezifischen Faktoren.

>>> **Fazit:** *Eine Studie zeigte eine niedrigere mütterliche Sterblichkeit in kleinen Krankhäusern verglichen mit Geburtskliniken mit höheren Fallzahlen.*

Totgeburten

Bei diesem Outcome ist zu differenzieren, ob es sich um eine Totgeburt „antepartum" handelt, d.h. das Kind ist bereits verstorben bevor Wehen einsetzten, oder „intrapartum", d.h. das Kind verstirbt während des Geburtsvorgangs. Nur für letzteren Fall wäre ein Zusammenhang mit dem Geburtskrankenhaus ableitbar. Karalis et al. (2016) gaben an, dass es sich bei den untersuchten Totgeburten um „intrapartum death" handelt, die anderen Autoren differenzierten hier nicht, was bei der Interpretation der Ergebnisse zu berücksichtigen ist.

Eine finnische Studie (Karalis et al. 2016) fand eine erhöhte Mortalität in kleineren (≤ 999 Geburten/Jahr), mittleren (1.000–1.999 Geburten/Jahr) und großen Kliniken (≥ 2.000 Geburten/Jahr), für die es verglichen mit Universitätskliniken keine verpflichtende 24 h-Anwesenheit eines Pädiaters gibt. Die Risikoerhöhung war nur bei den Kliniken mit 1.000–1.999 statistisch signifikant. Adjustiert wurde nach Alter und Parität der Mutter.

In der anderen finnischen Studie (Pyykönen et al. 2014) wurden die Krankenhäuser in den Kategorien < 1.000; 1.001–1.999 (Vergleichsgröße/Referenz) sowie > 3.000 Geburten/Jahr verglichen. Dabei war das Risiko einer Totgeburt in den mittelgroßen Kliniken tendenziell höher, aber nicht signifikant unterschiedlich von den Raten in kleinen und großen Häusern. Eine Risikoadjustierung wurde nicht vorgenommen.

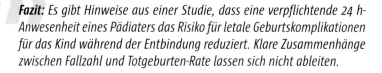

Fazit: Es gibt Hinweise aus einer Studie, dass eine verpflichtende 24 h-Anwesenheit eines Pädiaters das Risiko für letale Geburtskomplikationen für das Kind während der Entbindung reduziert. Klare Zusammenhänge zwischen Fallzahl und Totgeburten-Rate lassen sich nicht ableiten.

Frühe neonatale Mortalität

Die finnische Studie von Karalis et al. (2016) berichtete eine nicht signifikant erhöhte frühe neonatale Mortalität in großen (Odds Ratio; OR 1,17; 95 % KI 0,56–2,42), mittleren (OR 1,72; 95 % KI 0,81–3,66) und kleinen (OR 2,11; 95 % KI 0,97–4,56) Kliniken im Vergleich zu Universitätskliniken. Die Modelle wurden für Alter und Parität der Mutter adjustiert.

Die zweite finnische Studie (Pyykönen et al. 2014) fand bei der frühen neonatalen Mortalität eine signifikante Risikoerhöhung in Kliniken mit < 1.000 Geburten/Jahr (OR 2,08; 95 % KI 1,19–3,59) verglichen mit mittelgroßen Kliniken, während sich das Risiko zwischen mittelgroßen und großen Kliniken nicht unterschied. Die Analysen waren jedoch nicht risikoadjustiert.

Heller et al. (2002) berichtete für Hessen, dass die Krankenhäuser in den Kategorien ≤ 500 (OR 3,48; 95 % KI 2,62–4,62); 501–1.000 (OR 1,84, 95 % KI 1,45–2,35); 1.001–1.500 (OR 1,43; 95 % KI 1,00–2,03) verglichen mit Häusern mit > 1.500 Geburten/Jahr teilweise deutlich erhöhte Sterblichkeitsraten von normalgewichtigen Neugeborenen aufwiesen. Die Ergebnisse deuten zudem auf einen Volume-Outcome-Effekt hin. Die Risikoerhöhung war für Kliniken ≤ 500 und 501–1.000 Geburten/Jahr statistisch signifikant. Adjustiert wurde für verschiedene Faktoren wie Geburtsgewicht, Alter, Geburtsart und Komorbiditäten. In seiner zweiten Publikation berichtet Heller (Heller et al. 2003) übereinstimmend, jedoch ohne Risikoadjustierung, von erhöhten Mortalitätsraten in kleinen Kliniken. Eine Signifikanztestung erfolgte in dieser Analyse nicht.

> **Fazit:** *Drei Studien bzw. vier Publikationen zeigen höhere frühe neonatale Sterblichkeitsraten in Kliniken mit niedrigen Geburtenzahlen. In Hessen zeigte sich zudem ein Volume-Outcome-Effekt.*

Neonatale Mortalität

Eine schwedische Studie (Finnström et al. 2006) zeigte nicht signifikant verringerte Mortalitätsraten in sehr kleinen < 500 (OR: 0,84; 95% KI 0,63–1,11) und signifikant verringerte Mortalitätsraten in kleinen 500–999 (OR: 0,82; 95% KI 0,73–0,92) Krankenhäusern im Vergleich zu mittelgroßen Kliniken (1.000–2.499 Geburten/Jahr). Für große Kliniken (≥ 2.500 Geburten/Jahr) wurden signifikant erhöhte Mortalitätsraten (OR: 1,15; 95% KI 1,06–1,25) im Vergleich zu mittelgroßen Kliniken berichtet. Adjustiert wurde für verschiedene Faktoren, wie Geburtsjahr, Alter, Parität, Rauchen während der Schwangerschaft und BMI der Mutter.

Eine norwegische Studie (Moster et al. 2001) zeigte für sehr kleine Krankenhäuser mit bis 100 Geburten/Jahr (OR: 1,40, 95% KI 1,1–1,7) signifikant höhere neonatale Mortalitätsraten im Vergleich zu sehr großen Häusern mit ≥ 3.000 Geburten/Jahr. Adjustiert wurde für verschiedene Faktoren, z.B. für das Geburtsjahr. Für die anderen untersuchten Kategorien fanden sich weniger stark erhöhte, meist nicht signifikante Risikoerhöhungen gegenüber den sehr großen Kliniken.

Pyykönen et al. (2014) fand für Finnland nicht signifikant erhöhte neonatale Mortalitätsraten für Kliniken mit < 1.000 Geburten/Jahr vergleichen mit mittelgroßen Häusern (1.000–2.000 Geburten/Jahr). Eine Risikoadjustierung erfolgte nicht; die Unterschiede waren nicht statistisch signifikant. Mittelgroße und große Häuser unterschieden sich nicht bezüglich der neonatalen Mortalitätsraten.

Snowden et al. (2012) berichteten für Kalifornien höhere Sterblichkeitsraten in mittleren (1.200–2.399 Geburten/Jahr) und großen (≥ 2.400 Geburten/Jahr) Krankenhäusern im Vergleich zu Krankenhäusern mit 50–1.199 Geburten/Jahr. Eine Risikoadjustierung und Signifikanztestung erfolgte nicht, sodass die Ergebnisse zurückhaltend interpretierbar sind. Anzumerken ist ferner, dass sich deutliche Stadt-Land-Unterschiede mit tendenziell höheren Sterblichkeitsraten in kleinen ländlichen Kliniken (50–599 Geburten/Jahr) verglichen mit mittelgroßen ländlichen Kliniken zeigten.

Die australische Studie (Tracy et al. 2006) berichtete das Outcome neonatale Mortalität in den Subgruppen für Erstgebärende und Mehrfachgebärende und verglich Krankenhäuser in den Kategorien < 100; 100–500; 501–1.000; 1.001–2.000 sowie > 2.001 Geburten/Jahr (Referenz). Die Autoren berichteten unterschiedliche Ergebnisse in den beiden Subgruppen. Bei den Erstgebärenden war die neonatale Sterblichkeit in den kleineren und mittleren Kliniken mit Odds Ratios von 1,6 (95 % KI 0,29–8,79); 1,3 (95 % KI 0,47–3,56); 1,14 (95 % KI 0,44–2,94) und 1,13 (95 % KI 0,51–2,51) tendenziell erhöht. Im Gegensatz dazu waren bei den Mehrfachgebärenden die kleineren Kliniken mit den günstigeren Outcomes OR 0,26 (95 % KI 0,05–1,34); OR 0,36 (95 % KI 0,14–0,93) und OR 0,68 (95 % KI 0,28–1,62) assoziiert. Adjustiert wurde jeweils für das mütterliche Alter, Versicherungsstatus, ethnische Zugehörigkeit und Wohnort der Mutter. Möglicherweise sind die Ergebnisse der Mehrfachgebärenden verzerrt, weil je nach Ergebnis der Erstgeburt bei positivem Erlebnis das gleiche Haus, bei negativem Ergebnis ein anderes Haus aufgesucht werden könnte.

Heller et al. (2003) verglich die Neonatalsterblichkeit „nicht großer" Kliniken 1.001–1.500 und „großer" Kliniken > 1.500 mit Geburten/Jahr mit der durchschnittlichen Sterblichkeit aller Geburten. Es zeigte sich für die „nicht großen" Kliniken eine leicht höhere Mortalitätsrate, bei großen Kliniken eine deutlich unter dem Durchschnitt liegende Mortalitätsrate. Es wurde weder auf Signifikanz getestet noch adjustiert.

Bei der Studie aus Großbritannien (Joyce et al. 2004) wurden die Kliniken nicht in Größenkategorien eingeteilt. Bei der Berechnung der einfachen linearen Regression wurde kein Zusammenhang zwischen Klinikgröße und der neonatalen Mortalität gefunden.

> **Fazit:** *Ein klarer Zusammenhang zwischen neonataler Mortalität und Fallzahlen lässt sich aus der Literatur derzeit nicht ableiten. Vier von sieben Studien deuten auf ein erhöhtes neonatales Mortalitätsrisiko in v.a. sehr kleinen Geburtskliniken hin. Zwei von den sieben Studien deuten auf das Gegenteil hin und eine Studie berichtet keinen Zusammenhang. Jedoch wurde nicht in allen Studien risikoadjustiert, die Kategorien und Referenzgruppen waren uneinheitlich und die Ergebnisse waren nicht immer statistisch signifikant.*

Perinatale Mortalität

Pyykönen et al. (2014) berichteten für Finnland eine nicht signifikant niedrigere perinatale Mortalität in Kliniken mit > 3.000 Geburten/Jahr im Vergleich zu mittelgroßen Kliniken mit 1.000–2.999 Geburten/Jahr (OR 0,79; 95 % KI 0,59–1,06). Die Ergebnisse waren nicht risikoadjustiert.

Eine dritte finnische Studie (Hemminki et al. 2011) verglich Krankenhäuser in den Kategorien < 750; 750–1.499 sowie ≥ 1.500 Geburten/Jahr. Als Vergleichsgröße/Referenzwert wurden Geburten in Universitätskliniken herangezogen. Mit Odds Ratios von 0,87 (95% KI 0,61–1,23) und 0,94 (95% KI 0,76–1,16) zeigten die kleinste (< 750) und die größten Kliniken (≥ 1.500) bessere Ergebnisse, die jedoch nicht statistisch signifikant von der Referenzgruppe unterschiedlich waren. Die mittelgroßen Kliniken zeigten im Vergleich zu den Universitätskliniken nicht signifikant höhere perinatale Mortalitätsraten. Adjustiert wurde für Geburtsgewicht, Alter und Parität der Mutter und den sozioökonomischen Status.

> **Fazit:** *Zwei Studien untersuchten die perinatale Mortalität in Abhängigkeit der Fallzahl und kamen zu unterschiedlichen Ergebnissen und keinem klaren Hinweis für einen Volume-Outcome-Effekt.*

7.1.5 Zusammenfassung und Diskussion

Insgesamt gibt es für den Zusammenhang von Versorgungsqualität und der Fallzahl der Geburtskliniken für nicht risikoselektierte Geburtskohorten deutlich weniger Studienevidenz als für die bereits etablierte Volume-Outcome-Beziehung in der Versorgung von Frühgeborenen mit deutlich erniedrigtem Geburtsgewicht. Anhand eines systematischen Reviews konnten insgesamt 10 relevante Studien (in 11 Publikationen) für die Fragestellung identifiziert werden, ob die stationäre Versorgungsqualität auch bei normalgewichtigen Neugeborenen bzw. unselektierten Kollektiven von der Geburtenzahl und damit Erfahrung der Geburtsklinik abhängt. Ein Vergleich zwischen den Studien wird dadurch erschwert, dass die Autoren die Klinikgrößen in völlig unterschiedliche Kategorien einteilen. Während z.B. bei Friedman et al. (2016) eine Klinik mit > 600 Geburten bereits die größte Kategorie ist, reicht bei Hemminki et al. (2011) und Pyykönen et al. (2014) die kleinste Klinikkategorie bis 750 bzw. 1.000 Geburten/Jahr. Nicht alle Autoren führten eine Risikoadjustierung durch. Die Ergebnisse dieser Studien müssen vorsichtig interpretiert werden, weil sie womöglich Verzerrungen, etwa durch Risikoclustering in Abhängigkeit der Klinikgröße, unterliegen. Wenn eine Risikoadjustierung vorgenommen wurde, so erfolgte diese in den unterschiedlichen Studien nicht einheitlich, was wiederum die Vergleichbarkeit einschränkt.

Trotz dieser Limitationen und der insgesamt beschränkten Zahl der publizierten Studien deutet die Studienevidenz jedoch mehrheitlich auf ein erhöhtes Mortalitätsrisiko in kleinen und sehr kleinen Geburtskliniken hin. Bei der 7-Tage-Mortalität zeigte sich in drei von vier Studien, dass eine höhere Geburtenzahl mit einem günstigeren Outcome des Krankenhauses assoziiert ist. Die 28-Tage-Mortalität war in vier von sieben Studien insbesondere in kleinen und sehr kleinen Geburtskliniken erhöht, während für die perinatale Mortalität keine Hinweise auf einen Zusammenhang zwischen Fallmenge und Ergebnis vorlagen.

Eine abschließende Bewertung kann nach Ansicht der Autoren trotz der beschriebenen Hinweise aus der Literatur noch nicht erfolgen. Vor einer kausalen Schlussfolgerung sollten weitere Einflussfaktoren in Bezug auf Strukturen und Prozesse in den Einrichtungen und deren Relevanz für das Outcome in Abhängigkeit der Fallzahl besser verstanden werden. Eine Studie (Karalis et al. 2016) zeigt, dass eine verpflichtende 24 h-Anwesenheit eines Pädiaters mit einem niedrigeren Risiko für letale Geburtskomplikationen einhergeht. Dieser möglicherweise entscheidende Aspekt der Strukturqualität wurde von den Autoren der anderen Studien nicht berichtet. Der Einfluss organisationsbezogener Faktoren, wie Personalausstattung, Risikomanagement oder eines funktionierenden Verlegungssystems, aber auch die Unterschiede zwischen städtischen und ländlichen Regionen können das Outcome Mortalität ebenfalls beeinflusst haben.

Neben den Publikationen von Heller et al. (2002 und 2003) aus Hessen wurden keine weiteren Untersuchungen aus Deutschland identifiziert, was für die Autoren Anlass für eine eigene Studie war, die im folgenden Abschnitt zusammengefasst wird.

7.2 Zusammenhang von Geburtenzahl der Geburtsklinik und kindlicher Morbidität sowie Inanspruchnahme von Gesundheitsleistungen in den ersten Lebensjahren – eine Analyse von GKV-Routinedaten aus Sachsen

In Sachsen findet sich traditionell eine sehr gut strukturierte perinatologische Versorgung; die Zahl der Maximalversorger (Level 1) begrenzt sich auf 4 Häuser in den drei großen Städten Leipzig, Dresden und Chemnitz. Die Perinatalzentren (Level 1) stehen in enger Kooperation mit den regionalen Level-2- bzw. Level-3-Kliniken. Mit dieser Aufstellung wird eine wohnortnahe Geburt ermöglicht. Gleichzeitig ist sichergestellt, dass bei vorgeburtlichen Problemen eine Verlegung der Mutter in die – entsprechend des individuellen Risikos adäquate – Einrichtung erfolgen kann. Bei unerwarteten Problemen des Neugeborenen ist ebenfalls eine abgestufte Versorgung sichergestellt.

In der Konsequenz unterscheiden sich die geburtshilflichen Einrichtungen in Sachsen in folgenden Parametern:

- Anzahl der Geburten pro Jahr
- Angebot einer neonatologisch-pädiatrischen Versorgung (von Maximalversorgung im Perinatalzentrum Level 1 bis hin zu reinen Geburtskliniken ohne angeschlossene Kinderklinik)
- Lokalisation in städtischer oder ländlicher Region

Im Rahmen der vorliegenden Arbeit sollte die Hypothese geprüft werden, dass eine Geburt in einer sehr kleinen Klinik mit einer höheren Morbidität und

Inanspruchnahme von Gesundheitsleistungen in den ersten Lebensjahren assoziiert ist.

Aufbauend auf das durch die Autoren durchgeführte und vom BMBF finanzierte Projekt EcoCare-PIn (Schmitt et al. 2016, BMBF-Förderkennzeichen 01GY1323) sollte durch Analyse von Routinedaten sächsischer Versicherter der AOK PLUS folgende Fragestellung beantwortet werden:

> *„Haben Kinder, die in den Jahren 2007–2013 in großen Kliniken (definiert über die Zahl der betreuten Neugeborenen) in Sachsen geboren wurden, verglichen mit Kindern aus kleineren Kliniken, ein besseres Outcome (definiert als aus den GKV-Routinedaten ableitbare Morbidität bzw. Inanspruchnahme von Gesundheitsleistungen)?"*

7.2.1 Material und Methoden

Grundgesamtheit und Beobachtungszeitraum

Grundgesamtheit waren alle zur Geburt versicherten Kinder (Jahrgänge 2007 bis 2013) aus EcoCare-PIn zu deren Geburtskrankenhaus Geburtenzahlen zugeordnet werden konnten. Der Zeitraum der Beobachtung begann am 01.01.2007 und endete am 31.12.2013. In alle Analysen wurden nur diejenigen Kinder eingeschlossen, die im jeweilig untersuchten Lebenszeitraum durchgängig bzw. bis zum Tod durchgängig versichert waren.

Darstellung der Geburtenzahlen und weitere Einflussgrößen

Als Haupteinflussgröße für das Patientenoutcome wurde gemäß der Forschungshypothese die **Anzahl versorgter Neugeborener** betrachtet. Diese wurde anhand der P-DRGs der AEB-Daten durch die AOK PLUS aufsummiert und der Pseudo-IK-Nummer der sächsischen Krankenhäuser zugeordnet. Zu beachten ist, dass die Anzahl versorgter Kinder weder exakt der Anzahl an Geburten noch der Zahl der in der Klinik Geborenen entspricht, da auch einem Krankenhaus zuverlegte Neugeborene für dieses Krankenhaus in die Zählung eingehen. Die Einteilung des „Volumens" der Geburtskliniken erfolgte anhand der Anzahl versorgter Neugeborener im jeweiligen Jahr in die Gruppen klein (≤ 500 Neugeborenen im Jahr), mittel (501–1.000 Neugeborene im Jahr) und groß (> 1.000 Neugeborene im Jahr).

Das dokumentierte **Geburtsgewicht** (Aufnahmegewicht Krankenhausfall zur Geburt) wurde in die Gewichtsgruppen VLBW (very low birth weight: Geburtsgewicht < 1.500 g), LBW (low birth weight: Geburtsgewicht ab 1.500 g bis < 2.500 g) und NBW (normal birth weight: Geburtsgewicht ab 2.500 g) eingeteilt. Bei Kindern ohne dokumentiertes Geburtsgewicht wurde ein nicht erniedrigtes Geburtsgewicht angenommen.

Das Vorhandensein eines über die Versicherung des Kindes abgerechneten **perinatalen Krankenhausaufenthaltes** innerhalb der ersten Lebenswoche wurde als Maß für den Gesundheitszustand des Neugeborenen verwendet.

Kinder ohne perinatalen Krankenhausaufenthalt wurden hierbei von Kindern mit geringer (Kosten des perinatalen Aufenthaltes bis maximal 2.000 €), moderater (2.001–4.000 €) und schwerer (> 4.000 €) perinataler Erkrankung unterschieden.

Als weitere Einflussgrößen wurden das **Geschlecht** des Kindes und der **Wohnort (Stadt/Land)** gemäß der ersten vier Stellen der Postleitzahl PLZ und des entsprechenden Landkreises berücksichtigt. Kinder, die von kreisfreien Städten in Landkreise zogen und umgekehrt sowie Kinder ohne PLZ bzw. nichtsächsische PLZ oder nicht zuordenbare PLZ wurden aus Stadt-Land-Analysen ausgeschlossen.

Zielparameter/Outcomes

Die Versorgungsqualität wurde anhand von Surrogatparametern in der Perinatalzeit und im Folgezeitraum untersucht:

- Behandlung in zwei oder mehreren Kliniken in der ersten Lebenswoche als Hinweis für eine Verlegung oder Wiederaufnahme in einem anderen Krankenhaus
- kindliche Sterblichkeit in der ersten Lebenswoche, im ersten Lebensmonat und im ersten Lebensjahr
- ambulante Inanspruchnahme medizinischer Leistungen im 2. und 3. Lebensjahr: Anzahl der Abrechnungstage, das heißt die Anzahl an unterschiedlichen Datumsangaben eines Arztes bei der Dokumentation von Leistungen der einzelnen Abrechnungsscheine, welche die tatsächlichen Arztkontakte näherungsweise abbilden. Die unterschiedlichen Datumsangaben wurden pro Schein aufsummiert; nahm ein Kind am selben Tag unterschiedliche Behandler in Anspruch so ging dieser Tag mehrfach ein. Für die Analyse der ambulanten Inanspruchnahme wurden aufgrund geänderter Abrechnungssystematik nur die ab 2009 geborenen Kindern eingeschlossen.
- stationäre Inanspruchnahme im 2. und 3. Lebensjahr: Anzahl der stationären Aufenthalte sowie die kumulative stationäre Verweildauer. Die Zuordnung von Krankenhausfällen einschließlich Verweildauer zu den Lebensjahren erfolgte anhand des Tages der Aufnahme. Unmittelbar aneinandergrenzende Aufenthalte wurden zusammengezogen und als ein Krankenhausaufenthalt betrachtet.

Datenanalyse

Neben üblichen deskriptiven Verfahren erfolgten explorative Regressionsanalysen zum Zusammenhang der Behandlungszahlen (Volume) in Kombination mit weiteren Einflussgrößen und den Outcomes der stationären und ambulanten Inanspruchnahme in den ersten Lebensjahren. Beobachtet wurden alle ab 2009 geborenen NBW-Kinder ab ihrem ersten Geburtstag bis zum Versicherungsende, Tod bzw. Ende des Beobachtungszeitraums (31.12.2013). Die Outcomes „Anzahl Abrechnungstage" bzw. „stationäre Verweildauer" wurden für jedes Kind über dessen Beobachtungszeit aufsummiert. Der erste Geburtstag wurde als Beobachtungsbeginn genutzt, um sicherzustellen, dass die Beobachtung nach dem perinatalen Krankenhausaufenthalt beginnt und dass alle Kinder zu Beginn der Beobachtung gleich alt sind. Die Beobachtungszeit fließt als unabhängige Variable in die Regression ein. Das Vorhandensein bzw. die gruppierten Kosten des perinatalen Aufenthaltes dienen der Adjustierung des Gesundheitszustandes zur Geburt. Außerdem wurden die Einflussgrößen Geschlecht und Wohnort einbezogen. Aufgrund von Effektmodifikation wurden die Modelle zusätzlich für Kinder aus städtischem und aus ländlichem Raum separat gerechnet. Für die kindliche Sterblichkeit wurden wegen geringer Fallzahlen und ungenügender Datenlage für eine vollständige Risikoadjustierung keine Regressionsanalysen durchgeführt.

7.2.2 Ergebnisse

Anzahl der untersuchten Neugeborenen und Geburtskliniken

Die **Ursprungskohorte** der zum Zeitpunkt der Geburt bei der AOK PLUS versicherten und in den Jahren 2007 bis 2013 geborenen Kinder des sächsischen Versichertenstammes umfasst 118.166. Durch eine Verknüpfung über das pseudonymisierte Institutionskennzeichen des Entbindungskrankenhauses (Entbindungs-IK) konnte für 95.523 dieser Kinder die Anzahl der betreuten Neugeborenen des Entbindungskrankenhauses im jeweiligen Geburtsjahr zugeordnet werden. 8.971 Kinder wurden in nichtsächsischen Krankenhäusern geboren. Bei den restlichen 13.672 Kindern war die Entbindungs-IK unbekannt aufgrund ambulanter Entbindung oder stationärer Entbindung nicht AOK PLUS versicherter Mütter ohne eigenen Abrechnungsfall des Kindes. Damit fehlt ein Anteil der mutmaßlich komplikationslos geborenen Kinder der Ursprungskohorte in den nun folgenden Analysen.

Für **49 sächsische Kliniken** standen Angaben zur Anzahl der versorgten Neugeborenen zur Verfügung. Tabelle 2 zeigt die jährliche Anzahl der nach Größe gruppierten Kliniken im Zeitverlauf.

Tab. 2 Anzahl der Kliniken in den jeweiligen Gruppen klein (≤ 500 Neugeborne/Jahr), mittel (501–1.000 Neugeborenen/Jahr) und groß (> 1.000 Neugeborene/Jahr). Ein Gruppenwechsel im Zeitverlauf fand nur zwischen der kleinen und mittleren Gruppe statt.

	2007	2008	2009	2010	2011	2012	2013
klein	17	17	18	17	18	18	18
mittel	22	23	22	23	21	20	20
groß	9	9	9	9	9	9	9

Unterscheidung entsprechend der Krankenhausgröße

Die Mehrzahl der Neugeborenen der Studienpopulation (46%) wurde in Kliniken mittlerer Größe (501–1.000 Neugeborene/Jahr) betreut, die etwas mehr als 40% aller Kliniken ausmachen. Knapp 36% aller Neugeborenen wurden in den 9 großen Kliniken mit jährlich über 1.000 Geburten in Sachsen betreut, die restlichen rund 18% der Neugeborenen in den kleinen Kliniken (s. Tab. 3).

Es bestanden deutliche regionale Unterschiede in der perinatalen Versorgung: So wurden 85% der Kinder aus dem ländlichen Raum in kleinen oder mittleren Kliniken geboren, 86% der Kinder aus der Stadt jedoch in großen Kliniken.

Tab. 3 Deskription der Grundgesamtheit stratifiziert nach Klinikgröße
(klein: ≤ 500 Neugeborene/Jahr, mittel: 501–1.000 Neugeborene/Jahr und
groß: > 1.000 Neugeborene/Jahr)

| | | gesamt | Klinikgröße | | | | | |
| | | | klein | | mittel | | groß | |
		N	N	Zeilen-%	N	Zeilen-%	N	Zeilen-%
gesamt		95.523	16.952	17,7	43.947	46,0	34.624	36,2
Geschlecht	männlich	49.449	8.737	17,7	22.833	46,2	17.879	36,2
	weiblich	46.074	8.215	17,8	21.114	45,8	16.745	36,3
Geburtsjahr	2007	13.320	2.353	17,7	6.562	49,3	4.405	33,1
	2008	13.606	2.244	16,5	6.753	49,6	4.609	33,9
	2009	13.335	2.471	18,5	6.206	46,5	4.658	34,9
	2010	13.761	2.245	16,3	6.611	48,0	4.905	35,6
	2011	13.551	2.446	18,1	6.018	44,4	5.087	37,5
	2012	13.773	2.609	18,9	5.841	42,4	5.323	38,6
	2013	14.177	2.584	18,2	5.956	42,0	5.637	39,8
Gewichts-gruppen	VLBW	1.119	12	1,1	161	14,4	946	84,5
	LBW	5.769	529	9,2	2.351	40,8	2.889	50,1
	NBW	88.635	16.411	18,5	41.435	46,7	30.789	34,7
Stadt/Land (erste verfüg-bare PLZ)	Stadt	28.388	1.211	4,3	2.859	10,1	24.318	85,7
	Land	64.982	15.369	23,7	40.052	61,6	9.561	14,7
	unbekannt	2.153	372	17,3	1.036	48,1	745	34,6
perinataler Krankenhaus-aufenthalt	N gesamt	94.372	16.784		43.429		34.159	
	ja	21.504	3.076	14,3	9.130	42,5	9.298	43,2
	nein	72.868	13.708	18,8	34.299	47,1	24.861	34,1

Perinataler Krankenhausaufenthalt als Hinweis für Morbidität und Risiko bei Geburt

Die Daten von 94.372 in der ersten Lebenswoche durchgängig versicherten Kindern wurden bezüglich des perinatalen Krankenhausaufenthaltes ausgewertet, um den Gesundheitszustand der Kinder zur Geburt einschätzen zu können. Von diesen Kindern wurden für 72.868 Kinder (77%) keine eigenen Kosten für die medizinische Behandlung nach der Geburt abgerechnet, sodass davon auszugehen ist, dass es sich um gesunde Neugeborene handelt, die keiner (abrechnungsrelevanten) medizinischen Behandlung nach der Geburt bedurften.

Insgesamt erhielten 23% der Kinder eine perinatale Krankenhausbehandlung, d.h. es wurden Leistungen direkt bei den Kindern abgerechnet. Bezogen auf das Geburtsgewicht wurden 100% der VLBW-, 79% der LBW- und 18% der NBW-Neugeborenen nach der Geburt stationär behandelt (s. Tab. 3). Im Vergleich der Häuser fanden sich keine großen Unterschiede bezüglich des Anteils einer perinatalen Betreuung zwischen kleinen und mittleren Kliniken (18% und 21%). Der Anteil an Kindern mit perinataler Krankenhausbehandlung war jedoch in den großen Kliniken mit 27% deutlich höher, was auf ein höheres Morbiditäts- und Risikomuster der dort geborenen Kinder hindeutet und auch durch die Tatsache erklärbar ist, dass die Perinatalzentren Level 1 und 2 im Untersuchungsgebiet typischerweise in größeren Kliniken verortet sind. Betrachtet man ausschließlich die NBW-Neugeborenen, so zeigt sich ein mit 20% in den großen Kliniken geringfügig höherer Anteil kranker Neugeborener verglichen mit 17% bzw. 18% in den kleinen bzw. mittelgroßen Geburtskliniken.

Verlegung bzw. Wiederaufnahme in anderem Krankenhaus in der ersten Lebenswoche

Abbildung 1 verdeutlicht die unterschiedlichen Risiken einer Verlegung bzw. Wiederaufnahme in der ersten Lebenswoche in Abhängigkeit von der Größe der Geburtsklinik. Maximal 2% der Neugeborenen, die in Kliniken mit durchschnittlich jährlich mehr als 700 betreuten Neugeborenen zur Welt kamen, wurden während des perinatalen Aufenthaltes in anderen Kliniken betreut. Im Gegensatz dazu wurden in 14 von 32 Kliniken, die weniger als 700 betreute Neugeborene pro Jahr versorgten, mehr als 2% der Neugeborenen in der ersten Lebenswoche verlegt oder in einem anderen Krankenhaus erneut stationär aufgenommen.

Eine genauere Betrachtung der 21.504 Kinder mit perinatalem Krankenhausaufenthalt bestätigte das höhere Verlegungs- oder Wiederaufnahmerisiko bei Geburt in einer kleineren Klinik. So zeigte sich, dass in 8 von 32 Kliniken mit weniger als 700 betreuten Neugeborenen pro Jahr mehr als 20% der dort geborenen kranken NBW-Kinder (d.h. mit perinatalem Krankenhausaufenthalt) in anderen Kliniken betreut wurden, wohingegen dieser Anteil in den

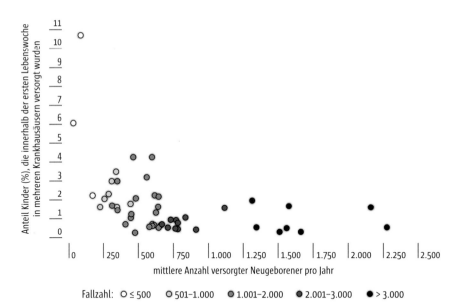

Abb. 1   Anteil verlegte oder in anderem Krankenhaus wiederaufgenommene Kinder der Studienpopulation nach Klinikgröße. Jeder Punkt repräsentiert eine Klinik, deren gemittelte
Anzahl versorgter Neugeborener pro Jahr auf der x-Achse abgetragen ist. Je dunkler
der Punkt ist, desto höher ist die Fallzahl der Kinder, die in die Berechnung des Anteils
einging (n_{ges} = 94.372, n_{min} = 33, n_{max} = 5.273).

größeren Kliniken deutlich niedriger war (s. Abb. 2). Diese Unterschiede waren für Neugeborene mit niedrigem Geburtsgewicht noch deutlicher, was die
Sinnhaftigkeit der Zentralisierung in der Frühgeborenenversorgung weiter
unterstützt.

Sterblichkeit im ersten Lebensjahr

Insgesamt verstarben im ersten Lebensjahr 199 (0,25 %) von 78.466 Kindern,
wobei die Säuglingssterblichkeit bei den VLBW-Kindern erwartungsgemäß am
höchsten war (s. Tab. 4). Für die NBW-Kinder fand sich eine signifikant höhere Sterblichkeit ($p < 0,001$) in den großen Kliniken, welche durch die angestrebte vorgeburtliche Risikoselektion gut zu erklären ist und als Ausdruck einer
funktionierenden Zentralisierung von Risikoschwangeren interpretiert werden
kann. Für die Sterblichkeit der LBW-Neugeborenen fand sich kein signifikanter Unterschied zwischen den Kliniken unterschiedlicher Größe ($p = 0,23$). Die
höchste Mortalität fand sich in der Gruppe der VLBW-Neugeborenen, wobei die
Mehrzahl der Kinder in der peri- (erste Lebenswoche) bzw. neonatalen (erster
Lebensmonat) Zeit verstarb. Von den 12 VLBW-Kindern, die in den kleinen Kliniken geboren wurden, verstarben zwei Kinder (16,7 %; $p = 0,07$). Aufgrund der
geringen Fallzahlen und mutmaßlicher Risikoselektion in größeren Häusern
sind die Ergebnisse vorsichtig zu interpretieren.

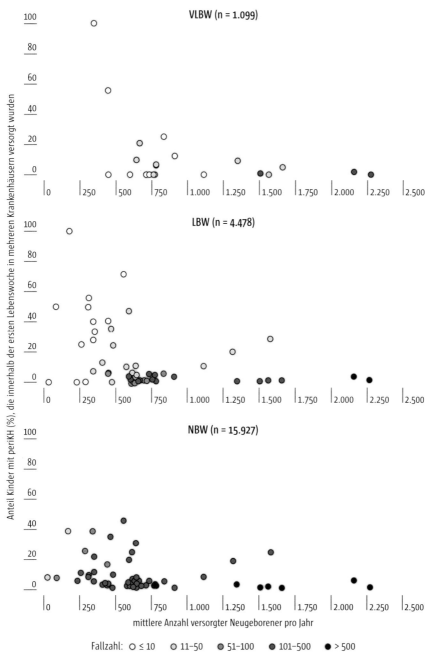

Abb. 2   Anteil verlegte oder in anderem Krankenhaus wiederaufgenommene perinatal hospita-
lisierte Kinder der Studienpopulation nach Klinikgröße und Geburtsgewicht. Jeder Punkt
repräsentiert eine Klinik, deren gemittelte Anzahl versorgter Neugeborener pro Jahr
auf der x-Achse abgetragen ist. Je dunkler der Punkt ist, desto höher ist die Fallzahl der
Kinder, die in die Berechnung des Anteils einging (n_{ges} = 21.504, n_{min} = 1, n_{max} = 1.333).

Tab. 4   Sterblichkeit im ersten Lebensjahr stratifiziert nach Gewichtsgruppe und der Klinikgröße (klein: ≤ 500 Neugeborene/Jahr, mittel: 501–1.000 Neugeborene/Jahr und groß: > 1.000 Neugeborene/Jahr)

		N *		Sterblichkeit im ersten Lebensjahr						
		gesamt	%	0. bis 6. Lebenstag	%	7. bis 27. Lebenstag	%	28. bis 365. Lebenstag	%
VLBW	gesamt	909	83	9,13	49	5,39	16	1,76	18	1,98
	klein	12	2	16,67	2	16,67	0	0,00	0	0,00
	mittel	128	6	4,69	2	1,56	2	1,56	2	1,56
	groß	769	75	9,75	45	5,85	14	1,82	16	2,08
LBW	gesamt	4.672	32	0,68	12	0,26	4	0,09	16	0,34
	klein	443	2	0,45	0	0,00	0	0,00	2	0,45
	mittel	1.929	9	0,47	2	0,10	3	0,16	4	0,21
	groß	2.300	21	0,91	10	0,43	1	0,04	10	0,43
NBW	gesamt	72.885	84	0,12	19	0,03	11	0,02	54	0,07
	klein	13.419	13	0,10	1	0,01	0	0,00	12	0,09
	mittel	34.684	25	0,07	3	0,01	4	0,01	18	0,05
	groß	24.782	46	0,19	15	0,06	7	0,03	24	0,10

*Auswertungspopulation sind alle im 1. Lebensjahr voll beobachtbare und (bis zum Tod) durchgängig versicherte Kinder

Inanspruchnahme von Gesundheitsleistungen in den ersten Lebensjahren

Mit zunehmender Schwere der perinatalen Erkrankung (definiert als Kosten des perinatalen Aufenthaltes) stieg die Häufigkeit einer stationären Behandlung im 2. und 3. Lebensjahr – ein Ergebnis, welches sich auch bei einer getrennten Auswertung entsprechend des Wohnortes bestätigte (s. Abb. 3). Allerdings zeigten sich bezüglich der Klinikgrößen unterschiedliche Trends bei Kindern vom Land und Kindern aus der Stadt. Während Kinder mit ähnlicher Schwere der perinatalen Erkrankung, die auf dem Land wohnen, mit steigender Klinikgröße tendenziell weniger häufig stationär behandelt wurden, war der Trend für bei Geburt gesunden Kindern aus der Stadt eher umgekehrt. Bezüglich der Anzahl der ambulanten Abrechnungstage im 2. und 3. Lebensjahr waren keine Trends zu erkennen.

Ergebnisse der Regressionsanalysen

Anhand der Regressionsanalysen wurde eine Risikoadjustierung vorgenommen und der Einfluss der einzelnen Risikofaktoren auf die stationäre Verweildauer in den ersten Lebensjahren nach dem ersten Geburtstag analysiert (s. Tab. 5). Den stärksten Zusammenhang hatte die Schwere der Erkrankung während des perinatalen Aufenthaltes; so verbrachten NBW-Kinder, die im

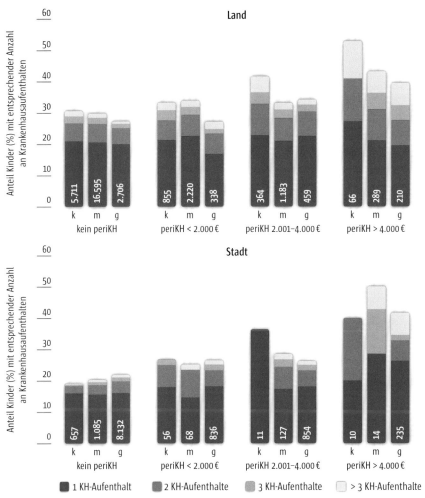

Abb. 3   Anteil der Kinder mit stationärer Behandlung. Dargestellt ist der prozentuale Anteil der Kinder, die im Zeitraum 2. bis 3. Lebensjahr stationär behandelt wurden stratifiziert nach der Größe der Geburtsklinik (klein [k], mittel [m], groß [g]), Wohnort und perinatalem Krankenhausaufenthalt (periKH). Zu beachten ist die unterschiedlich große Fallzahl (weiß), die hinter jedem Balken steckt.

perinatalen Aufenthalt sehr hohe Kosten erzeugten, im Vergleich zu NBW-Kindern ohne perinatalen Krankenhausaufenthalt knapp vier Mal mehr Tage im Krankenhaus. Außerdem hatten Jungen und Kinder aus ländlichen Regionen eine signifikant erhöhte stationäre Verweildauer. Letztlich verbrachten Kinder, die in Kliniken kleiner Klinikgröße geboren wurden, 9% mehr Tage im Krankenhaus im Vergleich zu Kindern großer Kliniken.

Die Richtung des Zusammenhangs von Klinikgröße und der späteren stationären Verweildauer unterscheidet sich je nach Wohnort des Kindes: Kinder vom

Tab. 5   Ergebnisse der Negativ-Binomial-Regression bezüglich der stationären Verweildauer
nach dem ersten Geburtstag gesamt und nach Stadt/Land stratifiziert. Signifikante
Schätzer (p = 0.05) sind fett dargestellt.

	stationäre Verweildauer: Kinder gesamt (n = 46.650, Modelltyp: Negativ binomial)		stationäre Verweildauer: Kinder aus ländlichem Raum (n = 32.607, Modelltyp: Negativ binomial)		stationäre Verweildauer: Kinder aus städtischem Raum (n = 14.043, Modelltyp: Negativ binomial)	
	RR	**95%-KI**	**RR**	**95%-KI**	**RR**	**95%-KI**
Zeit unter Beobachtung	**0,81**	**0,79–0,82**	**0,82**	**0,80–0,85**	**0,77**	**0,73–0,80**
perinataler Aufenthalt						
▪ kein perinataler Aufenthalt	Ref.		Ref.		Ref.	
▪ 0–2.000 Euro	**1,14**	**1,09–1,19**	**1,18**	**1,12–1,24**	0,98	0,88–1,08
▪ 2.001–4.000 Euro	**1,25**	**1,20–1,31**	**1,38**	**1,30–1,46**	1,07	0,98–1,16
▪ > 4.000 Euro	**3,75**	**3,47–4,04**	**3,47**	**3,15–3,81**	**4,34**	**3,81–4,95**
Geschlecht männlich	**1,27**	**1,24–1,30**	**1,22**	**1,18–1,26**	**1,41**	**1,35–1,48**
Wohnort Stadt	**0,72**	**0,69–0,75**	–	–	–	–
Klinikgröße						
▪ klein (≤ 500 Neugeborene/Jahr)	**1,09**	**1,04–1,14**	**1,23**	**1,17–1,30**	**0,85**	**0,76–0,95**
▪ mittel (501–1.000 Neugeborene/Jahr)	**1,06**	**1,02–1,10**	**1,21**	**1,15–1,26**	**0,78**	**0,71–0,84**
▪ groß (> 1.000 Neugeborene/Jahr)	Ref.		Ref.		Ref.	

Land, die in kleineren Kliniken geboren wurden, wiesen eine höhere spätere stationäre Verweildauer auf als Kinder, die in großen Kliniken geboren wurden. Hingegen ist der Zusammenhang bei Kindern aus der Stadt umgekehrt.

Die Ergebnisse der stratifizierten Analysen sind jedoch vorsichtig zu interpretieren, weil nur vergleichsweise wenige städtische Kinder in kleinen sowie wenige ländliche Kinder in großen Häusern geboren wurden.

Für die Anzahl Abrechnungstage ergab die Regression ähnliche Ergebnisse, wie für die stationäre Betreuung, allerdings waren die Effekte nicht so stark ausgeprägt. Den stärksten Zusammenhang hatte wiederum die Schwere der Erkrankung während des perinatalen Aufenthaltes. Neben den Kindern mit hohen Kosten im perinatalen Aufenthalt hatten wieder Jungen ein erhöhtes Risiko einer ambulanten Behandlung. Keinen relevanten Zusammenhang mit der ambulanten Inanspruchnahme fand sich durch den Wohnort oder die Größe der Klinik (s. Tab. 6).

Tab. 6   Ergebnisse der Negativ-Binomial-Regression bezüglich der Anzahl an ambulanten Abrechnungstagen nach dem ersten Geburtstag gesamt und nach Stadt/Land stratifiziert. Signifikante Schätzer (p = 0.05) sind fett dargestellt.

	Anzahl Abrechnungstage: Kinder gesamt (n = 46.650, Modelltyp: Negativ binomial)		Anzahl Abrechnungstage: Kinder aus ländlichem Raum (n = 32.607, Modelltyp: Negativ binomial)		Anzahl Abrechnungstage: Kinder aus städtischem Raum (n = 14.043, Modelltyp: Negativ binomial)	
	RR	95%-KI	RR	95%-KI	RR	95%-KI
Zeit unter Beobachtung	**0,94**	**0,93–0,96**	**0,95**	**0,93–0,96**	**0,94**	**0,92–0,96**
perinataler Aufenthalt						
■ kein perinataler Aufenthalt	Ref.		Ref.		Ref.	
■ 0–2.000 Euro	**1,06**	**1,02–1,09**	**1,06**	**1,02–1,11**	1,04	0,96–1,11
■ 2.001–4.000 Euro	**1,06**	**1,03–1,10**	**1,07**	**1,02–1,12**	1,06	1,00–1,12
■ > 4.000 Euro	**1,26**	**1,18–1,35**	**1,24**	**1,14–1,36**	**1,28**	**1,14–1,44**
Geschlecht männlich	**1,07**	**1,05–1,09**	**1,07**	**1,04–1,09**	**1,08**	**1,05–1,12**
Wohnort Stadt	0,99	0,97–1,02	–	–	–	–
Klinikgröße						
■ klein (≤ 500 Neugeborene/Jahr)	0,96	0,93–1,00	**0,93**	**0,89–0,97**	1,06	0,97–1,15
■ mittel (501–1.000 Neugeborene/Jahr)	0,97	0,95–1,00	**0,94**	**0,91–0,98**	1,03	0,97–1,09
■ groß (> 1.000 Neugeborene/Jahr)	Ref.		Ref.		Ref.	

7.2.3   Diskussion

Die optimale Versorgung von Schwangeren und ihrer Neugeborenen hat einen maßgeblichen Einfluss auf die langfristige Gesundheit, setzt allerdings eine aufeinander abgestimmte Versorgungsstruktur voraus. Im Rahmen der Bestrebungen, die Versorgungsstruktur weiter zu optimieren, wird sehr kontrovers diskutiert, ob die Zahl der Geburten in einer Klinik ein Parameter ist, der mit der Qualität der Versorgung korreliert. Das Bundesland Sachsen hat eine gut aufeinander abgestimmte Versorgung mit vier Zentren der Maximalversorgung in den drei großen Städten und entsprechende Level-2-, Level-3- und Geburtskliniken in den ländlichen Regionen. Im Vergleich der Bundesländer hat Sachsen bereits seit vielen Jahren die niedrigste Säuglingssterblichkeit, was auch als Indiz der guten Versorgungsstruktur diskutiert wird.

Die vorliegende Auswertung von Routinedaten der AOK PLUS zeigt, dass Neugeborene, die in Kliniken geboren werden, die weniger als 500 Neugeborene im Jahr betreuen, vermehrt nach der Geburt in weiteren Krankenhäusern aufgenommen werden mussten. Wenngleich auf einer geringen Fallzahl beruhend, so ist in den kleinen Kliniken auch die Mortalität von VLBW-Kindern erhöht. Normalgewichtige Neugeborene, die in kleineren Häusern geboren wurden, hatten eine höhere stationäre Inanspruchnahme von Gesundheitsleistungen in den ersten Lebensjahren. Allerdings wurde die Inanspruchnahme von Gesundheitsleistungen neben der Größe der Geburtsklinik auch maßgeblich durch den Gesundheitszustand des Neugeborenen, das Geschlecht und den Wohnort beeinflusst.

Prinzipiell war die stationäre Verweildauer nach dem ersten Lebensjahr von Kindern aus der Stadt deutlich geringer als von Kindern aus dem ländlichen Raum. Außerdem werden in der Stadt – wie der Einfluss der Kosten des perinatalen Aufenthaltes zeigt – überwiegend sehr kranke Kinder stationär aufgenommen. Da in der Stadt auf engem Raum Kliniken mit einem unterschiedlichen Angebot zur Verfügung stehen, erfolgt die Entbindung mit hoher Wahrscheinlichkeit in der dem individuellen Risiko angepassten Klinik. Da die Maximalversorger in der Stadt jeweils große Kliniken sind, werden dort mutmaßlich die kränkeren Kinder mit dem höheren Risiko einer stationären Wiederaufnahme betreut. Dementsprechend ist zu erwarten, dass die größeren Kliniken – mit den kränkeren Kindern – auch mehr spätere stationäre Aufnahmen aufweisen. Im Gegensatz dazu existiert in ländlichen Regionen keine so große Klinikauswahl, eine pränatale Risikoselektion für die Geburt in kleinen bzw. großen Häusern ist daher nicht möglich.

Mit der vorliegenden Analyse wurden Routinedaten einer Krankenkasse genutzt, um einen Einfluss der Größe einer Geburtsklinik auf die Qualität der Versorgung zu untersuchen. Wenngleich die Interpretation der Daten mit Vorsicht erfolgen sollte, so hat die Arbeit einige methodische Stärken. Die AOK PLUS deckt ungefähr die Hälfte der sächsischen Bevölkerung ab; Vergleiche mit amtlichen Statistiken deuten auf eine hohe Repräsentativität der Versichertenkohorte an Neugeborenen für das Bundesland Sachsen hin. Außerdem hat Sachsen im Bundesvergleich die niedrigste Säuglingssterblichkeit und eine traditionell gut strukturierte perinatale Versorgung. Damit wäre ein Vergleich der Daten von Bundesländern mit anderer Versorgungsstruktur bzw. Säuglingssterblichkeit von großem Interesse.

7.2.4 Limitationen

Trotz der interessanten Ergebnisse der vorliegenden Analyse sind einige Limitationen und darauf beruhende Einschränkungen bezüglich der Interpretation und Verallgemeinerung der Daten zu diskutieren.

Neben der Größe einer Klinik ist für die Versorgung der Schwangeren bzw. des Neugeborenen auch die Ausstattung der jeweiligen Klinik von Relevanz. So existieren in den großen Städten Kliniken mit vergleichbaren Geburtenzahlen, die sich aber bezüglich ihrer jeweiligen Expertise stark unterscheiden (Level 1 – Maximalversorger vs. Geburtsklinik ohne angeschlossene Kinderklinik). Diese Unterscheidungen konnten in der vorliegenden Analyse nicht berücksichtigt werden und sollten bei der Interpretation der Daten unbedingt Beachtung finden.

Wenngleich sich die Kliniken mit den höchsten Patientenzahlen insbesondere in den großen Städten befinden, sind dort nicht alle Kliniken Maximalversorger bzw. haben eine angeschlossene Kinderklinik. Außerdem finden sich in den Städten auch Kliniken mit niedrigen Geburtenzahlen.

Das Entbindungskrankenhaus entspricht nicht zwangsläufig dem Krankenhaus, in dem die Kinder tatsächlich nachgeburtlich versorgt wurden. So wurden die 12 in sehr kleinen Krankenhäusern geborenen VLBW-Kinder wahrscheinlich direkt nach der Geburt in ein größeres Krankenhaus verlegt, da es sich wahrscheinlich um unerwartete zu frühe Geburten handelte. Kritisch zu diskutieren wäre hier, ob eine vorgeburtliche Verlegung nicht mehr möglich war oder nicht versucht wurde.

Da Schwangerschaften mit potenziell hohem Risiko für das Neugeborene in einer größeren, d.h. spezialisierten Klinik betreut werden sollten, ist eine gewisse Verzerrung bezüglich des Anteils von zur Geburt kranken Kindern in großen Kliniken zu erwarten.

Der Einfluss des Wohnortes des Kindes ist komplex. So hat der Wohnort zum einen Einfluss darauf, welche Krankenhäuser für die Geburt zur Verfügung stehen. In Städten gibt es mehr große Häuser als auf dem Land. Zum anderen beeinflusst der Wohnort auch das Inanspruchnahmeverhalten in den ersten Lebensjahren. Wie aus EcoCare-PIn bekannt ist, ist die stationäre Inanspruchnahme auf dem Land höher als in der Stadt. Mögliche Effekte der Klinikgröße sind daher schwer von den Stadt/Land-Effekten zu trennen.

Die ambulante Inanspruchnahme wurde über die Abrechnungsscheine und die Abrechnungstage angenähert. Die genaue Anzahl an ambulanten Behandlungstagen ist anhand von Krankenkassendaten nicht eindeutig bestimmbar.

Die Gruppierung entsprechend des Gewichtes, der Kosten des perinatalen Aufenthaltes oder der Größe der jeweiligen Einrichtung ist relativ arbiträr. Insbesondere für die Geburtsgewichtsgruppen existieren innerhalb der Gruppierungen große Unterschiede, sodass es sich dabei nicht um homogene Gruppen handelt.

Take home messages

- *Für Frühgeborene mit einem deutlich erniedrigten Geburtsgewicht ist die Studienlage eindeutig: Drei international publizierte systematische Reviews zeigen zusammenfassend eine bessere Qualität der Frühgeborenversorgung in Abhängigkeit des Fallvolumens, der Ausstattung der Geburtskliniken und des Grades der Zentralisierung in der Geburtshilfe.*

- *Ziel des Beitrags war es, mögliche Volume-Outcome-Zusammenhänge für Kinder ohne deutliche Wachstumsverzögerung oder eine andere individuelle Risikokonstellation zu untersuchen. Dazu wurden ein systematisches Literaturreview und eine GKV-Routinedatenanalyse durchgeführt.*

- Das systematische Review *identifizierte 10 Studien (in 11 Publikationen) zum Zusammenhang zwischen Fallmenge einer Geburtsklinik und Behandlungsqualität, definiert als kindliche und/oder mütterliche Sterblichkeit (primäres Outcome) bei explizit Reifgeborenen, Niedrigrisikogeburten sowie unselektierten Geburtskohorten.*

- *Die Studien definierten die Größe der Geburtskliniken unterschiedlich und wählten verschiedene Referenzbereiche. Nicht alle Studien führten eine Risikoadjustierung durch.*

- *Die Studienlage deutet mehrheitlich – aber nicht einheitlich – auf ein erhöhtes Mortalitätsrisiko in kleinen und sehr kleinen Geburtskliniken hin. Die 7-Tage-Mortalität zeigte sich insbesondere bei kleinen Krankenhäusern in drei von vier Studien erhöht. Die 28-Tage-Mortalität war in vier von sieben Studien insbesondere in kleinen und sehr kleinen Geburtskliniken erhöht, während für die perinatale Mortalität keine Hinweise auf einen Zusammenhang zwischen Fallmenge und Ergebnis vorlagen. Eine abschließende Beurteilung des untersuchten Zusammenhangs ist auf der Basis der publizierten Untersuchungen derzeit nicht möglich.*

- *Aufgrund der beschriebenen Limitationen der Studien und auch gegensätzlichen Ergebnissen in einzelnen Untersuchungen ist eine abschließende Bewertung nach Ansicht der Autoren aus der Literatur nicht ableitbar.*

- Die Analyse ambulanter und stationärer Routinedaten *AOK PLUS versicherter Kinder der Geburtsjahrgänge 2007 bis 2013 aus Sachsen zeigt, dass Neugeborene, die in Kliniken geboren werden, die weniger als 500 Neugeborene im Jahr betreuen, vermehrt nach der Geburt in weiteren Krankenhäusern aufgenommen werden mussten.*

- *Es fanden sich zudem deutliche regionale Versorgungsunterschiede zwischen städtischen und ländlichen Gebieten: Während Kinder aus der Stadt in rund 86% der Fälle in einem großen Krankenhaus mit mehr als 1.000 Geburten im Jahr geboren werden, sind dies auf dem Land nur 15% aller Kinder.*

- *Insgesamt hatten Kinder, die in großen Kliniken geboren wurden, nach ihrem ersten Geburtstag auch nach Risikoadjustierung (für Kosten des perinatalen Aufenthalts, Wohnort und Geschlecht) weniger stationäre Behandlungstage als Kinder, die in kleinen oder mittelgroßen Kliniken geboren wurden. Dieser Zusammenhang bestand insbesondere für Kinder vom Land, jedoch nicht für Kinder aus städtischen Regionen.*

> ■ *Bei der ambulanten Inanspruchnahme medizinischer Leistungen fanden sich keine relevanten Zusammenhänge mit der Größe der Geburtsklinik.*

Literatur

Finnström O, Berg G, Norman A, Olausson PO: Size of delivery unit and neonatal outcome in Sweden. A catchment area analysis. Acta Obstetricia et Gynecologica Scandinavica 2006, 85(1):63–67

Friedman AM, Ananth CV, Huang Y, D'Alton ME, Wright JD: Hospital delivery volume, severe obstetrical morbidity, and failure to rescue. Am J Obstet Gynecol 2016, 215(6):795.e791–795.e714.

Heller G, Richardson DK, Schnell R, Misselwitz B, Kunzel W, Schmidt S: Are we regionalized enough? Early-neonatal deaths in low-risk births by the size of delivery units in Hesse, Germany 1990–1999. International journal of epidemiology 2002, 31(5):1061–1068.

Heller G, Schnell R, Richardson DK, Misselwitz B, Schmidt S: Assessing the impact of delivery unit size on neonatal survival: Estimation of potentially avoidable deaths in Hessen, Germany, 1990–2000. Dtsch Med Wochenschr 2003, 128(13):657–62

Hemminki E, Heino A, Gissler M: Should births be centralised in higher level hospitals? Experiences from regionalised health care in Finland. BJOG: an international journal of obstetrics and gynaecology 2011, 118(10):1186–1195.

Joyce R, Webb R, Peacock: Associations between perinatal interventions and hospital stillbirth rates and neonatal mortality. Archives of Disease in Childhood 2004, 89:F51-F56.

Karalis E, Gissler M, Tapper AM, Ulander VM: Effect of hospital size and on-call arrangements on intrapartum and early neonatal mortality among low-risk newborns in Finland. European Journal of Obstetrics Gynecology and Reproductive Biology 2016, 198:116–119.

Lasswell SM, Barfield WD, Rochat RW, Blackmon L: Perinatal regionalization for very low-birth-weight and very preterm infants a meta-analysis. JAMA – Journal of the American Medical Association 2010, 304(9):992–1000.

Moher D, Liberati A, Tetzlaff J, Altman DG, The PG: Preferred Reporting Items for Systematic Reviews and Meta-Analyses: The PRISMA Statement. PLOS Medicine 2009, 6(7):e1000097

Moster D, Lie RT, Markestad T: Neonatal mortality rates in communities with small maternity units compared with those having larger maternity units. BJOG: an international journal of obstetrics and gynaecology 2001, 108(9):904–909.

Neogi SB, Malhotra S, Zodpey S, Mohan P: Does facility-based newborn care improve neonatal outcomes? A review of evidence. Indian Pediatrics 2012, 49(8):651–8.

Poets CF, Bartels DB, Wallwiener D: Volumen- und Ausstattungsmerkmale als peri- und neonatale Qualitätsindikatoren: Eine Übersicht über Daten der letzten 4 Jahre. Zeitschrift für Geburtshilfe und Neonatologie 2004, 208:220–225.

Pyykönen A, Gissler M, Jakobsson M, Petaja J, Tapper AM: Determining obstetric patient safety indicators: the differences in neonatal outcome measures between different-sized delivery units. BJOG: an international journal of obstetrics and gynaecology 2014, 121(4):430–437.

Rashidian A, Omidvari AH, Vali Y, Mortaz S, Yousefi-Nooraie R, Jafari M, et al.: The effectiveness of regionalization of perinatal care services – a systematic review. Public Health 2014, 128(10):872–85.

Rossi R, Zimmer K-P, Poets C: Rationale Versorgung und Versorgungsstrukturen für Reif- und Frühgeborene, In; Dormann F, Klauber J, Kuhlen R. Qualitätsmonitor 2018, 71–85, Medizinisch Wissenschaftliche Vertragsgesellschaft. 2018, Berlin

Schmitt J, Arnold K, Druschke D, Swart E, Grählert X, Maywald U, Fuchs A, Werblow A, Schemken M, Reichert J, Rüdiger M: Effects on Quality of Life, Childhood Development, and Healthcare Utilization: Study Protocol for a Cohort Study Linking Administrative Healthcare Data with Patient Reported Primary Data. BMC Pediatrics 2016; 16:104.

Snowden JM, Cheng YW, Kontgis CP, Caughey AB: The association between hospital obstetric volume and perinatal outcomes in California. American journal of obstetrics and gynecology 2012, 207(6):478.e471–477.

Tracy SK, Sullivan E, Dahlen H, Black D, Wang YA, Tracy MB: Does size matter? A population-based study of birth in lower volume maternity hospitals for low risk women. BJOG: an international journal of obstetrics and gynaecology 2006, 113(1):86–96.

UN Interagency Group for Child Mortality Estimation: Levels and trends in child mortality: report 2017. 2017. URL: https://www.unicef.org/publications/files/Child_Mortality_Report_2017.pdf (abgerufen am 18.09.2018)

Danksagung

Die Studie wurde finanziell vom AOK-Bundesverband und vom BMBF (Förderkennzeichen 01GY1323) unterstützt. Die Autoren danken der AOK PLUS für die Unterstützung der Sekundärdatenstudie, dabei insbesondere Herrn Manthei und Frau Kallisch, für die Bereitstellung der Daten und die Unterstützung und Beratung bei der Datenauswertung.

Prof. Dr. med. habil. Prof. h.c. Jochen Schmitt, MPH

Professor Schmitt ist Direktor des Zentrums für Evidenzbasierte Gesundheitsversorgung und hat eine Professur für Sozialmedizin und Versorgungsforschung an der Medizinischen Fakultät Carl Gustav Carus der TU Dresden. Das ZEGV ist eine gemeinsame Einrichtung des Universitätsklinikums sowie der Medizinischen Fakultät an der Technischen Universität Dresden. Das ZEGV bildet eine institutionalisierte Schnittstelle von klinischer und methodischer Expertise und dient der Repräsentation des Profilschwerpunktes „Public Health/Versorgungsforschung" der Dresdner Hochschulmedizin.

Anja Bieber, M.Sc.

Anja Bieber ist wissenschaftliche Mitarbeiterin am Zentrum für Evidenzbasierte Gesundheitsversorgung und im Qualitäts- und Risikomanagement des Universitätsklinikums Carl Gustav Carus Dresden. Sie promoviert an der Martin-Luther-Universität Halle-Wittenberg im Bereich Pflege- und Gesundheitswissenschaften.

Dipl.-Biomathematikerin (FH) Luise Heinrich

Luise Heinrich ist wissenschaftliche Mitarbeiterin des Zentrums für Evidenzbasierte Gesundheitsversorgung, TU Dresden mit Schwerpunkt Routinedatenauswertung. Frau Heinrich studierte Biomathematik an der Hochschule Zittau/Görlitz und arbeitet seit 2013 am Zentrum für Evidenzbasierte Gesundheitsversorgung Dresden.

Dipl.-Betriebsw. (FH) Denise Küster, MPH

Denise Küster ist administrative Leiterin und wissenschaftliche Mitarbeiterin am Zentrum für Evidenzbasierte Gesundheitsversorgung am Universitätsklinikum Carl Gustav Carus und der Medizinischen Fakultät an der Technischen Universität Dresden.

Frau Küster hat ein Masterstudium in Gesundheitswissenschaften/Public Health an der TU Dresden mit dem Abschluss Master of Public Health absolviert. Darüber hinaus hat sie Betriebswirtschaft an der Fachhochschule Worms und der De Montfort University Leicester studiert.

Felix Walther, M.Sc.

Felix Walther ist wissenschaftlicher Mitarbeiter mit Schwerpunkt Qualitätsforschung am Zentrum für Evidenzbasierte Gesundheitsversorgung am Universitätsklinikum Carl Gustav Carus und der Medizinischen Fakultät an der Technischen Universität Dresden. Herr Walther studierte nach einer vorangegangenen Tätigkeit in der Pflege und Betreuung von Betroffenen einer geistigen und/oder körperlichen Behinderung Gesundheits- und Medizinisches Prozessmanagement in Görlitz und Erlangen. Herr Walther hat einen Master of Science in „Medical Process Management" an der Friedrich-Alexander-Universität Erlangen-Nürnberg abgeschlossen sowie davor einen Bachelor of Arts in „Management im Gesundheitswesen" an der Hochschule Zittau/Görlitz.

Prof. Dr. med. Mario Rüdiger

Professor Rüdiger ist Neonatologe und Kinderarzt und u.a. im Vorstand der Deutschen Gesellschaft für Perinatale Medizin und in der Deutschen Stiftung Kranke Neugeborene tätig. Prof. Rüdiger ist seit 2008 Leiter des Fachbereichs für Neonatologie und Pädiatrische Intensivmedizin am Universitätsklinikum Dresden. Als Perinatalzentrum der höchsten Versorgungsstufe werden am Universitätsklinikum Dresden jährlich mehr als 600 Früh- und kranke Neugeborene, davon mehr als 130 extrem unreife Frühgeborene betreut.

8 Ein Blick in die Zukunft der Perinatal-medizin – Patientensicherheit erfordert die Gestaltung regionaler perinatal-medizinischer Kompetenzverbünde

Klaus Vetter und Jürgen Malzahn

8.1 Einleitung

„Ich hätte nicht geglaubt, dass die Behandlungsqualität geburtshilflicher Abteilungen so deutlich am Befinden von Neugeborenen erkennbar ist." (M. Obladen, persönliche Mitteilung anlässlich der Vorstellung von Ergebnissen der Neonatalerhebung in Berlin)

Im letzten Qualitätsmonitor hat der Beitrag von Rossi et al. die Situation der Perinatalmedizin in Deutschland aus Sicht der Neonatologie mit Hinweisen auf Probleme, mögliche Ursachen und Lösungsvorschläge dargestellt (Rossi et al. 2018).

Dieser Beitrag beleuchtet die bisher meist im Hintergrund stehende Geburtshilfe näher. Darauf aufbauend wird eine gemeinsame Perspektive für die Perinatalmedizin entwickelt, die neben der stationären Geburtshilfe und Pädiatrie/Neonatologie auch die ambulanten Strukturen berücksichtigt. Leitbild dieser Überlegungen ist die Patientensicherheit von Müttern und Kindern von der Schwangerschaft bis zu den ersten Lebensjahren des Kindes.

Dabei ist ungeachtet einer nicht eindeutigen wissenschaftlichen Literaturlage zu Volume-Outcome-Beziehungen in der Geburtshilfe insgesamt festzustellen, dass Länder mit stark ausgeprägter Zentralisierung im europäischen Vergleich bessere Ergebnisse als Deutschland erzielen. Deutschland liegt mit

2,3 neonatalen Todesfällen/1.000 Lebendgeborenen nur im europäischen Mittelfeld. Länder mit einer starken Zentralisierung der Geburtsmedizin wie Portugal (2,1/1.000 Lebendgeborene), Schweden (1,6/1.000 Lebendgeborene) und Norwegen (1,5/1.000 Lebendgeborene) oder Finnland (1,2/1.000 Lebendgeborene) kommen zu wesentlich besseren Ergebnissen (UN Interagency Group for Child Mortality Estimation 2017). Die Unterschiede sind erheblich und zeigen, dass eine Qualitätsverbesserung notwendig ist. Bezieht man die Raten auf die 785.000 geborenen Kinder, die laut Destatis im Jahr 2017 in Deutschland geboren wurden, so bedeutet eine Säuglingssterblichkeit von 2,3 pro 1.000 Lebendgeborene folglich 1.702 verstorbene Säuglinge. Mit der finnischen Säuglingssterblichkeit wären es hingegen nur 888 Todesfälle gewesen.

Angesichts dieser Zahlen ist es sehr erstaunlich, dass in der deutschen Presse kaum über das Verbesserungspotenzial der Geburtshilfe und Perinatalmedizin gesprochen, sondern über den Erhalt einer flächendeckenden Geburtshilfe diskutiert wird. Auch gibt es eine Debatte darüber, wie die hohen Haftpflichtprämien finanziert werden sollen und die Berufsbedingungen von Hebammen verbessert werden können. Dabei droht die Perspektive des Neugeborenen in den Hintergrund zu rücken – denn aufgrund der Säuglingssterblichkeit im europäischen Vergleich besteht ohne Zweifel Handlungs- und Veränderungsdruck hinsichtlich der Qualität der deutschen Perinatalmedizin (Albers 2018).

In der Geburtshilfe sind die folgenden Punkte von besonderer Bedeutung:

- eine differenzierte Diagnostik in der Schwangerschaft
- mögliche Therapien von Schwangeren und Ungeborenen
- der Umgang mit Frühgeburten, die es einerseits zu verhindern, andererseits iatrogen zum Nutzen der Beteiligten rechtzeitig am richtigen Ort vorzunehmen gilt
- die adäquate Form der Geburtsleitung
- die postnatale Behandlung mit direktem Einbezug der Pädiatrie und nicht zuletzt
- die Beratung vor weiteren Schwangerschaften

Voraussetzung zur Optimierung der Patientensicherheit ist eine barrierefreie Kombination ambulanter und stationärer Leistungen, in der eine sektorenübergreifende Teamarbeit hochqualifizierter Spezialisten verankert wird. Dieser Prozess wird von Qualitätssicherungsmaßnahmen flankiert, die sich an Kriterien der internationalen best practice orientieren.

Um diese Ziele erreichen zu können, sind punktuell hohe Investitionen in Personal und Infrastruktur sowie erhebliche strukturelle Eingriffe in die bestehende Versorgungslandschaft erforderlich. Diesen Aufwendungen stehen mutmaßliche Minderungen zukünftiger Morbidität und damit Behandlungskosten durch Konzentration an ausgewiesenen Standorten gegenüber, sodass ein an Ergebnisqualität orientiertes längerfristiges Erfolgsmodell entstehen kann.

Der Beitrag stellt ein Szenario dar, in dem die bestehenden Strukturen von Geburtshilfe und Neonatologie grundsätzlich verändert werden, um die Behandlungsqualität in der Geburtshilfe in zentralen Parametern zu verbessern. Ziel ist es, die Säuglingssterblichkeit, die Frühgeburten- und die Kaiserschnittrate zu verringern und perspektivisch eine barrierefreie Betreuung von der Schwangerschaft über die Geburt bis zu den ersten Lebensjahren von Kindern zu ermöglichen. Dazu wird in Abschnitt 8.5 des Beitrags ein Modell beschrieben, das auf regionalen perinatologischen Kompetenzverbünden aufbaut. Kernbestandteil des Modells ist eine erhebliche Steigerung der Anzahlen der Geburten pro Klinik auf ein Niveau, wie es in vielen europäischen Nachbarstaaten vorliegt. Zunächst soll auf Einflussfaktoren auf die geburtshilfliche Behandlungsqualität eingegangen werden.

8.2   Effekte der Vergütung geburtshilflicher und neonataler Leistungen von Steuerungsmaßnahmen

Die letzten Jahre haben im Bereich der Perinatalmedizin zu unterschiedlichen Effekten durch Anreize jenseits medizinischer oder psychosozialer Erfordernisse geführt. Nach der Einführung der DRG kam es zu einer voraussehbaren Dissipation von Leistungen durch finanzielle Anreize im Bereich der Neonatologie (K. Lauterbach, persönliche Mitteilung bei Planungsgesprächen im BMG). Die ursprünglich erhoffte Zentralisierung und Spezialisierung durch das DRG-System trat nicht ein (InEK 2013).

Wenn die Situation in diesem hochqualifizierten intensivmedizinischen Bereich unter rein ökonomischen Gesichtspunkten betrachtet wird, ist eine mögliche Ursache für die Fehlentwicklung: *Je besser das geburtshilfliche Ergebnis, desto weniger „verdient" der Neonatologe bzw. die Klinik am Einzelfall.* Wer will von einem Krankenhaus verlangen, dass es in eine high-end-Geburtshilfe investiert, die dem zugehörigen Neonatologen auf den ersten Blick die Butter vom Brot stiehlt? Hier stehen Fehlanreize ganz offensichtlich der Patientensicherheit entgegen.

Um diesem Versagen zu begegnen, sind am besten zwei Elemente geeignet:

- Die Standorte, an denen Geburten stattfinden, müssen so weit zentralisiert werden, dass sowohl Hochrisikofälle als auch normale Geburten zum Standard dieser Einrichtungen gehören. Damit wird das Risiko vermindert, dass Kliniken ohne ausreichende strukturelle Voraussetzungen Geburtsmedizin in Bereichen betreiben, für die sie beispielsweise durch mangelnde Erfahrung in der Durchführung spontaner Geburten bei Beckenendlage oder dem Fehlen einer adäquaten pädiatrischen Versorgung nicht ausgerüstet sind.
- Ein sektorenübergreifendes, longitudinales Qualitätsmanagement stellt sicher, dass die gesamte perinatalmedizinische Versorgung in den Fokus genommen wird. Durch eine Konzentration auf ausreichend große

Standorte wird erreicht, dass Mutter und Kind mit dem jeweils erforderlichen medizinischen Aufwand behandelt werden. Die Vergütung kann an das Erreichen von Qualitätszielen gekoppelt werden – für einige Qualitätsziele sind Pay for Performance (p4p)-Modelle denkbar. Ein unbegründetes Abweichen von Qualitätsstandards hat Maßnahmen zur Folge, die vom kollegialen Gespräch bis zu Sanktionen reichen.

Die Diagnose- und Behandlungsqualität steht im Zentrum der Bemühungen, die nicht durch mögliche Fehlanreize beeinträchtigt werden dürfen. Deshalb muss das Zusammenspiel zwischen Vergütungsanreizen und Qualitätsaspekten auf ihre diesbezügliche Tauglichkeit im Rahmen einer Begleitforschung untersucht werden:

- Welche qualitativen Effekte entstehen durch das DRG-System mit Pauschalfinanzierung insbesondere in der Intensivmedizin für die Patientenversorgung?
- Welche Chancen und Risiken haben p4p-Modelle und Qualitätssicherungsmaßnahmen, um diese Effekte zu beheben?

8.3   Stand und Effekte der Qualitätsbewertung in der Geburtshilfe und Perspektiven

8.3.1   Entwicklung von Versorgungsstrukturen

Internationale Zielgrößen perinataler Qualität sind die Müttersterblichkeit, die perinatale Mortalität und – erheblich schwieriger darstellbar – die postnatale Morbidität.

Multiple Faktoren trugen in den letzten Jahren zu einer deutlichen Verbesserung der Behandlungsergebnisse bei, wie im ambulanten Bereich die Mutterschafts-Richtlinien inklusive systematischer Ultraschall-Screening-Untersuchungen, der Mutterschutz und der Mutterpass. Im stationären Bereich war es die **Neonatologie** als Subspezialität der Kinderheilkunde und im geburtshilflichen Bereich die Subspezialisierung bis zum Schwerpunkt **„Spezielle Geburtshilfe und Perinatalmedizin“**.

Daneben haben die Sonografie inklusive der funktionellen Dopplersonografie und der Echokardiografie zu einer deutlichen Intensivierung der Schwangerschaftsbetreuung geführt. Die Auswirkungen der Entwicklung in der Humangenetik sind noch nicht in vollem Umfang abschätzbar.

Aber auch räumliche, der Kooperation und Patientensicherheit dienende Zusammenlegungen mit Wand-an-Wand-Lösungen zwischen Geburtshilfe und Kinderheilkunde spielten dabei eine nicht unerhebliche Rolle (G-BA 2005)[1].

---

1   In der Richtlinie QFR-RL wurde vorgeschrieben, dass der Entbindungsbereich und die neonatologische Intensivstation im selben Gebäude (möglichst Wand an Wand) oder in miteinander verbundenen Gebäuden sein müssen. Hintergrund ist, dass Transporte sehr kleiner Frühgeborener schwere Gesundheitsschäden hervorrufen können.

8.3.2   Stand der gesetzlichen Qualitätssicherung

Geburtshilfliche Qualitätssicherung (QS) begann in Bayern basierend auf privater ärztlicher Initiative als **interne QS**. Sie wurde erweitert, und schließlich gab es sie als freiwillige QS-Maßnahme in allen Kammerbereichen bzw. Bundesländern. Ziel war es vornehmlich, die geburtshilfliche Grundversorgung zu verbessern und Ergebnisse zu erzielen, die internationalen Statistiken bzw. Standards entsprechen sollten.

Bei der Zentralisierung der QS unter dem Dach der Bundesgeschäftsstelle Qualitätssicherung gGmbH (BQS) wurden die Datenbanken zum Zweck der bindenden **externen stationären QS** weiterverwendet. Zum belastbaren Vergleich wurden Qualitätsindikatoren entwickelt (Geraedts u. Neumann 2004), die sich auf Basis von Studiendaten dazu eignen sollten, externe Vergleiche zwischen Kliniken zu ermöglichen. Mit dieser grob gerasterten Suchstrategie in einem Bereich überwiegend problemloser Schwangerschaften sind kaum signifikante Unterschiede im Risiko- bzw. Hochrisikobereich zu erkennen, weil diese im Rauschen des Normalen untergehen. Das Problem ist durch den Wechsel von BQS über das Institut für angewandte Qualitätsförderung und Forschung im Gesundheitswesen GmbH (AQUA Institut) hin zum Institut für Qualität und Transparenz im Gesundheitswesen (IQTIG) nicht grundsätzlich gelöst worden. Es erstaunt somit nicht, dass die Entwicklung der ersten planungsrelevanten Indikatoren des IQTIG, die gesetzlich auf Grundlagen der externen stationären QS aufsetzen musste, nicht vollumfänglich überzeugen kann (G-BA 2016).

Die externe stationäre QS gibt keine Hinweise darauf, dass sich neben einem Trend zur Mitte eine signifikante Verbesserung kritischer Bereiche ergeben hätte, wie z.B. weniger kleine Frühgeborene, weniger Azidosen, geringere perinatale Mortalität, weniger Behandlungen auf neonatologischen Intensivstationen etc.

Es ist notwendig – unabhängig vom wenig nützlichen aktuellen Risikokatalog – anspruchsvolle Fälle im Hinblick auf Diagnostik und Therapie zu selegieren und gesondert verfolgbar zu machen.

8.3.3   Verbesserungspotenziale in der geburtshilflichen Qualitätssicherung

Neben erst perspektivisch erreichbaren Änderungen der QS gibt es offenkundige Beispiele dafür, was zeitnah umgesetzt werden könnte.

Subanalysen zur geburtshilflichen **Ergebnisqualität** werden nicht bundesweit gefördert. Ein systematisches bundesweites Monitoring **mütterlicher Mortalität** gibt es nicht. Darüber weiß man z.B. in Großbritannien seit Jahren sehr detailliert durch *„Why Mothers Die"* Bescheid (Knight et al. 2017). Selbst die zarte Pflanze einer AG „mütterliche Sterbefälle", zunächst bei der BQS und zuletzt am AQUA-Institut, wird nicht mehr gepflegt. Nur in Bayern gibt es seit

34 Jahren verlässliche Zahlen (Welsch et al. 2016). Es steht zu hoffen, dass ersatzweise private lokale Initiativen mittelfristig zu einer bundesweiten Erfassung und Analyse führen werden.

Das Projekt **GerOSS** (German Obstetric Surveillance System; https://www.geross.de/), ebenfalls ein Projekt auf Basis von Eigeninitiativen, ist ein Meldesystem für schwerste, sehr selten auftretende Probleme während Schwangerschaft und Geburt, die das Leben von Mutter und Kind akut gefährden können. Es ermöglicht systematische intensive Einzelfallanalysen seltener ausgewählter Erkrankungen im Hinblick auf die Optimierung von Diagnostik und Therapie bzw. Vermeidungsstrategien. Es beruht auf Erfahrungen in Großbritannien (UKOSS; United Kingdom Obstetric Surveillance System; https://www.npeu.ox.ac.uk/ukoss). Mittlerweile gibt es ein internationales Netzwerk INOSS (International Network of Obstetric Surveillance Systems; https://www.npeu.ox.ac.uk/inoss), in dem seit 2010 regelmäßig Daten ausgetauscht werden und internationale Ergebnisse in nationale Arbeitsgruppen zurückgespiegelt werden.

Diese Projekte dienen der Qualitätsverbesserung; sie ermöglichen aber keine Orientierung für Patientinnen und können keine vergleichbare Qualität im high-end-Bereich abbilden. Hier muss in der Zukunft intensiver gearbeitet werden, denn es ist unerlässlich, insbesondere die Schwangeren mit validen Qualitätsinformationen zu erreichen und zudem die Gründe für die mittelmäßige zu hohe Säuglingssterblichkeit zu erkennen, damit gezielte Verbesserungsschritte eingeleitet werden können.

8.4 Effekte von Zentralisierung auf die geburtshilfliche Behandlungsqualität

8.4.1 Neonatale Sterblichkeit und Säuglingssterblichkeit

Bereits eingangs wurde gezeigt, dass die Säuglingssterblichkeit in Deutschland im europäischen Vergleich nur mittelmäßige Werte erreicht, was Anlass zu einer tieferen Betrachtung gibt. In einer Arbeit von Schmitt et al. wurde die internationale Literatur zu Volume-Outcome-Effekten in der Geburtshilfe systematisch untersucht (s. Kap. 7). Während die Ergebnisse für Frühgeborene eine Volume-Outcome-Beziehung eindeutig belegen, ist dies für die gesamte Geburtshilfe weniger ausgeprägt. Es wurden nur zehn relevante Arbeiten identifiziert, die sich hinsichtlich der Risikoadjustierung, der betrachteten Endpunkte und unterschiedlicher Kategorien für die Klinikgröße unterschieden. So sahen Friedman et al. (2016) eine Klinik mit > 600 Geburten bereits als fallzahlstarke Klinik an, während bei Hemminki et al. (2011) und Pyykönen et al. (2014) die kleinste Klinikkategorie bis 750 bzw. 1.000 Geburten/Jahr aufwies.

Trotz dieser Limitationen weist die Mehrheit der Studien darauf hin, dass das kindliche Mortalitätsrisiko in größeren Kliniken geringer als in kleineren ist, wobei fünf dieser Studien risikoadjustiert waren. Insgesamt ist eine abschließende Bewertung nicht ableitbar.

Einer Studie (Karalis et al. 2016) zufolge ist die verpflichtende 24 h-Anwesenheit eines Pädiaters mit einem niedrigeren Risiko für letale Geburtskomplikationen verbunden. Grundsätzlich erscheint es plausibel, dass der Einfluss organisationsbezogener Faktoren, wie Personalausstattung, Risikomanagement oder eines funktionierenden Verlegungssystems, aber auch die Unterschiede zwischen städtischen und ländlichen Regionen das Outcome ebenfalls beeinflussen können.

8.4.2 Inanspruchnahme von Gesundheitsleistungen in den ersten Lebensjahren

Im Auftrag des AOK-Bundesverbandes untersuchten Schmitt et al. (s. Kap. 7) zusätzlich auf Basis sächsischer AOK-Daten, ob eine Geburt in einer kleinen Klinik mit einer höheren Morbidität und Inanspruchnahme von Gesundheitsleistungen in den ersten Lebensjahren assoziiert ist.

Zielparameter der Analyse zur Versorgungsqualität waren nachfolgende Krankenhausbehandlungen, die Kindersterblichkeit innerhalb des ersten Lebensjahres, die ambulante Inanspruchnahme medizinischer Leistungen im 2. und 3. Lebensjahr sowie die stationäre Inanspruchnahme im 2. und 3. Lebensjahr.

Die Studie zeigt, dass Kinder häufiger stationäre Nachbehandlungen erhielten, wenn sie in Krankenhäusern mit weniger als 500 Geburten zur Welt kamen. Nach Risikoadjustierung hatten Kinder, die in größeren Kliniken geboren wurden, im zweiten und dritten Lebensjahr weniger stationäre Aufenthalte als Kinder, die in kleinen oder mittelgroßen Kliniken geboren wurden. Dieser Zusammenhang bestand insbesondere für Kinder aus der Stadt, jedoch nicht für Kinder aus ländlichen Regionen. Bei der ambulanten Inanspruchnahme medizinischer Leistungen fanden sich keine relevanten Zusammenhänge mit der Größe der Geburtsklinik.

8.4.3 Kaiserschnittrate

Einzelindikatoren wie die Kaiserschnittrate weisen auf Zusammenhänge zwischen Geburtsort und Klinikgröße hin. Neben dem allgemein bekannten West-Ost-Gefälle gibt es auch eine inverse Beziehung zwischen Kaiserschnittrate und Anzahl der Geburten. Mansky et al. (2018) haben die Kliniken in Quartile eingeteilt und anschließend mit den Ergebnissen zu den Toleranzbereichen des IQTIG[2] verknüpft (s. Abb. 1).

---

2 Das IQTIG definiert den Toleranzbereich bis zu einer um 24% erhöhten risikoadjustierten Kaiserschnittrate (O/E<1,24).

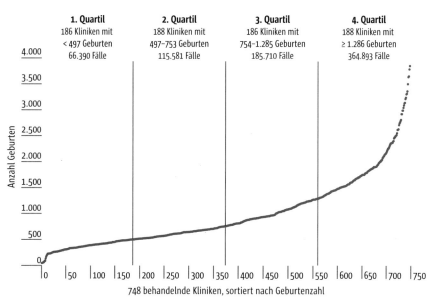

1. Quartil 186 Kliniken mit < 497 Geburten 66.390 Fälle

2. Quartil 188 Kliniken mit 497–753 Geburten 115.581 Fälle

3. Quartil 186 Kliniken mit 754–1.285 Geburten 185.710 Fälle

4. Quartil 188 Kliniken mit ≥ 1.286 Geburten 364.893 Fälle

748 behandelnde Kliniken, sortiert nach Geburtenzahl

Für 8 Kliniken lagen aufgrund von Datenschutz-Bestimmungen keine Informationen zur Fahlzall vor.

Abb. 1   Verteilung der Geburten in Kliniken (Mansky et al. 2018)

Der Anteil der Kliniken im Toleranzbereich der beobachteten zur erwarteten Rate (O/E) an Kaiserschnittgeburten verhält sich bezogen auf die Quartile wie folgt:

- < 497 Geburten: 78,5% im Toleranzbereich
- 497–753 Geburten: 93,6% im Toleranzbereich
- 754–1.285 Geburten: 94,1% im Toleranzbereich
- ≥ 1.286 Geburten: 95,2% im Toleranzbereich

Als Ergebnis folgern die Autoren, dass die Wahrscheinlichkeit einer Kaiserschnittgeburt demnach in kleinen geburtshilflichen Abteilungen wesentlich höher als in großen ist (Mansky et al. 2018).

Die möglichen Ursachen für diesen Befund sind zweierlei: Zum einen kann das Potenzial an Erfahrung und Routinen als Basis für geringeren Aktionismus in eher seltenen Fällen mit z.B. Beckenendlagengeburten angesehen werden. Andererseits ist die Facharztpräsenz bei Geburt in eher kleineren Kliniken zumindest in der Phase, in der die Entscheidungen über Fortgang einer vaginalen Geburt getroffen werden, zwangsläufig geringer ausgeprägt als in großen Kliniken, weil dort ohnehin auch nachts und am Wochenende Fachärzte für Gynäkologie und Geburtshilfe im Krankenhaus anwesend sein müssen.

Eine intensivere Abstimmung zwischen an der Perinatalmedizin beteiligten Fachgebieten und Sektoren ist erforderlich, damit Verbesserungen bei diesem Qualitätsindikator erreicht werden können. Um den Bestrebungen, eine Senkung dieser Rate zu erreichen, Nachdruck und ökonomische Rationalität zu verleihen, könnten hier p4p-Modelle entwickelt werden. Da die Geburtenzahlen in allen Einrichtungen relativ groß wären und nur drei Versorgungsstufen existieren, kann eine ausreichende Risikoadjustierung ohne allzu großen Aufwand vorgenommen werden. Gleiches gilt für die in Deutschland ansteigende Frühgeburtenrate, die in anderen Staaten deutlich niedriger liegt (Rossi et al. 2018).

8.4.4 Implikationen

Insgesamt gibt es in der Literatur und in der Studie von Schmitt et al. (s. Kap. 7) Hinweise darauf, dass die Zentralisierung und Optimierung der Strukturen positive Effekte auf den Outcome der Neugeborenen hat. Auch wenn nicht von einer eindeutigen Studienlage gesprochen werden kann, ist es offensichtlich, dass aufgrund des erheblichen Verbesserungspotenzials der Säuglingssterblichkeit Handlungsdruck besteht – wenn man das gesundheitspolitische Ziel einer qualitätsbasierten Krankenhauslandschaft erreichen will. Eine Beibehaltung der aktuellen Strukturen in der Geburtshilfe entspräche einer persistierenden Akzeptanz eines qualitativen Mittelmaßes.

8.5 Strukturen für eine Zentralisierung in der Geburtshilfe und der Perinatalmedizin

8.5.1 Ausgangslage

Im Kontext der qualitätsbasierten Krankenhauslandschaft und des Verbesserungspotenzials bei der Säuglingssterblichkeit kann in der Geburtshilfe die Handlungsnotwendigkeit nicht bestritten werden. Zwar gab es in den existierenden Studien keinen einheitlichen Zusammenhang zwischen einer hohen Klinik-Fallzahl und einer geringeren Säuglingssterblichkeit – jedoch sprechen die Mehrzahl der Studien, die Trends der Analyse mit sächsischen AOK-Daten und die Tatsache, dass Staaten mit einer zentralisierten Geburtshilfe zu besseren Ergebnissen bei der Säuglingssterblichkeit kommen, für ein entsprechendes Vorgehen.

Dazu kann gut auf die Überlegungen der Fachgesellschaften aus den Jahren 2005/2006 zurückgegriffen werden. Der Versuch einer Steuerung über Leistungen und Qualität führte aufseiten von sechs Fachgesellschaften zu einem Konzept, das in den *„Empfehlungen für die strukturellen Voraussetzungen der perinatologischen Versorgung in Deutschland"* (Bauer et al. 2006) seinen Niederschlag fand, die schließlich als AWMF-Leitlinie 087/001 bekannt wurden. Hier werden Grundlagen für die stationären Anteile der perinatologischen Versorgung beschrieben, die geeignet sind, eine moderne und qualitätsorientierte perinatologische Medizin zu etablieren.

8.5.2 Vorschlag für ein gestuftes Vorgehen

Hier soll nun versucht werden, ein rational nachvollziehbares Konzept zu skizzieren, das Deutschland der Qualität verpflichtet. Jenseits des Föderalismus soll der Plan zur optimierten prä- und postnatale Versorgung von Schwangeren, Gebärenden, Wöchnerinnen und ihren Kindern führen.

Grundsätzlich beruht ein rationales Konzept der Optimierung von Behandlungen in der Geburtshilfe und Perinatalmedizin auf Planung und Steuerung – nicht aber auf den Anreizen des Marktprinzips.

Ausgehend von der aktuellen Situation sollten zunächst die stationären Anteile der Geburtshilfe und Perinatalmedizin in den Mittelpunkt der Anpassungsprozesse treten. Dies hat den politischen Charme, unmittelbar an die Grundgedanken des Krankenhausstrukturgesetzes anzuschließen. Mit einer Richtlinie nach § 136 Abs. 1 Nr. 2 SGB V ließe sich die Perinatalmedizin umfassend neu ausrichten und in einem Übergangszeitraum von fünf Jahren grundsätzlich reformieren. Inhaltliche Fundamente für konkrete Umsetzungen wurden – wie schon ausgeführt – vor etlichen Jahren entwickelt, und insofern muss die Selbstverwaltung im Gemeinsamen Bundesausschuss die internationalen Erkenntnisse eigentlich nur aufgreifen.

8.5.3 Vorgaben für perinatalmedizinische Kompetenzverbünde

Für die strukturellen Voraussetzungen der Definition der Versorgungs-Level wird im Wesentlichen auf die AWMF-Leitlinie und die Level 1 bis 3 aus der G-BA-Richtlinie zurückgegriffen[3]. Davon abweichend sind folgende Punkte zu beachten:

- Nur in Level-1-Kliniken werden Geburten mit Kindern unter 1.000 g durchgeführt.
- In Level-2-Kliniken sind Geburten von Kindern unter 1.500 g angesiedelt, und für beide Level ist die Vorhaltung einer Neonatologie zwingende Voraussetzung.
- Level-3-Kliniken benötigen eine eigene Fachabteilung Pädiatrie.

Aus diesen Rahmenvorgaben ergeben sich rechnerisch durchschnittliche Geburtenzahlen für die einzelnen Level, die an den internationalen Standards vieler Staaten mit geringer Säuglingssterblichkeit anschließen. Entscheidend ist dabei die Anzahl der pädiatrischen Fachabteilungen. Aber viel mehr als eine starre Mindestmenge für Geburten leuchtet ein, dass ständige Facharztpräsenz in der Geburtshilfe und die dauerhafte Verfügbarkeit von Pädiatern bzw. bei Frühgeburten von Neonatologen wichtig für Verbesserungen sind.

---

3 Die Inhalte beider Quellen müssen auf die Bedarfe der Kompetenzverbünde abgestimmt werden.

Ebenso ist eine standardisierte Zusammenarbeit zwischen den Kliniken unterschiedlicher Level einer Region von Bedeutung, sodass sich die Bildung regionaler Kompetenzverbünde anbietet. Ein regionaler Kompetenzverbund ist der funktionelle, vornehmlich ideelle Zusammenschluss von Kliniken unterschiedlicher Versorgungsstufen von Level 1 bis Level 3 mit gemeinsamer abgestimmter Philosophie, was Diagnose- und Behandlungsstrategien betrifft. Im Zentrum steht ein Level-1-Perinatalzentrum mit weitreichender Weiterbildungskompetenz für das eigene Zentrum, aber auch für die assoziierten Kliniken, damit für alle an der Perinatalmedizin beteiligten Berufsgruppen ausreichende Aus- und Weiterbildungskapazitäten entstehen. Hospitationen und Rotationen sorgen für gegenseitiges Verständnis und sind Ausgangspunkt für eine hohe Attraktivität im Sinn der Weiterbildung. In erweiterter Form werden ambulante ärztliche Versorger genauso wie Hebammen-Einrichtungen im Sinn einer kooperativen win-win-Situation basierend auf gegenseitiger Hilfe einbezogen.

So enthalten die perinatalen Kompetenzverbünde mit zentralem PNZ Level 1 und assoziierten Beteiligten:

- Kliniken aller Level
- perspektivisch assoziierte Arztpraxen

Dadurch werden folgende Effekte erreicht:

- hohes Patientenaufkommen mit konsekutiver Auslastung im Hochrisikobereich
- hoher durchgehender Team-Trainings-Effekt für alle Beteiligten
- hoher Weiterbildungsstandard für Basis- und Schwerpunktweiterbildungen
- Basis für Teilnahme an nationalen und internationalen Netzwerken und Studien
- hohe Attraktivität für Nachwuchskräfte

8.5.4 Modellrechnung für Kompetenzverbünde

Das Rechenmodell für regionale Kompetenzverbünde geht von folgenden Voraussetzungen aus:

- 740.000 Geburten pro Jahr
- 5.000 Frühgeborene unter 1.000 g pro Jahr
- 5.000 Frühgeborene zwischen 1.000 und 1.500 g pro Jahr
- 370 Fachabteilungen für Pädiatrie

Unter der Annahme, dass ein Perinatalzentrum Level 1 durchschnittlich 68 Neugeborene unter 1.000 g pro Jahr versorgt und der Versorgungsbedarf für Normal- und Frühgeburten in Deutschland regional gleich verteilt ist, ergäbe sich somit ein struktureller Bedarf an 74 Level-1-Zentren (68 x 74 näherungsweise gleich 5.000). Jedes Level-1-Zentrum konstituiert einen

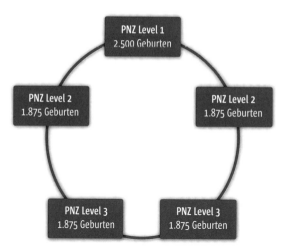

Abb. 2   Aufbau eines Kompetenzverbundes

Kompetenzverbund. Jeder der so gebildeten 74 Kompetenzverbünde hätte 10.000 Geburten zu versorgen. Dazu werden im Verbund jeweils zwei weitere Perinatalzentren Level 2 und 3 benötigt. Schematisch ergibt sich der in Abbildung 2 dargestellte Aufbau eines Kompetenzverbundes.

Ein Kompetenzverbund würde demnach im Mittel 10.000 Geburten umfassen, von denen das Perinatalzentrum Level 1 ca. 2.500 Geburten; 2 PNZ Level 2 je 1.875 Geburten und 2 PNZ Level 3 je 1.875 Geburten betreuen könnten. In Summe gäbe das 370 Geburtskliniken in 74 Regionen, bei denen im Mittel ein PNZ Level 1 mit 4 Kliniken fest vernetzt wäre. In Summe gäbe es im Mittel 74 PNZ Level 1 und 148 des Level 2 sowie 148 der Level 3 und somit 370 Geburtskliniken mit neonatologischer bzw. pädiatrischer Versorgung (s. Tab. 1).

Differenziert nach ländlichen Regionen mit geringerer Geburtendichte und Agglomerationen mit höherer Dichte können die Spielräume variabler dargestellt werden, indem Kompetenzverbünde zwischen 7.500 und 15.000 Geburten umfassen können.

Tab. 1   Versorgungstrukturen im Kompetenzverbund und in Deutschland

	pro Kompetenzverbund			Deutschland (mit 74 Kompetenzverbünden)			
	Anzahl Geburtseinheiten	Anzahl Geburten			Anzahl Geburtseinheiten	Anzahl Geburten		
		gesamt	< 1.000 g	1.000–1.500 g		gesamt	< 1.000 g	1.000–1.500 g
Level 1	1	2.500	68	68	74	185.000	5.000	5.000
Level 2	2	3.750	0		148	277.500	0	
Level 3	2	3.750	0	0	148	277.500	0	0
Summe	5	10.000	68	68	370	740.000	5.000	5.000

Bei den vorgeschlagenen Größen der Kompetenzverbünde ist es kaum mehr notwendig, sich mit dem Surrogatparameter **Mindestmenge** auseinanderzusetzen. Durch die Struktur sollte die Attraktivität für Interessierte darüber hinaus so groß sein, dass Personalprobleme eher sekundär sein sollten, dies gilt besonders für Hebammen und die Bedarfe von Neonatologien.

Ein **Kompetenzverbund** – wie es auch bei Rossi et al. durchschimmert – beinhaltet perspektivisch multiple Aspekte. Auch der Aufbau und die Pflege einer perinatalmedizinischen Kultur kann in diesen Kompetenzverbünden vorangetrieben werden. Wesentliche Inhalte können sein

1. optimierte Betreuung in der Schwangerschaft
   - barrierefreie Kooperation zwischen Praxen, Hebammen und Kliniken
   - Fortbildung mit Erfolgskontrollen
   - Zentrierung auf den Patientennutzen (*Patient value*) (Porter u. Teisberg 2004; Porter u. Guth 2012)
2. optimierte perinatalmedizinische Betreuung im Risiko-/Hochrisiko-Bereich
   - Beseitigung von Fehlanreizen
   - weitgehende Unabhängigkeit vom Wettbewerb um Patienten
   - Wettbewerb um klinische Ergebnisse
   - soweit erforderlich Finanzierung der strukturellen Vorhaltung, nicht der Fälle
3. Analyse der Ergebnisse jenseits der obligaten externen stationären QS
   - kombinierte Daten aus Geburtshilfe und Neonatologie
   - spezifische Analysen für perinatale Risiken
   - Erfassung und Analyse aller Müttersterbefälle
   - Analyse seltener Fälle in GerOSS/InOSS-Projekten
   - gemeinsame Patientenbesprechungen unter gemeinsamen Zielvorgaben
4. Attraktivität der Kompetenzverbünde durch attraktive Weiterbildungsmöglichkeiten
   - Transparenz durch Austausch von Personal auf verschiedenen Ebenen
   - Klinik-unabhängig finanzierte Weiterbildung, mit freier Wahl der Weiterbildungsstätten – nach Leistung/Lernmöglichkeiten/Attraktivität
   - Subspezialisierung an national und international durch deutsche Ärztekammern anerkannten/akkreditierten Weiterbildungsstätten

Take home messages
- *Die Versorgungsqualität in der Geburtshilfe einschließlich der Säuglingssterblichkeit in Deutschland sind im europäischen Vergleich Mittelmaß und haben somit ein erhebliches Verbesserungspotenzial.*
- *Staaten mit einer stärker zentralisierten Medizin haben die Säuglingssterblichkeit durch Zentralisierung der Geburtshilfe verbessert.*

- *Die Studienlage zur Volumen-Outcome-Beziehung in der Geburtshilfe ist nicht einheitlich, allerdings überwiegen die Hinweise auf positive Einflüsse einer Zentralisierung. Diese müssen in Verbindung mit weiteren Strukturqualitätskriterien betrachtet werden und müssen perspektivisch über die Sektorengrenzen hinausgehen.*

- *Um die Qualitätspotenziale zu heben, ist eine mittelfristige Umgestaltung der Geburtshilfe unerlässlich, die sich an einem Levelkonzept orientiert:*
  - *Level-1-Kliniken: Geburten mit Kindern unter 1.000 g, Vorhaltung einer Fachabteilung Neonatologie*
  - *Level-2-Kliniken: Geburten von Kindern unter 1.500 g, Vorhaltung einer Fachabteilung Neonatologie*
  - *Level-3-Kliniken: Vorhaltung einer Fachabteilung Pädiatrie*

- *Darauf aufbauend sind regionale Kompetenzverbünde zu schaffen, die zwischen 7.500 und 15.000 Geburten umfassen. Dabei sind sektorenübergreifende Aspekte zu berücksichtigen.*

- *In diesen Kompetenzverbünden werden Aus- und Fortbildungsinstitutionen verankert, die ausreichende Kapazitäten insbesondere für Pflegekräfte, Hebammen und ärztliche Weiterbildung sicherstellen.*

- *Das Ergebnis einer unbeeinträchtigten Entwicklung von Mutter und Kind ist das Ziel perinataler Teams; dem muss die Planung adäquat Rechnung tragen. Die Zukunft liegt in einer Ergebnisverbesserung durch regionalisierte Kompetenzsteigerung. Offenkundig ist, dass die Umsetzung dieses Konzepts einer intensiven Begleitkommunikation bedarf, um der Öffentlichkeit die Notwendigkeit für einen Strukturwandel zu erklären.*

Literatur

Albers W (2018) Hebammen in die Kreißsäle!. Blätter für deutsche und internationale Politik 3/2018, 33–36

Bauer K, Vetter K, Groneck P, et al. (2006) Empfehlungen für die strukturellen Voraussetzungen der perinatologischen Versorgung in Deutschland. Z Geburtshilfe Neonatol 210, 19–24

Friedman AM, Ananth CV, Huang Y, D'Alton ME, Wright JD (2016) Hospital delivery volume, severe obstetrical morbidity, and failure to rescue. Am J Obstet Gynecol 215(6), 795.e791–795.e714

G-BA (2005) Qualitätssicherungs-Richtlinie Früh- und Reifgeborene – QFR-RL. URL: https://www.g-ba.de/informationen/richtlinien/41/ (abgerufen am 27.09.2018)

G-BA (2016) Beschluss des Gemeinsamen Bundesausschusses über eine Richtlinie zu planungsrelevanten Qualitätsindikatoren gemäß § 136 Absatz 1 SGB V i.V.m. § 136c Absatz 1 und Absatz 2 SGB V, Erstfassung vom 15. Dezember 2016. URL: https://www.g-ba.de/downloads/39-261-2812/2016-12-15_PlanQI-RL_Erstfassung-PlanQI-RL_BAnz.pdf (abgerufen am 27.09.2018)

Geraedts M, Neumann M (2004) Evaluation geburtshilflicher Qualitätsindikatoren – Studie im Auftrag der BQS Bundesgeschäftsstelle Qualitätssicherung gGmbH. Geburtshilfe und Frauenheilkunde 64, 375–80. DOI 10.1055/s-2004-815821

Hemminki E, Heino A, Gissler M (2011) Should births be centralised in higher level hospitals? Experiences from regionalised health care in Finland. BJOG: an international journal of obstetrics and gynaecology 118(10), 1186–1195

InEK (2013) G-DRG-Begleitforschung gemäß § 17b Abs. 8 KHG. Endbericht des dritten Forschungszyklus. URL: https://www.g-drg.de/Datenbrowser_und_Begleitforschung/Begleitforschung_DRG/Endbericht_zum_ dritten_Zyklus_der_G-DRG-Begleitforschung (abgerufen am 27.09.2018)

Karalis E, Gissler M, Tapper AM, Ulander VM (2016) Effect of hospital size and on-call arrangements on intrapartum and early neonatal mortality among low-risk newborns in Finland. European Journal of Obstetrics Gynecology and Reproductive Biology 198, 116–119

Knight M, Nair M, Tuffnell D, Shakespeare J, Kenyon S, Kurinczuk JJ (Eds.) on behalf of MBRRACE-UK (2017) Saving Lives, Improving Mothers' Care – Lessons learned to inform maternity care from the UK and Ireland Confidential Enquiries into Maternal Deaths and Morbidity 2013–15. National Perinatal Epidemiology Unit, University of Oxford. URL: https://www.npeu.ox.ac.uk/downloads/files/mbrrace-uk/reports/MBRRACE-UK%20Maternal%20Report%202017%20-%20Web.pdf (abgerufen am 28.09.2018)

Mansky T, Drogan D, Nimptsch U, Günster C (2018) Eckdaten stationärer Versorgungsstrukturen für ausgewählte Behandlungsanlässe in Deutschland. In: Dormann F, Klauber J, Kuhlen R (Hrsg.) Qualitätsmonitor 2018. 171–223. MWV Medizinisch Wissenschaftliche Verlagsgesellschaft Berlin

Porter ME, Guth C (2012) Chancen für das deutsche Gesundheitssystem. Springer Gabler Berlin

Porter ME, Teisberg EO (2004) Redefining competition in health care. Harv Bus Rev 82, 64–76, 136

Pyykönen A, Gissler M, Jakobsson M, Petaja J, Tapper AM (2014) Determining obstetric patient safety indicators: the differences in neonatal outcome measures between different-sized delivery units. BJOG: an international journal of obstetrics and gynaecology 121(4), 430–437

Rossi R, Zimmer K-P, Poets CF (2018) Rationale Versorgung und Versorgungsstrukturen für Reif- und Frühgeborene. In: Dormann F, Klauber J, Kuhlen R (Hrsg.) Qualitätsmonitor 2018. 71–83. Medizinisch Wissenschaftliche Verlagsgesellschaft Berlin

UN Interagency Group for Child Mortality Estimation: Levels and trends in child mortality: report 2017. 2017. URL: https://www.unicef.org/publications/files/Child_Mortality_Report_2017.pdf (abgerufen am 18.09.2018)

Welsch H, Wischnik A, Lehner R (2016) Müttersterblichkeit. In: Schneider H, Husslein P, Schneider KTM (Hrsg.) Die Geburtshilfe. 5. ed. 1181–94. Springer Berlin

Prof. Dr. Klaus Vetter, MBA, FRCOG, FACOG

Studierte Humanmedizin in Frankfurt, Freiburg, Zürich und Heidelberg, später Soziologie und Sozialspsychologie in Zürich. Er arbeitete als Frauenarzt in Konstanz und Zürich, ab 1991 war er am späteren Vivantes Klinikum Neukölln Chefarzt der Klinik für Geburtsmedizin. Im Anschluss schloss er einen Masterstudiengang in Krankenhausmanagement ab. Medikopolitisch war er vielfältig national und international engagiert, u.a. als Präsident der Deutschen Gesellschaft für Gynäkologie und Geburtshilfe (DGGG) und der Deutschen Gesellschaft für Perinatale Medizin (DGPM), aber auch der Deutsch-Türkischen Gynäkologengesellschaft. Sein besonderes Interesse liegt in Qualitätssicherung, Zukunftsstrategien und Fort- und Weiterbildung z.B. als 9-facher Kongresspräsident der DGPM.

Dr. Jürgen Malzahn

Jürgen Malzahn studierte an der Freien Universität Berlin, der Humboldt-Universität zu Berlin und der Johann Wolfgang Goethe-Universität Frankfurt am Main Humanmedizin. Seit dem Studium arbeitete er in verschiedenen Funktionen im AOK-Bundesverband, dabei primär zu den Themen Krankenhausvergütung und Qualitätssicherung. Der promovierte Arzt leitet seit 2007 die Abteilung Stationäre Versorgung, Rehabilitation im AOK-Bundesverband, in der neben den gesundheitsökonomischen Fragestellungen des Krankenhaus- und Rehabilitationsbereichs auch Themen wie „Qualitätssicherung mit Routinedaten", Behandlungsfehlermanagement und das Regressmanagement von Medizinprodukten angesiedelt sind.

9 Fallzahl als Parameter in öffentlichen Qualitätsvergleichen

Ilona Köster-Steinebach

Bringt öffentliche Qualitätsberichterstattung, das sog. *public reporting*, positive Effekte für die Versorgungsqualität? Das zu beantworten ist methodisch überaus schwierig, schließlich kann man nicht wie bei einer normalen randomisiert-kontrollierten Studie vorgehen und ein Gesundheitssystem oder zumindest einen Leistungsbereich mehrfach duplizieren, um Interventions- und Kontrollgruppe zu vergleichen. Welche Verbesserungen der Versorgungsqualität (oder deren Ausbleiben) auf die öffentliche Berichterstattung zurückgehen, ist bei der Vielzahl der parallel auftretenden Veränderungen in der Realität nicht zu isolieren, und auch internationale Vergleiche bringen hier wenig Aufschluss. Entsprechend scheiden sich in dieser Frage die Geister – unter dem Blickwinkel der Patientensicherheit durchaus erstaunlicherweise, gilt doch die Maxime „Miss es oder vergiss es!" Unbestreitbar ist aber, dass *public reporting* eine zentrale Rolle darin spielt, Patientinnen und Patienten die Grundlage für die Ausübung qualitätsorientierter Wahlentscheidungen (in diesem Fall bei der Wahl des Krankenhauses) zur Verfügung zu stellen. Patientensouveränität bleibt ohne Qualitätstransparenz immer unvollständig, auch wenn die aktuellen Nutzerdaten z.B. der Krankenhaus-Navigatoren auf Basis der Weissen Liste nahelegen, dass derzeit nur ein vergleichsweise kleiner, wenn auch wachsender, Teil der Patienten diese Möglichkeit nutzt. Allerdings ist hier schwierig zu isolieren, ob diese geringe Nutzung auf der Erwartung bzw. dem Anspruch der Patienten beruht, dass jede Versorgungseinrichtung eine mindestens angemessene Qualität aufweist oder ob die geringe Aussagekraft und Nutzbarkeit der Informationen (vgl. unten) für das eher verhaltene Interesse verantwortlich zeichnet. Umso wichtiger sind verlässliche, aussagekräftige Informationen für öffentliche Qualitätsvergleiche. Im Folgenden soll untersucht werden, welche Rolle die Fallzahl im Zusammenhang mit der Qualitätsmessung und -darstellung in Deutschland spielt. Dazu ist zunächst ein Blick auf den Status quo der Qualitätssicherung und -berichterstattung erforderlich, um darauf aufbauend abschätzen zu können, welche Möglichkeiten, aber auch Grenzen die Nutzung der Fallzahl bietet.

9.1 Qualitätsvergleiche in Deutschland: Anspruch und Wirklichkeit

Keine Frage, die beste Grundlage für Qualitätsvergleiche von Krankenhäusern ist ein intelligent aggregierter, aus verschiedenen Indikatorentypen zusammengesetzter Qualitätsindex mindestens für jeden einzelnen Leistungsbereich, besser noch für jede einzelne Leistung, die in nennenswertem Umfang erbracht wird. Bei den zu berücksichtigenden Werten sind selbstverständlich gleichermaßen Struktur-, Prozess- und Ergebnisdaten, letztere natürlich sorgfältig risikoadjustiert, aufzugreifen, idealerweise aber auch die Indikationsqualität als vierte Säule. Und bezüglich der Datenquellen, aus denen diese Angaben gewonnen werden, sollten je nach Fragestellung Dokumentationsdaten der Leistungserbringer (LE), Auswertungen aus Routinedaten sowie Befragungen der betroffenen Patientinnen und Patienten zu *patient reported experience measures* (PREM) und *patient reported outcome measures* (PROM) kombiniert werden. Das Ganze muss natürlich so gestaltet sein, dass klar zwischen sehr guter, ausreichender/erwartbarer und unzureichender Qualität unterschieden wird. Solche Indices wären auch für gelegentliche Nutzer einfach verständlich, aussagekräftig und an den praktischen Fragestellungen der Patienten orientiert. Gleichzeitig enthielten sie die für die Patienten relevanten Faktoren insbesondere der patientenbezogenen Ergebnisqualität, unterlägen wegen der Risikoadjustierung und der Vielzahl der einbezogenen Aspekte keinen bedeutenden methodisch bedingten Verzerrungen und wären wegen der Elemente der Struktur- und Prozessqualität unmittelbar handlungsleitend für die Leistungserbringer bei der kontinuierlichen Verbesserung ihrer Leistungen. Sie würden also Transparenz mit kontinuierlichen Verbesserungsanreizen verbinden.

9.1.1 Unzureichende Qualitätsdifferenzierung

Geht man nach dem soeben entworfenen Idealbild für Qualitätsmessung und -vergleiche, dann gibt es in Deutschland keine einzige hinreichend aussagekräftige Qualitätssicherungsmaßnahme. Auch die (wenigen) Verfahren der Qualitätssicherung nach §§ 136ff. SGB V werden diesem Anspruch nicht gerecht. Zentraler Problempunkt hierbei ist die mangelnde Differenzierung zwischen den Leistungserbringern. Als Ziele der externen stationären Qualitätssicherung des Gemeinsamen Bundesausschusses (G-BA) werden zwar u.a. die Unterstützung des einrichtungsinternen Qualitätsmanagements und die „Vergleichbarkeit von Behandlungsergebnissen" genannt (G-BA 2018a: 4). Dennoch findet sich bis zum Erlass des Krankenhausstrukturgesetzes (KHSG) im Dezember 2015 in der datengestützten gesetzlichen Qualitätssicherung (QS) praktisch umgesetzt ausschließlich die Zielsetzung, unzureichende Qualität zu identifizieren und durch geeignete Maßnahmen zur Angleichung mindestens auf dem Niveau der erwartbaren Qualität zu sorgen. Folglich wurden keine Daten erhoben, die auf die Differenzierung zwischen jenen Krankenhäusern abstellten, die oberhalb unzureichender und deshalb abzustellender Qualität angesiedelt waren.

Ausdruck der Ausrichtung der gesetzlichen Qualitätssicherung am „*bad apple picking*" ist, dass 2016 220 von insgesamt 266 Qualitätsindikatoren, mithin 83% der gesamten Indikatoren der gesetzlichen QS, einen „normalen Handlungsbedarf" hatten. Das bedeutet in diesem Zusammenhang nicht nur, dass „der Handlungsbedarf mit den Mitteln der gesetzlichen QS adressiert werden kann" (IQTIG 2017: 4), sondern auch, dass es kaum Ausreißer bei den Krankenhäusern gibt – also de facto keine Grundlage für den Ausweis von Qualitätsunterschieden. Geht man im Rahmen einer groben Schätzung einmal davon aus, dass die 1.887 Krankenhausstandorte, die im Jahr 2016 Datensätze in der gesetzlichen QS geliefert haben (IQTIG 2017: 3), im Durchschnitt von zehn der insgesamt 25 Verfahren betroffen waren, in denen durchschnittlich zehn Indikatoren bewertet wurden, ergibt das ca. 189.000 krankenhausindividuelle Ergebnisse. Davon waren im selben Jahr nach Auskunft des Instituts für Qualität und Transparenz im Gesundheitswesen (IQTIG) 15.858 rechnerisch auffällig. Nach dem Strukturierten Dialog wurden noch für 1.761 Kombinationen aus Krankenhausstandort und Qualitätsindikator qualitative Auffälligkeiten ausgewiesen (IQTIG 2017: 5). Das sind 0,93%. Mit anderen Worten: Mehr als 99% der Ergebnisse der gesetzlichen Qualitätssicherung differenzieren nicht zwischen den Krankenhäusern und sind deshalb für echte Qualitätsvergleiche im Rahmen des *public reporting* ungeeignet.

> **!** Hieraus wird deutlich, dass dringend ergänzende Informationen benötigt werden, um dem Informationsanspruch der Patientinnen und Patienten gerecht zu werden. Diese Ergebnisse stehen auch nicht im Verhältnis mit dem enormen Ressourcenaufwand, der in den Krankenhäusern mit der Dokumentation von Millionen von patientenindividuellen Datensätzen verbunden ist.

Zu erwähnen ist noch, dass möglicherweise das KHSG Bewegung in diese festgefahrene Situation gebracht hat, indem es in § 136b SGB V die qualitätsorientierte Vergütung vorgab. Für die Ausschüttung von Qualitätszuschlägen muss neben der unzureichenden auch die außerordentlich gute Versorgungsqualität identifiziert werden. Wenn also die Berichterstattung auch diejenigen Standorte mit Zuschlägen nennt, erfolgt zumindest eine gewisse Differenzierung. Da allerdings die bisherigen Indikatoren der QS, die zunächst ausschließlich als Grundlage für die Qualitätsdifferenzierung dienen können, hierfür nicht konstruiert wurden (übrigens ebenso wenig wie für die qualitätsorientierte Planung, die mit dem KHSG ebenfalls eingeführt wurde), erweist sich die Umsetzung bis zur Entwicklung neuer Indikatoren oder gar ganzer QS-Maßnahmen als (nicht nur) methodisch schwierig.

9.1.2 Einschränkungen der Datengrundlagen und Qualitätsdimensionen

Wenig ermutigend bezüglich der Eignung für *public reporting* ist auch der Blick auf die Datengrundlagen und die Vielfalt der Indikatoren hinsichtlich der einbezogenen Qualitätsdimensionen. Absolute Schwerpunkte der vorhandenen Qualitätsindikatoren sind einerseits die durch Leistungserbringer dokumentierte Prozessqualität und andererseits „Ergebnisqualität", wobei unter letzterer vor allem die Vermeidung einzelner, schwerwiegender unerwünschter Ereignisse zu verstehen ist. Beispiele hierfür sind z.B. Mortalität, Infektionsraten oder Implantatfehllagen. Die Erreichung von Behandlungszielen wird kaum erfasst. Patientenbefragungen, obwohl schon länger gesetzlich möglich, wenn nicht gar gefordert, sind bis dato als Datenquelle in der gesetzlichen QS noch nicht praktisch umgesetzt. Entsprechend fehlen bisher auch PREMs und PROMs komplett, also die durch Patienten erlebte und berichtete Prozess- und Ergebnisqualität. Das hat zur Folge, dass weder die erreichte Lebensqualität bzw. Symptomlinderung erfasst werden können, noch Vergleiche zwischen dem Ausgangsniveau einer Beeinträchtigung und dem erzielten Behandlungsergebnis (z.B. beim künstlichen Gelenkersatz) möglich sind. Derartige Erhebungen würden auch Rückschlüsse auf die Indikationsqualität erlauben, die ebenfalls bisher keinen methodisch fundierten Niederschlag in der gesetzlichen QS gefunden hat.

Bei der Strukturqualität wiederum ging man seitens des Gemeinsamen Bundesausschusses überwiegend den Weg, entweder keine Vorgaben zu machen oder durch sog. Strukturrichtlinien in einzelnen Bereichen wie z.B. bei der Versorgung von Bauchaortenaneurysmen, Frühgeborenen oder in der Kinderherzchirurgie. Dabei gilt das Alles-oder-Nichts-Prinzip: Eigentlich müssen alle Strukturvorgaben erfüllt sein, um die jeweiligen Leistungen erbringen zu dürfen, auch wenn – das zeichnet sich leider ab – die Kontrolle der Einhaltung unter dem Aspekt der Patientensicherheit zu wünschen übriglässt. Aus Sicht der Patientensicherheit potenziell ausgesprochen sinnvoll, bieten derartige Richtlinien und Vorgaben aber durch dieses Prinzip ebenfalls keine Grundlage für Qualitätsvergleiche.

9.1.3 Das Problem der Indexbildung

Nachdem, wie oben hergeleitet, wesentliche Bedingungen für öffentliche Qualitätsvergleiche durch die derzeitigen Methoden und Ergebnisse der gesetzlichen QS nicht erfüllt werden, ist es wenig erstaunlich, dass auch die dritte Voraussetzung unerfüllt bleibt, die Indexbildung. Für das interne Qualitätsmanagement und für wissenschaftliche Auswertungen ist es unerlässlich, dass die Einzelergebnisse auf Indikatorebene ausgewiesen werden. Hieraus können vor allem krankenhausindividuelle Anknüpfungspunkte für Verbesserungen der Patientensicherheit abgeleitet werden, aber auch die Versorgungsforschung kann aus diesen Daten gezielten Interventionsbedarf ableiten.

Für (potenzielle) Patienten, die sich über die Qualität einzelner Häuser in einem Leistungsbereich, vielleicht sogar bezüglich einer Leistung informieren wollen, sind solche Angaben hingegen in der Regel zu komplex, um nutzenstiftend zu sein. Patienten benötigen eine einzige aggregierte Angabe oder allenfalls eine sehr begrenzte Zahl von Qualitätsangaben – vorausgesetzt, dass trotz der Aggregation relevante Qualitätsunterschiede sichtbar werden.

Dass Nutzer von Dienstleistungen an intelligent aggregierten Index-Bewertungen auch komplexer Dienstleistungsprodukte interessiert sind, zeigt der Erfolg der Stiftung Warentest beispielsweise mit ihrem Finanztest. Am Beispiel der Bewertung eines so komplexen Produktes wie geschlossener Immobilienfonds (Stiftung Warentest 2014) kann man auch die Erfolgsfaktoren für eine gute Verständlichkeit durch Laien ableiten:

- Die einzelnen Faktoren, aus denen der Index zusammengesetzt wird, sind eindeutig und verständlich beschrieben und sehr relevant für die Nutzer.
- Die Index-Ergebnisse differenzieren zwischen Leistungsanbietern, und zwar über die ganze Bandbreite der getesteten Angebote hinweg.
- Es werden normative Grenzen für die einzelnen Qualitätsstufen gesetzt, auch wenn das zur Folge hat, dass wenige oder kein Anbieter die Kriterien zu einem hohen Grad erfüllen. Auch wird eine gewisse Willkür an den Grenzen der Qualitätsstufen in Kauf genommen.
- Es gibt keine „Bonuspunkte" für die Einhaltung grundlegender Funktionalitäts- oder Sicherheitsaspekte, aber deren Nichteinhaltung führt zum Ausschluss oder gravierenden Abwertungen.

Bisher erfolgt in der Berichterstattung der gesetzlichen QS keine Indexbildung. Die einzelnen Indikatorergebnisse werden unkommentiert und ungewichtet nebeneinander gestellt. In der Regel erfolgt kein Versuch, die Güte einer Leistung (oberhalb von unzureichender Qualität) zu benennen oder zu quantifizieren, sondern es werden Werte genannt, bei denen es dem Nutzer überlassen bleibt, herauszufinden, welche Ausprägung guter oder sehr guter Versorgung entspricht.

> Grundlegende Informationsbedürfnisse der Patienten werden auf diese Weise nicht erfüllt: Es besteht also vor allem angesichts des komplexen Sachverhalts hoher Bedarf an fokussierten und aussagekräftigen Angaben.

9.1.4 Ergänzungsbedarf der derzeitigen Qualitätstransparenz

Zusammengefasst kann man sagen, dass die deutsche QS bisher den Qualitätsvergleich, also die öffentliche Transparenz über Qualitätsunterschiede, weder ermöglicht noch für positive Qualitätsentwicklungen genutzt hat. Das ist höchst bedauerlich, da der vielzitierte Wettbewerb um Qualität voraussetzt, dass Qualität vergleichend sichtbar ist. Wenn diese Funktion nicht von den Qualitätsangaben der gesetzlichen QS erfüllt wird, gibt es dann zumindest Näherungen auf der Grundlage anderer Angaben? Vor diesem Hintergrund stellt sich die Frage, ob bzw. welche Rolle die Fallzahl für öffentliche Qualitätsvergleiche spielen kann. Die Nutzung von Fallzahlen als „Universalindikator" für Qualität kann jedoch bestenfalls ein Substitut bzw. Surrogat sein. Der Auftrag an den Gemeinsamen Bundesausschuss, QS-Verfahren für weitere Leistungsbereiche zu etablieren und die bestehenden Verfahren so weiterzuentwickeln, dass sie sich für Qualitätsvergleiche eignen, bleibt im Interesse der Patientensicherheit und der kontinuierlichen Weiterentwicklung der Patientenversorgung bestehen und ist höchst dringend.

9.2 Fallzahl als relevanter Faktor innerhalb der gesetzlichen QS

Es gibt kaum einen Bereich der QS, der so umstritten ist wie Ansätze rund um die Fallzahl. Das hat auch Auswirkungen auf die Studienlage. So scheint es immer wieder notwendig, den Zusammenhang von Fallzahl und Outcome neu herzuleiten und zu belegen (z.B. Nimptsch u. Mansky 2018: 66–67). Hintergrund mag auch sein, dass bis zum KHSG für die Festlegung einer Mindestmenge ein einfacher Zusammenhang zwischen Fallzahl und Ergebnisqualität nicht ausreichte, sondern ein „besonderer Zusammenhang" gefordert war, der hohe Hürden für die beizubringende Evidenz mit sich brachte.

9.2.1 Transparenz über Mindestfallzahlen und Durchsetzung von Mindestmengen

Schon die Alltagserfahrung besagt, dass Erfahrung bei bestimmten Tätigkeiten unabdingbar dafür ist, bessere Ergebnisse zu haben. Im Zusammenhang mit medizinischen Leistungen darf dabei aber nicht nur die Erfahrung einer Einzelperson, z.B. des verantwortlichen Operateurs, betrachtet werden. Medizinische Ergebnisse sind Teamleistungen, die weit über die isolierte Performance einer einzelnen Person hinausgehen. So kann selbst der begnadetste Transplanteur keine guten Ergebnisse erreichen, wenn nicht das gesamte Team, von der Betreuung der Patienten auf der Warteliste über die eigentliche Operation bis hin zur Nachsorge, ebenso erfahren und kompetent ist. Das kann aber nur gegeben sein, wenn alle Beteiligten, ärztlich, pflegerisch und therapeutisch, in den Prozessen und insbesondere in der Zusammenarbeit untereinander geübt sind. Ein weiterer wichtiger Faktor ist die Personalausstattung: Um beispielsweise einen durchgängigen Facharztstandard für die Betreuung der Patienten vorhalten zu können, müssen mindestens zwei bis drei Ärzte vorhanden sein. Dass diese auch durchgängig mit entsprechenden Behandlungen beschäftigt sein sollten, versteht sich von selbst. Da kleine Einheiten diese Personalausstattung nicht auslasten können, halten sie sie in der Regel auch nicht vor, was eben zu Patientengefährdungen führt (Hoffmann et al. 2018: 114). Und auch die apparative Ausstattung darf nicht übersehen werden. Wenn spezielle, vor allem teure Geräte nur selten und für wenige Patienten genutzt würden, ist der Anreiz verständlicherweise hoch, die nötigen Investitionen nicht zu tätigen. Für mehrere Indikationen, darunter Schlaganfall und Herzinfarkt, weisen Mansky et al. (2017) folgerichtig nach, dass in einem erheblichen Anteil der versorgenden Krankenhäuser, typischerweise jenen mit geringen Fallzahlen, die notwendige apparative Ausstattung für eine leitliniengerechte Versorgung nicht vorliegt. Ohne entsprechende apparative Ausstattung hingegen sind bestimmte diagnostische und therapeutische Verfahren schlicht nicht durchführbar, auch wenn sie medizinisch dringend geboten sind – mit Folgen für die betroffenen Patienten. Das alles macht deutlich, dass es aller Wahrscheinlichkeit nach für die allermeisten Leistungen im Krankenhaus einen Fallzahlbereich gibt, in dem qualitativ hochwertige Versorgung mangels Erfahrung des Teams und oft auch apparativer wie personeller Ausstattung nicht möglich ist. Derartige „Gelegenheitsversorgung" muss also dringend identifiziert und nach Möglichkeit ausgeschlossen werden.

Die Überlegung, dass unterhalb gewisser Fallzahlen Gefährdungen für die Patientensicherheit zwangsläufig und strukturell zunehmen, liegt der gesetzlichen Mindestmengenregelung in § 136b Abs. 1 Nr. 2 SGB V zugrunde. Als Folge der bis 2016 bestehenden hohen Evidenzhürden für die Etablierung von Mindestmengen hat der G-BA jedoch bis dato nur für acht Leistungsbereiche Mindestmengen etabliert (G-BA 2018b). Diese Zahl scheint bei weitem nicht ausreichend, da der Zusammenhang von niedriger Menge und strukturell schlechteren Ergebnissen bzw. höherer vermeidbarer Patientengefährdung für die allermeisten Leistungen gegeben sein dürfte. Aber auch in Bezug auf die bestehenden Mindestmengen gibt es noch Nachholbedarf: Obwohl eigentlich Krankenhäuser unterhalb der Mindestmengen die Leistungen nicht erbringen durften, war die Durchsetzung der Regelung bis zum KHSG im besten Fall als lückenhaft zu bezeichnen. In der Folge gab es eine nicht unerhebliche Anzahl von Krankenhausstandorten, die die Mindestmengen nicht erreichten. Diese Standorte hätten in der vergleichenden Qualitätsberichterstattung unmissverständlich markiert werden müssen, da von Patienten nicht zu erwarten ist, dass sie die Leistungsbereiche und Fallzahlen der Mindestmengenregelungen des G-BA bei ihren Suchvorgängen kennen und einbeziehen. Ob die neuen Regelungen zur prospektiven Feststellung der Erlaubnis zur Leistungserbringung in § 136b Abs. 4 SGB V dafür sorgen, dass zumindest die Gelegenheitsversorgung unterhalb definierter Mindestmengen unterbleibt, wird die Zukunft zeigen.

Für Patienten wäre es im Rahmen der Qualitätsberichterstattung jedenfalls von zentraler Bedeutung, wenn für möglichst viele Leistungen eine Mindestfallzahl angegeben wäre, unterhalb derer von potenziell verstärkt patientengefährdender Gelegenheitsversorgung auszugehen ist. Die hierzu nötigen Überlegungen und statistischen Erhebungen, wie sie z.B. Hoffmann et al. (2018) für die Thoraxchirurgie aufführen, fehlen für viele Leistungsbereiche.

Und selbst dort, wo in der Fachliteratur derartige Angaben vorliegen, werden diese in der vergleichenden Qualitätsberichterstattung in der Regel nicht verwendet, da bei den Betreibern der Internetportale die (berechtigte!) Befürchtung besteht, in diesem Fall von Krankenhäusern mit Fallzahlen unterhalb dieser Marke in Rechtsstreitigkeiten verwickelt zu werden. In der Summe führt das dazu, dass die wichtigen Aussagen darüber, wo aufgrund niedriger Fallzahlen mit erhöhter Patientengefährdung zu rechnen ist, die Patienten (und die einweisenden Ärzte) nicht erreichen und folglich auch nicht versorgungssteuernd wirken können. Die vergleichende Qualitätstransparenz für stationäre Einrichtungen bleibt damit weit hinter dem zurück, was z.B. durch die Stiftung Warentest für andere Dienstleistungsbereiche praktiziert wird und im Interesse der Patientensicherheit geboten wäre.

9.2.2   Fallzahlen und statistische Aussagekraft innerhalb der datengestützten QS

Eingangs dieses Artikels wurde ausgeführt, dass datengestützte QS-Ergebnisse der einfachen Betrachtung von Fallzahlen in ihrer Aussagekraft überlegen sind. Entfällt also der Einbezug von Fallzahlen in Qualitätsvergleiche für all jene Leistungsbereiche, in denen datengestützte QS-Maßnahmen etabliert sind?

Zur Beantwortung dieser Frage lohnt ein Blick in eine Ausarbeitung des AQUA-Instituts aus der Zeit, in der es nach § 137a SGB V für den G-BA die gesetzliche QS betreute. Ziel der damaligen Ausarbeitung war, die Unterscheidungsfähigkeit der Indikatoren der datengestützten gesetzlichen Qualitätssicherung zu ermitteln. Diese war nach den damals vom AQUA-Institut getroffenen Festlegungen dann gegeben, wenn eine Verdoppelung der Ergebnisse eines Qualitätsindikators im Vergleich zum Bundesdurchschnitt (also z.B. eine doppelt so hohe Komplikationsrate als im Durchschnitt) mit einer gewissen Wahrscheinlichkeit statistisch nachweisbar war. Hierzu wurde eine erforderliche minimale Fallzahl abgeleitet (AQUA 2015: 12). Mit anderen Worten: Wann immer die Fallzahl eines Standortes unter dieser mit statistischen Methoden ermittelten Zahl liegt, ist selbst die Verdoppelung von Raten schwerer Komplikationen nicht sicher an den Qualitätsindikatoren ablesbar, mithin die Aussagekraft der vermeintlich zuverlässigen QS-Ergebnisse hinsichtlich Vergleichen zur Patientensicherheit stark eingeschränkt. Bleibt die Frage, wie viele Einrichtungen unter diesen „erforderlichen" Fallzahlen bleiben. Einen Rückschluss darauf, dass ein Großteil der in der gesetzlichen QS eingesetzten Indikatoren bei den Fallzahlen, welche die typischen Leistungserbringer aufweisen, nicht verlässlich zwischen guter und schlechter Qualität unterscheiden, gibt die vom AQUA-Institut getroffene Festlegung. Demnach liegt bereits dann eine „gute Diskriminationsfähigkeit" eines Indikators vor, wenn mehr als 10% (!) der Krankenhausstandorte die minimal erforderliche Fallzahl erreichen (AQUA 2015: 12). Diese Interpretation, die nach allen Gesetzen der Logik nicht mit dem Ziel der Patientensicherheit in

Einklang zu bringen ist, dürfte nur aus der Not geboren gewesen sein, da ansonsten offenbar geworden wäre, dass für einen Großteil der deutschen Krankenhausstandorte ein Großteil der Indikatoren der gesetzlichen Qualitätssicherung nur bei ausgesprochen großen Qualitätsdifferenzen verlässliche Ergebnisse erbringt: Bei niedrigen Fallzahlen versagen die Instrumente der gesetzlichen Qualitätssicherung aufgrund statistisch-mathematischer Gegebenheiten. Das liegt auch daran, dass eine ganze Reihe der Indikatoren vergleichsweise seltene, dafür aber schwerwiegende negative Ereignisse in den Blick nimmt. Für statistisch sichere Aussagen sind dann besonders große Fallzahlen erforderlich. Ergänzend wäre die Entwicklung von Ergebnisindikatoren sinnvoll, die auf das Ausmaß der Erreichung von Behandlungszielen abstellen.

Angesichts der soeben dargelegten Zusammenhänge sind mit Blick auf öffentliche Qualitätsvergleiche und Patientensicherheit einige Schlussfolgerungen zu ziehen:

- Unterhalb der für die Qualitätsmessung statistisch notwendigen Fallzahlen können die Krankenhausstandorte weder gute Versorgungsqualität nachweisen, noch gezielte Qualitätsentwicklung etwa auf der Grundlage von Benchmarks mit anderen Einrichtungen steuern.
- In der vergleichenden Qualitätsberichterstattung auf der Grundlage datengestützter Indikatoren sollte die Mindestfallzahl, wie sie das AQUA-Institut für die Prüfung der statistischen Diskriminationsfähigkeit ermittelt hat, unbedingt angegeben werden. Alle Indikatorergebnisse, die auf niedrigeren Fallzahlen beruhen, sollten mit ausdrücklichen Warnhinweisen gekennzeichnet sein, damit Patienten und einweisende Ärzte nicht in falscher Sicherheit gewiegt werden.
- Es sollten möglichst robustere Indikatoren entwickelt werden, die bereits bei geringeren Fallzahlen und damit anteilig mehr Einrichtungen belastbare Ergebnisse liefern.

Zusammenfassend kann man also folgern, dass mitnichten die Erhebung datengestützter Qualitätsindikatoren die Information, die sich aus (geringer) Fallzahl ergibt, obsolet macht. Im Gegenteil: Gerade aus der datengestützten QS ergeben sich wichtige Hinweise auf einen Schwellenwert für die Beurteilung der Fallzahl und mithin für die Festlegung inhaltlich begründeter Mindestmengen.

Wenn die Fallzahl eines Hauses unterhalb des statistisch notwendigen Wertes liegt, um relevante Qualitätsprobleme anzuzeigen, bedeutet das, dass die Patientensicherheit in der betreffenden Einrichtung mit den herkömmlichen Instrumenten nicht überprüft werden kann und damit die Gefahr besteht, dass vermeidbare Patientengefährdungen vorliegen. Diese Information sollte sowohl für Patienten als auch für einweisende Ärzte verfügbar gemacht werden.

9.3 Fallzahl als universeller Ansatzpunkt für Qualitätsvergleiche

Bisher wurde hergeleitet, dass sich die Qualitätsberichterstattung auf der Grundlage der Informationen aus der gesetzlichen Qualitätssicherung, sowohl was die datengestützten Ansätze angeht als auch mit Blick auf die Strukturqualität, praktisch nicht für Vergleiche zwischen Krankenhausstandorten eignet. Davon ganz abgesehen, wird auch nur ein Bruchteil der Leistungen überhaupt von QS-Maßnahmen erfasst. In der Summe besteht also hoher Bedarf daran, Informationen über weitere Leistungsbereiche verfügbar zu machen. Vor diesem Hintergrund liegt nahe, die Fallzahl, die als Datum vergleichsweise vollständig und zuverlässig vorliegt, als eine Art „universellen Indikator" für Qualitätsvergleiche heranzuziehen.

9.3.1 Limitationen

Bei aller Euphorie über die gute Verfügbarkeit des „Indikators Fallzahl" für die Qualitätsberichterstattung sollten dennoch nicht die Limitationen einer solchen Vorgehensweise außer Acht gelassen werden. Hierbei sind zwei Problemkreise relevant. Der erste besteht darin, dass die Fallzahl wahrscheinlich nicht über die gesamte Bandbreite der LE hinweg differenziert. Typische Verläufe von Lernkurven (unabhängig davon, ob Individuen oder Systeme betrachtet werden) weisen am Anfang einen steilen Anstieg auf, während in oberen Bereichen nur noch marginale Zuwächse erzielt werden. Übersetzt bedeutet das, dass die Patientensicherheit und die Ergebnisqualität wahrscheinlich im unteren Fallzahlbereich in deutlich höherem Ausmaß mit der Fallzahl korrelieren als im oberen. Gerade mit Blick auf kritische Ressourcen wie Personal und Geräte kann sich bei ausgesprochen hohen Fallzahlen sogar ein negativer Effekt ergeben, wenn diese überbeansprucht, also überlastet werden. Besonders offensichtlich wird das derzeit mit Bezug auf das Pflegepersonal: Die RN4CAST-Studie hat ergeben, dass für jeden Patienten, den eine Pflegekraft pro Schicht mehr betreuen muss, die 30-Tage-Sterblichkeit aller betroffenen Patienten um sieben Prozent ansteigt (zitiert nach Busse u. Zander 2015). Und aus übergroßer Routine kann sich, ohne entsprechendes Qualitätsmanagement, auch Sorglosigkeit oder Flüchtigkeit ergeben. Damit ist ein „Universalindikator Fallzahl" nur dazu geeignet, Leistungserbringer zu identifizieren, bei denen sich erhöhte Risiken für die Patientensicherheit ergeben, nicht aber dazu, zwischen guten und sehr guten Versorgungsangeboten zu unterscheiden.

Die zweite Einschränkung des „Universalindikators Fallzahl" besteht darin, dass er keinen Umkehrschluss zulässt: Auch Standorte, die deutlich oberhalb von kritischen Fallzahlen arbeiten, müssen nicht zwangsläufig gute Qualität erbringen. Wenn dort beispielsweise kein gutes internes Qualitätsmanagement etabliert ist oder ausgeprägter Mangel beim Pflegepersonal herrscht, können die positiven Effekte hoher Fallzahlen von den negativen Auswirkungen anderer Faktoren überkompensiert werden. Eine ausreichende Fallzahl ist damit nur eine notwendige, aber keine hinreichende Bedingung für gute Versorgungsqualität.

9.3.2 Ausgestaltung

Die Limitationen, denen der „Universalindikator Fallzahl" unterliegt, sind kein Grund, auf diese wichtige Angabe in der Qualitätsberichterstattung zu verzichten. Stattdessen müssen die Grenzen, denen dieser Ansatz unterliegt, klar kommuniziert und durch entsprechende Ausgestaltung bestmöglich kompensiert werden. Das bedeutet vor allem, dass deutlich gemacht wird, dass Angaben zur Fallzahl insbesondere im niedrigen Fallzahlbereich eine wesentliche Orientierung bieten, nicht aber notwendigerweise im hohen.

Derzeit wird beispielsweise in der Weissen Liste bei Suchanfragen bereits eine geobasierte Darstellung von Krankenhäusern vorgenommen, bei der drei Angaben für die Einordnung eines Standortes herangezogen werden: die Bewertung im Rahmen von Patientenbefragungen, ein Index über die Erfüllung von Qualitätsvorgaben wie z.B. behandlungsrelevante Ausstattung und Hygieneergebnisse und eben die Fallzahl. Aus Sicht der patientenverständlichen und -relevanten Berichterstattung ist diese Vorgehensweise äußerst begrüßenswert. In Ermangelung inhaltlich determinierter und durch z.B. den G-BA festgelegte Grenzwerte kann hier allerdings nur zwischen unterdurchschnittlicher, durchschnittlicher und überdurchschnittlicher Fallzahl unterschieden werden. Diese Vorgehensweise birgt die Gefahr, dass sehr viele kleine Standorte den Durchschnitt so weit senken, dass dieser deutlich unter einem für die Patientensicherheit angemessenen Niveau liegt. Wesentlich besser wäre eine inhaltliche Festsetzung von Mindestfallzahlen im Interesse der Patientensicherheit, mithin eine normative Entscheidung auf der Basis der vorhandenen Studien und methodischen Ansätze, wie auch die Stiftung Warentest in den Feldern, in denen sie tätig wird, vorgeht. Hierzu sollten die in diesem Artikel angesprochenen Erkenntnisse herangezogen werden:

- **Erkenntnisse aus der Lerntheorie und der Organisationsforschung:** Es sollte ermittelt werden, wie hoch typischerweise Fallzahlen liegen müssen, um Einzelpersonen und Versorgungsteams zu ermöglichen, die Lernkurve bis zu einem Punkt zu durchlaufen (und sich dort zu halten!), an dem nur noch unwesentliche Verbesserungen durch mehr Erfahrung und Übung erzielt werden können.
- **Ökonomische Überlegungen zur Auslastung:** Da unzureichende Auslastung von personellen und materiellen Ressourcen immer den Anreiz bietet, auch qualitätskritische Ausstattung „einzusparen", sollte die Orientierungsfallzahl immer so berechnet sein, dass eine sinnvolle Auslastung möglich ist. (Ergänzend ist wichtig, zu überprüfen, dass Versorgung nur dort passiert, wo diese kritischen Ressourcen nachweislich vorhanden sind.)

- **Statistische Aussagekraft von Qualitätsmessungen:** Die Fallzahl sollte mindestens so hoch liegen, dass Qualitätsmessungen auch bei eher seltenen patienten-relevanten Komplikationen mathematisch-statistisch aussagekräftig sind und damit die Grundlage für internes Qualitätsmanagement wie auch externe Benchmarks im Zusammenhang mit der Patientensicherheit bieten.

Auch wenn hier weiterer Forschungsbedarf bezüglich der Frage besteht, wo diese jeweiligen Schwellenwerte liegen und welche Erkenntnisse sich daraus für die Versorgungsqualität ableiten lassen, sollte das nicht als Argument dafür genutzt werden, auf Mindestmengen bzw. weitere Ansätze mit Bezug zur Fallzahl zu verzichten, während man an der Methodik der idealen Festlegung der Mindestfallzahlen arbeitet. Hier sollte das Vorsichtsprinzip im Interesse der Patientensicherheit überwiegen.

9.4   Zusammenfassung und Ausblick

Ein „Indikator Fallzahl" muss mit Blick auf seine Limitationen gestaltet und berichtet werden, denn er kann nur notwendige, aber keine hinreichenden Bedingungen für gute Versorgungsqualität anzeigen. Hierbei wäre wünschenswert, zu einer multidisziplinären Ermittlung von Schwellenwerten bezüglich der Fallzahlen zu gelangen. Aber angesichts der Tatsache, dass der Ressourcen-aufwand für eine umfassende Qualitätsmessung in der Realität nicht für alle Leistungsarten zu erbringen ist, stellt die Fallzahl einen ausgesprochen sinnvollen und tragfähigen „Surrogatindikator" dar, der dringend umfassender als bisher genutzt werden sollte. Festlegungen von Mindestfallzahlen nach den hier vorgestellten Mustern wären auch eine überaus wichtige Information für die Qualitätsberichterstattung und könnten darüber hinaus Verbesserungen im Bereich der Patientensicherheit nach sich ziehen. Hier sind Gesetzgeber und Krankenkassen aufgerufen, entsprechende Impulse zu setzen. Auf diesem Weg besteht noch viel Raum, ja im Patienteninteresse dringender Bedarf nicht nur an weiterer Forschung, sondern insbesondere an konkretem Handeln!

Take home messages
- *Qualitätsmessung und nachfolgende -berichterstattung entsprechen derzeit nicht den Anforderungen, die an gute Informationen für Patienten und einweisende Ärzte zu richten sind.*
- *Der Aspekt der strukturellen potenziellen Patientengefährdung bei geringen Fallzahlen wird zu wenig beachtet.*
- *Die Mindestmengenregelungen des G-BA ändern diese Situation bisher nicht, da zu wenige Leistungen erfasst sind und auch die Fallzahlen zu niedrig erscheinen.*
- *Auch wenn eine umfassende Qualitätsmessung mittels Indikatoren zu Struktur-, Prozess-, Ergebnis- und Indikationsqualität sowie PREMs und*

PROMs, deren Ausweitung dringend geboten ist, erfolgen würde, verlieren ergänzende Ansätze rund um die Fallzahl nicht an Bedeutung, da der Aufwand für diesen umfassenden Ansatz nicht für alle Leistungsarten zu erbringen ist.

Literatur

AQUA-Institut für angewandte Qualitätsförderung und Forschung im Gesundheitswesen (AQUA) (2015): „Bericht zur Prüfung und Bewertung der Indikatoren der externen stationären Qualitätssicherung hinsichtlich ihrer Eignung für die einrichtungsbezogene öffentliche Berichterstattung, Stand: 17. April 2015". URL: https://www.aqua-institut.de/fileadmin/aqua_de/Projekte/578_QI_Pruefung/Bericht_QI_Pruefung_2014.pdf (abgerufen am 20.07.2018).

Busse, R.; Zander, B. (2015): „Welchen Einfluss haben qualitative und quantitative Parameter der Pflege in Akutkrankenhäusern auf Personal- und Patienten-Outcomes?" URL: https://www.mig.tu-berlin.de/fileadmin/a38331600/2013.lectures/Berlin_2013.11.11.rb_RN4Cast-Web.pdf (abgerufen am 30.08.2018).

Gemeinsamer Bundesausschuss (G-BA) (2018a): „Richtlinie des Gemeinsamen Bundesausschusses gemäß § 136 Abs. 1 SGB V i.V.m. § 135a SGB V über Maßnahmen der Qualitätssicherung für nach § 108 SGB V zugelassene Krankenhäuser (Richtlinie über Maßnahmen der Qualitätssicherung in Krankenhäusern/QSKH-RL) in der Fassung vom 15. August 2006, zuletzt geändert am 16. März 2018". URL: https://www.g-ba.de/downloads/62-492-1569/QSKH-RL_2018-03-16_iK-2018-04-27.pdf (abgerufen am 11.06.2018).

Gemeinsamer Bundesausschuss (G-BA) (2018b): „Regelungen des Gemeinsamen Bundesausschusses gemäß § 136b Absatz 1 Satz 1 Nummer 2 SGB V für nach § 108 SGB V zugelassene Krankenhäuser (Mindestmengenregelungen, Mm-R) in der Fassung vom 20. Dezember 2005, zuletzt geändert am 17. Mai 2018". URL: https://www.g-ba.de/downloads/62-492-1601/Mm-R_2018-05-17_iK-2018-06-08.pdf (abgerufen am 19.07.2018).

Hoffmann, H.; Passlick, B.; Ukena, D.; Wesselmann, S. (2018): „Mindestmengen in der Thoraxchirurgie: Argumente aus der deutschen DRG-Statistik", in: Dormann, F. et al.: Qualitätsmonitor 2018, Medizinisch Wissenschaftliche Verlagsgesellschaft, Berlin, S. 103–120.

Institut für Qualität und Transparenz im Gesundheitswesen (IQTIG) (2017): „Qualitätsreport 2016 – Zusammenfassung". URL: https://iqtig.org/downloads/berichte/2016/IQTIG_Qualitaetsreport-2016_Zusammenfassung.pdf (abgerufen am 15.06.2018).

Mansky, T.; Drogan, D.; Nimptsch, U.; Günster, C. (2017): „Eckdaten stationärer Versorgungsstrukturen für ausgewählte Krankheitsbilder in Deutschland", in: Dormann, F. et al.: Qualitätsmonitor 2017, Medizinisch Wissenschaftliche Verlagsgesellschaft, Berlin. URL: https://aok-bv.de/imperia/md/aokbv/presse/pressemitteilungen/archiv/2016/download_qualitaetsmonitor_themenblock2_final.pdf (abgerufen am 19.07.2018).

Nimptsch, U.; Mansky, T. (2018): „Volume-Outcome-Zusammenhänge in Deutschland", in: Dormann, F. et al.: Qualitätsmonitor 2018, Medizinisch Wissenschaftliche Verlagsgesellschaft, Berlin, S. 55–69.

Stiftung Warentest (2014): „Geschlossene Immobilienfonds: Neun Angebote im Test – So haben wir getestet". URL: https://www.test.de/Geschlossene-Immobilienfonds-Neun-Angebote-im-Test-4703450-4703453/ (abgerufen am 17.06.2018).

Dr. rer. pol. Ilona Köster-Steinebach

Studium der Japanologie (M.A.) und Volkswirtschaftslehre (Promotion) in Marburg. 2004 Fachreferentin, Senior-Projekt- sowie Teamleiterin in strategischen Stabsstellen der KV Bayerns, München. 2010 Referentin im Verbraucherzentrale Bundesverband, Berlin, und Patientenvertretung im Gemeinsamen Bundesausschuss. Seit 2018 Geschäftsführerin im Aktionsbündnis Patientensicherheit.

10 Datenzugang für die Qualitätsmessung in der akutstationären Krankenhausversorgung

Ulrike Nimptsch, Matthias Schömann und Thomas Mansky

Mit der Einführung des DRG-Systems, das Krankenhausleistungen auf der Grundlage von dokumentierten Patienten- und Behandlungsinformationen pauschal vergütet, sind in den administrativen Datenbeständen der Krankenhäuser umfassende Informationen in standardisierter elektronischer Form verfügbar geworden. Da diese Abrechnungsdaten (sog. DRG-Daten) in allen Krankenhäusern, die dem Krankenhausentgeltgesetz (KHEntgG) unterliegen, erhoben werden und auf der Grundlage des § 21 KHEntgG an zentraler Stelle zusammengeführt werden, ist in Deutschland ein Datenbestand verfügbar, der das akutstationäre Versorgungsgeschehen nahezu vollständig abbildet.

Unter der derzeitigen Ausgestaltung des § 21 KHEntgG sind die Möglichkeiten zur Nutzung dieser Daten auf bestimmte Nutzungsberechtigte und bestimmte Nutzungszwecke beschränkt. Eine weitergehende Nutzung der deutschlandweiten DRG-Daten könnte jedoch zusätzliche Möglichkeiten zur Qualitätsmessung in der akutstationären Krankenhausversorgung eröffnen und damit zur Qualitätstransparenz und zur Weiterentwicklung der Versorgungsstrukturen beitragen.

Der vorliegende Beitrag beschreibt die Entstehung und die Eigenschaften der DRG-Daten und zeigt die derzeitigen Nutzungsmöglichkeiten des Datenbestandes gemäß § 21 KHEntgG. Es wird erläutert, welches Potenzial die deutschlandweiten DRG-Daten über die derzeitigen Nutzungsmöglichkeiten hinaus bieten könnten und welche gesetzlichen Änderungen für eine erweiterte Nutzung erforderlich wären.

10.1 Entstehung der DRG-Daten

In den Jahren 2003 und 2004 wurde zur Vergütung der akutstationären Krankenhausleistungen in Deutschland das fallpauschalierende Vergütungssystem der Diagnosis Related Groups (DRG) eingeführt. In diesem Vergütungssystem wird ein Krankenhausfall auf der Grundlage von Diagnosen, Prozeduren, administrativen und demografischen Merkmalen und weiterer Informationen in eine Fallpauschale eingruppiert, die die Höhe des Entgeltes bestimmt. Dies hat zur Folge, dass die genannten Informationen Bestandteil der Rechnung für einen Krankenhausfall sind und standardisiert elektronisch erfasst werden müssen.

Im Unterschied zu anderen Industrienationen ist das DRG-System in Deutschland nicht auf bestimmte Versicherungsarten, Patientengruppen oder Krankenhäuser beschränkt. Der DRG-Abrechnungssystematik unterliegen die stationären Leistungen aller Krankenhäuser im Anwendungsbereich des § 1 KHEntgG. Mit Ausnahme der psychiatrischen und psychosomatischen Versorgung und zahlenmäßig wenig bedeutsamen weiteren Ausnahmen werden daher nahezu alle akutstationären Krankenhausleistungen nach diesem Entgeltsystem abgerechnet. Im internationalen Sprachgebrauch handelt es sich damit um ein „All-Patient-/All-Payer"-System.

!

Das deutsche DRG-System ist ein All-Patient-/All-Payer-System.

Die Datenerhebung in den Krankenhäusern dient in erster Linie der Abwicklung des elektronischen Rechnungs- und Zahlungsverkehrs zwischen Krankenhäusern und Krankenkassen. Dafür werden die erforderlichen Daten auf der Grundlage des § 301 SGB V einheitlich und standardisiert dokumentiert und übermittelt. Aufgrund der einheitlichen Abrechnungssystematik kommt dieses Verfahren nicht nur für gesetzlich Krankenversicherte zur Anwendung, sondern auch im Rechnungs- und Zahlungsverkehr mit privaten Krankenversicherungen und gesetzlichen Unfallversicherungen.

Die Dokumentation der patientenbezogenen administrativen und medizinischen Daten in den Krankenhäusern erfolgt elektronisch in den Krankenhausinformationssystemen. Die medizinischen Inhalte, also insbesondere Diagnosen und Prozeduren, werden von den behandelnden Ärzten und Pflegekräften oder von speziell für diesen Zweck beschäftigten Kodierfachkräften dokumentiert (Grobe et al. 2014). Hierfür gelten einheitliche Kodierrichtlinien, die eine vergleichbare Dokumentation der entgeltrelevanten Behandlungsdaten gewährleisten sollen. Darin ist insbesondere definiert, nach welchen Kriterien Hauptdiagnose, Nebendiagnosen und signifikante Prozeduren verschlüsselt werden.

Die entgeltrelevanten Inhalte von Krankenhausabrechnungsdaten werden mehrfach geprüft. Im Vorfeld der Rechnungslegung prüft in der Regel das krankenhausinterne Medizincontrolling, das für das Erlösmanagement verantwortlich ist, die Vollständigkeit und Richtigkeit der Dokumentation. Nachdem die Rechnung übermittelt wurde, prüfen auch die Krankenkassen die Datensätze auf ihre Plausibilität. In Verdachtsfällen werden gesonderte Prüfungen, z.B. durch den Medizinischen Dienst der Krankenkassen (MDK), anhand von Informationen aus der Krankenakte durchgeführt. Im Jahr 2013 wurde der Anteil der stationären Krankenhausabrechnungen, die durch den Medizinischen Dienst der Krankenkassen einer Einzelfallprüfung unterzogen wurden, auf durchschnittlich 12% geschätzt (Auhuber u. Hoffmann 2015).

Die Krankenhausabrechnungsdaten liegen sowohl bei den Krankenhäusern für die von ihnen behandelten Patienten vor, als auch bei den Krankenkassen, für die bei ihnen versicherten Personen. Daneben werden die Daten aller Krankenhäuser und aller Behandlungsfälle an einer zentralen Stelle zusammengeführt: Einmal jährlich übermitteln die Krankenhäuser auf der Grundlage des § 21 KHEntgG ihre Daten an die Datenstelle beim Institut für das Entgeltsystem im Krankenhaus (InEK), das mit der Einführung, Weiterentwicklung und Pflege des DRG-Vergütungssystems beauftragt ist. Die Datenlieferung erfolgt in einem definierten Datenformat und umfasst neben den Strukturdaten des Krankenhauses die vollständigen fallbezogenen Abrechnungsdaten. Das InEK fungiert in diesem Zusammenhang gemäß § 21 Abs. 1 KHEntgG auch als Datenstelle auf Bundesebene und prüft die gelieferten Daten auf ihre Vollständigkeit und verschiedene technische und inhaltliche Plausibilitätskriterien (InEK 2017). Gemäß § 21 Abs. 5 KHEntgG werden Krankenhäuser, die ihre Verpflichtung zur Übermittlung der Daten nicht, nicht vollständig oder nicht rechtzeitig erfüllen, mit Abschlägen sanktioniert, die im Rahmen der Pflegesatzverhandlungen mit den Krankenkassen zur Wirkung gebracht werden. Daher ist die Vollständigkeit der Datenlieferungen hoch.

Erstmalig fand die Datenübermittlung gemäß § 21 KHEntgG für das Datenjahr 2002 statt. Mit diesem zusammengeführten Datenbestand verfügt Deutschland über ein nahezu vollständiges Register aller akutstationären Krankenhausbehandlungen.

Der Datenbestand gemäß § 21 KHEntgG ist ein nahezu vollständiges Register aller akutstationären Krankenhausbehandlungen in Deutschland.

10.2 Eigenschaften der DRG-Daten und Analysemöglichkeiten

Die Bezugsgröße in den Daten ist jeweils der Krankenhausfall, also eine Behandlungsepisode von der Aufnahme bis zur Entlassung eines Patienten, für die eine Rechnung gestellt wird.

Die Krankenversichertennummer, die im Bereich der Gesetzlichen Krankenversicherung einheitlich und lebenslang unveränderlich vergeben wird, ist in den Daten enthalten. Neben demografischen Angaben (z.B. Alter bei Aufnahme, Geschlecht, Postleitzahl des Wohnortes) sind verschiedene administrative Informationen enthalten. Diese umfassen u.a. den Aufnahmeanlass (z.B. Einweisung, Notfall, Verlegung aus einem anderen Krankenhaus) und die Entlassungsart (z.B. regulär entlassen, verlegt oder verstorben), die Art der

behandelnden Fachabteilung/-en und die Anzahl der Belegungstage. Haupt-
und Nebendiagnosen sind nach der International Classification of Diseases,
German Modification (ICD-10-GM), Prozeduren nach dem Operationen- und
Prozedurenschlüssel (OPS) kodiert. Daneben sind bestimmte weitere medizinische Angaben enthalten, die zur Ermittlung der DRG-Fallpauschale notwendig sind. Dabei handelt es sich um die Anzahl der Stunden maschineller Be-
atmung bzw. das Aufnahmegewicht bei Neugeborenen. Da all diese Informationen auf der Fallebene zur Verfügung stehen, ist es möglich, komplexe Fall-
definitionen anhand von beliebigen Merkmalskombinationen aus Haupt- und
Nebendiagnosen, Prozeduren und weiteren Angaben zu spezifizieren.

Zu jedem Behandlungsfall ist das Institutionskennzeichen und ggf. ein Stand-
ortkennzeichen des behandelnden Krankenhauses dokumentiert. Somit sind
auch krankenhausbezogene Analysen prinzipiell möglich.

Da die DRG-Daten eine Vollerhebung der Krankenhausfälle in Krankenhäusern
gemäß § 1 KHEntgG darstellen, sind sie in Bezug auf die meisten Krankheitsbilder bzw. Behandlungen in der akutstationären Versorgung als nahezu vollständig zu werten. Ein Bevölkerungsbezug kann z.B. durch die Berechnung
von Raten pro 100.000 Einwohner hergestellt werden. Beachtet werden muss
jedoch, dass diese Daten ausschließlich die vollstationäre Versorgung abbilden. Ambulante Krankenhausbehandlungen werden mit diesem Datenbestand nicht erfasst. Deshalb eignen sich die DRG-Daten insbesondere zur
Untersuchung von Versorgungsleistungen, die vorwiegend oder ausschließlich stationär durchgeführt werden, wie die Behandlung schwerer akuter Erkrankungen (z.B. Herzinfarkt oder Schlaganfall) oder größere Operationen.

Aufgrund des Fallbezugs ist der Beobachtungszeitraum auf den Krankenhausaufenthalt begrenzt. Ein typischer Outcome-Parameter von Analysen der DRG-
Daten ist die Krankenhaussterblichkeit, die über den Entlassungsgrund „Tod"
operationalisiert wird (Nimptsch et al. 2014).

10.3   Vor- und Nachteile der Daten gemäß § 21 KHEntgG
im Vergleich zu anderen Datenbeständen

Der Wert des Datenbestandes gemäß § 21 KHEntgG liegt im Wesentlichen in
seiner Vollständigkeit und dem Abdeckungsgrad. Dies ist ein Vorteil gegenüber den Datenbeständen der Krankenkassen, denen die gemäß § 301 SGB V
übermittelten Abrechnungsdaten aus der Krankenhausversorgung nur für
ihre eigenen Versicherten vorliegen. So beziehen sich beispielsweise die Analysen aus dem QSR-Verfahren nur auf AOK-Versicherte und können damit
immer nur eine Teilpopulation der Behandlungsfälle eines Krankenhauses
abbilden. Allerdings verfügen die Krankenkassen über die Möglichkeit, anhand der Krankenversichertennummer mehrere Behandlungsepisoden und/
oder Abrechnungsdaten aus anderen Versorgungsbereichen versichertenbezogen miteinander zu verknüpfen. Damit können längsschnittliche Behand-
lungsverläufe analysiert werden. Da der Krankenkasse auch bekannt wird,

wenn ein Versicherungsverhältnis aufgrund des Versterbens eines Versicherten endet, können mit den Datenbeständen der Krankenkassen zeitlich standardisierte Endpunkte wie 30-Tage-, 90-Tage- oder 1-Jahressterblichkeit gemessen werden (WIdO 2018). Diese Möglichkeit ist in den fallbezogenen Daten gemäß § 21 KHEntgG nicht gegeben.

Mit der Neuregelung der §§ 303a–e SGB V im Jahr 2012 wurde in Deutschland ein Datenbestand geschaffen, in dem Daten aller gesetzlichen Krankenversicherungen zusammengeführt sind und dessen Nutzung der Aufgabenerfüllung verschiedener Institutionen des Gesundheitswesens sowie der wissenschaftlichen Forschung dienen soll. Mit der Aufbereitung und Bereitstellung der Daten ist das Deutsche Institut für Medizinische Dokumentation und Information (DIMDI) beauftragt. Der unter der Bezeichnung „Informationssystem Versorgungsdaten (Datentransparenz)" bereitgestellte Datenbestand beruht auf den jährlichen Datenübermittlungen der gesetzlichen Krankenkassen an das Bundesversicherungsamt zum Zweck der Weiterentwicklung des morbiditätsorientierten Risikostrukturausgleichs auf der Grundlage des § 268 SGB V. In diesen Daten, die versichertenbezogen verknüpft werden können, sind auch Informationen aus der Krankenhausversorgung enthalten. Diese beschränken sich jedoch auf Haupt- und Nebendiagnosen sowie den Entlassungsmonat. Informationen zu den im Krankenhaus durchgeführten Prozeduren und zum Entlassungsgrund sind nicht vorhanden. Auch ambulant durchgeführte Prozeduren sind in den Daten nicht enthalten. Damit sind die Analysemöglichkeiten dieser Daten, nicht nur im Bereich der Krankenhausversorgung, stark eingeschränkt (Mansky et al. 2012).

Neben den Daten gemäß § 21 KHEntgG ist in Deutschland noch eine weitere Vollerhebung aus der Krankenhausversorgung verfügbar, die vom Statistischen Bundesamt bereitgestellt wird: Dies sind die Daten der amtlichen Krankenhausstatistik, die seit 1991 bundeseinheitlich auf der Grundlage der Krankenhausstatistikverordnung (KHStatV) erhoben werden. Diese Daten werden, ebenso wie die DRG-Daten, von den Krankenhäusern jährlich übermittelt. Sie sind durch eine deutlich geringere Detailtiefe gekennzeichnet, umfassen jedoch alle Krankenhausfälle, auch diejenigen, die nicht dem DRG-System unterliegen. Die Merkmale der Behandlungsfälle in der Krankenhausstatistik umfassen im Wesentlichen Geschlecht, Alter, Wohnort, Fachabteilung mit längster Verweildauer und die Hauptdiagnose (§ 3 Nr. 14 KHStatV). Weitere Informationen wie z.B. Nebendiagnosen, durchgeführte Prozeduren oder Entlassungsgrund sind in diesen Daten nicht verfügbar. Damit bietet auch dieser Datenbestand im Vergleich zu den Daten nach § 21 KHEntgG nur eingeschränkte Auswertungsmöglichkeiten.

Eine weitere Datenquelle zur Qualitätsmessung in der Krankenhausversorgung sind die strukturierten Qualitätsberichte der Krankenhäuser gemäß § 136b Abs. 1 Nr. 3, die seit 2012 jährlich von den Krankenhäusern erstellt werden müssen. Dafür werden die Behandlungsdaten auf der Fachabteilungsebene des einzelnen Krankenhauses aggregiert. Fallzahlen werden nach

Hauptdiagnosen und Prozeduren aufgeschlüsselt. Daneben sind weitere Informationen (u.a. Indikatoren aus der externen stationären Qualitätssicherung) enthalten, die von den Krankenhäusern in strukturierter Form berichtet werden. Die Daten der Qualitätsberichte werden vom G-BA in maschinenlesbarer Form zur Verfügung gestellt. Sie sind auch eine wesentliche Datenquelle für die Analysen in Kapitel II.1 in diesem Buch (Eckdaten stationärer Versorgungsstrukturen für ausgewählte Behandlungsanlässe in Deutschland). Aufgrund der Aggregation der Daten ist es jedoch nicht möglich, Behandlungsfälle mit spezifischen Merkmalskombinationen zu definieren. Es können beispielsweise alle Behandlungsfälle mit einer Darmoperation (aus beliebigen Gründen) identifiziert werden oder alle Behandlungsfälle mit der Hauptdiagnose Darmkrebs. Es ist aber nicht möglich, die Behandlungsfälle zu analysieren, bei denen eine Darmoperation aufgrund von Darmkrebs durchgeführt wurde. Ferner besteht das Problem, dass es bei vielen operativen Eingriffen Mehrfachkodierungen gibt, die in der aggregierten Statistik nicht als solche erkannt werden können. Daher besteht die Gefahr der Mehrfachzählung von Operationen (Mansky et al. 2018).

10.4 Derzeitige Nutzung der Daten gemäß § 21 KHEntgG

Die Möglichkeiten zur Nutzung der DRG-Daten sind in § 21 KHEntgG klar geregelt. Originärer Zweck des Datenbestandes ist die Weiterentwicklung des DRG-Vergütungssystems. Zu diesem Zweck sollen die Daten gemäß § 21 Abs. 3 Nr. 1 einmal jährlich an die Vertragsparteien gemäß § 17b Abs. 2 Satz 1 KHG (Deutsche Krankenhausgesellschaft, GKV-Spitzenverband und Verband der Privaten Krankenversicherung) übermittelt werden. Die Vertragsparteien haben die Aufgaben im Zusammenhang mit der Einführung, Weiterentwicklung und Pflege des DRG-Vergütungssystems an das InEK als deutsches DRG-Institut übertragen.

Des Weiteren erhalten gemäß § 21 Abs. 3 Nr. 2 KHEntgG die Vertragsparteien auf Landesebene (Landeskrankenhausgesellschaften, Landesverbände der Krankenkassen, Ersatzkassen, Landesausschuss des Verbandes der Privaten Krankenversicherung) landesbezogene Auszüge aus den Daten, um auf dieser Grundlage die Landesbasisfallwerte zu vereinbaren.

Neben der Weiterentwicklung des DRG-Vergütungssystems ist das InEK gemäß § 21 Abs. 3 KHEntgG verpflichtet, Auswertungen auf der Grundlage der DRG-Daten zu erstellen und zusammengefasste Daten zu veröffentlichen. Das InEK kommt dieser Verpflichtung durch die jährliche Bereitstellung aggregierter Daten in Form eines G-DRG-Browers nach (InEK 2018). Weitere Auswertungen erstellt das InEK auf Anforderung für das Bundesministerium für Gesundheit oder das Bundeskartellamt (zum Zweck der Fusionskontrolle).

Über diese Nutzungszwecke hinaus gibt es weitere qualitätsrelevante Nutzungsbereiche der DRG-Daten, die in den folgenden Abschnitten beschrieben werden.

10.4.1 Begleitforschung

In § 17b Abs. 8 KHG ist vorgesehen, eine Begleitforschung zu den Auswirkungen des DRG-Systems durchzuführen, die insbesondere die Veränderung der Versorgungsstrukturen und die Qualität der Versorgung analysieren soll. Hierzu soll das InEK insbesondere die Daten nach § 21 KHEntgG auswerten. Die Vertragsparteien können daneben auch Forschungsaufträge zur Begleitforschung ausschreiben. Bislang wurden im Rahmen der Begleitforschung gemäß § 17b Abs. 8 KHG mehrere Forschungsaufträge zu den Auswirkungen des DRG-Systems (zuletzt Fürstenberg et al. 2013) sowie ein spezifischer Forschungsauftrag zur Mengenentwicklung im stationären Bereich durchgeführt (Schreyögg et al. 2014). Für die Bearbeitung dieser Forschungsaufträge standen den Auftragnehmern Auszüge aus den Daten gemäß § 21 KHEntgG in aggregierter Form zur Verfügung.

10.4.2 Krankenhausplanung

Die zuständigen Behörden für die Landeskrankenhausplanung erhalten landesbezogene Auszüge der DRG-Daten, um diese zur Krankenhausplanung, zur Investitionsförderung und für Empfehlungen zu sektorenübergreifenden Versorgungsfragen zu nutzen (§ 21 Abs. 3 Nr. 3 KHEntgG). Diese Daten werden beispielsweise in der Berliner Landeskrankenhausplanung genutzt, um die Beteiligung der Berliner Krankenhäuser an der Erbringung bestimmter Krankenhausbehandlungen darzustellen. Hierfür werden krankenhausspezifische Fallzahlen berechnet, mit denen beispielsweise die operative Versorgung von Krebserkrankungen oder die Akutversorgung von Herzinfarkt und Schlaganfall in den Berliner Krankenhäusern abgebildet wird. Die Analysen zeigen, welche Krankenhäuser in Berlin bestimmte Behandlungen durchführen und wie häufig diese erbracht wurden. Die Ergebnisse werden von der Berliner Senatsverwaltung für Gesundheit, Pflege und Gleichstellung veröffentlicht. Ziel dieser Veröffentlichung ist die Unterstützung von Patienten und Ärzten bei der Krankenhauswahl (Senatsverwaltung für Gesundheit, Pflege und Gleichstellung 2017).

10.4.3 Externe stationäre Qualitätssicherung

Mit der Durchführung der externen stationären Qualitätssicherung gemäß § 135a SGB V ist das gemäß § 137a Abs. 1 SGB V gegründete Institut für Qualitätssicherung und Transparenz im Gesundheitswesen (IQTIG) beauftragt. Die externe stationäre Qualitätssicherung beruht im Wesentlichen auf eigens für diesen Zweck erhobenen klinischen Daten, wobei jedoch die Auslösung der Dokumentationspflicht auf der DRG-Dokumentation in den Krankenhäusern beruht (IQTIG 2017a).

Bereits seit dem Jahr 2008 ist in § 21 KHEntgG vorgesehen, dass das Institut gemäß § 137a SGB V bzw. die Vorgängerinstitutionen beim InEK auch ausgewählte Leistungsdaten aus dem DRG-Datenbestand anfordern kann, um Maßnahmen der Qualitätssicherung nach § 137a Abs. 3 SGB V durchzuführen. Gemäß § 21 Abs. 3a KHEntgG muss bei einer solchen Anforderung die Notwendigkeit der Datennutzung vom Institut glaubhaft dargelegt werden.

Von dieser Möglichkeit wurde im Bereich der Frühgeborenenversorgung Gebrauch gemacht, um einen Abgleich der im Verfahren der externen stationären Qualitätssicherung dokumentierten Todesfälle mit den in den DRG-Daten dokumentierten Todesfälle durchzuführen. Hierbei wurde festgestellt, dass zu den im Verfahren der externen stationären Qualitätssicherung dokumentierten Todesfällen weitere 11% aus den DRG-Daten hinzukamen (IQTIG 2017b).

10.4.4   Erstellung von Bundesstatistiken durch das Statistische Bundesamt und Gesundheitsberichterstattung

Seit dem Jahr 2008 verwendet das Statistische Bundesamt gemäß § 28 Abs. 4 KHG die Daten nach § 21 KHEntgG zur Erstellung von Bundesstatistiken. Diese Statistiken werden als Fallpauschalenbezogene Krankenhausstatistik (DRG-Statistik) veröffentlicht (Statistisches Bundesamt 2018). Zu diesem Zweck leitet das InEK einmal jährlich ein ausgewähltes Merkmalsspektrum aus den DRG-Daten an das Statistische Bundesamt weiter. Neben der Erstellung von Bundesstatistiken können die DRG-Daten auch für die Gesundheitsberichterstattung des Bundes verwendet werden, die vom Statistischen Bundesamt gemeinsam mit dem Robert-Koch-Institut getragen wird. Bislang scheinen diese Daten jedoch noch wenig für diesen Zweck genutzt zu werden. Die meisten der dort ausgewiesenen Indikatoren (z.B. Gesundheitsberichterstattung der Länder oder Europäische Gesundheitsindikatoren), die sich auf die Krankenhausversorgung beziehen, werden auf Grundlage der nach der Krankenhausstatistikverordnung (KHStatV) erhobenen Krankenhausdiagnosestatistik ausgewiesen (RKI und DESTATIS 2018), deren Detailtiefe weitaus geringer ist als die der DRG-Daten (s.o. unter Kap. 10.3).

10.4.5   Wissenschaftliche Nutzung von Mikrodaten der DRG-Statistik beim Statistischen Bundesamt

Die Forschungsdatenzentren der Statistischen Ämter des Bundes und der Länder stellen für wissenschaftliche Auswertungen auch die Mikrodaten der auf den Daten gemäß § 21 KHEntgG basierenden DRG-Statistik ab dem Datenjahr 2005 zur Verfügung und liefern damit der gesundheitsbezogenen Forschung in Deutschland eine wichtige Datenquelle. Insbesondere im Bereich der Versorgungsforschung wurden auf der Grundlage der DRG-Daten bereits zahlreiche Fragestellungen bearbeitet. Da die Daten über mehrere Jahrgänge vorliegen, können damit zeitliche Entwicklungen von Behandlungsfallzahlen (z.B. Nimptsch et al. 2018) oder die Verbreitung neuer Behandlungsmethoden (z.B. Reinöhl et al. 2015) im Verlauf beschrieben werden. Auch kleinräumige Analysen von Versorgungsmerkmalen sind möglich (z.B. Kuehnl et al. 2018). Daneben können auch Verbesserungspotenziale in den Versorgungsstrukturen aufgezeigt werden, beispielsweise in Bezug auf die Umsetzung der gesetzlichen Mindestmengenregelung (Nimptsch et al. 2017) oder den Zusammenhang zwischen Leistungsmengen und Behandlungsergebnissen (Krautz et al. 2018). In Bezug auf potenziell vermeidbare Krankenhausaufenthalte können die DRG-Daten auch Hinweise auf die regionale Qualität der ambulanten Versorgung liefern (Sundmacher et al. 2015).

Die Möglichkeiten der Analysen sind jedoch aus Datenschutzgründen begrenzt. Diese Einschränkungen ergeben sich daraus, dass die Forschungsdatenzentren bei der Bereitstellung von Mikrodaten zur wissenschaftlichen Nutzung den Anforderungen des Bundesstatistikgesetzes (BStatG) unterliegen. Daraus ergibt sich die Verpflichtung zur statistischen Geheimhaltung. Dies bedeutet, dass keine Ergebnisse freigegeben werden dürfen, die Rückschlüsse auf Einzelfälle zulassen. Dies betrifft nicht nur Personen, sondern auch Betriebe, Unternehmen oder Einrichtungen (Forschungsdatenzentren der Statistischen Ämter des Bundes und der Länder 2017). Daher dürfen einzelne Krankenhäuser in den Daten nicht identifiziert werden. Es dürfen aber auch keine anonymisierten Ergebnisse einzelner Krankenhäuser ausgegeben werden. Vergleichende Darstellungen, die geeignet wären, die Qualitätstransparenz zu verbessern, wie beispielsweise Funnelplots (siehe z.B. AUGIS 2018), sind daher nicht möglich. Ergebnisse von Krankenhäusern müssen immer in Gruppen zusammengefasst werden.

10.5 Perspektiven einer breiteren Nutzung der DRG-Daten

10.5.1 Nutzungspotenzial unter den gegebenen Rahmenbedingungen

In § 21 Abs. 3 KHEntgG ist ausdrücklich klargestellt, dass die DRG-Daten nur zu den in diesem Paragrafen genannten Zwecken sowie zur Begleitforschung gemäß § 17b Abs. 8 KHG verwendet werden dürfen. Damit sind die Kreise der Datennutzer und die Verwendungszwecke abschließend definiert. Möglicherweise ließe sich jedoch bereits durch eine intensivere Nutzung der DRG-Daten unter den gegebenen Rahmenbedingungen weiteres Potenzial entfalten.

So scheint es beispielsweise in Bezug auf die Landeskrankenhausplanung denkbar, dass systematische Datenanalysen (z.B. mit eigens für Zwecke der Krankenhausplanung entwickelten Kennzahlen) die Behörden bei ihren Planungsentscheidungen sinnvoll unterstützen könnten. Eine Veröffentlichung von krankenhausbezogenen Kennzahlen durch die Planungsbehörden (wie beispielsweise durch die Berliner Senatsverwaltung für Gesundheit, Pflege und Gleichstellung oder auch beispielhaft im Qualitätsmonitor 2017 und 2018) könnte einen wichtigen Beitrag zur Qualitätstransparenz für Einweiser und

Patienten leisten. Bei bundesweiter Vereinheitlichung könnten solche Kennzahlen auch in krankenhausbezogenen Bewertungsportalen, wie beispielsweise der Weissen Liste, verwendet werden.

In Bezug auf die externe stationäre Qualitätssicherung scheint es wahrscheinlich, dass eine intensivere Nutzung des Datenbestandes gemäß § 21 KHEntgG durch das IQTIG den Entwicklungsprozess von Qualitätssicherungsmaßnahmen sinnvoll unterstützen könnte. Gemäß § 137a Abs. 4 SGB V kann das IQTIG auch ohne Auftrag des Gemeinsamen Bundesausschusses im Rahmen der Entwicklung von Maßnahmen zur Qualitätssicherung und zur Darstellung der Versorgungsqualität tätig werden und dafür jährlich bis zu 10 Prozent seiner Haushaltsmittel einsetzen.

Auch die Gesundheitsberichterstattung könnte um sinnvolle Auswertungen ergänzt werden, wenn dafür die DRG-Daten genutzt würden. So könnten damit spezifische Indikatoren anhand der fallbezogen dokumentierten Diagnosen, Prozeduren und weiterer Merkmale definiert werden. Mit solchen Kennzahlen könnten Entwicklungen des Krankheitsgeschehens und der Inanspruchnahme im Zeitverlauf präzise und bevölkerungsbezogen beobachtet werden. Denkbare Beispiele für Kennzahlen in der Gesundheitsberichterstattung wären z.B. die Sterblichkeit bei Herzinfarkt, die Häufigkeit von Amputationen der unteren Extremität bei Diabetikern, die Häufigkeit bariatrischer Operationen oder die operative Versorgung von Krebserkrankungen.

10.5.2 Nutzungspotenzial der DRG-Daten unter erweiterten Rahmenbedingungen

Die vorangegangenen Ausführungen lassen erkennen, dass der Datenbestand gemäß § 21 KHEntgG weiteres Nutzungspotenzial entfalten könnte, wenn die derzeit gültigen Einschränkungen auf Nutzerkreise, insbesondere in Verbindung mit spezifischen Nutzungszwecken, erweitert würden. Daneben könnte eine Auflösung der bestehenden Einschränkungen in Bezug auf krankenhausbezogene Auswertungen zu einer erheblichen Verbesserung der Qualitätstransparenz beitragen.

Erweiterung des Kreises der Nutzungsberechtigten und der Nutzungszwecke

Ein Beispiel für eine weit gefasste Regelung zur Nutzung von Daten aus der Gesundheitsversorgung stellt § 303e SGB V dar. Darin ist die Datenverarbeitung und Nutzung der zum Zweck der Datentransparenz zusammengeführten Krankenkassendaten gemäß der §§ 303a–f SGB V geregelt. Hier werden zahlreiche Institutionen und Einrichtungen genannt, die die Daten zur Erfüllung ihrer Aufgaben nutzen können. Dazu gehören unter anderem Einrichtungen der Akteure im Gesundheitswesen wie Krankenkassen und deren Verbände, Deutsche Krankenhausgesellschaft, Kassenärztliche Bundesvereinigung und Bundesärztekammer. Darüber hinaus ist auch eine Nutzung durch Institute mit gesetzlichem Auftrag wie IQTIG oder IQWiG (Institut für Qualität und Wirtschaftlichkeit im Gesundheitswesen) und durch die Institutionen der Gesundheitsberichterstattung vorgesehen. Auch Interessenvertretungen der Patienten und der Leistungserbringer auf der Bundesebene sowie Institutionen der Gesundheitsversorgungsforschung, Hochschulen und sonstige Einrichtungen mit der Aufgabe unabhängiger wissenschaftlicher Forschung sind als Nutzungsberechtigte genannt. Im Unterschied zu § 21 KHEntgG ist in § 303e SGB V nicht für jeden Nutzerkreis ein spezifischer Nutzungszweck festgelegt. Vielmehr werden in § 303e Abs. 2 SGB V Beispiele genannt, für die die Daten genutzt werden können. Dies sind u.a. Zwecke der Wahrnehmung von Steuerungsaufgaben durch die Kollektivvertragspartner, die Verbesserung der Qualität der Versorgung, die Krankenhausplanung und Analysen des Versorgungsgeschehens zur Erkennung von Fehlentwicklungen und von Ansatzpunkten für Reformen. Diese Aufzählung ist aber nicht abschließend, sodass die in § 303e Abs. 1 SGB V genannten Akteure die Daten auch durchaus für andere, nicht im Gesetz genannte Zwecke verarbeiten dürfen.

Eine Anpassung des § 21 KHEntgG nach dem Vorbild des § 303e SGB V würde vielen Einrichtungen, die derzeit noch keinen Zugriff auf die DRG-Daten oder nur eingeschränkte Nutzungsmöglichkeiten haben, neue Möglichkeiten zur datengestützten Erfüllung ihrer Aufgaben eröffnen.

Ermöglichung krankenhausbezogener Auswertungen

Derzeit ist es in Deutschland aufgrund datenschutzrechtlicher Bestimmungen kaum möglich, krankenhausbezogene Analysen durchzuführen bzw. krankenhausbezogene Ergebnisse identifizierbar zu veröffentlichen. Die Transparenz in der Krankenhausversorgung beschränkt sich auf die von den Krankenhäusern selbst berichteten Angaben in den gesetzlichen Qualitätsberichten sowie auf freiwillige Veröffentlichungen von Zusammenschlüssen der Leistungserbringer (wie z.B. Initiative Qualitätsmedizin). Einzig Veröffentlichungen durch Krankenkassen, wie im Rahmen des QSR-Verfahrens, stellen eine Qualitätsmessung „von außen" dar, die sich auf der Grundlage der datenschutzrechtlichen Regelungen des SGB V und SGB X jedoch nur auf die Versicherten einer Krankenkasse beziehen kann. Eine kassenartenübergreifende Zusammenführung der nach § 301 SGB V an die Krankenkassen übermittelten Abrechnungsdaten ist im Gesetz nicht vorgesehen. Soweit die Krankenkassen bereits heute Zugriff auf die die Daten gemäß § 21 KHEntgG haben, dürfen sie diese nicht für Zwecke der Qualitätsmessung nutzen, sondern ausschließlich zu dem in § 21 Abs. 3 Nr. 2 KHEntgG genannten Zweck.

Um krankenhausbezogene Qualitätsinformationen bereitzustellen, sollten verschiedene Akteure Zugriff auf die DRG-Daten haben, mit der Möglichkeit, diese auch krankenhausbezogen auswerten und veröffentlichen zu können. Als mögliche Nutzer wären hier sowohl die Krankenkassen, als auch die Deutsche Krankenhausgesellschaft zu nennen. Aber auch das IQTIG, das gemäß

§ 137 Abs. 3 Nr. 5 SGB V damit beauftragt ist, einrichtungsbezogen vergleichende Übersichten über die Qualität der stationären Versorgung zu erstellen und im Internet zu veröffentlichen, sollte für diese Aufgabe nicht nur (wie derzeit vorgesehen) auf die Daten der gesetzlichen Qualitätsberichte beschränkt sein, sondern auch auf die DRG-Daten zugreifen können. Durch eine Ermächtigung unterschiedlicher Akteure zur Verarbeitung der DRG-Daten könnte ein Wettbewerb bei der Entwicklung von Qualitätsvergleichen entstehen. Möglicherweise könnten konkurrierende Systeme der Qualitätsberichterstattung die Entwicklung der Qualitätstransparenz in Deutschland erheblich beschleunigen. Um dieses Ziel zu erreichen, wäre lediglich eine Änderung des § 21 KHEntgG erforderlich. So könnte § 21 KHEntgG um einen Absatz ergänzt werden, der die Verarbeitung der Daten zum Zweck der der krankenhausbezogenen Qualitätsmessung und -transparenz regelt.

Für wissenschaftliche Auswertungen der DRG-Daten beim Statistischen Bundesamt wäre es zudem wünschenswert, wenn die Einschränkungen des Bundesstatistikgesetzes in Bezug auf die Fallpauschalenbezogene Krankenhausstatistik gelockert würden, um für wissenschaftliche Zwecke zumindest anonymisierte Darstellungen der Ergebnisse einzelner Krankenhäuser zu ermöglichen.

10.5.3   Sektorübergreifende Erweiterung des Datenbestandes

Bereits jetzt werden auf der Ebene einzelner Krankenkassen zusammengeführte stationäre, ambulante und weitere Datenbestände (u.a. Arznei-, Heilund Hilfsmittelmittelverordnungen) für umfassendere Analysen des Versorgungsgeschehens und der Versorgungsqualität genutzt (beispielsweise WIdO 2018). Sektorübergreifende Auswertungen sind sowohl technisch als auch konzeptionell längst möglich. Kassenartenbezogene Auswertungen sind jedoch in Bezug auf die Repräsentativität eingeschränkt. Auch sind die Fallzahlen insbesondere bei krankenhausbezogenen Auswertungen häufig zu klein.

Der beim DIMDI zur Verfügung gestellte Datenbestand, der für den morbiditätsorientierten Risikostrukturausgleich zusammengeführt wird, ist für die genannten Zwecke der Qualitätsmessung und Verbesserung der Qualitätstransparenz in der Krankenhausversorgung nicht brauchbar, da wichtige Datenfelder komplett fehlen (beispielsweise Prozeduren und Sterbezeitpunkt).

Konzepte für eine umfassende Zusammenführung der vorhandenen kassenbezogenen Datenbestände liegen vor (Mansky u. Nimptsch 2010). Derzeit stehen wir vor der Situation, dass in Deutschland sehr gute und sehr umfassende Datenbestände vorliegen, die aber mangels Zusammenführung nicht genutzt werden können. Die in Deutschland in der Gesundheitspolitik intensiv geführte Diskussion um die sogenannten „Big Data" im Gesundheitswesen sollte dies unbedingt berücksichtigen. Die Nutzung der vorhandenen Daten würde logischerweise als ersten Schritt zunächst deren Zusammenführung erfordern.

10.6 Resümee

Der Datenbestand gemäß § 21 KHEntgG ist ein nahezu vollständiges Register der akutstationären Krankenhausversorgung in Deutschland, der alle Krankenhäuser und alle Behandlungsfälle – unabhängig von der Versicherungsart des Patienten – abdeckt. Die derzeitigen Rahmenbedingungen beschränken die Möglichkeiten zur Nutzung dieser wertvollen Daten auf streng eingegrenzte Nutzerkreise und Nutzungszwecke. Wie in diesem Beitrag ausgeführt, bieten die Daten jedoch darüber hinausgehendes Potenzial. Daher ist eine Änderung der gesetzlichen Rahmenbedingungen zu fordern, um einerseits weiteren Institutionen und Einrichtungen eine Nutzung zu ermöglichen. Andererseits müssen die bestehenden Beschränkungen in Bezug auf krankenhausbezogene Analysen gelockert werden. Die volle Verwertung von Qualitätsmessungen ergibt sich häufig erst dann, wenn Ergebnisse bezogen auf einzelne identifizierbare Krankenhäuser verfügbar sind.

Eine intensivere Nutzung der DRG-Daten unter erweiterten Rahmenbedingungen könnte neue Möglichkeiten zur Qualitätsmessung in der akutstationären Krankenhausversorgung eröffnen und damit zur Qualitätstransparenz und zur Weiterentwicklung der Versorgungsstrukturen erheblich beitragen.

Erheblich darüber hinausgehende Möglichkeiten würde die überfällige Zusammenführung der weit über den stationären Sektor hinausreichenden Datenbestände der Krankenkassen eröffnen.

Take home messages

- *Der Datenbestand gemäß § 21 KHEntgG ist ein nahezu vollständiges Register aller akutstationären Krankenhausbehandlungen in Deutschland.*
- *Die derzeitigen Rahmenbedingungen beschränken die Möglichkeiten zur Nutzung dieser Daten auf streng eingegrenzte Nutzerkreise und Nutzungszwecke.*
- *Eine intensivere Nutzung der DRG-Daten unter erweiterten Rahmenbedingungen könnte neue Möglichkeiten zur Qualitätsmessung in der akutstationären Krankenhausversorgung eröffnen und damit zur Qualitätstransparenz und zur Weiterentwicklung der Versorgungsstrukturen erheblich beitragen.*

Literatur

AUGIS [Association of Upper Gastrointestinal Surgeons of Great Britain and Ireland]. Outcomes data 2018. http://www.augis.org/outcomes-data-2018/ (Zugriff 10.07.2018).

Auhuber T, Hoffmann R. Medizincontrolling als medizinökonomisches Dienstleistungszentrum. Unfallchirurg 2015; 118(1): 71–75.

Forschungsdatenzentren der Statistischen Ämter des Bundes und der Länder. Regelungen zur Auswertung von Mikrodaten in den Forschungsdatenzentren der Statistischen Ämter des Bundes und der Länder (FDZ).

Düsseldorf: Forschungsdatenzentren der Statistischen Ämter des Bundes und der Länder 2017. http://www.forschungsdatenzentren.de/publikationen/fdz-allgemein/fdz_broschuere_regelungen.pdf (Zugriff 28.05.2018).

Fürstenberg T, Laschat M, Zich K, Klein S, Gierling P, Nolting H-D, Schmidt T. G-DRG-Begleitforschung gemäß § 17b Abs. 8 KHG. Endbericht des dritten Forschungszyklus (2008 bis 2010). Berlin: IGES Institut GmbH 2013.

Grobe TG, Nimptsch U, Friedrich J. Krankenhausbehandlung. In: Swart E, Ihle P, Gothe H, Matusiewicz D (Hrsg.) Routinedaten im Gesundheitswesen. Handbuch Sekundärdatenanalyse: Grundlagen, Methoden und Perspektiven. Bern: Verlag Hans Huber 2014, 121–145.

InEK GmbH – Institut für das Entgeltsystem im Krankenhaus. Abschlussbericht Weiterentwicklung des G-DRG-Systems für das Jahr 2018. Klassifikation, Katalog und Bewertungsrelationen. Teil I: Projektbericht. Siegburg: InEK GmbH 2017. https://www.g-drg.de/G-DRG-System_2018/Abschlussbericht_zur_Weiterentwicklung_des_G-DRG-Systems_und_Report_Browser/Abschlussbericht_zur_Weiterentwicklung_des_G-DRG-Systems_fuer_2018 (Zugriff 09.05.2018).

InEK GmbH – Institut für das Entgeltsystem im Krankenhaus. Datenveröffentlichung gem. § 21 KHEntgG. https://www.g-drg.de/Datenbrowser_und_Begleitforschung/Datenveroeffentlichung_gem._21_KHEntgG (Zugriff 09.05.2018).

IQTIG – Institut für Qualitätssicherung und Transparenz im Gesundheitswesen. Methodische Grundlagen V1.0. Berlin: IQTIG 2017a. https://iqtig.org/dateien/dasiqtig/grundlagen/IQTIG_Methodische-Grundlagen-V1.0.pdf (Zugriff 23.05.2018).

IQTIG – Institut für Qualitätssicherung und Transparenz im Gesundheitswesen. Qualitätsreport 2016. Berlin: IQTIG 2017b. https://iqtig.org/berichte/qualitaetsreport/ (Zugriff 23.05.2018).

Krautz C, Nimptsch U, Weber GF, Mansky T, Grützmann R. Effect of Hospital Volume on In-hospital Morbidity and Mortality Following Pancreatic Surgery in Germany. Ann Surg 2018; 267(3): 411–417.

Kuehnl A, Salvermoser M, Erk A, Trenner M, Schmid V, Eckstein HH. Spatial Analysis of Hospital Incidence and in Hospital Mortality of Abdominal Aortic Aneurysms in Germany: Secondary Data Analysis of Nationwide Hospital Episode (DRG) Data. Eur J Vasc Endovasc Surg 2018; pii: S1078-5884(18)30122-9.

Mansky T, Drogan D, Nimptsch U, Günster C. Eckdaten stationärer Versorgungsstrukturen für ausgewählte Behandlungsanlässe in Deutschland. In: Dormann F, Klauber J, Kuhlen R (Hrsg.) Qualitätsmonitor 2018. Berlin: Medizinisch Wissenschaftliche Verlagsgesellschaft 2018, 171–223.

Mansky T, Nimptsch U. Notwendigkeit eines ungehinderten Zugangs zu sozial- und krankheitsbezogenen Versichertendaten für die Bundesärztekammer und andere ärztliche Körperschaften sowie wissenschaftliche Fachgesellschaften zur Optimierung der ärztlichen Versorgung. Expertise im Rahmen der Förderinitiative zur Versorgungsforschung der Bundesärztekammer. Berlin: Technische Universität Berlin 2010. https://www.bundesaerztekammer.de/fileadmin/user_upload/downloads/Datenzugang-2.pdf (Zugriff 23.07.2018)

Mansky T, Robra B-P, Schubert I. Qualitätssicherung: Vorhandene Daten besser nutzen. Dtsch Arztebl 2012; 109(21): A 1082–5.

Nimptsch U, Bestmann A, Erhart M, Dudey S, Marx Y, Saam J, Schopen M, Schröder H, Swart E. Zugang zu Routinedaten. In: Swart E, Ihle P, Gothe H, Matusiewicz D (Hrsg.) Routinedaten im Gesundheitswesen. Handbuch Sekundärdatenanalyse: Grundlagen, Methoden und Perspektiven. Bern: Verlag Hans Huber 2014, 270–290.

Nimptsch U, Bolczek C, Spoden M, Schuler E, Zacher J, Mansky T. Mengenentwicklung stationärer Behandlungen bei Erkrankungen der Wirbelsäule – Analyse der deutschlandweiten Krankenhausabrechnungsdaten von 2005 bis 2014. Z Orthop Unfall 2018; 156(2): 175–183.

Nimptsch U, Peschke D, Mansky T. Mindestmengen und Krankenhaussterblichkeit – Beobachtungsstudie mit deutschlandweiten Krankenhausabrechnungsdaten von 2006 bis 2013. Gesundheitswesen 2017; 79(10): 823–834.

Reinöhl J, Kaier K, Reinecke H, Schmoor C, Frankenstein L, Vach W, Cribier A, Beyersdorf F, Bode C, Zehender M. Effect of Availability of Transcatheter Aortic-Valve Replacement on Clinical Practice. N Engl J Med 2015; 373(25): 2438–2447.

RKI und DESTATIS. Das Informationssystem der Gesundheitsberichterstattung des Bundes. http://www.gbe-bund.de/gbe10/pkg_isgbe5.prc_isgbe?p_uid=gast&p_aid=97449877&p_sprache=D (Zugriff 28.05.2018).

Schreyögg J, Bäuml M, Krämer J et al. Forschungsauftrag zur Mengenentwicklung nach § 17b Abs. 9 KHG. Hamburg: Hamburg Center for Health Economics 2014. https://www.g-drg.de/Datenbrowser_und_Begleitforschung/Begleitforschung_DRG/Forschungsauftrag_gem._17b_Abs._9_KHG (Zugriff 09.05.2018).

Senatsverwaltung für Gesundheit, Pflege und Gleichstellung. Abteilung Gesundheit. Fallzahlen ausgewählter Krankenhausbehandlungen in Berlin im Jahr 2015. Berlin: Senatsverwaltung für Gesundheit, Pflege und Gleichstellung 2017. https://www.berlin.de/sen/gesundheit/themen/stationaere-versorgung/krankenhaus-transparenzdaten/ (Zugriff 23.05.2018).

Statistisches Bundesamt (Destatis). Fallpauschalenbezogene Krankenhausstatistik (DRG-Statistik) 2016. https://www.destatis.de/DE/Publikationen/Thematisch/Gesundheit/Krankenhaeuser/FallpauschalenKrankenhaus.html (Zugriff 24.05.2018).

Sundmacher L, Fischbach D, Schuettig W, Naumann C, Augustin U, Faisst C. Which hospitalisations are ambulatory care-sensitive, to what degree, and how could the rates be reduced? Results of a group consensus study in Germany. Health Policy 2015; 119(11): 1415–1423.

Wissenschaftliches Institut der AOK (WIdO). QSR Qualitätssicherung mit Routinedaten. http://www.qualitaetssicherung-mit-routinedaten.de/ (Zugriff 08.05.2018).

Ulrike Nimptsch

Examinierte Krankenschwester. Studium des Pflegemanagements an der Fachhochschule Würzburg-Schweinfurt und der Gesundheitswissenschaften (Public Health) mit Schwerpunkt Epidemiologie an der Universität Bremen. 2004–2010 Tätigkeit in der Abteilung für Medizinische Entwicklung bei den HELIOS Kliniken. Seit 2010 Wissenschaftliche Mitarbeiterin an der Technischen Universität Berlin im Fachgebiet Strukturentwicklung und Qualitätsmanagement im Gesundheitswesen.

Rechtsanwalt Dr. Matthias Schömann

Studium der Rechtswissenschaften in Dresden, anschließend Referendariat am OLG Düsseldorf mit Station u.a. in Brüssel. Nach 2-jähriger Tätigkeit als Referent beim Bundesversicherungsamt Justitiar beim AOK-Bundesverband mit medizin- und datenschutzrechtlichem Schwerpunkt. 2006 Zulassung als Rechtsanwalt bei der Rechtsanwaltskammer Köln, seit 2008 bei der Rechtsanwaltskammer Berlin. Berufsbegleitend Promotion zum Dr. iur. an der Heinrich-Heine-Universität Düsseldorf.

Prof. Dr. med. Thomas Mansky

Medizinstudium in Göttingen. Anschließend dreijährige Tätigkeit in der Grundlagenforschung auf dem Gebiet der Neuroendokrinologie am Göttinger Max-Planck-Institut für biophysikalische Chemie. Danach Ausbildung zum Facharzt für Innere Medizin an der Universität zu Lübeck bei Prof. Dr. P.C. Scriba. Im Rahmen einer weiteren Forschungstätigkeit in der Medizinischen Informatik in Lübeck Habilitation an der Technisch-Naturwissenschaftlichen Fakultät der Universität zu Lübeck. Von 1994 bis 1996 Leiter der Hauptabteilung für Medizinische Leistungsplanung und Dokumentation bei der Evangelischen Krankenhäuser im Siegerland gGmbH. 1996–2000 Berater bei 3M Health Information Systems, Beteiligung an den grundlegenden Vorbereitungen zur Einführung des DRG-Systems in Deutschland. 2000–2010 verantwortlich für den Bereich Medizinische Entwicklung bei den HELIOS Kliniken. 2010 Berufung an die Technische Universität Berlin, Leitung des Fachgebietes Strukturentwicklung und Qualitätsmanagement im Gesundheitswesen. Wichtiger Schwerpunkt: Weiterentwicklung der German Inpatient Quality Indicators (G-IQI).

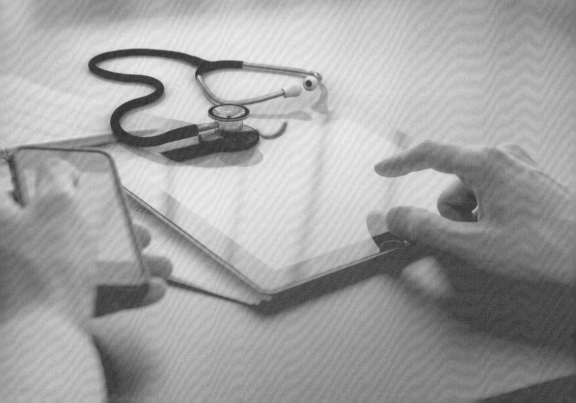

II

Die stationäre Versorgungsstruktur ausgewählter Behandlungsanlässe in Deutschland

1 Eckdaten stationärer Versorgungsstrukturen für ausgewählte Behandlungsanlässe in Deutschland

Dagmar Drogan und Christian Günster

1.1 Einführung

Die qualitätsorientierte Weiterentwicklung der Krankenhausstrukturen in Deutschland ist das erklärte Ziel der Krankenhausgesetzgebung der letzten Jahre. Das 2016 in Kraft getretene Krankenhausstrukturgesetz (KHSG) setzte dazu neben weiteren Handlungsfeldern an der Krankenhausplanung der Länder an. Planungsrelevante Qualitätsindikatoren sollten identifiziert und in der Planung angewendet werden. Mittels eines Strukturfonds sollten strukturverbessernde Maßnahmen der Länder für eine bedarfsgerechte Krankenhausversorgung gefördert werden, insbesondere durch den Abbau von Überkapazitäten und die Konzentration von stationären Versorgungsangeboten und Standorten. Mit dem Pflegepersonal-Stärkungs-Gesetz (PpSG) wird der Krankenhausstrukturfonds nun fortgesetzt und erweitert.

Darüber hinaus ergeben sich durch die Qualitätssicherungsrichtlinien des Gemeinsamen Bundesausschusses Vorgaben zur Struktur-, Prozess- und Ergebnisqualität, die sowohl die innerbetriebliche Organisation und Ausstattung als auch mittelbar die Anbieterstruktur insgesamt betreffen. Beispiele sind die Richtlinie zur Früh- und Reifgeborenenversorgung (gestufte perinatologische Versorgung mit entsprechenden Zuweisungskriterien), die Richtlinie zu minimalinvasiven Herzklappeninterventionen (Vorhandensein einer Herzchirurgie) und natürlich die Mindestmengenregelung.

Die seit 2004 geltende Mindestmengenregelung betrifft aktuell sieben Leistungen, bei denen die Qualität des Behandlungsergebnisses von der Menge der erbrachten Leistungen abhängig ist (Gemeinsamer Bundesausschuss 2017). Belege für einen Zusammenhang von Behandlungsmenge (volume) und Ergebnis (outcome) liegen darüber hinaus für eine Vielzahl weiterer Leistungen vor (Bauer 2017; Nimptsch u. Mansky 2017) und begründen Zentralisierungsbestrebungen medizinischer Fachgesellschaften im Rahmen von Zentren-Zertifizierungen (z.B. EndoCert 2013, OnkoZert 2018, DGAV 2016). Dabei ergibt sich die Rationale für den Volume-Outcome-Zusammenhang nicht nur aus der Erfahrung des Operateurs oder der Operateurin, sondern zusätzlich aus der Erfahrung und der Zusammensetzung des gesamten Behandlungsteams. Erfahrung zeigt sich insbesondere im Umgang mit unvermeidlichen Komplikationen und der Fähigkeit, einen Patienten vor Folgeschäden zu bewahren (vgl. Ghaferi et al. 2011; Krautz et al. 2017 zu „failure to rescue"). Nicht zuletzt werden spezialisiertes Personal und spezifische apparative Ausstattung häufiger in solchen Kliniken vorgehalten, die die entsprechende Leistung häufig durchführen.

Ziel dieses Beitrags ist es, wie bereits in den Ausgaben des Qualitätsmonitors 2017 und 2018, für ausgewählte Behandlungsanlässe die stationären Versorgungsstrukturen in Deutschland zu beschreiben und in den Kontext dieser Regelungen und der vorliegenden Evidenz für Volume-Outcome-Beziehungen einzuordnen. In diesem Beitrag werden für sechs Behandlungsanlässe relevante Strukturmerkmale, Ergebnisindikatoren aus der gesetzlichen Qualitätssicherung und Fallzahlen deutscher Krankenhäuser dargestellt. Aufgrund ihrer hohen Versorgungsrelevanz werden erneut Ergebnisse zur Geburtshilfe und zur Versorgung von Herzinfarkt-Patienten berichtet. Weiterhin stehen erstmalig die Transkatheter-Aortenklappenimplantationen (TAVIs), die operative Entfernung der Harnblase (Zystektomie) sowie die mindestmengenrelevanten Eingriffe an Pankreas und Ösophagus im Fokus.

Die vorangegangenen Ausgaben befassten sich neben der Herzinfarktversorgung und Geburtshilfe mit Schlaganfallbehandlungen, Cholezystektomien, Operationen bei Femurfraktur, Mammachirurgie und Ovariektomien (Mansky et al. 2017a) sowie der Frühgeborenenversorgung, Lungenresektionen und Implantationen von Hüft- und Kniegelenks-Endoprothesen bei Arthrose (Mansky et al. 2018).

Dieser Beitrag berichtet Ergebnisse auf Bundes- und Landesebene. Der nachfolgende Beitrag „Krankenhausmonitor 2019" in diesem Buch gibt die Indikatoren in tabellarischer Form auf Klinikebene wieder (s. Kap. II.2). Für jeden Leistungsbereich werden die klinikbezogenen Fallzahlen analysiert. Nimptsch et al. (2017) konnten für die Herzinfarktversorgung, TAVIs, Zystektomien bei Blasenkarzinom, Pankreasresektionen bei Pankreaskarzinom und komplexe Eingriffe am Ösophagus bei Ösophaguskarzinom einen inversen Zusammenhang zwischen Fallzahl und Krankenhaussterblichkeit der Patienten nachweisen. Insofern stellt die Fallzahl eine wichtige Orientierungsgröße für die

Bewertung der existierenden Krankenhausstruktur, aber auch für Patienten und Ärzte bei der Auswahl einer Klinik dar. Für eine ausführlichere Diskussion zur Bedeutung von Fallzahlen – insbesondere bei komplexen Krankheitsbildern – sei auf den Qualitätsmonitor 2017 verwiesen (Mansky et al. 2017a).

Komplexe Eingriffe an Pankreas und Ösophagus unterliegen zudem der Mindestmengenregelung, die eine Mindestanzahl von jeweils 10 Eingriffen pro Krankenhausstandort vorgibt. Wie u.a. der Beitrag von Vogel et al. im aktuellen Qualitätsmonitor zeigt (s. Kap. I.5), liegt Deutschland mit einer Mindestmenge von 10 deutlich unter den Schwellenwerten, die andere Länder für Pankreas- bzw. Ösophagus-Eingriffe vorgeben (Vogel et al. 2019). Dennoch ist die Anzahl von Krankenhäusern mit unterschrittener Mindestmenge seit Jahren hoch (de Cruppé et al. 2014; de Cruppé u. Geraedts 2018), was z.T. auf eine inkonsequente Durchsetzung der bestehenden Mindestmengen zurückzuführen ist. Darüber hinaus diskutieren Vogel et al. auch die vergleichsweise weitreichenden Ausnahme- und Übergangsregelungen als mögliche Ursache einer ausbleibenden Zentralisierung komplexer Leistungsbereiche in Deutschland (Vogel et al. 2019). Ergänzend zu Vogel et al. stellt der vorliegende Beitrag regionale Daten zur Einhaltung der gesetzlich verpflichtenden Mindestmengen bei Pankreas- und Ösophagus-Eingriffen vor. Im Bundes- und Ländervergleich werden außerdem bestehende Ausnahmegründe bei Unterschreiten der Mindestmengenvorgaben dargestellt sowie relevante Aspekte der Fallzahl-Ermittlung und Datenvalidität adressiert.

Für eine umfassendere Beurteilung der Behandlungsqualität einer Klinik sind darüber hinaus weitere Strukturmerkmale, die Personalausstattung und/oder ausgewählte Qualitätskennzahlen relevant. Ausgewertet wurden darum weiterhin das Vorhandensein eines durchgängig verfügbaren Herzkatheterlabors zur Versorgung von Herzinfarktpatienten, die Sterblichkeit bei TAVIs und die Kaiserschnittrate.

Der vorliegende Beitrag liefert den Akteuren und Gestaltern des Krankenhaussektors umfangreiche Daten zu regionalen Versorgungsstrukturen, aus denen sich Anregungen für einen möglichen und erforderlichen strukturellen Wandel ableiten lassen.

1.2   Methoden

Der vorliegende Beitrag thematisiert Aspekte der medizinischen Versorgungsqualität in der Geburtshilfe, bei der Versorgung von Herzinfarkt-Patienten, bei Katheter-gestützten Aortenklappenimplantationen, bei der operativen Entfernung der Harnblase sowie bei komplexen Operationen der Speiseröhre und der Bauchspeicheldrüse. Je Leistungsbereich werden die Behandlungsvolumina und z.T. ergänzende Qualitätskennzahlen je Krankenhaus berichtet. Die folgenden Ausführungen erläutern zunächst die zugrundeliegenden Datenquellen sowie deren Vor- und Nachteile. Daran anschließend wird je Leistungsbereich das methodische Vorgehen bei der Ermittlung der Leistungs- und Qualitätskennzahlen dargestellt.

1.2.1 Verwendete Datenquellen

Strukturierte Qualitätsberichte

Die Kliniken in Deutschland veröffentlichen seit 2005 zunächst alle zwei Jahre und seit 2015 jährlich sogenannte strukturierte Qualitätsberichte. Dazu sind sie gemäß § 136b Abs. 1 Nr. 3 SGB V verpflichtet. Die zu berichtenden Inhalte legt der Gemeinsame Bundesausschuss im Auftrag des Gesetzgebers fest. Die Berichte geben einen Überblick über die Strukturen, Leistungen und Qualität der Krankenhäuser. Sie enthalten Angaben zu Behandlungshäufigkeiten je Diagnose und Prozedur sowie ausgewählte Ergebnisse aus der externen, stationären Qualitätssicherung (esQS) nach § 136 SGB V.

Aus den Qualitätsberichten lassen sich Fallzahlen für bestimmte Behandlungen ermitteln. Grundsätzlich sind hier mehrere Ansätze durchführbar.

- **Erstens** werden in Abschnitt B des Berichts je Fachabteilung oder Organisationseinheit alle Hauptdiagnosen sowie alle durchgeführten Prozeduren mit ihrer jeweiligen ICD- bzw. OPS-Ziffer angegeben. Zu jeder vierstelligen ICD bzw. jeder endstelligen Prozedur wird dargestellt, wie häufig sie im Berichtsjahr in der Abteilung behandelt oder durchgeführt wurde.
- **Zweitens** werden im Berichtsabschnitt C-1 (Teilnahme an der externen vergleichenden Qualitätssicherung) Fallzahlen für solche Leistungen angegeben, die Gegenstand eines der vom G-BA gemäß der Richtlinie über Maßnahmen der Qualitätssicherung in Krankenhäusern (QSKH-RL) für das Jahr 2016 festgelegten esQS-Verfahren sind und zu denen Qualitätsindikatoren zu veröffentlichen sind.
- **Drittens** sind für sieben Leistungsbereiche, die der Mindestmengenregelung nach § 136b Abs. 1 Satz 1 Nr. 2 SGB V unterliegen, in Abschnitt C-5 der strukturierten Qualitätsberichte die standortspezifischen Fallzahlen anzugeben.

Der wesentliche Vorteil der Ermittlung der Fallzahlen aus den gesetzlichen Qualitätsberichten liegt darin, dass die im Bericht angegebenen Fallzahlen alle behandelten Patienten (gesetzlich und privat Versicherte sowie Selbstzahler) umfassen und dass sie klinikbezogen ausgewertet werden dürfen (Nimptsch et al. 2019). Wie von Kraska et al. zusammengefasst, sind die Daten der Qualitätsberichte allerdings teilweise lückenhaft oder unplausibel. So liegen für bis zu 15% der Kliniken keine oder lediglich unvollständige Qualitätsberichte vor. Auch lassen sich die abgegebenen Berichte nicht immer eindeutig einem Standort- oder Gesamtbericht zuordnen (Kraska et al. 2017).

Zugleich gelten bei der Nutzung der ICD- und OPS-Statistiken des Abschnitt B des strukturierten Qualitätsberichts verschiedene Einschränkungen. Zum einen lassen sich die Fallzahlen nur über Kodierungen von *entweder* Diagnose(n) *oder* Prozedur(en) ermitteln. Es ist nicht möglich, Kombinationen von Diagnose(n) und Prozedur(en) abzufragen. Darum ist es beispielsweise nicht möglich, Eingriffe für bestimmte Indikationen abzufragen oder Eingriffe bei bestimmten Begleiterkrankungen auszuschließen. Nebendiagnosen können grundsätzlich nicht zur Definition herangezogen werden. Ferner lassen sich die Fallzahlen nicht nach Zusatzmerkmalen eingrenzen (beispielsweise Ausschluss von Zuverlegungen, um nur Erstbehandlungen auszuwerten).

Darüber hinaus ist bei der Auswertung der OPS-Ziffern zu beachten, dass Eingriffe im Falle der Dokumentation mehrerer OPS-Ziffern zur Charakterisierung eines einzigen Eingriffs notwendigerweise mehrfach gezählt werden, obwohl nur eine Operation an einem Patienten durchgeführt wurde. Die Anzahl der OPS-Angaben entspricht darum nicht immer der Anzahl operierter Fälle.

Weiterhin besteht ein Problem, wenn die exakte Anzahl in ICD- oder OPS-Statistik bei Häufigkeiten ≤ 3 aus Datenschutzgründen nicht angegeben werden darf und durch einen Datenschutzhinweis ersetzt wird.[1] Die tatsächliche Fallzahl für diese Nennungen beträgt dann 1, 2 oder 3. Sofern nicht anders beschrieben, wurde bei der Auswertung der Anzahl je Prozedur bei Nennungen mit Datenschutzhinweis für alle Kliniken derjenige Wert angenommen, der auf Bundesebene die geringste Überschätzung im Vergleich zu den Anzahlen der DRG-Statistik des Statistischen Bundesamtes im Jahr 2016 für den gleichen Kode aufwies.[2] Für Kliniken mit Datenschutzhinweis in den Prozedur- oder Diagnoseangaben kann es daher Abweichungen zwischen berichteter und tatsächlicher Anzahl geben.

Limitationen bestehen auch bei der Ableitung von Fallzahlen aus den Qualitätsindikatoren in Abschnitt C-1 der strukturierten Qualitätsberichte, da aus Datenschutzgründen keine Qualitätsindikatoren dokumentiert werden, wenn der Zähler oder der Nenner eines Indikators auf weniger als 4 Fällen basiert. Für einen Teil der behandelnden Kliniken – und hier insbesondere für Kliniken mit wenigen Fallzahlen – liegen somit keine Informationen zur Fallzahl und zum Qualitätsindikator vor.

Im Abschnitt C-5 (Umsetzung der Mindestmengenregelungen nach § 136b Abs. 1 Satz 1 Nr. 2 SGB V) der strukturierten Qualitätsberichte geben Kranken-

---

1 Diese Problematik kommt besonders bei sehr detaillierten OPS-Kapiteln (mit vielen Untergruppen) sowie auch bei der Durchführung von Eingriffen in verschiedenen Fachabteilungen vor, da wegen der Aufsplittung der Informationen selbst bei im Krankenhaus insgesamt häufig durchgeführten Operationen deren zugehörige Angaben je Abteilung und OPS unterhalb des Grenzwertes liegen können.
2 Gab eine Klinik entgegen den Ausfüllbestimmungen des strukturierten Qualitätsberichts innerhalb einer Fachabteilung mehrfach den gleichen Schlüssel ohne Anzahl an, dann wurde eine Anzahl von 1 für jede einzelne Schlüsselangabe angenommen, da nicht die nach Schlüssel aggregierte Anzahl, sondern vermutlich jeder einzelne Leistungsfall gemeldet wurde.

häuser verpflichtend – und ohne gesonderte Datenschutzregelungen – die er-brachte Menge mindestmengenrelevanter Leistungen an. Allerdings findet keine regelhafte Prüfung statt, ob ein Krankenhaus mit einer mindestmen-genrelevanten Leistung auch den entsprechenden C-5-Abschnitt angegeben hat. So zeigen die Auswertungen im aktuellen Qualitätsmonitor eine hohe Diskrepanz zwischen den in Abschnitt C-5 dokumentierten Leistungen und den auf Basis der OPS-Statistik ermittelten mindestmengenrelevanten Ein-griffen. Viele Kliniken, insbesondere Kliniken mit einer geringen Eingriffs-zahl, scheinen den Abschnitt C-5 der Qualitätsberichte nicht auszufüllen.

Befragung der Krankenhäuser zur Verfügbarkeit eines Herzkatheterlabors

Die strukturierten Qualitätsberichte enthalten eine Vielzahl von Angaben zu behandlungsrelevanten Ausstattungsmerkmalen. Allerdings fehlen verpflich-tende Angaben zum Betrieb eines Herzkatheterlabors und dessen Verfügbar-keit im 24/7-Bereitschaftsdienst. Darum wurden diese Parameter für die hier vorgestellte Analyse direkt bei den Kliniken abgefragt. Im Zeitraum von 27.5.2016 bis 13.6.2016 fand dazu eine schriftliche Befragung der 1.391 Kranken-häuser statt, die im Jahr 2014 mindestens eine Herzinfarktbehandlung (ICD-10-GM I21, I22) in ihrem Qualitätsbericht angegeben hatten. In einer zweiten Befragungswelle vom 21.6.2016 wurden die 801 Kliniken, die bis dahin noch nicht geantwortet hatten, nochmals angeschrieben. Antworten bis zum 31.8.2016 wurden berücksichtigt. Die hier gestellten Fragen lauteten:

Haben Sie an Ihrem Standort einen Linksherzkatheter-Messplatz verfügbar? (Bitte kreuzen Sie an.)				
Jahr	Nein	Ja		Falls ja: mit 24/7-Bereitschaft?
		Selbst betrieben	Nicht selbst betrieben	Ja	Nein
2014	❏	❏	❏	❏	❏
2015	❏	❏	❏	❏	❏
2016	❏	❏	❏	❏	❏

Geantwortet hatten letztlich 936 von 1.391 angeschriebenen Krankenhäusern (Rücklaufquote 67,3%). Für diese liegt also die Angabe vor, ob im Jahr der Herz-infarktbehandlung – also in 2016 – auch ein Herzkatheterlabor verfügbar war. Es ist möglich, dass in Kliniken ohne Labor in 2016 inzwischen ein Katheter-messplatz eingerichtet wurde.

1.2.2 Fallzahlen und Qualitätskennzahlen für ausgewählte Behandlungsanlässe

Für sechs Behandlungsanlässe werden Fallzahlen und Qualitätsindikatoren berichtet. Die Fallzahlen der jeweiligen Behandlungsanlässe wurden auf Bundes- und Landesebene ausgewertet. Sofern nicht anders berichtet, wurden dazu bundesweit die behandelnden Kliniken nach der Fallzahl in vier gleich große Gruppen (d.h. Klinikquartile) eingeteilt. Die dabei ermittelten Quartilsgrenzen wurden wiederum auf die Landesebene angewandt und der entsprechende Anteil von Kliniken und die betrachteten Indikator-Ergebnisse je Klinikquartil ermittelt. Dadurch wird beispielsweise erkennbar, ob in einem Bundesland der Anteil der Kliniken im unteren Quartil höher oder niedriger ist als auf Bundesebene. Auf Bundesebene liegt er – abgesehen von Rundungsfehlern, da nur ganze Klinikzahlen vorkommen können – definitionsgemäß bei 25%. Im nachfolgenden Beitrag – dem Krankenhausmonitor 2019 – werden Fallzahlen und Indikatoren zusätzlich je Klinik dargestellt.

Geburtshilfe

Fallzahl: Angegeben ist die Anzahl von Müttern mit mindestens einer Geburt eines Kindes ab der 24+0 Schwangerschaftswoche. Die Angabe wurde dem esQS-Leistungsbereich Geburtshilfe (Modul 16n1-GEBH) für das Berichtsjahr 2016 entnommen. Ausgewertet wurde die Grundgesamtheit des Qualitätsindikators QI-ID 52249 (Verhältnis der beobachteten zur erwarteten Rate [O/E] an Kaiserschnittgeburten).[3] Bei zehn Kliniken lag aus Datenschutzgründen keine Information zur Fallzahl vor, da Grundgesamtheit oder die beobachteten Ereignisse (i.e. Kaiserschnittgeburten) auf weniger als vier Fällen basieren. Diese wurden von den Auswertungen ausgeschlossen. Geprüft wurde außerdem, inwiefern Klinikstandorte mit identischem Institutskennzeichen, gleicher Geburtenzahl und identischen Ergebniswerten der Qualitätsindikatoren QI-ID 52249 und QI-ID 51181 vorlagen, was ein Hinweis auf fehlerhafte Zuordnung von Standortberichten sein könnte. Bei vier der acht betroffenen Standorte konnte durch Recherche der Klinik-Homepage das Vorhandensein einer geburtshilflichen Abteilung ausgeschlossen werden. Diese Klinik-Standorte wurden von den Analysen ausgeschlossen.

Verhältnis der beobachteten zur erwarteten Rate (O/E) an Kaiserschnitten (QI-ID 52249): Bei dem Wert handelt es sich um eine risikoadjustierte Kaiserschnittrate. Der Indikator wird ebenfalls im esQS-Leistungsbereich Geburtshilfe für das Berichtsjahr 2016 berichtet.[4] Der Zähler des Qualitätsindikators enthält die beobachtete (d.h. reale) Rate an Kaiserschnittgeburten in der entsprechenden Klinik. Der Nenner enthält die Rate an Kaiserschnittgeburten, die aufgrund dokumentierter Geburts- und Schwangerschaftsrisiken adjustiert nach logistischem Geburtshilfe-Score in der Klinik zu erwarten gewesen wäre. Geringere Ergebniswerte des Indikators kennzeichnen eine unterdurchschnittliche Rate

---

3 Für Kliniken der Region Westfalen-Lippe wurden Daten der externen, stationären Qualitätssicherung (Modul 16n1-GEBH, Berichtsjahr 2016) unvollständig durch die zuständige Landesgeschäftsstelle für Qualitätssicherung für Westfalen-Lippe geliefert. Für diese Kliniken wurden daher die Angaben des Modul 16n1-GEBH des Berichtsjahres 2015 genutzt.

4 s. Fußnote 3

an Kaiserschnitten. Im Bundesdurchschnitt lag das Ergebnis im Berichtsjahr 2016 bei 0,99 und der vom IQTIG definierte Toleranzbereich, berechnet als der Bereich unterhalb des 90. Perzentils des Indikatorwerts, umfasst Ergebniswerte ≤ 1,27 (IQTIG 2017).

Herzinfarkt

Fallzahl: Die Anzahl behandelter Fälle pro Klinik wurde aus den Diagnoseangaben der Krankenhäuser im strukturierten Qualitätsbericht für das Berichtsjahr 2016 ermittelt. Berücksichtigt wurden Angaben zu Behandlungsfällen mit den Hauptdiagnosen akuter oder rezidivierender Myokardinfarkt (ICD-10-GM I21, I22).

Herzkatheterlabor vorhanden und Herzkatheterlabor 24/7 verfügbar: Angaben zur Verfügbarkeit eines Herzkatheterlabors im Jahr 2016 wurden im Rahmen einer schriftlichen Befragung erfasst (s. Abschnitt Befragung der Krankenhäuser zur Verfügbarkeit eines Herzkatheterlabors in Kap. 1.2.1). Die Analysen wurden auf diejenigen 872 Kliniken beschränkt, die im Jahr 2016 mindestens eine Herzinfarktbehandlung (ICD-10-GM I21, I22) in ihrem Qualitätsbericht angegeben hatten und für die Selbstangaben zur Verfügbarkeit eines Herzkatheter-Labors für das Jahr 2016 vorlagen.[5]

Transkatheter-Aortenklappenimplantation (TAVI)

Fallzahl: Die Anzahl an Patienten pro Klinik, die isoliert kathetergestützt an der Aortenklappe operiert wurden, entstammt den Angaben der Krankenhäuser in der externen, stationären Qualitätssicherung nach § 136 SGB V für das Berichtsjahr 2016. Herangezogen wurde hierzu die maximale Grundgesamtheit aller Qualitätsindikatoren des Moduls HCH-AORT-KATH (Ersatz der Aorten-Herzklappe [mittels Herzkatheter]).

Verhältnis der beobachteten zur erwarteten Rate (O/E) an Todesfällen (QI-ID 12168): Angegeben ist die risikoadjustierte Krankenhaussterblichkeit von Patienten, die in ihrer ersten Operation isoliert kathetergestützt an der Aortenklappe operiert wurden. Dieser Indikator entstammt dem esQS-Leistungsbereich HCH-AORT-KATH für das Berichtsjahr 2016. Der Zähler des Qualitätsindikators enthält die beobachtete (d.h. reale) Rate an Todesfällen je Klinik. Der Nenner enthält die Rate an Todesfällen, die nach Adjustierung für den logistischen Aortenklappenscore 2.0 zu erwarten gewesen wäre. In diesen Score fließen neben Alter und Geschlecht eine Reihe relevanter Ko-Morbiditäten ein, die die Sterblichkeit von TAVI-Patienten beeinflussen. Höhere Ergebniswerte des Qualitätsindikators kennzeichnen eine überdurchschnittliche Todesrate. Im Berichtsjahr

---

5   Insgesamt 67 Kliniken mit Herzinfarkt-Fällen im Jahr 2016 wurden nicht befragt, da die Befragung Kliniken mit Herzinfarkt-Fällen im Jahr 2014 adressierte und es zu diesem Zeitpunkt keine entsprechenden Behandlungsfälle gab.

2016 lag die mittlere risikoadjustierte Todesrate bei 0,73 (IQTIG 2017).[6] In Abschnitt 1.3.3 ist das Ergebnis des Qualitätsindikators der Darstellung von Bestehorn et al. (2017) folgend für drei Klinikgruppen dargestellt: Kliniken mit < 100 TAVIs pro Jahr, Kliniken mit 100–199 TAVIs pro Jahr, Kliniken mit ≥ 200 TAVIs pro Jahr. Je Klinikgruppe wurden die beobachteten Todesfälle über die Kliniken summiert und durch die summierten erwarteten Todesfälle geteilt. Da die erwarteten Todesfälle nicht im Rahmen der esQS berichtet werden, wurde dieser Wert durch Division der beobachteten Todesfälle durch das Indikatorergebnis ermittelt.[7]

Zystektomie

Fallzahl: Die Anzahl operativer Entfernungen der Harnblase (Zystektomien) pro Klinik wurde aus den OPS-Angaben der Krankenhäuser im strukturierten Qualitätsbericht für das Berichtsjahr 2016 ermittelt. Berücksichtigt wurden Angaben zu den OPS-Codes 5-576 (Zystektomie), 5-687.0 (Vordere Exenteration [Eviszeration] des weiblichen kleinen Beckens), 5.687.2 (Totale Exenteration [Eviszeration] des weiblichen kleinen Beckens), 5.687.3 (Laterale erweiterte endopelvine Resektion [LEER]). Wurde aus Datenschutzgründen keine Fallzahl angegeben, dann wurde eine Anzahl von 2 angenommen[8].

Operative Eingriffe am Pankreas

Fallzahl: Die Anzahl komplexer operativer Eingriffe am Organsystem Pankreas wurde aus zwei Datenquellen ermittelt.

- Aus den OPS-Angaben der Krankenhäuser im strukturierten Qualitätsbericht für das Berichtsjahr 2016: Berücksichtigt wurden die mindestmengenrelevanten OPS-Codes 5-523.2, 5-523.x, 5-524 (exkl. 5-524.y), 5-525 (exkl. 5-525.y) gemäß G-BA-Richtlinie (Gemeinsamer Bundesausschuss 2017). Lagen aufgrund von Datenschutzgründen keine Eingriffszahlen vor, so wurden die entsprechenden Angaben durch 1, 2 und 3 ersetzt.[9] Je Klinik wurden somit bis zu drei OPS-basierte Fallzahlen für komplexe Eingriffe am Organsystem Pankreas abgeleitet.
- Aus den strukturierten Qualitätsberichten, Abschnitt C-5 (Umsetzung der Mindestmengenregelungen nach § 136b Abs. 1 Satz 1 Nr. 2 SGB V) für das Berichtsjahr 2016: Krankenhäuser, die mindestmengenrelevante Eingriffe am Organsystem Pankreas vornehmen, geben in diesem

---

6 Der in Abschnitt 1.3.3 dargestellte Bundesdurchschnitt weicht leicht von dem publizierten Wert ab, da für die eigenen Auswertungen ausschließlich Kliniken genutzt werden können, deren Ergebnisse nicht unter die Datenschutzregelung fallen (s. Abschnitt 1.2.1).

7 Für fünf Kliniken mit einem Indikatorergebnis von 0 wurden die erwarteten Todesfälle durch Multiplikation der Behandlungsfälle mit der bundesweiten Rate erwarteter Todesfälle gemäß Bundesauswertung des Moduls HCH-AORT-KATH bestimmt.

8 s. Fußnote 2

9 s. Fußnote 2

Abschnitt die jeweils im Berichtsjahr erbrachte Menge an. Für diese Angaben gelten keine gesonderten Datenschutzregelungen, sodass auch Fallzahlen von 1–3 übermittelt werden.[10]

Ausnahmetatbestand: Für komplexe Eingriffe am Organsystem Pankreas gilt eine jährliche Mindestmenge von 10 (Gemeinsamer Bundesausschuss 2017). Auf der Basis der strukturierten Qualitätsberichte, Abschnitt C-5 (Umsetzung der Mindestmengenregelungen nach § 136b Abs. 1 Satz 1 Nr. 2 SGB V) wurde ermittelt, inwiefern bei Unterschreitung der Mindestmenge ein Ausnahmetatbestand in Anspruch genommen wurde. Als mögliche Ausnahmetatbestände sind zulässig: (i) Notfälle, keine planbaren Leistungen, (ii) Aufbau eines neuen Leistungsbereiches, (iii) personelle Neuausrichtung, (iv) Votum der Landesbehörde wegen Sicherstellung einer flächendeckenden Versorgung.

Operative Eingriffe am Ösophagus

Fallzahl: Die Anzahl komplexer operativer Eingriffe am Organsystem Ösophagus wurde aus zwei Datenquellen ermittelt.

- Aus den OPS-Angaben der Krankenhäuser im strukturierten Qualitätsbericht für das Berichtsjahr 2016: Berücksichtigt wurden die mindestmengenrelevanten OPS-Codes 5-423, 5-424, 5-425, 5-426, 5-427.0, 5-427.1, 5-429.p, 5-429.q, 5-438.0, 5-438.1, 5-438.x gemäß Mindestmengenregelung (Gemeinsamer Bundesausschuss 2017). Lagen aufgrund von Datenschutzgründen keine Eingriffszahlen vor, so wurden die entsprechenden Angaben durch 1, 2 und 3 ersetzt[11]. Je Klinik wurden somit bis zu drei OPS-basierte Fallzahlen für komplexe Eingriffe am Organsystem Ösophagus abgeleitet.
- Aus den strukturierten Qualitätsberichten, Abschnitt C-5 (Umsetzung der Mindestmengenregelungen nach § 136b Abs. 1 Satz 1 Nr. 2 SGB V) für das Berichtsjahr 2016: Krankenhäuser dokumentieren in diesem Abschnitt die erbrachten mindestmengenrelevanten Operationen an der Speiseröhre. Für diese Angaben gelten keine gesonderten Datenschutzregelungen, sodass auch Fallzahlen von 1–3 übermittelt werden.

Ausnahmetatbestand: Informationen zum Vorliegen eines Ausnahmetatbestandes bezüglich mindestmengenrelevanter Eingriffe am Ösophagus wurden den strukturierten Qualitätsberichten, Abschnitt C-5 (Umsetzung der Mindestmengenregelungen nach § 136b Abs. 1 Satz 1 Nr. 2 SGB V) der Kliniken für das Berichtsjahr 2016 entnommen. Für diese Eingriffe gilt eine jährliche Mindestmenge von 10 (Gemeinsamer Bundesausschuss 2017). Als mögliche Ausnahme-

---

10 Um die Validität von sehr hohen Eingriffszahlen zu überprüfen, wurden die Mindestmengen-Angaben von Kliniken mit > 100 Eingriffen mit den entsprechenden Angaben des Vorjahres verglichen. Bei Abweichungen von > 100% (Isar Kliniken GmbH, München) wurden die Eingriffszahlen genutzt, die im strukturierten Qualitätsbericht des Jahres 2016 auf der Klinik-Homepage veröffentlicht sind.

11 s. Fußnote 2

tatbestände sind zulässig: (i) Notfälle, keine planbaren Leistungen, (ii) Aufbau eines neuen Leistungsbereiches, (iii) personelle Neuausrichtung, (iv) Votum der Landesbehörde wegen Sicherstellung einer flächendeckenden Versorgung.

1.3   Ergebnisse und Bewertung

1.3.1   Geburtshilfe

Bundesweit gab es im Jahr 2016 in 713 Kliniken insgesamt 743.843 Geburten (s. Tab. 1). Die mittlere Fallzahl pro Klinik lag bei 1.043 Geburten. Das untere Quartil auf Bundesebene umfasste 178 Kliniken mit weniger als 534 Geburten (s. Abb. 1). Im Regionalvergleich unterschritten diese Geburtenzahl 48% der behandelnden Kliniken in Brandenburg und 44% der behandelnden Kliniken in Sachsen-Anhalt (s. Abb. 2). In Hamburg, Berlin und Bremen waren dagegen keine Kliniken im unteren bundesweiten Quartil vertreten.

Die hohe – und seit Jahren steigende und regional sehr unterschiedlich ausgeprägte Kaiserschnittrate – ist regelmäßig Inhalt einer oft auch emotional geführten Diskussion (Schuller u. Surbek 2014). Die Anzahl der Kaiserschnitte hat sich in Deutschland in den letzten 20 Jahren mehr als verdoppelt (Poets u. Abele 2012). Im Jahr 2016 fanden 32,0% aller Geburten per Kaiserschnitt statt (IQTIG 2017). Die Sectio gehört damit zu den Routineeingriffen und geht selbst mit geringer Mortalität und Morbidität einher. Allerdings ist eine Sectio mit einem Risiko für spätere Entbindungen behaftet. Daher sollte eine Sectio nur durchgeführt werden, wenn mütterliche oder kindliche Konstellationen das erfordern. Eine Auswertung der Bertelsmann-Stiftung zeigt, dass der Anstieg der Kaiserschnittraten in Deutschland nicht vollständig durch das höhere Durchschnittsalter der Mütter, den Anteil überschwerer Kinder, den Anteil an Mehrlingsgeburten, Frühgeburten oder Wunschkaiserschnitte erklärbar ist (Bertelsmann Stiftung 2012).

In den folgenden Analysen wurde die im Rahmen der externen stationären Qualitätssicherung berichtete risikoadjustierte Kaiserschnittrate betrachtet und untersucht, inwiefern ein Zusammenhang zwischen Kaiserschnittanteil und Geburtenzahl der Kliniken besteht. Der Bundesdurchschnitt der risikoadjustierten Kaiserschnittrate lag im Berichtsjahr bei 0,99 und der vom IQTIG definierte Toleranzbereich dieses Qualitätsindikators umfasst Ergebniswerte bis maximal 1,27 (IQTIG 2017). Als statistisch auffällig gelten demzufolge Kliniken, deren Verhältnis von beobachteten zu erwarteten Kaiserschnittgeburten den Wert 1,27 übersteigt. Wie die Tabelle 1 zeigt, wiesen 91,3% aller Kliniken (n = 650) Kaiserschnittraten auf, die in den Toleranzbereich des risikoadjustierten Indikators fielen.

Die Wahrscheinlichkeit einer Kaiserschnittgeburt variierte dabei in Abhängigkeit von der Geburtenzahl. So lagen 97,2% aller Kliniken mit mindestens 1.350 Geburten (4. bundesweites Quartil) im Toleranzbereich des Qualitätsindikators, während es im 1. Quartil (Kliniken mit weniger als 534 Geburten)

Tab. 1 Ergebnisse der Regionalauswertung: Geburtshilfe, 2016

Beschreibung	Bund	Baden-Württ.	Bayern	Berlin	Branden-burg	Bremen	Hamburg	Hessen	Meckl.-Vorp.	Nieder-sachsen	Nordrhein-Westf.	Rheinland-Pfalz	Saarland	Sachsen	Sachsen-Anhalt	Schleswig-Holst.	Thüringen
Gesamtpopulation																	
Kliniken	713	86	110	18	25	5	11	52	16	74	159	38	8	42	25	21	23
Geburten	743.843	102.477	118.091	41.081	16.451	9.568	22.720	56.114	13.232	67.570	160.588	35.150	8.836	36.525	17.401	21.711	16.328
Kliniken mit verfügbarer Information zum Qualitäts-indikator #	712 (99,9%)	86 (100%)	110 (100%)	17 (94,4%)	25 (100%)	5 (100%)	11 (100%)	52 (100%)	16 (100%)	74 (100%)	159 (100%)	38 (100%)	8 (100%)	42 (100%)	25 (100%)	21 (100%)	23 (100%)
Kliniken im Toleranzbereich der beobachteten zur erwarteten Rate (O/E) an Kaiserschnitt-geburten (Anteil [1])*	650 (91,3%)	81 (94,2%)	86 (78,2%)	17 (100%)	23 (92,0%)	5 (100%)	10 (90,9%)	47 (90,4%)	14 (87,5%)	70 (94,6%)	150 (94,3%)	35 (92,1%)	6 (75,0%)	42 (100%)	24 (96,0%)	19 (90,5%)	21 (91,3%)
Unteres bundesweites Klinikquartil																	
Kliniken mit < 534 Geburten (Anteil [2])	178 (25,0%)	16 (18,6%)	30 (27,3%)	0 (0%)	12 (48,0%)	0 (0%)	0 (0%)	14 (26,9%)	5 (31,3%)	20 (27,0%)	30 (18,9%)	11 (28,9%)	1 (12,5%)	16 (38,1%)	11 (44,0%)	4 (19,0%)	8 (34,8%)
Geburten	70.323	7.019	10.896	-	4.751	-	-	5.643	1.968	8.086	12.687	3.860	488	6.540	4.132	1.420	2.833
Kliniken im Toleranzbereich der beobachteten zur erwarteten Rate (O/E) an Kaiserschnitt-geburten (Anteil [3])*	145 (81,5%)	13 (81,3%)	21 (70,0%)	-	11 (91,7%)	-	-	11 (78,6%)	3 (60,0%)	16 (80,0%)	25 (83,3%)	8 (72,7%)	1 (100%)	16 (100%)	11 (100%)	3 (75,0%)	6 (75,0%)
Zweites bundesweites Klinikquartil																	
Kliniken mit 534 bis < 804 Geburten (Anteil [2])	176 (24,7%)	18 (20,9%)	32 (29,1%)	0 (0%)	6 (24,0%)	1 (20,0%)	2 (18,2%)	8 (15,4%)	6 (37,5%)	20 (27,0%)	40 (25,2%)	12 (31,6%)	1 (12,5%)	13 (31,0%)	7 (28,0%)	2 (9,5%)	8 (34,8%)
Geburten	116.607	12.138	20.515	-	4.073	674	1.412	5.460	3.743	13.551	26.532	7.713	557	8.829	4.595	1.374	5.441
Kliniken im Toleranzbereich der beobachteten zur erwarteten Rate (O/E) an Kaiserschnitt-geburten (Anteil [3])*	163 (92,6%)	18 (100%)	23 (71,9%)	-	6 (100%)	1 (100%)	2 (100%)	7 (87,5%)	6 (100%)	20 (100%)	39 (97,5%)	12 (100%)	0 (0%)	13 (100%)	6 (85,7%)	2 (100%)	8 (100%)

Beschreibung	Bund	Baden-Württ.	Bayern	Berlin	Branden-burg	Bremen	Hamburg	Hessen	Meckl. Verp.	Nieder-sachsen	Nordrhein-Westf.	Rheinland-Pfalz	Saarland	Sachsen	Sachsen-Anhalt	Schleswig-Holst.	Thüringen
Drittes bundesweites Klinikquartil																	
Kliniken mit 804 bis < 1.350 Geburten (Anteil [2])	179 (25,1%)	24 (27,9%)	18 (16,4%)	6 (33,3%)	6 (24,0%)	0 (0%)	2 (18,2%)	14 (26,9%)	4 (25,0%)	19 (25,7%)	55 (34,6%)	6 (15,8%)	3 (37,5%)	4 (9,5%)	5 (20,0%)	8 (38,1%)	5 (21,7%)
Geburten	188.653	26.306	17.490	6.752	5.621	–	2.220	15.982	4.296	19.729	59.449	6.568	2.865	3.745	5.130	7.579	4.921
Kliniken im Toleranzbereich der beobachteten zur erwarteten Rate (O/E) an Kaiserschnittgeburten (Anteil [3])*	168 (93,9%)	24 (100%)	13 (72,2%)	6 (100%)	5 (83,3%)	–	1 (50,0%)	13 (92,9%)	4 (100%)	19 (100%)	53 (96,4%)	6 (100%)	3 (100%)	4 (100%)	5 (100%)	7 (87,5%)	5 (100%)
Oberes bundesweites Klinikquartil																	
Kliniken mit mind. 1.350 Geburten (Anteil [2])	180 (25,2%)	28 (32,6%)	30 (27,3%)	12 (66,7%)	1 (4%)	4 (80,0%)	7 (63,6%)	16 (30,8%)	1 (3,3%)	15 (20,3%)	34 (21,4%)	9 (23,7%)	3 (37,5%)	9 (21,4%)	2 (8%)	7 (33,3%)	2 (8,7%)
Geburten	368.260	57.014	69.190	34.329	2.006	8.894	19.088	29.029	3.225	26.204	61.920	17.009	4.926	17.411	3.544	11.338	3.133
Kliniken mit verfügbarer Information zum Qualitäts-indikator #	179 (99,4%)	28 (100%)	30 (100%)	11 (91,7%)	1 (100%)	4 (100%)	7 (100%)	16 (100%)	1 (100%)	15 (100%)	34 (100%)	9 (100%)	3 (100%)	9 (100%)	2 (100%)	7 (100%)	2 (100%)
Kliniken im Toleranzbereich der beobachteten zur erwarteten Rate (O/E) an Kaiserschnittgeburten (Anteil [3])*	174 (97,2%)	26 (92,9%)	29 (96,7%)	11 (100%)	1 (100%)	4 (100%)	7 (100%)	16 (100%)	1 (100%)	15 (100%)	33 (97,1%)	9 (100%)	2 (66,7%)	9 (100%)	2 (100%)	7 (100%)	2 (100%)

* Der Toleranzbereich des Qualitätsindikators ist definiert als das Verhältnis der beobachteten zur erwarteten Rate (O/E) an Kaiserschnittgeburten ≤ 1,27 (90. Perzentil).
# Von den Analysen wurde die Charité Universitätsmedizin Berlin ausgeschlossen, da diesem Standort mehrere Auswertungseinheiten zugrunde liegen und der Qualitätsindikator somit nicht eindeutig ermittelbar ist.
[1] Anteil bezogen auf alle Kliniken mit Behandlungsfällen und verfügbarer Information zum Qualitätsindikator
[2] Anteil bezogen auf alle Kliniken mit Behandlungsfällen
[3] Anteil bezogen auf alle Kliniken mit Behandlungsfällen im jeweiligen Klinikquartil und verfügbarer Information zum Qualitätsindikator

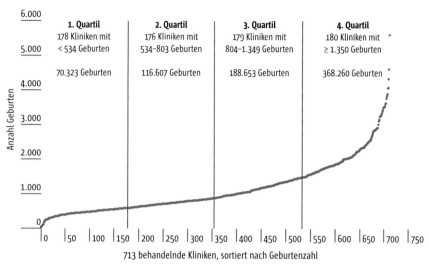

Abb. 1   Verteilung der Geburten über Kliniken, 2016

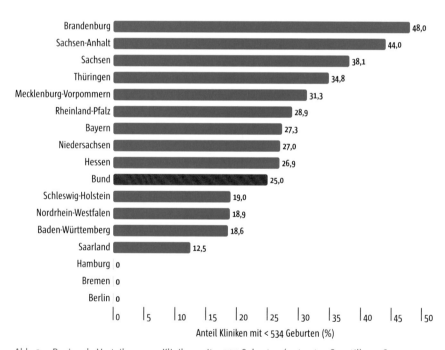

Abb. 2   Regionale Verteilung von Kliniken mit < 534 Geburten (unterstes Quartil), 2016

lediglich 81,5 % waren (s. Abb. 3). Den geringsten Anteil an Kliniken mit Kaiserschnittraten innerhalb des Toleranzbereiches wiesen das Saarland (75,0 %), Bayern (78,2 %) und Mecklenburg-Vorpommern (87,5 %) auf. In Sachsen, Bremen und Berlin lag dagegen keine Klinik außerhalb des Toleranzbereiches (s. Abb. 4).

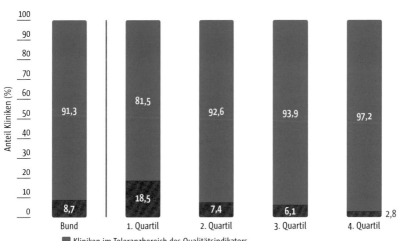

Der Toleranzbereich des Qualitätsindikators ist definiert als das Verhältnis der beobachteten zur erwarteten Rate (O/E) an Kaiserschnittgeburten ≤ 1,27 (90. Perzentil).

Abb. 3   Qualitätsindikator Kaiserschnittgeburten (O/E): Überschreitung des Toleranzbereichs
in Abhängigkeit von der Geburtenzahl, 2016

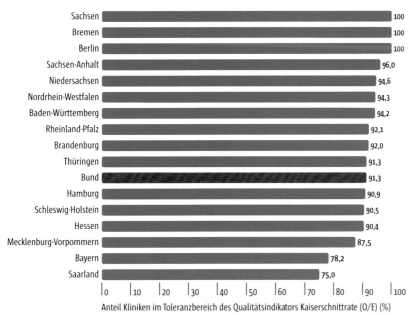

Der Toleranzbereich des Qualitätsindikators ist definiert als das Verhältnis der beobachteten zur erwarteten Rate (O/E) an Kaiserschnittgeburten ≤ 1,27 (90. Perzentil).

Abb. 4   Regionale Verteilung von Kliniken im Toleranzbereich des Qualitätsindikators Kaiserschnittgeburten (O/E), 2016

1.3.2 Herzinfarkt

Nach den Daten der strukturierten Qualitätsberichte des Jahres 2016 wurden bundesweit 223.811 Herzinfarkt-Fälle in 1.367 Kliniken behandelt (s. Tab. 2). Ein Viertel der deutschen Krankenhäuser wiesen dabei weniger als 28 dokumentierte Herzinfarkt-Fälle auf (s. Abb. 5), die mittlere Fallzahl in dieser Gruppe lag bei 13. In Baden-Württemberg und Mecklenburg-Vorpommern lag der Anteil von Krankenhäusern mit < 28 Behandlungsfällen deutlich über dem Bundesdurchschnitt (s. Abb. 6). Hier fiel etwa jedes dritte Krankenhaus in diese Kategorie. In Bremen und Hamburg war der Anteil von Kliniken mit geringen Behandlungszahlen mit 0% bzw. 10% sehr niedrig.

Für die Versorgung des akuten Infarktes ist die Möglichkeit zur Durchführung einer Linksherzkatheteruntersuchung mit eventueller Wiederherstellung der Durchblutungsfunktion sehr wichtig (Voigtländer 2017). Bereits im Qualitätsmonitor 2017 haben wir uns daher angeschaut, inwiefern Kliniken, die im Jahr 2014 Herzinfarkt-Patienten behandelten, über ein Herzkatheterlabor zur Durchführung einer Linksherzkatheteruntersuchung verfügen und inwiefern dieses durchgängig verfügbar ist. Im vorliegenden Beitrag wurden diese Auswertungen für Herzinfarkt-Behandlungen des Jahres 2016 aktualisiert. Für die Analyse zur Verfügbarkeit eines Herzkatheterlabors standen insgesamt 872 Datensätze zur Verfügung (s. Abschnitt Herzinfarkt in Kap. 1.2.2). Alle weiteren prozentualen Angaben der folgenden beiden Abschnitte beziehen sich auf diese 872 Kliniken und die dort behandelten 180.684 Herzinfarkt-Fälle.

Auf Bundesebene verfügten 480 (55,0%) der Kliniken über ein Herzkatheterlabor mit durchgängiger Rufbereitschaft und 63 Kliniken (7,2%) über ein Herzkatheterlabor ohne 24/7-Dienst (s. Abb. 7). Weitere 329 (37,7%) Krankenhäuser

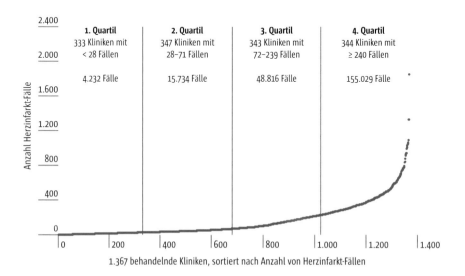

Abb. 5   Verteilung von Herzinfarkt-Fällen über Kliniken, 2016

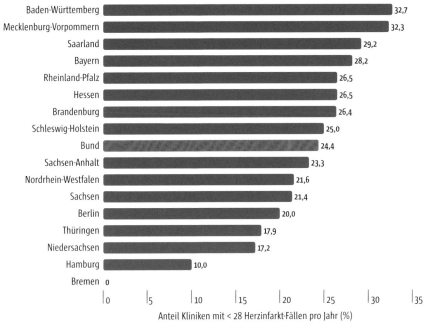

Abb. 6 Regionale Verteilung von Kliniken mit < 28 Herzinfarkt-Fällen (unterstes Quartil), 2016

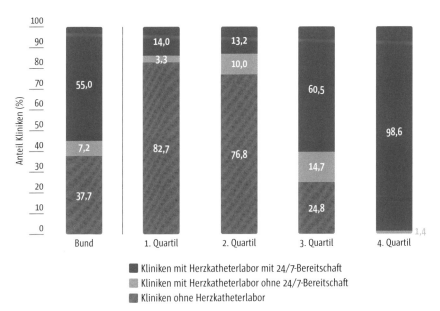

Abb. 7 Verfügbarkeit eines Herzkatheterlabors in Abhängigkeit von der Anzahl behandelter Herzinfarkt-Fälle, 2016

Tab. 2 Ergebnisse der Regionalauswertung: Herzinfarkt-Versorgung, 2016

Beschreibung	Bund	Baden-Württ.	Bayern	Berlin	Branden-burg	Bremen	Hamburg	Hessen	Meckl.-Vorp.	Nieder-sachsen	Nordrhein-Westf.	Rheinland-Pfalz	Saarland	Sachsen	Sachsen-Anhalt	Schleswig-Holst.	Thüringen
Gesamtpopulation																	
Kliniken	1.367	153	209	45	53	9	20	98	31	122	324	83	24	70	43	44	39
Herzinfarkte	223.811	26.285	31.669	8.764	7.760	3.461	5.316	16.356	4.891	22.342	51.160	11.396	3.708	10.272	6.988	7.173	6.270
Kliniken mit Information zur QM-Abfrage 2016 (Anteil [1])	872 (63,8%)	97 (63,4%)	142 (67,9%)	33 (73,3%)	30 (56,6%)	6 (66,7%)	16 (80,0%)	58 (59,2%)	18 (58,1%)	75 (61,5%)	206 (63,6%)	53 (63,9%)	14 (58,3%)	49 (70,0%)	30 (69,8%)	23 (52,3%)	22 (56,4%)
Kliniken mit HKL (Anteil [2])	543 (62,3%)	62 (63,9%)	95 (66,9%)	22 (66,7%)	19 (63,3%)	4 (66,7%)	16 (100%)	40 (69,0%)	9 (50,0%)	46 (61,3%)	125 (60,7%)	26 (49,1%)	6 (42,9%)	20 (40,8%)	20 (66,7%)	17 (73,9%)	16 (72,7%)
Kliniken mit 24/7 HKL (Anteil [2])	480 (55,0%)	52 (53,6%)	82 (57,7%)	19 (57,6%)	17 (56,7%)	3 (50,0%)	16 (100%)	37 (63,8%)	8 (44,4%)	37 (49,3%)	116 (56,3%)	24 (45,3%)	6 (42,9%)	16 (32,7%)	18 (60,0%)	15 (65,2%)	14 (63,6%)
Unteres bundesweites Klinikquartil																	
Kliniken mit < 28 Herzinfarkte (Anteil [1])	333 (24,4%)	50 (32,7%)	59 (28,2%)	9 (20,0%)	14 (26,4%)	0 (0%)	2 (10,0%)	26 (26,5%)	10 (32,3%)	21 (17,2%)	70 (21,6%)	22 (26,5%)	7 (29,2%)	15 (21,4%)	10 (23,3%)	11 (25,0%)	7 (17,9%)
Herzinfarkte	4.232	610	639	149	193	–	36	339	176	237	1.009	237	99	204	105	130	69
Kliniken mit Information zur QM-Abfrage 2016 (Anteil [3])	150 (45,0%)	18 (36,0%)	29 (49,2%)	5 (55,6%)	5 (35,7%)	–	1 (50,0%)	8 (30,8%)	5 (50,0%)	11 (52,4%)	36 (51,4%)	10 (45,5%)	4 (57,1%)	7 (46,7%)	5 (50,0%)	3 (27,3%)	3 (42,9%)
Kliniken mit HKL (Anteil [4])	26 (17,3%)	2 (11,1%)	8 (27,6%)	0 (0%)	0 (0%)	–	1 (100%)	1 (12,5%)	0 (0%)	1 (9,1%)	7 (19,4%)	0 (0%)	2 (50,0%)	2 (28,6%)	1 (20,0%)	0 (0%)	1 (33,3%)
Kliniken mit 24/7 HKL (Anteil [4])	21 (14,0%)	2 (11,1%)	7 (24,1%)	0 (0%)	0 (0%)	–	1 (100%)	1 (12,5%)	0 (0%)	1 (9,1%)	5 (13,9%)	0 (0%)	2 (50,0%)	0 (0%)	1 (20,0%)	0 (0%)	1 (33,3%)
Zweites bundesweites Klinikquartil																	
Kliniken mit 28 bis < 72 Herzinfarkte (Anteil [1])	347 (25,4%)	25 (16,3%)	40 (19,1%)	13 (28,9%)	18 (34,0%)	0 (0%)	3 (15,0%)	25 (25,5%)	9 (29,0%)	31 (25,4%)	100 (30,9%)	24 (28,9%)	7 (29,2%)	27 (38,6%)	7 (16,3%)	9 (20,5%)	9 (23,1%)
Herzinfarkte	15.734	1.078	1.741	589	898	–	141	1.150	410	1.432	4.523	1.107	329	1.193	341	402	400
Kliniken mit Information zur QM-Abfrage 2016 (Anteil [3])	190 (54,8%)	17 (68,0%)	26 (65,0%)	7 (53,8%)	7 (38,9%)	–	1 (33,3%)	10 (40,0%)	5 (55,6%)	16 (51,6%)	53 (53,0%)	14 (58,3%)	2 (28,6%)	19 (70,4%)	5 (71,4%)	4 (44,4%)	4 (44,4%)
Kliniken mit HKL (Anteil [4])	44 (23,2%)	4 (23,5%)	8 (30,8%)	2 (28,6%)	2 (28,6%)	–	1 (100%)	2 (20,0%)	1 (20,0%)	3 (18,8%)	13 (24,5%)	1 (7,1%)	0 (0%)	3 (15,8%)	1 (20,0%)	2 (50,0%)	1 (<25,0%)

Beschreibung	Bund	Baden-Württ.	Bayern	Berlin	Branden-burg	Bremen	Hamburg	Hessen	Meckl. Vorp.	Nieder-sachsen	Nordrhein-Westf.	Rheinland-Pfalz	Saarland	Sachsen	Sachsen-Anhalt	Schleswig-Holst.	Thüringen
Kliniken mit 24/7 HKL (Anteil [4])	25 (13,2%)	2 (11,8%)	4 (15,4%)	0 (0%)	1 (14,3%)	–	1 (100%)	2 (20,0%)	0 (0%)	0 (0%)	9 (17,0%)	0 (0%)	0 (0%)	2 (10,5%)	1 (20,0%)	2 (50,0%)	1 (25,0%)
Drittes bundesweites Klinikquartil																	
Kliniken mit 72 bis < 240 Herzinfarkte (Anteil [1])	343 (25,1%)	38 (24,8%)	66 (31,6%)	5 (11,1%)	8 (15,1%)	6 (66,7%)	4 (20,0%)	21 (21,4%)	4 (12,9%)	34 (27,9%)	74 (22,8%)	22 (26,5%)	4 (16,7%)	16 (22,9%)	14 (32,6%)	12 (27,3%)	15 (38,5%)
Herzinfarkte	48.816	5.321	9.776	763	1.227	735	505	3.136	680	4.917	10.163	3.206	361	2.045	1.880	1.803	2.298
Kliniken mit Information zur QM-Abfrage 2016 (Anteil [3])	238 (69,4%)	25 (65,8%)	52 (78,8%)	4 (80,0%)	7 (87,5%)	3 (50,0%)	4 (100%)	18 (85,7%)	2 (50,0%)	20 (58,8%)	47 (63,5%)	15 (68,2%)	4 (100%)	12 (75,0%)	9 (64,3%)	8 (66,7%)	8 (53,3%)
Kliniken mit HKL (Anteil [4])	179 (75,2%)	19 (76,0%)	44 (84,6%)	3 (75,0%)	6 (85,7%)	1 (33,3%)	4 (100%)	15 (83,3%)	2 (100%)	14 (70,0%)	35 (74,5%)	11 (73,3%)	0 (0%)	4 (33,3%)	7 (77,8%)	7 (87,5%)	7 (87,5%)
Kliniken mit 24/7 HKL (Anteil [4])	144 (60,5%)	13 (52,0%)	36 (69,2%)	2 (50,0%)	5 (71,4%)	1 (33,3%)	4 (100%)	12 (66,7%)	2 (100%)	8 (40,0%)	32 (68,1%)	10 (66,7%)	0 (0%)	3 (25,0%)	5 (55,6%)	5 (62,5%)	6 (75,0%)
Oberes bundesweites Klinikquartil																	
Kliniken mit mind. 240 Herzinfarkte (Anteil [1])	344 (25,2%)	40 (26,1%)	44 (21,1%)	18 (40,0%)	13 (24,5%)	3 (33,3%)	11 (55,0%)	26 (26,5%)	8 (25,8%)	36 (29,5%)	80 (24,7%)	15 (18,1%)	6 (25,0%)	12 (17,1%)	12 (27,9%)	12 (27,3%)	8 (20,5%)
Herzinfarkte	155.029	19.276	19.513	7.263	5.442	2.726	4.634	11.731	3.625	15.756	35.465	6.846	2.919	6.830	4.662	4.838	3.503
Kliniken mit Information zur QM-Abfrage 2016 (Anteil [3])	294 (85,5%)	37 (92,5%)	35 (79,5%)	17 (94,4%)	11 (84,6%)	3 (100%)	10 (90,9%)	22 (84,6%)	6 (75,0%)	28 (77,8%)	70 (87,5%)	14 (93,3%)	4 (66,7%)	11 (91,7%)	11 (91,7%)	8 (66,7%)	7 (87,5%)
Kliniken mit HKL (Anteil [4])	294 (100%)	37 (100%)	35 (100%)	17 (100%)	11 (100%)	3 (100%)	10 (100%)	22 (100%)	6 (100%)	28 (100%)	70 (100%)	14 (100%)	4 (100%)	11 (100%)	11 (100%)	8 (100%)	7 (100%)
Kliniken mit 24/7 HKL (Anteil [4])	290 (98,6%)	35 (94,6%)	35 (100%)	17 (100%)	11 (100%)	2 (66,7%)	10 (100%)	22 (100%)	6 (100%)	28 (100%)	70 (100%)	14 (100%)	4 (100%)	11 (100%)	11 (100%)	8 (100%)	6 (85,7%)

[1] Anteil bezogen auf Kliniken mit Behandlungsfällen
[2] Anteil bezogen auf Kliniken mit Information zur QM-Abfrage 2016
[3] Anteil bezogen auf behandelnde Kliniken im jeweiligen Klinikquartil
[4] Anteil bezogen auf Kliniken mit Information zur QM-Abfrage 2016 im jeweiligen Klinikquartil
QM: Qualitätsmonitor
HKL: Herzkatheterlabor
24/7 HKL: Herzkatheterlabor mit 24/7-Bereitschaft

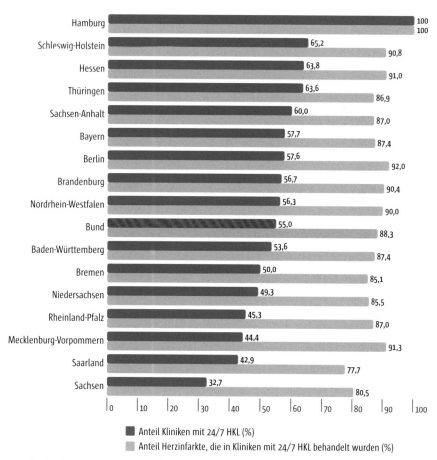

Abb. 8   Regionale Verteilung von Kliniken mit Herzkatheterlabor (24/7-Bereitschaft) und
der in diesen Kliniken behandelten Herzinfarkt-Fälle, 2016

gaben explizit an, kein Herzkatheterlabor am Standort zu haben. In dem Viertel der Kliniken mit den geringsten Fallzahlen lag der Anteil der Krankenhäuser ohne Herzkatheterlabor bei 82,7% (s. Abb. 7). Im Viertel der Kliniken mit
den höchsten Fallzahlen verfügten 98,6% über ein Herzkatheterlabor mit
24/7-Dienst. Bundesweit wurde der Großteil aller Behandlungsfälle – nämlich
88,3% – von Kliniken mit durchgängig verfügbarem Herzkatheterlabor dokumentiert (s. Abb. 8). Kliniken ohne Herzkatheterlabor behandelten 7,9% aller
Herzinfarkt-Fälle, wobei der entsprechende Anteil in Kliniken mit < 28 Fällen
(1. Quartil) bei 81,8% und in Kliniken mit mindestens 240 Fällen (4. Quartil)
bei 0% lag.

In den Bundesländern ist die Versorgungslage unterschiedlich. Im Stadtstaat
Hamburg wiesen 100% der an der Infarktversorgung beteiligten Kliniken, zu
denen eine entsprechende Information vorlag, ein Herzkatheterlabor mit

24/7-Dienst auf (s. Abb. 8). Der niedrigste Anteil an Kliniken mit durchgängig verfügbarem Herzkatheterlabor wurde in den Flächenstaaten Saarland (42,9%) und Sachsen (32,7%) dokumentiert.

1.3.3 Transkatheter-Aortenklappenimplantation (TAVI)

Bei der kathetergestützten Aortenklappenintervention wird die Aortenklappe durch eine Prothese ersetzt. Die Aortenklappe bildet das Ventil zwischen der linken Herzkammer und der Hauptschlagader (Aorta). Häufigster Grund für den Klappenersatz ist vor allem die symptomatische Aortenklappenstenose (Verengung im Bereich der Klappe). Der Klappenersatz kann offen-chirurgisch oder transvaskulär kathetergestützt erfolgen. Zentrales Qualitätsziel ist die Vermeidung von Todesfällen. Im Jahr 2016 verstarben 2,92% der TAVI-Patienten im Krankenhaus (IQTIG 2017). Die TAVI-Fallzahl in Deutschland nimmt stark zu. Im Jahr 2011 wurden noch 7.231 Eingriffe in 90 Kliniken dokumentiert, für 2016 waren es 17.085 Eingriffe in 97 Kliniken (AQUA 2012; IQTIG 2017).

Für die vorliegende Auswertung standen Fallzahl-Informationen von 91 Kliniken zur Verfügung, in denen im Berichtsjahr 2016 insgesamt 17.051 Patienten isoliert kathetergestützt an der Aortenklappe operiert wurden (s. Tab. 3). In 27 dieser Kliniken (29,7%) lag die Behandlungszahl bei unter 100 Patienten. Im Durchschnitt wurden hier 50 Patienten behandelt. Eine Fallzahl von mindestens 200 TAVI-Patienten erreichten den Qualitätsberichten zufolge nahezu 40% aller behandelnden Kliniken. Hier lag die mittlere Fallzahl bei 322 Patienten (s. Abb. 9).

Informationen zum Verhältnis von beobachteten zu erwarteten Todesfällen bei TAVI-Patienten lagen für 58 Kliniken vor (s. Tab. 3). Demzufolge wurde für mehr als ein Drittel der behandelnden Kliniken das Ergebnis dieses Qualitätsindikators aufgrund von Datenschutzbestimmungen nicht ausgewiesen. Bei der Bewertung unserer Auswertungen sei darauf hingewiesen, dass sie sich ausschließlich auf diejenigen Kliniken beziehen, für die Informationen zum Qualitätsindikator vorlagen. Eine Extrapolation auf Kliniken ohne publizierte Indikator-Information ist nicht möglich.

In Kliniken mit verfügbarer Indikator-Information betrug das Verhältnis der beobachteten zur erwarteten Rate (O/E) an Todesfällen im Durchschnitt 0,78. Im Berichtsjahr 2016 traten demzufolge 22% weniger Todesfälle auf, als nach Risikoadjustierung zu erwarten gewesen wären (s. Tab. 3). In unseren Auswertungen zeigte sich außerdem ein inverser Zusammenhang zwischen der Behandlungszahl und dem Ergebnis des Qualitätsindikators. So wiesen Kliniken mit < 100 Behandlungsfällen pro Jahr die höchste risikoadjustierte Mortalitätsrate auf (s. Abb. 10). Bei diesen Kliniken lag die Rate beobachteter (d.h. tatsächlich aufgetretener) Todesfälle 46% über dem Erwartungswert. Bei Kliniken mit mindestens 200 TAVI-Patienten pro Jahr betrug das Ergebnis des Qualitätsindikators 0,68; die Rate beobachteter Todesfälle lag hier also 32% unter dem Erwartungswert.

Tab. 3   Transkatheter-Aortenklappenimplantationen und Verhältnis der beobachteten
zur erwarteten Rate (O/E) an Todesfällen, 2016

Beschreibung	Bund
Gesamtpopulation	
Kliniken	91
TAVIs (n)	17.051
Kliniken mit publizierter Information zum Indikator „Verhältnis der beobachteten zur erwarteten Rate (O/E) an Todesfällen" (Anteil [1])	58 (63,7%)
Fallzahl in Kliniken mit Indikatorinformation	13.498
Verhältnis der beobachteten zur erwarteten Rate (O/E) an Todesfällen	0,78
Kliniken mit < 100 TAVIs	
Kliniken (Anteil [1])	27 (29,7%)
TAVIs (n)	1.353
Kliniken mit publizierter Information zum Indikator „Verhältnis der beobachteten zur erwarteten Rate (O/E) an Todesfällen" (Anteil [2])	10 (37,0%)
Fallzahl in Kliniken mit Indikatorinformation	523
Verhältnis der beobachteten zur erwarteten Rate (O/E) an Todesfällen	1,46
Kliniken mit 100–199 TAVIs	
Kliniken (Anteil [1])	28 (30,8%)
TAVIs (n)	4.097
Kliniken mit publizierter Information zum Indikator „Verhältnis der beobachteten zur erwarteten Rate (O/E) an Todesfällen" (Anteil [2])	15 (53,6%)
Fallzahl in Kliniken mit Indikatorinformation	2.225
Verhältnis der beobachteten zur erwarteten Rate (O/E) an Todesfällen	1,09
Kliniken mit mindestens 200 TAVIs	
Kliniken (Anteil [1])	36 (39,6%)
TAVIs (n)	11.601
Kliniken mit publizierter Information zum Indikator „Verhältnis der beobachteten zur erwarteten Rate (O/E) an Todesfällen" (Anteil [2])	33 (91,7%)
Fallzahl in Kliniken mit Indikatorinformation	10.750
Verhältnis der beobachteten zur erwarteten Rate (O/E) an Todesfällen	0,68

TAVIs: Transkatheter-Aortenklappenimplantationen
[1] Anteil bezogen auf alle Kliniken mit Behandlungsfällen
[2] Anteil bezogen auf Kliniken der jeweiligen Klinikgruppe

Unsere Ergebnisse decken sich mit früheren Studien zum Zusammenhang zwischen TAVI-Prozeduren und Mortalität, wie von Falk und Blankenberg im aktuellen Qualitätsmonitor zusammengefasst (s. Kap. I.6). Darüber hinaus

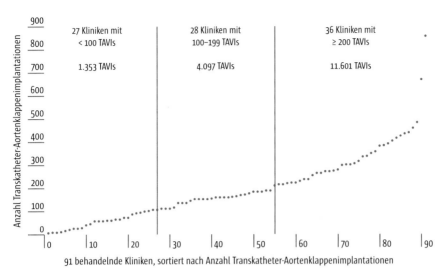

TAVIs: Transkatheter-Aortenklappenimplantationen

Abb. 9   Verteilung von Transkatheter-Aortenklappenimplantationen über Kliniken, 2016

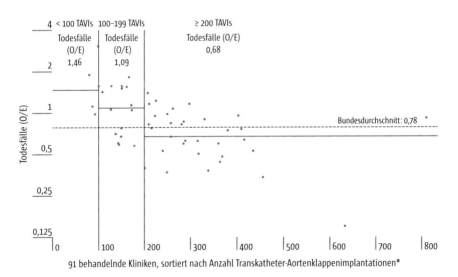

* Ohne 5 Kliniken, deren Verhältnis der beobachteten zur erwarteten Rate (O/E) an Todesfällen bei Null lag.
TAVIs: Transkatheter-Aortenklappenimplantationen

Abb. 10   Zusammenhang zwischen Anzahl Transkatheter-Aortenklappenimplantationen und
           Verhältnis der beobachteten zur erwarteten Rate (O/E) an Todesfällen bei TAVIs, 2016

bestehen bei den Transkatheter-Aortenklappenimplantationen Volume-Outcome-Zusammenhänge zu Komplikationsraten, stationärer Verweildauer und
Kosten (Falk u. Blankenberg 2019).

1.3.4 Zystektomie

Bei der Zystektomie wird die komplette Harnblase entfernt. Die Entfernung kann durch eine offene Operation, bei der der gesamte Bauchraum geöffnet wird, oder durch eine Laparoskopie (minimal-invasiv) erfolgen. Häufigster Behandlungsanlass ist Blasenkrebs, der 2015 den Platz 10 der häufigsten krebsbedingten Todesursachen belegte (Statistisches Bundesamt 2018). Im Jahr 2016 waren 83% aller Zystektomien bei AOK-Versicherten auf die Hauptdiagnose Blasenkrebs zurückzuführen. Goossens-Laan et al. (2011) berichten auf der Grundlage eines systematischen Reviews, dass die postoperative Mortalität nach Zystektomie bei Operateuren mit hoher Fallzahl im Mittel um 48 Prozent niedriger ist als bei solchen mit wenig Operationen, wobei weitere Faktoren wie personelle Ausstattung und Wartezeit bis zur OP zu dem Effekt beitragen. Im Qualitätsmonitor 2018 berichteten Nimptsch und Mansky, dass Kliniken eine Fallzahl von mindestens 31 Zystektomien erreichen müssten, damit das Sterblichkeitsrisiko für Blasenkrebs-Patienten geringer ausfällt als im bundesweiten Durchschnitt aller behandelnden Kliniken. Mit dieser Zentralisierung könnten 9,3% aller Todesfälle im Krankenhaus vermieden werden (Nimptsch u. Mansky 2018).

Die aktuelle Analyse der Qualitätsberichte ergab für das Berichtsjahr 2016 insgesamt 10.268 Zystektomien in 460 Kliniken (s. Tab. 4); die mittlere Fallzahl je Klinik betrug damit 22 Eingriffe. Bundesweit erbrachte ein Viertel aller Kliniken (n = 115) weniger als 5 Zystektomien (s. Abb. 11). Im Regionalvergleich wiesen Brandenburg, Sachsen-Anhalt und Sachsen mit 8,3%, 11,8% und 14,3% den geringsten Anteil an Kliniken mit < 5 Zystektomien auf (s. Abb. 12). Der höchste Anteil an Kliniken mit derartig niedrigen Eingriffszahlen fand sich in Bremen (60,0%), Hamburg (33,3%) und Rheinland-Pfalz (33,3%).

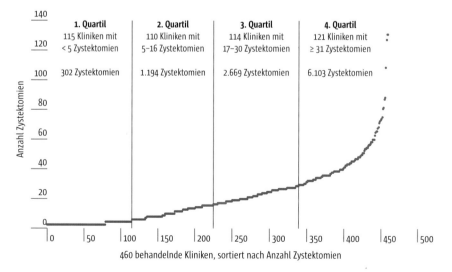

Abb. 11 Verteilung der Zystektomien über Kliniken, 2016

Tab. 4 Ergebnisse der Regionalauswertung: Zystektomie, 2016

Beschreibung	Bund	Baden-Württ.	Bayern	Berlin	Branden-burg	Bremen	Hamburg	Hessen	Meckl.-Vorp.	Nieder-sachsen	Nordrhein-Westf.	Rheinland-Pfalz	Saarland	Sachsen	Sachsen-Anhalt	Schleswig-Holst.	Thüringen
Gesamtpopulation																	
Kliniken	460	46	63	15	12	5	12	32	11	39	126	24	6	21	17	14	17
Zystektomien	10.268	1.254	1.276	501	204	111	315	626	187	911	2.720	403	201	629	349	303	278
Unteres bundesweites Klinikquartil																	
Kliniken mit < 5 Zystektomien (Anteil [1])	115 (25,0%)	9 (19,6%)	16 (25,4%)	4 (26,7%)	1 (8,3%)	3 (60,0%)	4 (33,3%)	10 (31,3%)	2 (18,2%)	8 (20,5%)	38 (30,2%)	8 (33,3%)	1 (16,7%)	3 (14,3%)	2 (11,8%)	3 (21,4%)	3 (17,6%)
Zystektomien	302	24	42	10	4	8	10	24	4	20	100	22	2	6	6	12	8
Zweites bundesweites Klinikquartil																	
Kliniken mit 5 bis < 17 Zystektomien (Anteil [1])	110 (23,9%)	9 (19,6%)	17 (27,0%)	3 (20,0%)	6 (50,0%)	0 (0%)	2 (16,7%)	7 (21,9%)	6 (54,5%)	8 (20,5%)	23 (18,3%)	8 (33,3%)	1 (16,7%)	4 (19,0%)	6 (35,3%)	3 (21,4%)	7 (41,2%)
Zystektomien	1.194	120	197	20	63	–	24	75	57	82	242	86	6	47	70	29	76
Drittes bundesweites Klinikquartil																	
Kliniken mit 17 bis < 31 Zystektomien (Anteil [1])	114 (24,8%)	14 (30,4%)	21 (33,3%)	1 (6,7%)	2 (16,7%)	1 (20,0%)	2 (16,7%)	7 (21,9%)	1 (9,1%)	10 (25,6%)	30 (23,8%)	4 (16,7%)	1 (16,7%)	7 (33,3%)	3 (17,6%)	5 (35,7%)	5 (29,4%)
Zystektomien	2.669	344	471	30	41	25	45	138	27	242	741	107	23	151	58	117	109
Oberes bundesweites Klinikquartil																	
Kliniken mit mind. 31 Zystektomien (Anteil [1])	121 (26,3%)	14 (30,4%)	9 (14,3%)	7 (46,7%)	3 (25,0%)	1 (20,0%)	4 (33,3%)	8 (25,0%)	2 (18,2%)	13 (33,3%)	35 (27,8%)	4 (16,7%)	3 (50,0%)	7 (33,3%)	6 (35,3%)	3 (21,4%)	2 (11,8%)
Zystektomien	6.103	766	566	441	96	78	236	389	99	567	1.637	188	170	425	215	145	85

[1] Anteil bezogen auf alle Kliniken mit Behandlungsfällen

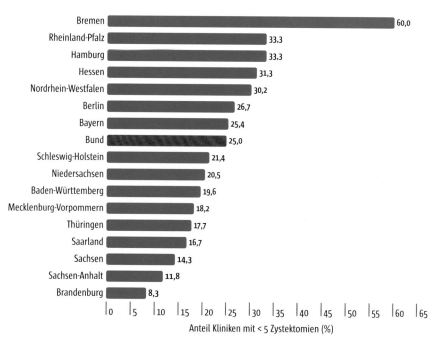

Abb. 12 Regionale Verteilung von Kliniken mit < 5 Zystektomien (unterstes Quartil), 2016

Zieht man den Referenzwert von 31 Zystektomien bei Blasenkrebs pro Jahr und Klinik aus Nimptsch u. Mansky 2018 heran, so zeigen die aktuellen Auswertungen, dass lediglich 26,3% aller behandelnden Kliniken im Jahr 2016 diesen Schwellenwert bezogen auf alle Zystektomien erreichten (s. Tab. 4, 4. bundesweites Quartil). Anhand der Daten der Qualitätsberichte ist keine Eingrenzung auf Blasenkrebs-Patienten möglich, insofern ist der Anteil noch leicht überschätzt. OnkoZert fordert für die Zertifizierung jährlich mindestens 20 Zystektomien (OnkoZert 2018). Diese Eingriffszahl erreichten laut Auswertung der OPS-Statistik der Qualitätsberichte 210 der 460 behandelnden Kliniken (45,7%).

1.3.5 Operative Eingriffe am Pankreas

Eine der wesentlichen Indikationen für komplexe Eingriffe an der Bauchspeicheldrüse (i.e. Pankreas) sind bösartige Neubildungen. Mit ca. 17.200 Neuerkrankungen im Jahr 2013 gehört das Pankreaskarzinom zu den selteneren Krebserkrankungen (Robert Koch-Institut 2016). Aufgrund der hohen Aggressivität ist die Sterblichkeit jedoch hoch, so sind im Jahr 2015 in Deutschland 17.156 Personen an den Folgen dieser Erkrankung gestorben (Statistisches Bundesamt 2018). Damit nimmt das Pankreaskarzinom den Platz 3 der häufigsten Todesfälle durch Krebserkrankungen ein. Zugleich ist der Volume-Outcome-Zusammenhang für Prankeasoperationen wissenschaftlich gut belegt (vgl. Mansky et al. 2017b), weshalb bereits 2004 in Deutschland eine verpflichtende

Tab. 5 Mindestmengen-relevante Eingriffe am Organsystem Pankreas, 2016

	Auswertung der mindestmengen-relevanten OPS-Angaben			Auswertung der Mindestmengen-Angaben
	(1)	(2)	(3)	
Kliniken	624	624	624	483
Eingriffe (n)	11.023	13.396	15.769	11.290
Kliniken mit < 10 Eingriffen (Anteil #)	281 (45,0%)	213 (34,1%)	188 (30,1%)	94 (19,5%)

\# Anteil bezogen auf alle Kliniken mit dokumentierten Behandlungsfällen
(1) aus Datenschutzgründen unterdrückte OPS-Angaben durch Fallzahl 1 ersetzt
(2) aus Datenschutzgründen unterdrückte OPS-Angaben durch Fallzahl 2 ersetzt
(3) aus Datenschutzgründen unterdrückte OPS-Angaben durch Fallzahl 3 ersetzt

Mindestmenge von jährlich 10 Pankreas-Eingriffen festgelegt wurde. Die Einhaltung der Mindestmengenvorgabe wird im folgenden Abschnitt auf Bundes- und Regionalebene dargestellt.

Im Berichtsjahr 2016 dokumentierten 624 Kliniken mindestmengenrelevante OPS-Codes für Eingriffe am Organsystem Pankreas (s. Tab. 5). Die kleinste mögliche Eingriffszahl des Berichtsjahres wurde ermittelt, indem die aus Datenschutzgründen unterdrückten OPS-Angaben der Qualitätsberichte durch eine Fallzahl von 1 ersetzt wurden (s. Abschnitt Operative Eingriffe am Pankreas in Kap. 1.2.2). Diese Herangehensweise wurde im aktuellen Qualitätsmonitor auch bei der Modellierung der Auswirkung von Mindestmengen und Zertifizierungsvorgaben auf den deutschen Krankenhaussektor genutzt (Vogel et al. 2019, s. Kap. I.5). Zur Bestimmung der maximal möglichen Eingriffszahl wurden für jede unterdrückte OPS-Angabe drei Eingriffe angenommen. Wie die folgende Tabelle verdeutlicht, führt die Häufung unterdrückter OPS-Angaben zu einer Spanne möglicher Eingriffszahlen, die zwischen 11.023 und 15.769 liegt[12]. Je nach angewandter Berechnungslogik führten 30,1% bis 45,0% aller behandelnden Kliniken weniger als 10 Pankreas-Operationen durch und lagen dementsprechend unterhalb der gesetzlich festgelegten Mindestmenge.

Wie im Abschnitt Operative Eingriffe am Pankreas in Kap. 1.2.2 beschrieben, stellt der Abschnitt C-5 der strukturierten Qualitätsberichte eine weitere Datenquelle zur Analyse komplexer Pankreas-Eingriffe dar. Mindestmengenrelevante Eingriffe sind in diesem Abschnitt vollständig – d.h. ohne Datenschutzhinweis – anzugeben. Zusätzlich sind in diesem Datensatz Informationen zum Ausnahmetatbestand bei Unterschreitung der Mindestmenge ver-

---

12 Ein Vergleich mit der DRG-Statistik des Statistischen Bundesamtes legt nahe, dass sich hinter den Datenschutzhinweisen der berücksichtigten OPS-Codes mehrheitlich 1–2 Eingriffe verbergen. Die DRG-Statistik enthält alle OPS-Codes vollstationär behandelter Patientinnen/Patienten Deutschlands und kann daher als Referenzwert genutzt werden. Laut DRG-Statistik wurden im Jahr 2016 bundesweit 12.250 mindestmengenrelevante Pankreas-Eingriffe durchgeführt.

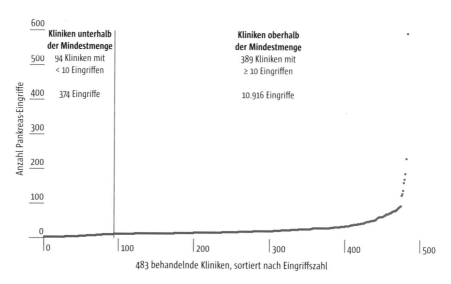

Ausgewertet wurden ausschließlich die Mindestmengen-Angaben aus Abschnitt C-5 der strukturierten Qualitätsberichte.

Abb. 13 Verteilung von Pankreas-Eingriffen über Kliniken, 2016

fügbar. Bundesweit wurden hier 11.290 Pankreas-Eingriffe von insgesamt 483 Kliniken dokumentiert (s. Tab. 6). In den 389 Häusern mit erfüllter Mindestmenge wurden durchschnittlich 28 Pankreas-Eingriffe durchgeführt (s. Abb. 13). Etwa jede fünfte Klinik unterschritt die Mindestmenge von 10 Eingriffen pro Jahr. Damit setzt sich der seit 2006 zu beobachtende Abwärtstrend fort, was den Anteil an Kliniken mit weniger als 10 Pankreas-Eingriffen angeht (de Cruppé u. Geraedts 2018). Die mittlere Eingriffszahl in Kliniken mit unterschrittener Mindestmenge lag bei 4. Die von OnkoZert zum Nachweis operativer Expertise geforderte Anzahl von mindestens 20 Pankreasresektionen (OnkoZert 2018) erreichten 178 von 483 Kliniken (36,9 %).

In Übereinstimmung mit de Cruppé und Geraedts (2018) zeigen unsere Auswertungen außerdem, dass von einem Großteil aller Kliniken mit unterschrittener Mindestmenge ein gesetzlich anerkannter Ausnahmetatbestand geltend gemacht wurde (s. Abb. 14). Die Ausnahme-Regelungen können jedoch das Ausmaß der Mindestmengen-Unterschreitung nur teilweise erklären. So liegen zwölf Jahre nach Einführung der Mindestmenge für komplexe Eingriffe am Organsystem Pankreas für ein Viertel aller Kliniken mit weniger als 10 Eingriffen keine dokumentierten Ausnahmetatbestände vor. Im Regionalvergleich wiesen Bremen mit 42,9 % und Sachsen-Anhalt mit 42,1 % den höchsten Anteil an Kliniken mit unterschrittener Mindestmenge auf (s. Abb. 15). In diesen Kliniken wurden 11,8 % (Bremen) bzw. 12,7 % (Sachsen-Anhalt) aller Pankreas-Eingriffe durchgeführt. Damit lagen beide Bundesländer deutlich über dem Bundesdurchschnitt von 3,3 %. Im Saarland und in Mecklenburg-Vorpommern gab es keine Kliniken, die im Abschnitt C-5 weniger als 10 Pankreas-Eingriffe dokumentiert hatten.

Tab. 6 Ergebnisse der Regionalauswertung: komplexe Eingriffe am Organsystem Pankreas, 2016

Beschreibung	Bund	Baden-Württ.	Bayern	Berlin	Branden-burg	Bremen	Hamburg	Hessen	Meckl.-Vorp.	Nieder-sachsen	Nordrhein-Westf.	Rheinland-Pfalz	Saarland	Sachsen	Sachsen-Anhalt	Schleswig-Holst.	Thüringen
Gesamtpopulation der Kliniken mit Mindestmengen-Angabe																	
Kliniken	483	53	53	23	12	7	13	30	9	48	121	25	4	32	19	14	20
▪ Pankreas-Eingriffe (n)	11.290	1.837	1.500	667	206	110	363	681	309	881	2.443	449	124	696	299	334	391
Kliniken mit < 10 Pankreas-Eingriffen																	
Kliniken (Anteil [1])	94 (19,5%)	8 (15,1%)	11 (20,8%)	4 (17,4%)	2 (16,7%)	3 (42,9%)	3 (23,1%)	6 (20,0%)	0 (0%)	10 (20,8%)	23 (19,0%)	5 (20,0%)	0 (0%)	3 (9,4%)	8 (42,1%)	2 (14,3%)	6 (30,0%)
▪ Pankreas-Eingriffe (n)	374	15	69	13	2	13	12	18	-	26	114	18	-	3	38	9	24
Kliniken mit < 10 Eingriffen und Ausnahmetatbestand (Anteil [2])	71 (75,5%)	5 (62,5%)	9 (81,8%)	4 (100%)	2 (100%)	2 (66,7%)	3 (100%)	6 (100%)	0 (0%)	8 (80,0%)	18 (78,3%)	3 (60,0%)	0 (0%)	2 (66,7%)	6 (75,0%)	2 (100%)	1 (16,7%)
▪ Pankreas-Eingriffe (n)	278	6	56	13	2	8	12	18	-	22	97	9	-	2	21	9	3
Kliniken mit < 10 Eingriffen ohne Ausnahmetatbestand (Anteil [2])	23 (24,5%)	3 (37,5%)	2 (18,2%)	0 (0%)	0 (0%)	1 (33,3%)	0 (0%)	0 (0%)	0 (0%)	2 (20,0%)	5 (21,7%)	2 (40,0%)	0 (0%)	1 (33,3%)	2 (25,0%)	0 (0%)	5 (83,3%)
▪ Pankreas-Eingriffe (n)	96	9	13	-	-	5	-	-	-	4	17	9	-	1	17	-	21

[1] Anteil bezogen auf alle behandelnden Kliniken
[2] Anteil bezogen auf Kliniken mit < 10 Pankreas-Eingriffen
Ausgewertet wurden ausschließlich die Mindestmengen-Angaben aus Abschnitt C-5 der strukturierten Qualitätsberichte.

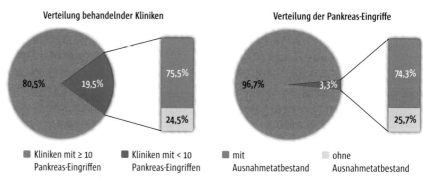

Ausgewertet wurden ausschließlich die Mindestmengen-Angaben aus Abschnitt C-5 der strukturierten Qualitätsberichte.

Abb. 14 Pankreas-Eingriffe und behandelnde Kliniken in Abhängigkeit von Eingriffszahl und Ausnahmetatbestand, 2016

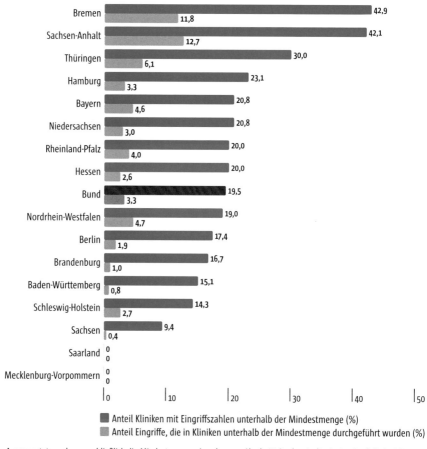

Ausgewertet wurden ausschließlich die Mindestmengen-Angaben aus Abschnitt C-5 der strukturierten Qualitätsberichte.

Abb. 15 Regionale Verteilung von Kliniken mit weniger als 10 Pankreas-Eingriffen und der dort durchgeführten Eingriffe, 2016

Trotzdem der Abschnitt C-5 von allen Krankenhäuser mit mindestmengenre-levanten Operationen auszufüllen ist, besteht hier eine offensichtliche Dis-krepanz zur OPS-Statistik der strukturierten Qualitätsberichte. Für 11 Kliniken (2,2%) lagen Mindestmengen-Angaben ohne entsprechende OPS-Angaben vor. Außerdem berichteten 152 von 624 Kliniken (24,4%) mindestmengenrelevante OPS-Codes, ohne jedoch die Mindestmengen-Angaben in den Qualitätsberich-ten ausgefüllt zu haben. Zwischen den Bundesländern variierte dieser Anteil zwischen 9,5% und 36,8%. Dabei handelte sich vorrangig um Kliniken mit ge-ringen Eingriffszahlen. Wurde aus den OPS-Angaben die kleinste mögliche Eingriffszahl ermittelt, dann unterschritten 89,5% der betroffenen 152 Häuser die gesetzlich vorgeschriebene Mindestmenge. Wurde – zugunsten der Klini-ken – die maximal mögliche Eingriffszahl angenommen, so führten 79,0% dieser Häuser weniger als 10 Pankreas-Eingriffe durch. Die auf der Basis der Mindestmengen-Angaben abgeleiteten Ergebnisse dürften also das Ausmaß der Mindestmengen-Unterschreitung deutlich unterschätzen. Tatsächlich liegen bei Auswertung der OPS-Angaben der Qualitätsberichte bis zu 45% aller Kliniken unterhalb der Mindestmenge für Pankreas-Eingriffe (s. Tab. 5 sowie Vogel et al. 2019, s. Kap. I.5), was sich auch mit früheren Auswertungen der DRG-Daten deckt (Peschke et al. 2014). Die Gesamtzahl der nicht im Abschnitt C-5 dokumentierten Eingriffe variiert – je nach Berechnungslogik – zwischen 778 (7,1% aller OPS-Eingriffe) und 1.386 (8,8% aller OPS-Eingriffe). Das Ausmaß der Dokumentations-Diskrepanzen war regional unterschiedlich ausgeprägt. Je nach Bundesland und Berechnungslogik wurden zwischen 0,6% und 32,5% aller OPS-basierten Eingriffe in Kliniken durchgeführt, die keine Dokumen-tation im Abschnitt C-5 der Qualitätsberichte aufwiesen.

1.3.6   Operative Eingriffe am Ösophagus

Bösartige Erkrankungen der Speiseröhre (i.e. Ösophaguskarzinom) sind eine wichtige Indikation für operative Eingriffe am Ösophagus. Im Jahr 2013 er-krankten deutschlandweit ca. 6.500 Personen an einem Ösophaguskarzinom (Robert Koch-Institut 2016). Die wissenschaftliche Evidenz zu einem Zusam-menhang zwischen Behandlungsvolumen und Behandlungsqualität ist um-fangreich und gilt als gesichert (vgl. Mansky et al. 2017b). Der Gesetzgeber hat diese Evidenzlage bereits 2004 aufgegriffen und in eine verbindliche Mindest-mengenvorgabe von 10 Ösophagus-Eingriffen pro Jahr übersetzt. Im folgenden Abschnitt wird die Umsetzung der Mindestmengenregelung im Jahr 2016 auf Bundes- und Landesebene dargestellt.

Gemäß OPS-Statistik der strukturierten Qualitätsberichte des Jahres 2016 führ-ten 403 Kliniken mindestmengenrelevante Eingriffe am Ösophagus durch (s. Tab. 7). Da sich hinter OPS-Angaben mit Datenschutzhinweis 1, 2 oder 3 Eingriffe verbergen können, variiert die auf Basis der OPS-Statistik abgelei-tete Eingriffszahl zwischen 3.863 und 6.623. Laut DRG-Statistik des Statisti-schen Bundesamtes wurden 2016 bundesweit 4.367 mindestmengenrelevante

Tab. 7   Mindestmengen-relevante Eingriffe am Organsystem Ösophagus, 2016

| | Auswertung der mindestmengen-relevanten OPS-Angaben | | | Auswertung der Mindestmengen-Angaben |
	(1)	(2)	(3)	
Kliniken	403	403	403	295
Eingriffe (n)	3.863	5.243	6.623	4.139
Kliniken mit < 10 Eingriffen (Anteil #)	275 (68,2%)	221 (54,8%)	199 (49,4%)	122 (41,4%)

\# Anteil bezogen auf alle Kliniken mit dokumentierten Behandlungsfällen
(1) aus Datenschutzgründen unterdrückte OPS-Angaben durch Fallzahl 1 ersetzt
(2) aus Datenschutzgründen unterdrückte OPS-Angaben durch Fallzahl 2 ersetzt
(3) aus Datenschutzgründen unterdrückte OPS-Angaben durch Fallzahl 3 ersetzt

Ösophagus-Eingriffe durchgeführt. Es ist also davon auszugehen, dass sich hinter den Datenschutzhinweisen der berücksichtigten OPS-Codes aus den Qualitätsberichten mehrheitlich 1–2 Eingriffe verbergen. Je nach angewandter Berechnungslogik unterschritten zwischen 49,4% bis 68,2% aller behandelnden Kliniken die gesetzlich festgelegte Mindestmenge von jährlichen 10 Ösophagus-Eingriffen. Auch in früheren Auswertungen der DRG-Daten lagen ca. zwei Drittel aller Kliniken unterhalb dieser Eingriffszahl (Peschke et al. 2014). Für die Auswertung der Mindestmengen-Angaben aus dem Abschnitt C-5 der strukturierten Qualitätsberichte standen Informationen von 295 Kliniken zur Verfügung, die hier insgesamt 4.139 Ösophagus-Eingriffe dokumentierten (s. Tab. 8). In den 122 Kliniken (41,4%) mit unterschrittener Mindestmenge wurden 434 Ösophagus-Eingriffe durchgeführt, das entspricht einer durchschnittlichen Eingriffszahl von 4 (s. Abb. 16). Im Gegensatz zu den Pankreas-Eingriffen stagniert der Anteil von Kliniken mit unterschrittener Mindestmenge bei den Ösophagus-Eingriffen seit Jahren auf hohem Niveau (de Cruppé u. Geraedts 2018). Von den Kliniken mit weniger als 10 Ösophagus-Eingriffen machten 68% einen Ausnahmetatbestand geltend (s. Abb. 17). Wie de Cruppé und Geraedts zeigen, stellt die Sicherstellung der flächendeckenden Versorgung keinen relevanten Ausnahmetatbestand dar (de Cruppé u. Geraedts 2018). Etwa jede dritte Klinik unterschritt die gesetzlich festgelegte Mindestmenge, ohne dass hierfür ein einschlägiger Ausnahmetatbestand vorlag. Basierend auf der Mindestmengen-Angabe erreichten 45 (15,3%) aller Kliniken die von OnkoZert geforderten 20 komplexen Operationen am Ösophagus zum Nachweis operativer chirurgischer Expertise (OnkoZert 2018).

Den höchsten Anteil an Kliniken mit unterschrittener Mindestmenge wiesen Brandenburg (75,0%), Bremen (60,0%) und Sachsen (58,3%) auf; die niedrigsten Anteile fanden sich dagegen in Mecklenburg-Vorpommern (14,3%) und Schleswig-Holstein (25,0%) (s. Abb. 18). Bundesweit wurden in Kliniken mit unterschrittener Mindestmenge 10,5% aller Ösophagus-Eingriffe durchgeführt. In Brandenburg betraf das allerdings 60,6% aller Eingriffe. Deutlich über dem

Tab. 8 Ergebnisse der Regionalauswertung: komplexe Eingriffe am Organsystem Ösophagus, 2016

Beschreibung	Bund	Baden-Württ.	Bayern	Berlin	Branden-burg	Bremen	Hamburg	Hessen	Meckl.-Vorp.	Nieder-sachsen	Nordrhein-Westf.	Rheinland-Pfalz	Saarland	Sachsen	Sachsen-Anhalt	Schleswig-Holst.	Thüringen
Gesamtpopulation der Kliniken mit Mindestmengen-Angabe																	
Kliniken	295	37	32	16	4	5	9	20	7	28	78	13	4	12	8	12	10
▪ Ösophagus-Eingriffe (n)	4.139	520	615	268	33	55	130	351	79	324	1.028	145	42	204	78	174	93
Kliniken mit < 10 Ösophagus-Eingriffen																	
Kliniken (Anteil [1])	122 (41,4%)	15 (40,5%)	10 (31,3%)	6 (37,5%)	3 (75,0%)	3 (60,0%)	5 (55,6%)	8 (40,0%)	1 (14,3%)	12 (42,9%)	33 (42,3%)	6 (46,2%)	2 (50,0%)	7 (58,3%)	3 (37,5%)	3 (25,0%)	5 (50,0%)
▪ Ösophagus-Eingriffe (n)	434	42	35	27	20	12	24	32	4	44	122	15	4	24	6	6	17
Kliniken mit < 10 Eingriffen und Ausnahmetatbestand (Anteil [2])	83 (68,0%)	5 (60,0%)	7 (70,0%)	6 (100%)	1 (33,3%)	2 (66,7%)	5 (100%)	4 (50,0%)	0 (0%)	10 (83,3%)	20 (60,6%)	5 (83,3%)	0 (0%)	5 (71,4%)	3 (100%)	2 (66,7%)	4 (80,0%)
▪ Ösophagus-Eingriffe (n)	265	18	23	27	6	11	24	16	–	30	57	14	–	13	6	5	15
Kliniken mit < 10 Eingriffen ohne Ausnahmetatbestand (Anteil [2])	39 (32,0%)	6 (40,0%)	3 (30,0%)	0 (0%)	2 (66,7%)	1 (33,3%)	0 (0%)	4 (50,0%)	1 (100%)	2 (16,7%)	13 (39,4%)	1 (16,7%)	2 (100%)	2 (28,6%)	0 (0%)	1 (33,3%)	1 (20,0%)
▪ Ösophagus-Eingriffe (n)	169	24	12	–	14	1	–	16	4	14	65	1	4	11	–	1	2

[1] Anteil bezogen auf alle behandelnden Kliniken
[2] Anteil bezogen auf Kliniken mit < 10 Ösophagus-Eingriffen
Ausgewertet wurden ausschließlich die Mindestmengen-Angaben aus Abschnitt C-5 der strukturierten Qualitätsberichte.

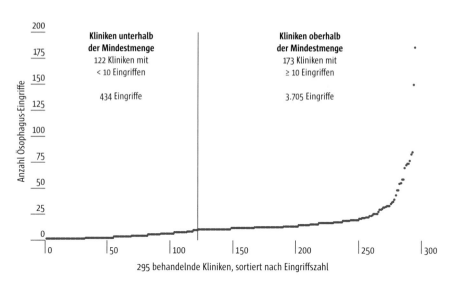

Ausgewertet wurden ausschließlich die Mindestmengen-Angaben aus Abschnitt C-5 der strukturierten Qualitätsberichte.

Abb. 16 Verteilung von Ösophagus-Eingriffen über Kliniken, 2016

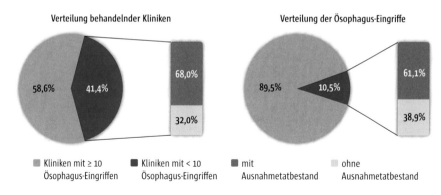

Ausgewertet wurden ausschließlich die Mindestmengen-Angaben aus Abschnitt C-5 der strukturierten Qualitätsberichte.

Abb. 17 Ösophagus-Eingriffe und behandelnde Kliniken in Abhängigkeit von Eingriffszahl und Ausnahmetatbestand, 2016

Bundeswert lagen außerdem Bremen und Hamburg, wo 21,8% bzw. 18,5% der Ösophagus-Eingriffe in Kliniken erfolgten, die nicht die Mindestmenge erreicht hatten.

Genau wie bei den Pankreas-Eingriffen gibt es bei den Ösophagus-Eingriffen eine Diskrepanz zwischen den verpflichtenden Mindestmengen-Angaben aus Abschnitt C-5 der Qualitätsberichte und den mindestmengenrelevanten OPS-Codes aus der OPS-Statistik. So wurden für 18 der 295 Kliniken mit Mindestmengen-Angaben keine entsprechenden OPS-Codes dokumentiert (6,1%). Daneben lagen für 126 der 403 Kliniken mit mindestmengenrelevanten OPS-Codes

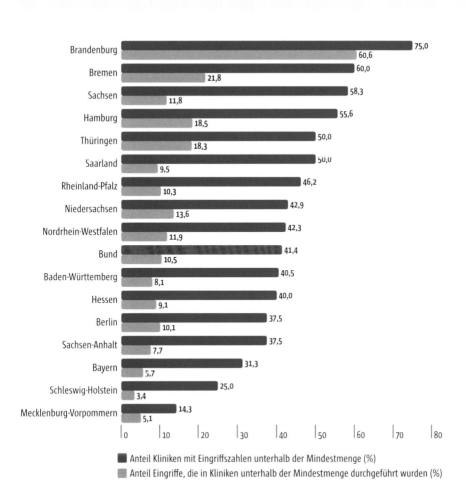

Ausgewertet wurden ausschließlich die Mindestmengen-Angaben aus Abschnitt C-5 der strukturierten Qualitätsberichte.

Abb. 18 Regionale Verteilung von Kliniken mit weniger als 10 Ösophagus-Eingriffen und der dort durchgeführten Eingriffe, 2016

keine Mindestmengen-Angaben im Abschnitt C-5 der Qualitätsberichte vor. Bundesweit entspricht das einem Anteil von 31,3% aller Kliniken, zwischen den Bundesländern variiert der Anteil jedoch zwischen 0% und 43,8%. Die Mehrheit dieser Kliniken wies Eingriffszahlen unterhalb der Mindestmenge auf. Je nachdem, wie Datenschutzhinweise in der OPS-Statistik gehandhabt wurden, unterschritten zwischen 85,7% und 95,2% der Kliniken ohne Mindestmengen-Angabe die geforderten 10 Ösophagus-Eingriffe. Die Gesamtzahl der nicht im Abschnitt C-5 dokumentierten Eingriffe variiert – je nach Berechnungslogik – zwischen 435 und 917, was 11,3% bis 13,8% aller mindestmengenrelevanten OPS-Angaben entspricht. In den Bundesländern wurden zwischen 0% und 44,9% aller OPS-Eingriffe in Kliniken erbracht, für die keine Mindestmengen-Angabe in Abschnitt C-5 vorlag.

1.4 Fazit

Im vorliegenden Beitrag wurden für sechs Behandlungsanlässe relevante Eckdaten stationärer Versorgungsstrukturen dargestellt und auf Bundes- und Landesebene ausgewertet. Auch die diesjährige Auswertung zeigt Probleme auf,
die mit der weiterhin bestehenden starken Streuung der Leistungserbringung
zusammenhängen. Sie sollen im Folgenden kurz zusammengefasst und ein-
geordnet werden.

Im Jahr 2016 wurden von 713 Kliniken insgesamt 743.843 **Geburten** dokumentiert.
Kliniken mit kleinerer Geburtenzahl – hier empirisch definiert als Kliniken
mit < 534 Geburten – unterschritten den Toleranzbereich der risikoadjustierten
Kaiserschnittrate deutlich häufiger als Kliniken mit hoher Geburtenzahl (i.e.
mit ≥ 1.350 Geburten). In Bezug auf die Wahrscheinlichkeit einer Kaiserschnittgeburt weisen unsere Ergebnisse also auf einen Volume-Outcome-Effekt hin. Uneinheitlich ist dagegen die Evidenz für einen Zusammenhang
zwischen Geburtenzahl und mütterlicher bzw. kindlicher Sterblichkeit bei
Reifgeborenen, wie ein systematischer Literaturüberblick im aktuellen Qualitätsmonitor zeigt (Schmitt et al. 2019, s. Kap. I.7). Die im Vergleich zu Ländern
mit stärkerer Zentralisierung hohe Säuglingssterblichkeit in Deutschland gibt
dennoch Anlass, über Qualitätsverbesserungen in der Geburtshilfe nachzudenken. Dafür skizzieren Vetter und Malzahn im aktuellen Qualitätsmonitor
ein gestuftes Konzept zur Optimierung von Behandlungen in der Geburtshilfe und der Perinatalmedizin (Vetter u. Malzahn 2019, s. Kap. I.8).

An der Versorgung von **Herzinfarkt**-Patienten waren im Jahr 2016 insgesamt
1.367 Kliniken beteiligt, wobei im Viertel der Kliniken mit den geringsten Fallzahlen jeweils weniger als 28 Fälle behandelt wurden. Zur Therapie akuter In-
farkte sollte in einem Herzkatheterlabor zeitnah eine kathetergestützte Reka-
nalisation verschlossener Infarktgefäße stattfinden (Voigtländer 2017). Die Auswertung einer eigens für den Qualitätsmonitor durchgeführten Befragung
ergab allerdings, dass lediglich 55 % der Herzinfarkt-behandelnden Kliniken
ein durchgängig verfügbares Herzkatheterlabor aufweisen konnten; in Kliniken mit weniger als 28 Fällen lag der Anteil sogar nur bei 14 %. Damit kann in
vielen Kliniken Deutschlands – und hier insbesondere in Kliniken mit geringen
Fallzahlen – nicht die optimale Versorgung von Herzinfarkt-Patienten angeboten werden, wie sie von Voigtländer beschrieben wird (Voigtländer 2017). Die
Organisation der kompletten Herzinfarkt-Rettungskette mit stärkerer Konzentration auf Kliniken mit adäquater Ausstattung scheint beim Herzinfarkt dringend geboten, sodass Patienten mit Verdacht auf Herzinfarkt bevorzugt in Kliniken mit Herzkatheterlabor und ggf. Chest Pain Unit eingewiesen werden.

Die **Transkatheter-Aortenklappenimplantationen** sind ein Leistungsbereich, der bereits
vergleichsweise zentralisiert ist. Laut Qualitätsreport haben im Berichtsjahr
2016 bundesweit 97 Häuser TAVI-Prozeduren durchgeführt, wobei die Gesamt-
anzahl der TAVI-Eingriffe deutlich zugenommen hat (IQTIG 2017). Der inverse
Zusammenhang zwischen Behandlungsvolumen und Mortalität, Komplika-

tionsraten, stationärer Verweildauer sowie Behandlungskosten ist gut belegt (Falk u. Blankenberg 2019; s. Kap. I.6). In Übereinstimmung mit diesen Ergebnissen zeigen unsere eigenen Auswertungen aktuellerer Qualitätsberichts-Daten, dass Kliniken mit < 100 TAVIs pro Jahr eine deutlich höhere risikoadjustierte Rate an Todesfällen aufwiesen als Kliniken mit ≥ 200 TAVIs. Im Hinblick auf die vorhandenen Volume-Outcome-Belege scheint eine weitere Zentralisierung dieses Leistungsbereiches geboten. Hierbei ist an einer stringenten Umsetzung der Leitlinien der europäischen Gesellschaft für Kardiologie (ESC) und der europäischen Gesellschaft für Herz-, Thorax- und Gefäßchirurgie (EACTS) festzuhalten, wie auch Falk und Blankenberg im aktuellen Qualitätsmonitor fordern; dies beinhaltet u.a. die Begrenzung von TAVI-Eingriffen auf Zentren mit herzchirurgischer Abteilung und strukturierter Zusammenarbeit zwischen herzchirurgischer und kardiologischer Abteilung (Falk u. Blankenberg 2019; s. Kap. I.6).

Zystektomien wurden im Jahr 2016 von 460 Kliniken durchgeführt, wobei die Behandlungszahlen je Klinik eine extrem schiefe Verteilung aufwiesen. So erbrachte ein Viertel aller Kliniken weniger als 5 Zystektomien. Ein Zusammenhang zwischen Behandlungszahl und Krankenhaussterblichkeit von Blasenkrebs-Patienten wurde kürzlich anhand deutscher Krankenhausabrechnungsdaten gezeigt. Eine mit Mindestmengen-Vorgaben einhergehende Zentralisierung dieses Leistungsbereiches könnte hier zu einem Rückgang von Todesfällen beitragen (Nimptsch u. Mansky 2018).

Die Krankenhaussterblichkeit liegt bei krebsbedingten Eingriffen am **Ösophagus** oder **Pankreas** in Deutschland bei über 8%. Etwa ein Viertel dieser Todesfälle ließe sich potenziell vermeiden, wenn für Ösophagus-Eingriffe ein jährlicher Schwellenwert von 22 und für Pankreas-Eingriffe von 29 umgesetzt würde (Nimptsch u. Mansky 2018). Für beide Eingriffe gilt aktuell eine Mindestmenge von 10 (Gemeinsamer Bundesausschuss 2017). Im europäischen Vergleich liegt Deutschland damit deutlich unter den Mindestmengen-Vorgaben anderer Länder (Vogel et al. 2019; s. Kap. I.5). Umso kritischer sind die Ergebnisse im aktuellen Qualitätsmonitor zu bewerten. Gemessen an den Fallzahlen, die im Mindestmengen-Abschnitt der Qualitätsberichte angegeben werden, unterschritten zwei von fünf behandelnden Kliniken die Mindestmenge bei Ösophagus-Eingriffen. Bei Pankreas-Eingriffen war mindestens jede fünfte Klinik betroffen. In Übereinstimmung mit de Cruppé und Geraedts 2018 zeigen unsere Ergebnisse außerdem, dass die anerkannten Ausnahmetatbestände das Ausmaß der Mindestmengen-Unterschreitung nur teilweise erklären. Die aktuellen Auswertungen im Qualitätsmonitor weisen außerdem auf unvollständige Mindestmengen-Angaben im Abschnitt C-5 der Qualitätsberichte hin, der von allen Kliniken mit mindestmengenrelevanten Eingriffen auszufüllen ist. Die offensichtlichen Dokumentationsmängel erschweren die Bewertung regionaler Versorgungsstrukturen im Hinblick auf mindestmengenrelevante Eingriffszahlen und Ausnahmetatbestände. Hier sind die Kliniken angehalten, ihre Dokumentation zu vervollständigen.

Zusammenfassend lässt sich sagen, dass die Nichteinhaltung der gesetzlich verpflichtenden Mindestmengen in einer großen Zahl von Kliniken auch für 2016 ein Problem darstellt, das bereits seit vielen Jahren bekannt ist (de Cruppé et al. 2014; de Cruppé u. Geraedts 2018). Es bleibt abzuwarten, ob die mit der Bestätigung der vom G-BA festgelegten Mindestmengen durch das Bundessozialgericht hergestellte Rechtssicherheit für die an der Umsetzung der Vorgaben des G-BA Beteiligten in Verbindung mit den vom Gesetzgeber vorgenommenen Umsetzungen dieser Rechtsprechung in § 136b SGB V und die entsprechenden Änderungen in der Mm-R zu einer konsequenten Anwendung der Mindestmengenregelung führen wird. Krankenkassen haben nun eine rechtssichere Möglichkeit, die Festlegungen der Mindestmengenregelung durchzusetzen, allerdings dürfte diese neue Regelung frühestens im Jahr 2024 ihre volle Wirkung entfalten (Follert et al. 2019; s. Kap. I.4). Gemäß § 136b Abs. 3 Satz 3 SGB V ist eine Evaluation der Auswirkungen der festgelegten Mindestmengen durch den G-BA vorgeschrieben.

Die Analysen zeigen wie auch in den Auswertungen im Qualitätsmonitor 2017 und 2018 eine große Spannweite in den klinikbezogenen Fallzahlen der betrachteten Leistungen und einen erheblichen Anteil von Kliniken mit niedrigen Behandlungsmengen. Damit ist ein grundsätzliches Problem für Qualitätssicherung und Qualitätstransparenz mittels Qualitätsindikatoren verbunden. Gibt es eine Vielzahl von Einheiten (Krankenhäuser) mit niedriger Fallzahl, so sind direkte Qualitätsindikatoren kaum als alleiniges Beurteilungskriterium von Klinikstrukturen oder als alleiniges Klinikauswahlkriterium für Patienten und Zuweiser geeignet (Mansky et al. 2017b). Ursache ist das statistische Problem, dass sich bei kleiner Fallzahl und niedriger Indikatorhäufigkeit (Prävalenz) keine statistisch signifikanten Unterschiede aufdecken lassen. Die statistische Power ist dafür nicht ausreichend. Ein auffällig niedriger oder auch ein auffällig hoher Indikatorwert könnte bei kleiner Fallzahl rein zufällig begründet sein. Dieses sogenannte Fallzahl-Prävalenz-Problem bedingt, dass bei einer Klinik mit niedriger Fallzahl eine Qualitätsbeurteilung mittels direkter Qualitätsindikatoren kaum möglich ist; im positiven wie im negativen Sinne.

Ein möglicher Weg aus diesem Dilemma ist die Bildung von Qualitätsindizes oder Indikatoren, die verschiedenste Ereignisse zusammenfassen (composite measures), um so die Indikatorprävalenz und die statistische Power im Klinikvergleich zu erhöhen. Allerdings sind damit neue methodische Probleme verbunden (z.B. Gewichtung der einzelnen Bestandteile und medizinische Interpretation des Indikator- und Indexkonstrukts). Häufig stellt aber auch die Fallzahl selbst einen „ausgesprochen sinnvollen und tragfähigen ‚Surrogatindikator' dar, der dringend umfassender als bisher genutzt werden sollte." (Köster-Steinebach 2019; s. Kap. I.9) Das gilt insbesondere dann, wenn ein Volume-Outcome-Zusammenhang belegt ist.

Die vorliegende Analyse der Qualitätsberichtsdaten verdeutlicht anhand verschiedener Beispiele weitere Grenzen der gesetzlichen Qualitätsberichte. Aus Datenschutzgründen werden gerade bei Kliniken mit kleiner Fallzahl viele

Qualitätsindikatoren nicht veröffentlicht. Als Beispiel sei die in diesem Beitrag ausgewertete risikoadjustierte Rate an Todesfällen bei TAVI-Patienten genannt, die nur für 37 % aller behandelnden Kliniken mit < 100 TAVIs vorlag. Aber selbst bei 8,3 % Kliniken mit ≥ 200 TAVIs pro Jahr waren keine Angaben zu diesem Qualitätsindikator verfügbar, da das Ergebnis des Indikators auch dann unterdrückt wird, wenn das Zielereignis (in dem Fall die Anzahl Verstorbener) sehr selten ist. Dies bedeutet, dass die angestrebte Transparenz gerade dort, wo sie für den/die potenzielle/-n Patienten/Patientin relevant wäre, nicht erreicht wird. Es wäre daher umso wichtiger, auch in den Qualitätsberichten verpflichtend die jeweiligen Fallzahlen mit einer Einordnung nach Behandlungsvolumen zu veröffentlichen – analog zum Vorgehen in der im Qualitätsmonitor veröffentlichten Klinikliste. Damit hätten die Verbraucher, respektive die potenziellen Patienten, zumindest eine Basisinformation zu dem Leistungsbereich, die sie nutzen können. Dies würde die beabsichtigte Transparenz wesentlich verbessern.

Die Verwendung der Qualitätsberichtsdaten ist mit weiteren Problemen behaftet. Die Anzahl von Kliniken, die keinen Qualitätsbericht erstellt haben, ist zwar rückläufig, inhaltliche Probleme sind jedoch weiterhin häufig (Kraska et al. 2017). Zu nennen sind hier die Vertauschung von standortbezogenen und standortübergreifenden Berichten, fehlende Angaben zur Qualitätssicherung und widersprüchliche Angaben in B- und C-Teil der Berichte. Der Verweis auf die berichtspflichtigen Krankenhäuser, die die Verantwortung für die inhaltliche Richtigkeit der Angaben in den Qualitätsberichten tragen, hilft nur bedingt weiter. Die Erstellung des Qualitätsberichts ist ein komplexer und fehleranfälliger Prozess. Insofern kommt der Prüfung des Berichtsformats und -inhalts eine hohe Bedeutung zu. Zwar hat der G-BA hier schon Regelungen für technische Prüfungen im Krankenhaus vor Abgabe vorgegeben (z.B. Schema-basierte Prüfung der im XML-Format übermittelten Daten), allerdings fehlen Vorgaben für komplexere Prüfungen bei der Berichtsannahme (z.B. auf Unstimmigkeiten zwischen B- und C-Teil). Durch Prüfungen im Zuge der Annahme der Qualitätsberichte wäre es möglich, die inhaltliche Plausibilität der Angaben deutlich zu erhöhen und dadurch die Kliniken bei der Erstellung konsistenter Qualitätsberichte zu unterstützen. Hierfür sind Regelungen durch den G-BA notwendig.

Zu unterstützen ist ferner die Forderung von Nimptsch et al., die DRG-Daten für klinikbezogene Auswertungen zu öffnen (Nimptsch et al. 2019; s. Kap. I.10), was technisch schon jetzt möglich wäre. Wie die vorliegende Untersuchung nochmals aufzeigt, sind komplexere Auswertungen der Qualitätsberichte nicht möglich, da die verschiedenen kodierten Sachverhalte (ICD, OPS und andere) in der summarischen Darstellung nicht fallbezogen verknüpfbar sind. Die DRG-Daten, die bezüglich ICD- und OPS-Schlüsseln die gleiche Information, aber fallbezogen, enthalten, würden solche Auswertungen erlauben, dürfen aber derzeit nicht klinikbezogen analysiert werden. Hier ist die Politik dringend gefordert, Qualitätstransparenz zu ermöglichen.

Unabhängig von der Diskussion möglicher methodischer Verbesserungen der Qualitätsmessung zeigt der vorliegende Bericht für die in diesem Jahr untersuchten Behandlungsanlässe erneut einen erheblichen Handlungsbedarf. Der Qualitätsmonitor eignet sich aufgrund der vorgelegten Zahlen und des Benchmarks zwischen den Bundesländern als sachlich fundierter „Instrumentenkasten für die Krankenhausplaner". Die hier vorgeschlagenen Verbesserungen in der Struktur der Versorgung vereinen zwei Vorteile: Sie verbessern die medizinische Qualität und nützen damit den Patienten; sie verbessern aber auch die Wirtschaftlichkeit der Versorgung und nützen damit allen Versicherten.

Literatur

AQUA – Institut für angewandte Qualitätsförderung und Forschung im Gesundheitswesen GmbH, Göttingen (2013) Qualitätsreport 2012. URL: http://sqg.de/sqg/upload/CONTENT/Qualitaetsberichte/2012/AQUA-Qualitaetsreport-2012.pdf (abgerufen am 05.06.2018)

Bauer H (2017) Mindestmengen in der Chirurgie – sind wir weit genug? In: Klauber J, Geraedts M, Friedrich J, Wasem J (Hrsg.) Krankenhaus-Report 2017. Schattauer GmbH Stuttgart

Bertelsmann Stiftung (2012) Faktencheck Gesundheit: Kaiserschnittgeburten – Entwicklung und regionale Verteilung. URL: https://www.bertelsmann-stiftung.de/fileadmin/files/BSt/Publikationen/GrauePublikationen/GP_Faktencheck_Gesundheit_Kaiserschnitt.pdf (abgerufen am 10.10.2018)

Bestehorn K, Eggebrecht H, Fleck E, Bestehorn M, Mehta RH, Kuck KH (2017) Volume-outcome relationshipwith transfemoral transcatheter aortic valve implantation (TAVI): insights from the compulsory German Quality Assurance Registry on Aortic Valve Replacement (AQUA). EuroIntervention 13: 914–920

de Cruppé W, Geraedts M (2018) Mindestmengen unterschreiten, Ausnahmetatbestände und ihre Konsequenzen ab 2018. Komplexe Eingriffe am Ösophagus und Pankreas in deutschen Krankenhäusern im Zeitverlauf von 2006 bis 2014. Zentralbl Chir 143(03): 250–258

de Cruppé W, Malik M, Geraedts M (2014) Achieving minimum caseload requirements: an analysis of hospital quality control reports from 2004–2010. Dtsch Arztebl Int 111: 549–555

DGAV – Deutsche Gesellschaft für Allgemein- und Viszeralchirurgie (2016) Ordnung – Das Zertifizierungssystem der DGAV (ZertO 5.1), Berlin. URL: http://www.dgav.de/fileadmin/media/texte_pdf/zertifizierung/Zertifizierungsordnung_DGAV_5_1.pdf (abgerufen am 13.09.2018)

EndoCert® (2013) Zertifizierung von Endoprothetischen Versorgungszentren in Deutschland. URL: https://www.thieme.de/statics/dokumente/thieme/final/de/dokumente/tw_orthopaedie-u-unfallchirurgie/EndoCert_thieme.pdf (abgerufen am 13.09.2018)

Falk V, Blankenberg S (2019) Konzentration von TAVI-Leistungen führt zu erhöhter Patientensicherheit – zur Notwendigkeit von Herzklappenzentren. In: Dormann F, Klauber J, Kuhlen R (Hrsg.) Qualitätsmonitor 2019. Medizinisch Wissenschaftliche Verlagsgesellschaft Berlin

Follert P, Schuster H, Malzahn J (2019) Neustart: Überlegungen im „Jahr eins" nach Änderung der Mindestmengenregelung. In: Dormann F, Klauber J, Kuhlen R (Hrsg.) Qualitätsmonitor 2019. Medizinisch Wissenschaftliche Verlagsgesellschaft Berlin

Gemeinsamer Bundesausschuss (2017) Regelungen des Gemeinsamen Bundesausschusses gemäß § 136b Absatz 1 Satz 1 Nummer 2 SGB V für nach § 108 SGB V zugelassene Krankenhäuser (Mindestmengenregelungen, Mm-R) in der Fassung vom 20. Dezember 2005 veröffentlicht im Bundesanzeiger 2006 (S. 1373) in Kraft getreten am 20. Dezember 2005, in der 1. Neufassung vom 21. März 2006, veröffentlicht im Bundesanzeiger 2006 (S. 5389), in Kraft getreten am 21. März 2006, zuletzt geändert am 7. Dezember 2016 veröffentlicht im Bundesanzeiger (BAnz AT 23.12.2016 B8), in Kraft getreten am 1. Januar 2017

Ghaferi AA, Birkmeyer JD, Dimick JB (2011) Hospital volume and failure to rescue with high-risk surgery. Med Care 49(12): 1076–81

Goossens-Laan CA, Gooiker GA, van Gijn W, Post PN, Bosch JLHR, Kil PJM, Wouters M (2011) A Systematic Review and Meta-analysis of the Relationship Between Hospital/Surgeon Volume and Outcome for Radical Cystectomy: An Update for the Ongoing Debate. European Urology 59: 775–783

IQTIG – Institut für Qualitätssicherung und Transparenz im Gesundheitswesen Berlin (2017) Qualitätsreport 2016. URL: https://iqtig.org/downloads/berichte/2016/IQTIG_Qualitaetsreport-2016.pdf (abgerufen am 05.06.2018)

Köster-Steinebach I (2019) Fallzahl als Parameter in öffentlichen Qualitätsvergleichen. In: Dormann F, Klauber J, Kuhlen R (Hrsg.) Qualitätsmonitor 2019. Medizinisch Wissenschaftliche Verlagsgesellschaft Berlin

Kraska RA, de Cruppe W, Geraedts M (2017) Probleme bei der Verwendung von Qualitätsberichtsdaten für die Versorgungsforschung. Gesundheitswesen 79(07): 542-547

Krautz C, Nimptsch U, Weber GF, Mansky T, Grützmann R (2017) Effect of Hospital Volume on In-hospital Morbidity and Mortality Following Pancreatic Surgery in Germany. Annals of Surgery. Publish Ahead of Print, doi: 10.1097/SLA.0000000000002248

Mansky T, Drogan D, Nimptsch U, Günster C (2017a) Eckdaten stationärer Versorgungsstrukturen für ausgewählte Krankheitsbilder in Deutschland. In: Dormann F, Klauber J (Hrsg.) Qualitätsmonitor 2017. Medizinisch Wissenschaftliche Verlagsgesellschaft Berlin

Mansky T, Drogan D, Nimptsch U, Günster C (2018) Eckdaten stationärer Versorgungsstrukturen für ausgewählte Behandlungsanlässe in Deutschland. In: Dormann F, Klauber J, Kuhlen R (Hrsg.) Qualitätsmonitor 2018. Medizinisch Wissenschaftliche Verlagsgesellschaft Berlin

Mansky T, Nimptsch U, Grützmann R, Lorenz D (2017b) Zentrenbildung in der Pankreas- und Ösophaguschirurgie. In: Klauber J, Geraedts M, Friedrich J, Wasem J (Hrsg.) Krankenhaus-Report 2017; Schwerpunkt: Zukunft gestalten. S. 95–103. Schattauer Stuttgart

Nimptsch U, Mansky T (2017) Hospital volume and mortality for 25 types of inpatient treatment in German hospitals: observational study using complete national data from 2009 to 2014. BMJ Open 7:e016184, doi: 10.1136/bmjopen-2017-016184

Nimptsch U, Mansky T (2018) Volume-Outcome-Zusammenhänge in Deutschland. In: Dormann F, Klauber J, Kuhlen R (Hrsg.) Qualitätsmonitor 2018. Medizinisch Wissenschaftliche Verlagsgesellschaft Berlin

Nimptsch U, Schömann M, Mansky T (2019) Datenzugang für die Qualitätsmessung in der akutstationären Krankenhausversorgung. In: Dormann F, Klauber J, Kuhlen R (Hrsg.) Qualitätsmonitor 2019. Medizinisch Wissenschaftliche Verlagsgesellschaft Berlin

OnkoZert (2018) Bewertungsrichtlinie Primärfälle/Fallzahlen. URL: https://www.onkozert.de/wordpress/wp-content/uploads/2018/10/240-A_rfchtl-fallzahlen-I1%20(180921).pdf (abgerufen am 12.10.2018)

Peschke D, Nimptsch U, Mansky T (2014) Achieving minimum caseload requirements: an analysis of hospital discharge data from 2005–2011. Dtsch Arztebl Int 111(33–34), S445–63, doi:10.3238/arztebl.2014.0556

Poets CF, Abele H (2012) Geburt per Kaiserschnitt oder Spontangeburt. Monatsschrift Kinderheilkunde 160(12): 1196–1203

Robert Koch-Institut (2016). Bericht zum Krebsgeschehen in Deutschland 2016. URL: https://www.krebsdaten.de/Krebs/DE/Content/Publikationen/Krebsgeschehen/Krebsgeschehen_node.html (abgerufen am 28.09.2018)

Schmitt J, Bieber A, Heinrich L, Küster D, Walther F, Rüdiger M (2019) Neue Volume-Outcome-Ergebnisse in der Perinatalmedizin. In: Dormann F, Klauber J, Kuhlen R (Hrsg.) Qualitätsmonitor 2019. Medizinisch Wissenschaftliche Verlagsgesellschaft Berlin

Schuller RC, Surbek D (2014) Sectio caesarea: Aktuelle Kontroversen. Ther Umsch 71(12): 717–22

Statistisches Bundesamt (2018) Die 10 häufigsten Todesfälle durch Krebserkrankungen. URL: https://www.destatis.de/DE/ZahlenFakten/GesellschaftStaat/Gesundheit/Todesursachen/Tabellen/Krebserkrankungen.html;jsessionid=7F044B5765D4F2CBBB8C10E81C04DCD5 (abgerufen am 19.10.2018)

Vetter K, Malzahn J (2019) Ein Blick in die Zukunft der Perinatalmedizin – Patientensicherheit erfordert die Gestaltung regionaler perinatalmedizinischer Kompetenzverbünde. In: Dormann F, Klauber J, Kuhlen R (Hrsg.) Qualitätsmonitor 2019. Medizinisch Wissenschaftliche Verlagsgesellschaft Berlin

Vogel J, Polin K, Pross C, Geissler A (2019) Implikationen von Mindestmengen und Zertifizierungsvorgaben: Auswirkungen verschiedener Vorgaben auf den deutschen Krankenhaussektor. In: Dormann F, Klauber J, Kuhlen R (Hrsg.) Qualitätsmonitor 2019. Medizinisch Wissenschaftliche Verlagsgesellschaft Berlin

Voigtländer T (2017) Akuter Herzinfarkt. In: Dormann F, Klauber J (Hrsg.) Qualitätsmonitor 2017. Medizinisch Wissenschaftliche Verlagsgesellschaft Berlin

Danksagung

Wir möchten uns an dieser Stelle herzlich bei Prof. Thomas Mansky, Ulrike Nimptsch, Dr. Jürgen Malzahn und Dr. Julian Bleek für die medizinische und konzeptionelle Unterstützung sowie bei Stephan Zähres für die zuverlässige Datenaufbereitung bedanken.

Dr. P.H. Dagmar Drogan

Studium der Ernährungswissenschaft an der Universität Potsdam und der Gesundheitswissenschaften an der Technischen Universität Berlin. 2009 Promotion zur Doktorin der Gesundheitswissenschaften/Public Health. Langjährige Tätigkeit als Epidemiologin am Deutschen Institut für Ernährungsforschung Potsdam-Rehbrücke. Seit Februar 2015 am Wissenschaftlichen Institut der AOK (WIdO) und dort Projektleiterin Risikoprädiktion im Forschungsbereich Qualitäts- und Versorgungsforschung.

Dipl.-Math. Christian Günster

Studium der Mathematik und Philosophie in Bonn. Seit 1990 beim Wissenschaftlichen Institut der AOK (WIdO). Von 2002 bis 2008 Mitglied des Sachverständigenrates nach § 17b KHG des Bundesministeriums für Gesundheit. Leitung des Bereichs Qualitäts- und Versorgungsforschung. Mitherausgeber des Versorgungs-Reports. Arbeitsschwerpunkte sind Methoden der Qualitätsmessung und Versorgungsanalysen mittels Routinedaten.

2 Krankenhausmonitor 2019

Christian Günster und Dagmar Drogan

In diesem Beitrag werden für die folgenden Leistungsbereiche die Fall- und Qualitätskennzahlen deutscher Kliniken berichtet:

1. Geburtshilfe
2. Herzinfarkt
3. Transkatheter-Aortenklappenimplantation (TAVI)
4. Zystektomie
5. Operative Eingriffe am Pankreas
6. Operative Eingriffe am Ösophagus

Aufgeführt sind alle 1.401 Krankenhäuser, in denen im Jahr 2016[1] Patienten mit einem dieser Behandlungsanlässe dokumentiert wurden. Die Kliniken sind in alphabetischer Reihenfolge nach Bundesland, Krankenhausort und -name aufgelistet. Für jede Klinik sind die Behandlungsfallzahlen angegeben. Zur besseren Lesbarkeit sind die Fallzahlen je Behandlungsanlass unterschiedlich eingefärbt. Die Erläuterungen zur Definition niedriger, durchschnittlicher und hoher Fall-Volumina finden sich im Abschnitt „Leseanleitung und Datenquellen".

---

1 Für Kliniken der Region Westfalen-Lippe wurden Daten der externen, stationären Qualitätssicherung (Modul 16n1-GEBH, Berichtsjahr 2016) unvollständig durch die zuständige Landesgeschäftsstelle für Qualitätssicherung für Westfalen-Lippe geliefert. Für diese Kliniken sind daher die Angaben des Modul 16n1-GEBH des Berichtsjahres 2015 dargestellt.

Bezüglich der Details zur Ermittlung der Fall- und Qualitätskennzahlen wird auf den vorangegangenen Beitrag Drogan und Günster 2019 verwiesen (s. Kap. II.1.2). Die aufgeführten Kenngrößen müssen im Kontext der dort genannten Datenlimitationen interpretiert werden. Grundsätzlich ist zu berücksichtigen, dass in den strukturierten Qualitätsberichten relevante Kenngrößen (Diagnose- und Prozedurenzahlen, Zähler und Grundgesamtheit von Qualitätsindikatoren) aus Datenschutzgründen erst ab einer Fallzahl von 4 berichtet werden dürfen. Die Ableitung krankenhausspezifischer Fallzahlen bei Nennungen mit Datenschutzhinweis ist im vorangegangenen Beitrag beschrieben.

Mit der Datenauswahl ist kein Anspruch auf eine vollständige, geschweige denn abschließende Beurteilung der Versorgungsqualität der Klinik oder den ausgewählten Behandlungen verbunden.

Leseanleitung und Datenquellen

Klinik	Ort	Geburtshilfe			Herzinfarkt		Transkatheter-Aortenklappen-implantationen			Zystek-tomie	Pankreas-Eingriffe		Ösophagus-Eingriffe	
		Geburten	Kaiserschnitte (O/E)	Strukturierter Dialog	Fälle	Herzkatheterlabor	Fälle	Todesfälle (O/E)	Strukturierter Dialog	Eingriffe	Eingriffe	Ausnahmetatbestand	Eingriffe	Ausnahmetatbestand
1	2	3	4	5	6	7	8	9	10	11	12	13	14	15
...	...	...	...	...	...	...	...	...	...	...	...	...	...	...

Spalte 1

Krankenhausname. Quelle: Strukturierter Qualitätsbericht nach § 136b SGB V, Berichtsjahr 2016. Wenn in einem Ort mehrere Kliniken mit identischem Krankenhausnamen existieren, wurde in Klammern das Institutskennzeichen mit Standortnummer ergänzt, um eine eindeutige Zuordnung der Leistungs- und Qualitätskennzahlen zum jeweiligen Standort zu gewährleisten.

Spalte 2

Ort des Krankenhauses. Quelle: Strukturierter Qualitätsbericht nach § 136b SGB V, Berichtsjahr 2016.

Spalte 3

Anzahl der Geburten: Quelle: Strukturierter Qualitätsbericht nach § 136b SGB V, Berichtsjahr 2016[2], Abschnitt C-1 (Teilnahme an der externen verglei-

---

2 s. Fußnote 1

chenden Qualitätssicherung), Modul 16n1-GEBH (Geburtshilfe). Vgl. a.a.O., Abschnitt „Geburtshilfe" in Kap. II.1.2.2. Wurden die Fallzahlen aufgrund von Datenschutzbestimmungen im Wertebereich 1 bis 3 nicht exakt angegeben, erfolgt die Angabe ‚> 0'. Die Behandlungszahlen je Klinik sind folgendermaßen eingefärbt:

Fallzahlen		
niedrig	durchschnittlich	hoch
1. Quartil	2.–3. Quartil	4. Quartil
< 534	535–1.349	≥ 1.350

Spalte 4

Verhältnis der beobachteten zur erwarteten Rate (O/E) an Kaiserschnittgeburten. Quelle: Strukturierter Qualitätsbericht nach § 136b SGB V, Berichtsjahr 201612, Abschnitt C-1 (Teilnahme an der externen vergleichenden Qualitätssicherung), Indikator-ID 52249. Vgl. a.a.O., Abschnitt „Geburtshilfe" in Kap. II.1.2.2. Geringere Ergebniswerte des Indikators kennzeichnen eine unterdurchschnittliche Rate an Kaiserschnitten und der Toleranzbereich beträgt für diesen Indikator maximal 1,27.

* Indikator nicht eindeutig ermittelbar, da dem Standort mehrere Abrechnungseinheiten zugrunde liegen.
DS: Ergebnis des Qualitätsindikators liegt aufgrund von Datenschutzgründen nicht vor.

Spalte 5

Ergebnis des Strukturierten Dialogs nach rechnerischer Auffälligkeit in Bezug auf das Ergebnis des Qualitätsindikators. Quelle: Strukturierter Qualitätsbericht nach § 136b SGB V, Berichtsjahr 2016[3], Abschnitt C-1 (Teilnahme an der externen vergleichenden Qualitätssicherung). Indikator-ID 52249.

N: Bewertung nicht vorgesehen
R: Ergebnis liegt im Referenzbereich
H: Einrichtung auf rechnerisch auffälliges Ergebnis hingewiesen
U: Bewertung nach Strukturiertem Dialog als qualitativ unauffällig
A: Bewertung nach Strukturiertem Dialog als qualitativ auffällig
D: Bewertung nicht möglich wegen fehlerhafter Dokumentation
S: Sonstiges
* Ergebnis des strukturierten Dialogs nicht eindeutig ermittelbar, da dem Standort mehrere Abrechnungseinheiten zugrunde liegen.

---

3 s. Fußnote 1

Spalte 6

Anzahl der Herzinfarkt-Fälle mit den ICD-Codes I21, I22. Quelle: Strukturierter Qualitätsbericht nach § 136b SGB V, Berichtsjahr 2016. Vgl. a.a.O., Abschnitt „Herzinfarkt" in Kap. II.1.2.2. Die Behandlungszahlen je Klinik sind folgendermaßen eingefärbt:

Fallzahlen		
niedrig	durchschnittlich	hoch
1. Quartil	2.–3. Quartil	4. Quartil
< 28	28–239	≥ 240

Spalte 7

Herzkatheterlabor im Jahr 2016 vorhanden. Quelle: Klinikbefragung 2016. Vgl. a.a.O., Abschnitt „Herzinfarkt" in Kap. II.1.2.2.

X: Herzkatheterlabor am Standort vorhanden
X*: Herzkatheterlabor mit 24/7-Verfügbarkeit am Standort
-: kein Herzkatheterlabor am Standort vorhanden
k.A.: keine Angabe
#: Standort wurde nicht befragt

Spalte 8

Anzahl an Transkatheter-Aortenklappenimplantationen (TAVIs). Quelle: Strukturierter Qualitätsbericht nach § 136b SGB V, Berichtsjahr 2016, Abschnitt C-1 (Teilnahme an der externen vergleichenden Qualitätssicherung), Modul HCH-AORT-KATH (Ersatz der Aorten-Herzklappe [mittels Herzkatheter]). Vgl. a.a.O., Abschnitt „Transkatheter-Aortenklappenimplantation" in Kap. II.1.2.2. Wurden die Fallzahlen aufgrund von Datenschutzbestimmungen im Wertebereich 1 bis 3 nicht exakt angegeben, erfolgt die Angabe ‚> 0'. Die TAVI-Eingriffe je Klinik sind folgendermaßen eingefärbt:

Fallzahlen		
niedrig	durchschnittlich	hoch
< 100	100–199	≥ 200

Spalte 9

Verhältnis der beobachteten zur erwarteten Rate (O/E) an Todesfällen. Quelle: Strukturierter Qualitätsbericht nach § 136b SGB V, Berichtsjahr 2016, Abschnitt C-1 (Teilnahme an der externen vergleichenden Qualitätssicherung), Indikator-ID 12168. Vgl. a.a.O., Abschnitt „Transkatheter-Aortenklappenimplantation" in Kap. II.1.2.2. Geringere Ergebniswerte des Indikators kennzeichnen eine unterdurchschnittliche Rate an Todesfällen und der Bundesdurchschnitt des Berichtsjahres 2016 betrug 0,73.

DS: Ergebnis des Qualitätsindikators liegt aufgrund von Datenschutzgründen nicht vor.

Spalte 10

Ergebnis des Strukturierten Dialogs nach rechnerischer Auffälligkeit in Bezug auf das Ergebnis des Qualitätsindikators. Quelle: Strukturierter Qualitätsbericht nach § 136b SGB V, Berichtsjahr 2016, Abschnitt C-1 (Teilnahme an der externen vergleichenden Qualitätssicherung). Indikator-ID 12168.

N: Bewertung nicht vorgesehen
R: Ergebnis liegt im Referenzbereich
H: Einrichtung auf rechnerisch auffälliges Ergebnis hingewiesen
U: Bewertung nach Strukturiertem Dialog als qualitativ unauffällig
A: Bewertung nach Strukturiertem Dialog als qualitativ auffällig
D: Bewertung nicht möglich wegen fehlerhafter Dokumentation
S: Sonstiges

Spalte 11

Zystektomie-Eingriffe mit den OPS-Codes 5-576, 5-687.0, 5-687.2, 5.687.3. Quelle: Strukturierter Qualitätsbericht nach § 136b SGB V, Berichtsjahr 2016. Vgl. a.a.O., Abschnitt „Zystektomie" in Kap. II.1.2.2.

Fallzahlen		
niedrig	durchschnittlich	hoch
1. Quartil	2.–3. Quartil	4. Quartil
< 5	5–30	≥ 31

Spalte 12

Operative Eingriffe am Pankreas. Quelle: Strukturierter Qualitätsbericht nach § 136b SGB V, Berichtsjahr 2016, Abschnitt C-5 (Umsetzung der Mindestmengenregelungen nach § 136b Abs. 1 Satz 1 Nr. 2 SGB V), Leistungsbereich „Komplexe Eingriffe am Organsystem Pankreas". Vgl. a.a.O., Abschnitt „Operative Eingriffe am Pankreas" in Kap. II.1.2.2.

Fallzahlen	
Mindestmenge nicht erreicht	Mindestmenge erreicht
< 10	≥ 10

- Mindestmengen-relevante OPS ohne Abschnitt C-5: Angabe von Mindestmengen-relevanten OPS-Codes im Strukturierten Qualitätsbericht nach § 136b SGB V, Berichtsjahr 2016. Angaben zu Pankreas-Eingriffen in den Strukturierten Qualitätsberichten nach § 136b SGB V, Berichtsjahr 2016, Abschnitt C-5 liegen nicht vor.

Spalte 13

Ausnahmetatbestand bei Unterschreiten der Mindestmenge von 10 Pankreas-Eingriffen. Quelle: Strukturierter Qualitätsbericht nach § 136b SGB V, Berichtsjahr 2016, Abschnitt C-5 (Umsetzung der Mindestmengenregelungen nach § 136b Abs. 1 Satz 1 Nr. 2 SGB V), Leistungsbereich „Komplexe Eingriffe am Organsystem Pankreas". Vgl. a.a.O., Abschnitt „Operative Eingriffe am Pankreas" in Kap. II.1.2.2.

ja: Ausnahmetatbestand liegt vor

Spalte 14

Operative Eingriffe am Ösophagus. Quelle: Strukturierter Qualitätsbericht nach § 136b SGB V, Berichtsjahr 2016, Abschnitt C-5 (Umsetzung der Mindestmengenregelungen nach § 136b Abs. 1 Satz 1 Nr. 2 SGB V), Leistungsbereich „Komplexe Eingriffe am Organsystem Ösophagus". Vgl. a.a.O., Abschnitt „Operative Eingriffe am Ösophagus" in Kap. II.1.2.2.

Fallzahlen	
Mindestmenge nicht erreicht	Mindestmenge erreicht
< 10	≥ 10

- Mindestmengen-relevante OPS ohne Abschnitt C-5: Angabe von Mindestmengen-relevanten OPS-Codes im Strukturierten Qualitätsbericht nach § 136b SGB V, Berichtsjahr 2016. Angaben zu Ösophagus-Eingriffen in den Strukturierten Qualitätsberichten nach § 136b SGB V, Berichtsjahr 2016, Abschnitt C-5 liegen nicht vor.

Spalte 15

Ausnahmetatbestand bei Unterschreiten der Mindestmenge von 10 Ösophagus-Eingriffen. Quelle: Strukturierter Qualitätsbericht nach § 136b SGB V, Berichtsjahr 2016, Abschnitt C-5 (Umsetzung der Mindestmengenregelungen nach § 136b Abs. 1 Satz 1 Nr. 2 SGB V), Leistungsbereich „Komplexe Eingriffe am Organsystem Ösophagus". Vgl. a.a.O., Abschnitt „Operative Eingriffe am Ösophagus" in Kap. II.1.2.2.

ja: Ausnahmetatbestand liegt vor

Dr. P.H. Dagmar Drogan

Studium der Ernährungswissenschaft an der Universität Potsdam und der Gesundheitswissenschaften an der Technischen Universität Berlin. 2009 Promotion zur Doktorin
der Gesundheitswissenschaften/Public Health. Langjährige Tätigkeit als Epidemiologin am Deutschen Institut für Ernährungsforschung Potsdam-Rehbrücke. Seit Februar
2015 am Wissenschaftlichen Institut der AOK (WIdO) und dort Projektleiterin Risikoprädiktion im Forschungsbereich Qualitäts- und Versorgungsforschung.

Dipl.-Math. Christian Günster

Studium der Mathematik und Philosophie in Bonn. Seit 1990 beim Wissenschaftlichen Institut der AOK (WIdO). Von 2002 bis 2008 Mitglied des Sachverständigenrates
nach § 17b KHG des Bundesministeriums für Gesundheit. Leitung des Bereichs Quali-
täts- und Versorgungsforschung. Mitherausgeber des Versorgungs-Reports. Arbeitsschwerpunkte sind Methoden der Qualitätsmessung und Versorgungsanalysen mittels Routinedaten.

Klinik	Ort	Geburtshilfe			Herzinfarkt		Transkatheter-Aortenklappen-Implantationen			Zystektomie	Pankreas-Eingriffe		Ösophagus-Eingriffe	
		Geburten	Kaiserschnitte (O/E)	Strukturierter Dialog	Fälle	Herzkatheterlabor	Fälle	Todesfälle (O/E)	Strukturierter Dialog	Eingriffe	Eingriffe	Ausnahmetatbestand	Eingriffe	Ausnahmetatbestand
Baden-Württemberg														
Ostalb-Klinikum Aalen	Aalen	1.333	0,82	R	446	X*					39			
Ortenau Klinikum Achern-Oberkirch (Standort Achern)	Achern	409	1,10	R	86	k.A.								
Zollernalb Klinikum Albstadt	Albstadt				270	X*					11		1	
SLK-Kliniken Heilbronn GmbH – Klinikum am Plattenwald	Bad Friedrichs-hall				450	X*					Mindestmen-gen-relevante OPS ohne Abschnitt C-5			
Universitäts-Herzzen-trum Freiburg	Bad Krozingen				667	X*	86	1,12	R					
Universitäts-Herz-zentrum Freiburg • Bad Krozingen GmbH – Standort Bad Krozingen	Bad Krozingen				622	X*	362	0,44	R					
Paracelsus Kranken-haus	Bad Liebenzell				2	k.A.								
Caritas-Krankenhaus Bad Mergentheim	Bad Mergent-heim	1.101	0,93	R	385	X*				16	10			
Spital Bad Säckingen	Bad Säckingen				41	–					Mindestmen-gen-relevante OPS ohne Abschnitt C-5		2	ja
SRH Krankenhaus Bad Saulgau	Bad Saulgau	498	0,79	R	2	#								
Ermstalklinik Bad Urach	Bad Urach				22	k.A.								
Krankenhaus Bad Waldsee	Bad Waldsee				47	–								
Bad Wildbad	Bad Wildbad				13	k.A.								
Klinikum Mittel-baden Baden-Baden Balg	Baden-Baden	1.231	1,14	R	63	k.A.				16	15			
Klinikum Mittel-baden Baden-Baden Ebersteinburg	Baden-Baden				4	#								
Zollernalb Klinikum Balingen	Balingen	952	1,06	R	18	X*								
Sana Klinikum Biberach	Biberach	760	0,97	R	237	X*				10				
Krankenhaus Bietig-heim-Vaihingen	Bietigheim-Bis-singen	1.694	1,01	R	145	k.A.					2			
Alb-Donau Klinikum Standort Blaubeuren	Blaubeuren	417	1,04	R	10	k.A.					25			

Für Leseanleitung und Datenquellen siehe S. 224–228.

Klinik	Ört	Geburtshilfe			Herzinfarkt		Transkatheter-Aortenklappen-implantationen			Zystektomie	Pankreas-Eingriffe		Ösophagus-Eingriffe	
		Geburten	Kaiserschnitte (O/E)	Strukturierter Dialog	Fälle	Herzkatheterlabor	Fälle	Todesfälle (O/E)	Strukturierter Dialog	Eingriffe	Eingriffe	Ausnahmetatbestand	Eingriffe	Ausnahmetatbestand
Kliniken Böblingen	Böblingen	2.593	0,90	R	12	k.A.					33		17	
SLK-Kliniken Heilbronn GmbH – Krankenhaus Brackenheim	Brackenheim				14	–								
HELIOS Rosmann Klinik Breisach	Breisach am Rhein				30	–								
Rechbergklinik Bretten	Bretten				76	k.A.								
Fürst-Stirum-Klinik Bruchsal	Bruchsal	771	1,10	R	406	k.A.				12	15		2	
Neckar-Odenwald-Kliniken gGmbH	Buchen	479	0,90	R	78	X*				2	2	ja		
Klinikum Mittelbaden Bühl	Bühl	240	0,96	R	40	k.A.								
Kliniken Calw	Calw	483	0,78	R	163	X*								
Landkreis Schwäbisch Hall Klinikum gGmbH	Crailsheim	496	1,06	R	91	–								
Schwarzwald-Baar Klinikum Villingen-Schwenningen GmbH	Donaueschingen				4	k.A.								
GRN Gesundheitszentren Rhein-Neckar gGmbH Kreiskrankenhaus Eberbach	Eberbach				114	X				22				
Alb-Donau Klinikum Standort Ehingen	Ehingen	723	0,85	R	104	k.A.				2				
St. Anna-Virngrund-Klinik	Ellwangen	473	1,04	R	43	–				21				
Kreiskrankenhaus Emmendingen	Emmendingen	750	1,23	R	66	–								
Klinkum Esslingen GmbH	Esslingen	1.850	0,87	R	309	X*				4	22		10	
Ortenau Klinikum Lahr-Ettenheim Standort Ettenheim	Ettenheim				11	#								
Die Filderklinik gGmbH	Filderstadt	1.850	0,43	R	52	–					1	ja		
Klinikum Mittelbaden Forbach	Forbach				15	–								
Ev. Diakoniekrankenhaus	Freiburg	1.628	0,76	R	22	–					20		12	
Loretto-Krankenhaus (RkK) Freiburg	Freiburg				12	k.A.				28				
St Josefskrankenhaus (RkK) Freiburg	Freiburg	1.853	1,18	R	186	X*					12		1	

Für Leseanleitung und Datenquellen siehe S. 224–228.

Klinik	Ort	Geburtshilfe			Herzinfarkt		Transkatheter-Aortenklappen-implantationen			Zystektomie	Pankreas-Eingriffe		Ösophagus-Eingriffe	
		Geburten	Kaiserschnitte (O/E)	Strukturierter Dialog	Fälle	Herzkatheterlabor	Fälle	Todesfälle (O/E)	Strukturierter Dialog	Eingriffe	Eingriffe	Ausnahmetatbestand	Eingriffe	Ausnahmetatbestand
Universitätsklinikum Freiburg	Freiburg	1.676	1,32	H	34	k.A.				70	150		72	
Krankenhaus Freudenstadt	Freudenstadt	1.111	1,06	R	229	X*								
Klinikum Friedrichshafen GmbH	Friedrichshafen	1.131	1,01	R	416	X*				27	27		55	
Helfenstein Klinik	Geislingen				25	–								
Ortenau Klinikum Offenburg-Gengenbach Standort Gengenbach	Gengenbach				21	#								
Klinik Schillerhöhe	Gerlingen				2	k.A.								
Klinik am Eichert	Göppingen	1.648	1,21	R	406	k.A.				2	29		10	
Krankenhaus Hardheim	Hardheim				31	–								
AGAPLESION BETHANIEN KRANKENHAUS HEIDELBERG	Heidelberg				28	–								
Klinik Sankt Elisabeth gGmbH	Heidelberg	1.475	1,07	R										
Kliniken Schmieder Heidelberg	Heidelberg				2	#								
Krankenhaus Salem derEvang. Stadtmission Heidelberg gGmbH	Heidelberg	1.229	0,96	R						46				
Krankenhaus St. Vincentius der Evang. Stadtmission Heidelberg gGmbH, Klinik für Innere Medizin	Heidelberg				32	X*								
Nierenzentrum Heidelberg	Heidelberg				5	k.A.								
SRH Kurpfalzkrankenhaus Heidelberg GmbH	Heidelberg				129	–								
St. Josefskrankenhaus Heidelberg GmbH	Heidelberg	495	1,26	R	53	X								
Thoraxklinik Heidelberg gGmbH, Universitätsklinikum Heidelberg	Heidelberg				6	k.A.								
Universitätsklinikum Heidelberg	Heidelberg	2.140	1,14	R	1.075	X*	288	0,63	R	73	543		58	
Kliniken Landkreis Heidenheim gGmbH	Heidenheim	880	1,01	R	275	X*				13	17		16	

Für Leseanleitung und Datenquellen siehe S. 224–228.

Klinik	Ort	Geburtshilfe			Herzinfarkt		Transkatheter-Aortenklappen-implantationen			Zystektomie	Pankreas-Eingriffe		Ösophagus-Eingriffe	
		Geburten	Kaiserschnitte (O/E)	Strukturierter Dialog	Fälle	Herzkatheterlabor	Fälle	Todesfälle (O/E)	Strukturierter Dialog	Eingriffe	Eingriffe	Ausnahmetatbestand	Eingriffe	Ausnahmetatbestand
SLK-Kliniken Heilbronn GmbH – Klinikum am Gesundbrunnen	Heilbronn	2.891	0,81	R	455	X*				25	28		15	
Krankenhaus Herrenberg	Herrenberg	1.369	0,65	R	72	k.A.								
SRH Klinikum Karlsbad-Langensteinbach GmbH	Karlsbad				113	X								
HELIOS Klinik für Herzchirurgie Karlsruhe	Karlsruhe				296	X	55	DS	R					
Paraclesus Klinik Karlsruhe	Karlsruhe				28	k.A.								
St. Marien-Klinik	Karlsruhe	1.602	1,16	R	2	#				4				
St. Vincentius Kliniken Karlsruhe	Karlsruhe				427	X*					25		11	
Städtisches Klinikum Karlsruhe	Karlsruhe	2.304	0,99	R	772	X*				53	39		15	
Diakonissenkrankenhaus Karlsruhe-Rüppurr	Karlsruhe-Rüppurr	1.733	0,85	R	40	k.A.				2	24		2	ja
Ortenau Klinikum Kehl	Kehl				73	X*								
medius KLINIK KIRCHHEIM	Kirchheim				385	X*								
Herz-Zentrum Bodensee	Konstanz				238	X*	60	DS	R					
Klinikum Konstanz	Konstanz	804	0,98	R	164	k.A.					Mindestmengen-relevante OPS ohne Abschnitt C-5		Mindestmengen-relevante OPS ohne Abschnitt C-5	
Hohenloher Krankenhaus Künzelsau	Künzelsau				44	k.A.								
Ortenau Klinikum Lahr-Ettenheim Standort Lahr	Lahr	739	0,91	R	578	X*					19		10	
MediClin Herzzentrum Lahr/Baden	Lahr/Schwarzwald				228	k.A.	80	1,89	U					
Alb-Donau Klinikum Standort Langenau	Langenau	273	0,91	R	8	k.A.								
Sana Klinik Laupheim	Laupheim				8	–								
Krankenhaus Leonberg	Leonberg	699	0,80	R	129	X					22		1	ja
Kreiskrankenhaus Lörrach	Lörrach				406	X*								
St. Elisabethen-Krankenhaus gGmbH	Lörrach	2.182	0,98	R										

Für Leseanleitung und Datenquellen siehe S. 224–228.

Klinik	Ort	Geburtshilfe			Herzinfarkt		Transkatheter-Aortenklappen-implantationen			Zystektomie	Pankreas-Eingriffe		Ösophagus-Eingriffe	
		Geburten	Kaiserschnitte (O/E)	Strukturierter Dialog	Fälle	Herzkatheterlabor	Fälle	Todesfälle (O/E)	Strukturierter Dialog	Eingriffe	Eingriffe	Ausnahmetatbestand	Eingriffe	Ausnahmetatbestand
Lungenklinik Löwenstein	Löwenstein				8	k.A.								
Klinikum Ludwigsburg	Ludwigsburg	2.371	1,00	R	735	X*				38	42		6	
Diakonissenkrankenhaus Mannheim	Mannheim	1.264	1,24	R	108	X				16	10		19	
St. Hedwig-Klinik	Mannheim	973	0,93	R										
Theresienkrankenhaus Mannheim	Mannheim			N	113	k.A.				17				
Universitätsklinikum Mannheim GmbH	Mannheim	1.763	1,03	R	479	X*				72	63		27	
Krankenhaus Marbach	Marbach				16	–								
Orthopädische Klinik Markgröningen	Markgröningen				2	#								
SLK-Kliniken Heilbronn GmbH – Krankenhaus Möckmühl	Möckmühl				21	–								
Neckar-Odenwald-Kliniken gGmbH	Mosbach	622	0,89	R	123	–								
Krankenhaus Mühlacker	Mühlacker	518	1,09	R	257	X				4				
HELIOS Klinik Müllheim	Müllheim	394	1,19	R	48	–					1	ja		
Albklinik Münsingen	Münsingen	471	1,00	R	48	X*								
Stauferklinikum Schwäbisch-Gmünd	Mutlangen	1.474	0,88	R	230	X*				Mindestmengen-relevante OPS ohne Abschnitt C-5				
Kliniken Nagold	Nagold				240	X*				26	1	ja	1	ja
Krankenhaus Neuenbürg	Neuenbürg				24	k.A.								
Klinik Öschelbronn	Niefern Öschelbronn				4	k.A.								
medius KLINIK NÜRTINGEN	Nürtingen	1.348	0,70	R	14	–				2	18			
Ortenau Klinikum Achern-Oberkirch (Standort Oberkirch)	Oberkirch	557	1,16	R	35	–								
SRH Krankenhaus Oberndorf a.N.	Oberndorf a.N.				84	k.A.					1	ja		
Ortenau Klinikum Offenburg-Gengenbach Standort Ebertplatz	Offenburg	2.051	1,08	R	32	k.A.				42	25		12	
Ortenau Klinikum Offenburg-Gengenbach Standort St. Josefsklinik	Offenburg				199	#								

Für Leseanleitung und Datenquellen siehe S. 224–228.

Klinik	Ort	Geburtshilfe			Herzinfarkt		Transkatheter-Aortenklappen-implantationen			Zys-tek-tomie	Pankreas-Eingriffe		Ösophagus-Eingriffe	
		Geburten	Kaiserschnitte (O/E)	Strukturierter Dialog	Fälle	Herzkatheterlabor	Fälle	Todesfälle (O/E)	Strukturierter Dialog	Eingriffe	Eingriffe	Ausnahmetatbestand	Eingriffe	Ausnahmetatbestand
Hohenloher Kranken-haus Öhringen	Öhringen	1.219	0,76	R	99	k.A.								
medius KLINIK OSTFILDERN-RUIT	Ostfildern	909	0,75	R	236	X*				26	13			
HELIOS Klinikum Pforzheim GmbH	Pforzheim	1.544	0,71	R	374	X*				13	38		10	
Siloah St. Trudpert Klinikum	Pforzheim	1.190	0,90	R	287	X*				20	13			
SRH Krankenhaus Pfullendorf	Pfullendorf				17	#								
Hegau-Bodensee-Klinikum Radolfzell	Radolfzell	500	1,32	S	21	k.A.								
Klinikum Mittel-baden Rastatt	Rastatt	588	0,92	R	525	X*								
St. Elisabethen-Klinikum	Ravensburg	1.189	1,21	R	446	X*				30	15		1	ja
Klinikum am Steinenberg	Reutlingen	2.119	0,89	R	537	X*				35	27			
Kreiskrankenhaus Rheinfelden	Rheinfelden				19	–								
Sana Klinik Riedlingen	Riedlingen				13	–								
HELIOS Klinik Rottweil	Rottweil	806	1,04	R	85	k.A.								
Kreiskrankenhaus Schopfheim	Schopfheim				16	–								
Rems-Murr-Klinik Schorndorf	Schorndorf	775	1,08	R	68	k.A.					10		2	ja
Diakonie-Klinikum Schwäbisch Hall gGmbH	Schwäbisch Hall	1.312	0,76	R	441	X*				25	25		4	ja
GRN-Klinik Schwet-zingen	Schwetzingen	656	1,00	R	528	X*								
SRH Krankenhaus Sigmaringen	Sigmaringen	625	0,93	R	281	X*				30	1			
Kliniken Sindelfingen	Sindelfingen				516	X*				28				
Hegau-Bodensee-Klinikum Singen	Singen	1.277	1,09	R	504	k.A.				49	16			
GRN-Klinik Sinsheim	Sinsheim	1.036	0,98	R	130	–					Mindestmen-gen-relevante OPS ohne Abschnitt C-5			
Klinikum Landkreis Tuttlingen-Gesund-heitszentrum Spaichingen	Spaichingen				26	X*								
Lungenfachklinik St. Blasien	St. Blasien				2	k.A.								

Für Leseanleitung und Datenquellen siehe S. 224–228.

Klinik	Ort	Geburtshilfe			Herzinfarkt		Transkatheter-Aortenklappen-implantationen			Zys-tek-tomie	Pankreas-Eingriffe		Ösophagus-Eingriffe	
		Geburten	Kaiserschnitte (O/E)	Strukturierter Dialog	Fälle	Herzkatheterlabor	Fälle	Todesfälle (O/E)	Strukturierter Dialog	Eingriffe	Eingriffe	Ausnahmetatbestand	Eingriffe	Ausnahmetatbestand
Krankenhaus Stockach	Stockach				6	k.A.								
Hegau-Bodensee-Klinikum Stühlingen	Stühlingen				4	k.A.								
Krankenhaus vom Roten Kreuz Bad Cannstatt	Stuttgart				5	k.A.								
Diakonie-Klinikum Stuttgart	Stuttgart				32	X				41	14			
Karl-Olga-Kranken-haus GmbH	Stuttgart				233	X*				2	28		1	ja
Klinik Charlottenhaus	Stuttgart	1.019	1,19	R										
Klinikum Stuttgart – Katharinenhospital (KH) und Olgahospi-tal/Frauenklinik (OH)	Stuttgart	3.110	1,30	A	333	X*	54	DS	R	80	78		29	
Klinikum Stuttgart – Krankenhaus Bad Cannstatt	Stuttgart				13	–					Mindestmen-gen-relevante OPS ohne Abschnitt C-5		Mindestmen-gen-relevante OPS ohne Abschnitt C-5	
Marienhospital Stuttgart	Stuttgart	1.211	1,02	R	259	X*					30		12	
Robert-Bosch-Krankenhaus	Stuttgart	2.088	1,16	R	776	X*	210	1,17	R		31		5	
Sana Herzchirurgie Stuttgart GmbH	Stuttgart				109	–	159	DS	R					
Sana Klinik Bethesda Stuttgart gGmbH	Stuttgart				24	–							4	ja
St. Anna-Klinik	Stuttgart	898	1,19	R										
Krankenhaus Tauber-bischofsheim	Tauberbischofs-heim				31	–								
Klinik Tettnang GmbH	Tettnang	597	1,01	R	24	k.A.								
HELIOS Klinik Titisee-Neustadt	Titisee-Neustadt	553	1,07	R	61	–								
Tropenklinik Paul-Lechler-Krankenhaus	Tübingen				13	k.A.								
Universitätsklinikum Tübingen	Tübingen	3.156	0,99	R	707	X*	149	0,78	R	64	74		25	
Klinikum Landkreis Tuttlingen-Gesund-heitszentrum Tuttlingen	Tuttlingen	883	1,18	R	221	X*								
HELIOS Spital Über-lingen GmbH	Überlingen	478	1,29	H	119	X*					12	21		

Für Leseanleitung und Datenquellen siehe S. 224–228.

Klinik	Ort	Geburtshilfe			Herzinfarkt		Transkatheter-Aortenklappen-implantationen			Zys-tek-tomie	Pankreas-Eingriffe		Ösophagus-Eingriffe	
		Geburten	Kaiserschnitte (O/E)	Strukturierter Dialog	Fälle	Herzkatheterlabor	Fälle	Todesfälle (O/E)	Strukturierter Dialog	Eingriffe	Eingriffe	Ausnahmetatbestand	Eingriffe	Ausnahmetatbestand
AGAPLESION BETHESDA KLINIK ULM gGmbH Akademisches Krankenhaus der Universität	Ulm				19	–								
Bundeswehr-krankenhaus Ulm	Ulm				96	X*				12	16		10	
RKU – Universitäts- und Rehabilitations-kliniken Ulm gGmbH	Ulm				6	#								
Universitätsklinikum Ulm	Ulm	2.991	0,86	R	729	X*	379	0,75	R	62	36		22	
Schwarzwald-Baar Klinikum Villingen-Schwenningen GmbH	Villingen-Schwenningen	2.196	1,11	R	617	X*				41	27		9	
AMEOS Klinikum Kaiserstuhl	Vogtsburg-Bischoffingen				4	k.A.								
Bruder-Klaus-Krankenhaus (RkK) Waldkirch	Waldkirch				24	–								
Spital Waldshut	Waldshut-Tiengen	726	0,77	R	72	–								
Fachkliniken Wangen	Wangen				2									
Westallgäu-Klinikum	Wangen im Allgäu	665	1,26	R	80	X								
Krankenhaus 14 Nothelfer GmbH	Weingarten	614	0,95	R	23	k.A.								
GRN-Klinik Weinheim	Weinheim	718	0,91	R	198	X						Mindestmengen-gen-relevante OPS ohne Abschnitt C-5		
Rotkreuzklinik Wertheim	Wertheim	395	1,29	H	131	k.A.						6		
Rems-Murr-Klinikum Winnenden	Winnenden	1.663	1,06	R	659	X*				19	27		11	
ORTENAU KLINIKUM Wolfach	Wolfach				51	–								

Für Leseanleitung und Datenquellen siehe S. 224–228.

Klinik	Ort	Geburtshilfe			Herzinfarkt		Transkatheter-Aortenklappen-implantationen			Zystektomie	Pankreas-Eingriffe		Ösophagus-Eingriffe	
		Geburten	Kaiserschnitte (O/E)	Strukturierter Dialog	Fälle	Herzkatheterlabor	Fälle	Todesfälle (O/E)	Strukturierter Dialog	Eingriffe	Eingriffe	Ausnahmetatbestand	Eingriffe	Ausnahmetatbestand
Bayern														
Krankenhaus Aichach	Aichach	318	1,28	H	161	X								
Krankenhäuser Nürnberger Land GmbH – Krankenhaus Altdorf	Altdorf				17	–								
Kreiskliniken Altötting-Burghausen Standort Altötting	Altötting	1.474	1,23	R	241	X*					19	11		5	ja
Klinikum Aschaffenburg-Alzenau	Alzenau-Wasserlos				152	X*								
Klinikum St. Marien Amberg	Amberg	1.350	1,09	R	475	X*					16	8	ja		
ANregiomed Klinikum Ansbach	Ansbach	1.111	1,28	H	179	X					8	12		Mindestmengen-relevante OPS ohne Abschnitt C-5	
Aschaffenburg	Aschaffenburg	603	1,33	H										
Klinikum Aschaffenburg-Alzenau	Aschaffenburg	2.050	0,97	R	268	X*					21	23		10	
St. Johannes Klinik	Auerbach/OPf.				19	X*								
die stadtklinik im diako	Augsburg				304	X*				2				
JOSEFINUM Frauenklinik – Krankenhaus für Kinder und Jugendliche – Klinik für Kinder- und Jugendpsychiatrie und Psychotherapie	Augsburg	3.213	0,82	R										
Klinik Vincentinum gemeinnützige GmbH	Augsburg				6	k.A.								
Klinikum Augsburg mit Kliniken für Kinder und Jugendliche	Augsburg	2.144	1,16	R	1.094	X*	215	0,78	R	46	66		17	
Klinikum Augsburg Süd	Augsburg				19	–								
RoMed Klinik Bad Aibling	Bad Aibling	638	1,28	H	43	k.A.								
Capio Franz von Prümmer Klinik	Bad Brückenau				26	k.A.								
Helios St. Elisabeth-Krankenhaus Bad Kissingen	Bad Kissingen				129	X*								

Für Leseanleitung und Datenquellen siehe S. 224–228.

Klinik	Ort	Geburtshilfe			Herzinfarkt		Transkatheter-Aortenklappen-implantationen			Zys-tek-tomie	Pankreas-Eingriffe		Ösophagus-Eingriffe	
		Geburten	Kaiserschnitte (O/E)	Strukturierter Dialog	Fälle	Herzkatheterlabor	Fälle	Todesfälle (O/E)	Strukturierter Dialog	Eingriffe	Eingriffe	Ausnahmetatbestand	Eingriffe	Ausnahmetatbestand
Sana Kliniken des Landkreises Cham – Krankenhaus Bad Kötzting	Bad Kötzting				19	k.A.								
Herz- und Gefäß-Klinik GmbH	Bad Neustadt an der Saale				519	k.A.	256	0,85	R					
RHÖN-Kreisklinik Bad Neustadt GmbH	Bad Neustadt an der Saale	435	0,86	R	16	X*								
Kreisklinik Bad Reichenhall	Bad Reichenhall	535	0,86	R	129	X					6	ja	6	ja
Asklepios Stadtklinik Bad Toelz	Bad Tölz	530	1,00	R	95	k.A.				4	8	ja	Mindestmen-gen-relevante OPS ohne Abschnitt C-5	
Klinik Bad Winds-heim	Bad Windsheim				11	–								
Klinikum Bamberg – Betriebsstätte am Bruderwald	Bamberg	2.218	0,83	R	564	X*				14	27		11	
Klinikum Bamberg – Betriebsstätte am Michelsberg	Bamberg				2	#								
Klinik Hohe Warte	Bayreuth				14	–				16				
Klinikum Bayreuth	Bayreuth	1.239	0,93	R	400	X*	52	DS	R	2	32		10	
Kreisklinik Berchtes-gaden	Berchtesgaden				13	k.A.							Mindestmen-gen-relevante OPS ohne Abschnitt C-5	
Wertachklinik Bobingen	Bobingen	294	1,30	H	53	–								
Klinik Bogen	Bogen				59	X								
Klinikum St. Josef Buchloe	Buchloe				36	k.A.								
Klinikum des Land-kreises Bamberg – Betriebsstätte Steigerwaldklinik Burgebrach	Burgebrach				49	X*								
Kreisklinik Burg-hausen	Burghausen				12	X*								
Asklepios Klinik Burglengenfeld	Burglengenfeld				165	X*								
Sana Kliniken des Landkreises Cham – Krankenhaus Cham	Cham	822	1,27	R	65	k.A.								
Klinikum Coburg GmbH	Coburg	1.121	1,01	R	699	X*				16	28		11	

Für Leseanleitung und Datenquellen siehe S. 224–228.

Klinik	Ort	Geburtshilfe			Herzinfarkt		Transkatheter-Aortenklappen-implantationen			Zystektomie	Pankreas-Eingriffe		Ösophagus-Eingriffe	
		Geburten	Kaiserschnitte (O/E)	Strukturierter Dialog	Fälle	Herzkatheterlabor	Fälle	Todesfälle (O/E)	Strukturierter Dialog	Eingriffe	Eingriffe	Ausnahmetatbestand	Eingriffe	Ausnahmetatbestand
Helios Amper-Klinikum	Dachau	942	1,09	R	286	X*				2	12			
DONAUISAR Klinikum Deggendorf	Deggendorf	555	0,93	R	476	X*				22	26		10	
Kreisklinik St. Elisabeth	Dillingen a. d. Donau	536	1,40	H	44	–								
DONAUISAR Klinikum Dingolfing	Dingolfing	339	1,15	R	44	k.A.								
ANregiomed Klinik Dinkelsbühl	Dinkelsbühl	405	1,38	H	20	k.A.								
Klinik Donaustauf	Donaustauf				4	k.A.								
Donau-Ries Klinik Donauwörth	Donauwörth	559	1,14	R	47	k.A.				2		Mindestmengen-relevante OPS ohne Abschnitt C-5		Mindestmengen-relevante OPS ohne Abschnitt C-5
Klinikum Landkreis Erding – Außenstelle Dorfen	Dorfen				12	X*								
Bezirksklinikum Obermain	Ebensfeld				6	–								Mindestmengen-relevante OPS ohne Abschnitt C-5
Klinik Fränkische Schweiz gGmbH	Ebermannstadt				106	k.A.								
Hassberg-Kliniken Haus Ebern	Ebern				13	k.A.								
Kreisklinik Ebersberg	Ebersberg	644	0,75	R	221	X*				15	10			
Rottal-Inn Kliniken Kommunalunternehmen (KU)	Eggenfelden	631	1,12	R	229	X*				12		Mindestmengen-relevante OPS ohne Abschnitt C-5		
Kliniken im Naturpark Altmühltal, Klinik Eichstätt	Eichstätt	389	0,95	R	223	X*								
Klinikum Landkreis Erding	Erding	692	0,88	R	215	X*						Mindestmengen-relevante OPS ohne Abschnitt C-5		
Universitätsklinikum Erlangen	Erlangen	2.571	0,85	R	520	X*	206	1,40	R	12	81		19	
Waldkrankenhaus St. Marien	Erlangen				110	X*				28	10		149	
HELIOS Klinik Erlenbach	Erlenbach am Main	758	0,79	R	134	k.A.				4				
Benedictus Krankenhaus Feldafing GmbH & Co. KG	Feldafing				7	#								

Für Leseanleitung und Datenquellen siehe S. 224–228.

| Klinik | Ort | Geburtshilfe | | | Herzinfarkt | | Transkatheter-Aortenklappen-implantationen | | | Zys-tek-tomie | Pankreas-Eingriffe | | Ösophagus-Eingriffe | |
		Geburten	Kaiserschnitte (O/E)	Strukturierter Dialog	Fälle	Herzkatheterlabor	Fälle	Todesfälle (O/E)	Strukturierter Dialog	Eingriffe	Eingriffe	Ausnahmetatbestand	Eingriffe	Ausnahmetatbestand
Klinikum Forchheim	Forchheim	650	0,88	R	38	–						Mindestmen-gen-relevante OPS ohne Abschnitt C-5		
Kreisklinik Freilassing	Freilassing				8	–								
Klinikum Freising GmbH	Freising	958	1,10	R	215	k.A.					10			
Krankenhaus Freyung	Freyung	480	1,29	H	13	–						Mindestmen-gen-relevante OPS ohne Abschnitt C-5		
Salzachklinik Fridolfing	Fridolfing				20	k.A.								
Krankenhaus Friedberg	Friedberg	687	1,26	R	111	k.A.						Mindestmen-gen-relevante OPS ohne Abschnitt C-5		
Klinikum Fürsten-feldbruck	Fürstenfeldbruck	632	0,98	R	194	X*				8		Mindestmen-gen-relevante OPS ohne Abschnitt C-5		
Klinikum Fürth	Fürth	2.241	1,07	R	478	X*				23	17			Mindestmen-gen-relevante OPS ohne Abschnitt C-5
Schön Klinik Nürnberg Fürth SE & Co. KG	Fürth									8				Mindestmen-gen-relevante OPS ohne Abschnitt C-5
Klinik Füssen	Füssen	347	1,17	R	169	k.A.								
Klinikum Garmisch-Partenkirchen – Haupthaus	Garmisch-Par-tenkirchen	911	0,94	R	164	k.A.				10	12		3	
Asklepios Fach-kliniken München-Gauting	Gauting				2	k.A.								
Geomed-Kreisklinik	Gerolzhofen				31	k.A.								
WolfartKlinik	Gräfelfing	691	1,31	H										
Krankenhaus Grafenau	Grafenau				165	X*								
Bezirkskliniken Schwaben, Bezirks-krankenhaus Günzburg	Günzburg				2	k.A.								
Günzburg	Günzburg	538	1,05	R	251	X*						Mindestmen-gen-relevante OPS ohne Abschnitt C-5		

Für Leseanleitung und Datenquellen siehe S. 224–228.

Klinik	Ort	Geburtshilfe			Herzinfarkt		Transkatheter-Aortenklappen-implantationen			Zys-tek-tomie	Pankreas-Eingriffe		Ösophagus-Eingriffe	
		Geburten	Kaiserschnitte (O/E)	Strukturierter Dialog	Fälle	Herzkatheterlabor	Fälle	Todesfälle (O/E)	Strukturierter Dialog	Eingriffe	Eingriffe	Ausnahmetatbestand	Eingriffe	Ausnahmetatbestand
Klinikum Altmühl-franken Gunzen-hausen	Gunzenhausen				246	X*								
kbo-Isar-Amper-Klinikum München-Ost Standort Haar	Haar				2	k.A.								
Haßberg-Kliniken Haus Haßfurt	Haßfurt	421	0,87	R	87	k.A.					Mindestmen-gen-relevante OPS ohne Abschnitt C-5			
Krankenhaus Agatharied GmbH	Hausham	1.025	0,89	R	189	X*					6		Mindestmen-gen-relevante OPS ohne Abschnitt C-5	
Privatklinik Dr. R. Schindlbeck	Herrsching am Ammersee				138	X*								
Krankenhäuser Nürnberger Land GmbH – Krankenhaus Hersbruck	Hersbruck				28	–								
Kreiskrankenhaus Höchstadt	Höchstadt a.d. Aisch				42	–								
Sana Klinikum Hof	Hof	732	1,36	H	310	X*				19	10			
Illertalklinik Illertissen	Illertissen	258	1,15	R	15	–								
Klinik Immenstadt	Immenstadt	642	1,18	R	243	X*	7	0,00	R					
Klinikum Ingolstadt GmbH	Ingolstadt	2.517	1,21	R	516	X*				24	23		6	
Bezirkskrankenhaus Kaufbeuren	Kaufbeuren				2	–								
Klinikum Kaufbeuren	Kaufbeuren	933	0,94	R	240	k.A.					17		Mindestmen-gen-relevante OPS ohne Abschnitt C-5	
Goldberg-Klinik Kelheim GmbH	Kelheim	616	1,23	R	90	–					Mindestmen-gen-relevante OPS ohne Abschnitt C-5			
Kliniken Nordober-pfalz AG – Kranken-haus Kemnath	Kemnath				52	–								
Klinikverbund Kempten-Oberallgäu gGmbH – Klinikum Kempten	Kempten	1.921	1,05	R	299	X*				36	23		12	
Klinik Kitzinger Land	Kitzingen	530	1,10	R	85	k.A.				2	Mindestmen-gen-relevante OPS ohne Abschnitt C-5			

Für Leseanleitung und Datenquellen siehe S. 224–228.

Klinik	Ort	Geburtshilfe			Herzinfarkt		Transkatheter-Aortenklappen-implantationen			Zystektomie	Pankreas-Eingriffe		Ösophagus-Eingriffe	
		Geburten	Kaiserschnitte (O/E)	Strukturierter Dialog	Fälle	Herzkatheterlabor	Fälle	Todesfälle (O/E)	Strukturierter Dialog	Eingriffe	Eingriffe	Ausnahmetatbestand	Eingriffe	Ausnahmetatbestand
Kliniken im Naturpark Altmühltal, Klinik Kösching	Kösching	631	1,30	H	95	X*							Mindestmengen-relevante OPS ohne Abschnitt C-5	
HELIOS Frankenwaldklinik Kronach	Kronach	498	1,16	R	167	X*								
Kreisklinik Krumbach	Krumbach	357	1,08	R	102	X*								
Klinikum Kulmbach	Kulmbach	704	0,84	R	191	X*				23	7	ja	2	ja
DONAUISAR Klinikum Landau	Landau a. d. Isar				18	X*								
Klinikum Landsberg am Lech	Landsberg am Lech	822	1,12	R	105	–								
Klinikum Landshut gGmbH	Landshut	816	1,05	R	195	X*				29	20		Mindestmengen-relevante OPS ohne Abschnitt C-5	
Krankenhaus Landshut-Achdorf	Landshut	2.114	1,07	R	279	X*					Mindestmengen-relevante OPS ohne Abschnitt C-5			
Krankenhäuser Nürnberger Land GmbH – Krankenhaus Lauf	Lauf	579	1,50	A	25	–								
Helmut-G.-Walther-Klinikum Lichtenfels GmbH	Lichtenfels	580	1,32	H	154	X					Mindestmengen-relevante OPS ohne Abschnitt C-5		Mindestmengen-relevante OPS ohne Abschnitt C-5	
Asklepios Klinik Lindau	Lindau	387	1,02	R	51	k.A.								
Rotkreuzklinik Lindenberg gemeinnützige GmbH	Lindenberg				77	–					Mindestmengen-relevante OPS ohne Abschnitt C-5			
Klinikum Main-Spessart Lohr	Lohr				76	–								
Krankenhaus Mainburg	Mainburg				73	k.A.								
Helios Amper-Klinik Indersdorf	Markt Indersdorf				5	X*								
Klinikum Fichtelgebirge gGmbH – Haus Marktredwitz	Marktredwitz	497	1,22	R	184	X				38			2	ja
Memmingen	Memmingen	1.951	0,78	R	338	X*				10	45		11	
Kreisklinik Mindelheim	Mindelheim	399	1,07	R	182	#								
Kreiskliniken des Landkreises Mühldorf a. Inn GmbH – Klinik Haag	Mühldorf a. Inn				11	–								

Für Leseanleitung und Datenquellen siehe S. 224–228.

Klinik	Ort	Geburtshilfe			Herzinfarkt		Transkatheter-Aortenklappen-implantationen			Zystektomie	Pankreas-Eingriffe		Ösophagus-Eingriffe	
		Geburten	Kaiserschnitte (O/E)	Strukturierter Dialog	Fälle	Herzkatheterlabor	Fälle	Todesfälle (O/E)	Strukturierter Dialog	Eingriffe	Eingriffe	Ausnahmetatbestand	Eingriffe	Ausnahmetatbestand
Kreiskliniken des Landkreises Mühldorf a. Inn GmbH – Klinik Mühldorf	Mühldorf a. Inn	804	1,37	H	223	X*				8	Mindestmengen-relevante OPS ohne Abschnitt C-5			
Kliniken Hoch-Franken – Klinik Münchberg	Münchberg				30	X*								
Arabella-Klinik GmbH	München												Mindestmengen-relevante OPS ohne Abschnitt C-5	
Barmherzige Brüder Krankenhaus München	München				147	X*				23	11		4	ja
Chirurgische Klinik München-Bogenhausen	München									4				
Chirurgisches Klinikum München Süd GmbH & Co. KG	München				4	k.A.	> 0	DS	U	2	4	ja	Mindestmengen-relevante OPS ohne Abschnitt C-5	
Deutsches Herzzentrum München des Freistaates Bayern	München				362	X*	631	0,15	R					
Diakoniewerk München-Maxvorstadt	München				16	k.A.								
Frauenklinik Dr. Geisenhofer	München	2.467	1,29	H										
Frauenklinik München West GmbH & Co. KG	München	856	1,77	A										
HELIOS Klinik München Perlach	München				34	k.A.								
Helios Klinikum München West	München	719	0,96	R	175	X*					2	ja	1	ja
Internistische Klinik Dr. Müller, nunmehr Kliniken Dr. Müller	München				156	X*								
Isar Kliniken GmbH	München				37	X*				16	14		11	
Klinik Augustinum	München				264	X*	93	DS	R					
Klinik Dr. Schreiber GmbH	München				4	–								
Klinikum der Universität München	München	3.729	0,80	R	1.038	X*	455	0,34	R	140	158		25	
Klinikum Dritter Orden München-Nymphenburg	München	2.652	1,24	R	197	X*					17		Mindestmengen-relevante OPS ohne Abschnitt C-5	

Für Leseanleitung und Datenquellen siehe S. 224–228.

| Klinik | Ort | Geburtshilfe | | | Herzinfarkt | | Transkatheter-Aortenklappen-implantationen | | | Zys-tek-tomie | Pankreas-Eingriffe | | Ösophagus-Eingriffe | |
		Geburten	Kaiserschnitte (O/E)	Strukturierter Dialog	Fälle	Herzkatheterlabor	Fälle	Todesfälle (O/E)	Strukturierter Dialog	Eingriffe	Eingriffe	Ausnahmetatbestand	Eingriffe	Ausnahmetatbestand
Klinikum rechts der Isar der Technischen Universität München	München	1.893	1,05	R	345	X*				94	120		69	
Krankenhaus Martha-Maria München	München				4	#					Mindestmengen-relevante OPS ohne Abschnitt C-5		Mindestmengen-relevante OPS ohne Abschnitt C-5	
Krankenhaus Neuwittelsbach, Fachklinik für Innere Medizin	München				52	k.A.								
Paracelsus Klinik München	München									2				
Rotkreuzklinikum München	München				115	X*				2	17			
Rotkreuzklinikum München – Frauenklinik	München	3.969	1,14	R										
Schön Klinik München Harlaching	München									4				
Städtisches Klinikum München GmbH, Klinikum Bogenhausen	München				486	k.A.	161	1,56	R	21	53		23	
Städtisches Klinikum München GmbH, Klinikum Harlaching	München	2.267	0,87	R	251	k.A.				14	7	ja	Mindestmengen-relevante OPS ohne Abschnitt C-5	
Städtisches Klinikum München GmbH, Klinikum Neuperlach	München	1.367	0,65	R	395	k.A.					66		10	
Städtisches Klinikum München GmbH, Klinikum Schwabing	München	2.294	0,92	R	216	k.A.					10			
Berufsgenossenschaftliche Unfallklinik Murnau	Murnau				2	#								
Klinikum Garmisch-Partenkirchen Aussenstelle Murnau	Murnau				125	X*								
Kliniken Hoch-Franken – Klinik Naila	Naila	155	1,97	A	152	X*								
Donauklinik Neu-Ulm	Neu-Ulm	1.096	0,77	R										
Kliniken St. Elisabeth	Neuburg/Donau	1.017	1,41	U	90	–								
Clinic Neuendettelsau	Neuendettelsau	160	1,04	R	88	X*								
Klinikum Neumarkt	Neumarkt i.d.OPf.	812	1,33	H	265	X*				21	9	ja		

Für Leseanleitung und Datenquellen siehe S. 224–228.

Klinik	Ort	Geburtshilfe			Herzinfarkt		Transkatheter-Aortenklappen-implantationen			Zystektomie	Pankreas-Eingriffe		Ösophagus-Eingriffe	
		Geburten	Kaiserschnitte (O/E)	Strukturierter Dialog	Fälle	Herzkatheterlabor	Fälle	Todesfälle (O/E)	Strukturierter Dialog	Eingriffe	Eingriffe	Ausnahmetatbestand	Eingriffe	Ausnahmetatbestand
Kliniken Nordoberpfalz AG – Krankenhaus Neustadt a.d. Waldnaab	Neustadt a. d. Waldnaab				2	#								
Klinik Neustadt an der Aisch	Neustadt an der Aisch	527	1,09	R	189	X*						Mindestmengen-relevante OPS ohne Abschnitt C-5		
Klinik Neustadt GmbH	Neustadt bei Coburg				10	–								
Stiftungskrankenhaus Nördlingen	Nördlingen	475	0,99	R	281	X*				2				
Internistische Klinik Dr. Steger AG	Nürnberg				24	X								
Klinik Hallerwiese	Nürnberg	3.457	0,86	R	41	k.A.								
Kliniken Dr. Erler gGmbH	Nürnberg				2	–								
Klinikum Nürnberg Nord	Nürnberg	> 0	DS	R	140	X*				29	116		84	
Klinikum Nürnberg Süd	Nürnberg	3.317	0,78	R	953	k.A.	150	1,57	R					
Krankenhaus Martha-Maria Nürnberg	Nürnberg				223	X*				31	5	ja		
St. Theresien-Krankenhaus Nürnberg gGmbH	Nürnberg	727	1,01	R	133	X				20				
Klinik Oberstdorf	Oberstdorf				2	#								
Asklepios Klinik Oberviechtach	Oberviechtach				13	–								
Main-Klinik Ochsenfurt gGmbH	Ochsenfurt				32	–				8				Mindestmengen-relevante OPS ohne Abschnitt C-5
Donau-Ries-Klinik Oettingen	Oettingen in Bayern				6	–								
Fachklinik Osterhofen GmbH	Osterhofen				4	#								
Kreisklinik Ottobeuren	Ottobeuren				24	#								
Klinik Parsberg	Parsberg				2	#								
Klinikum Passau	Passau	2.148	0,89	R	607	X*	84	DS	R		21		3	ja
Sana Klinik Pegnitz	Pegnitz	310	1,41	H	35	k.A.								
Klinikum Penzberg	Penzberg				33	–								
Ilmtalklinik GmbH Pfaffenhofen	Pfaffenhofen	699	1,19	R	187	X*				2		Mindestmengen-relevante OPS ohne Abschnitt C-5		

Für Leseanleitung und Datenquellen siehe S. 224–228.

Klinik	Ort	Geburtshilfe			Herzinfarkt		Transkatheter-Aortenklappen-implantationen			Zystektomie	Pankreas-Eingriffe		Ösophagus-Eingriffe	
		Geburten	Kaiserschnitte (0/€)	Strukturierter Dialog	Fälle	Herzkatheterlabor	Fälle	Todesfälle (0/€)	Strukturierter Dialog	Eingriffe	Eingriffe	Ausnahmetatbestand	Eingriffe	Ausnahmetatbestand
Rottal-Inn Kliniken Kommunalunternehmen (KU)	Pfarrkirchen				28	–								
Pfronten	Pfronten				31	–								
Urologische Klinik München-Planegg	Planegg									38	Mindestmengen-relevante OPS ohne Abschnitt C-5			
RoMed Klinik Prien a. Chiemsee	Prien a. Chiemsee				25	–								
Caritas-Krankenhaus St. Josef	Regensburg	1.493	1,03	R	57	X*				79	10		Mindestmengen-relevante OPS ohne Abschnitt C-5	
Evangelisches Krankenhaus gGmbH	Regensburg				4	#								
Krankenhaus Barmherzige Brüder Regensburg	Regensburg	2.891	0,94	R	601	X*				27	39		12	
Universitätsklinikum Regensburg	Regensburg				653	X*	248	0,37	R	4	57		23	
Sana Kliniken des Landkreises Cham – Krankenhaus Roding	Roding				27	k.A.								
RoMed Klinikum Rosenheim	Rosenheim	1.473	1,08	R	482	X*				28	31		17	
Kreisklinik Roth	Roth	610	1,17	R	90	–								
ANregiomed Klinik Rothenburg	Rothenburg o.d.T.	574	0,97	R	221	X*				2				
Schlossklinik Rottenburg	Rottenburg				2	#								
Krankenhaus Rotthalmünster	Rotthalmünster	> 0	DS	R	267	X*								
Kreisklinik Vinzentinum Ruhpolding	Ruhpolding	> 0	DS	R	10	X*								
Klinikum des Landkreises Bamberg – Betriebsstätte Juraklinik Scheßlitz	Scheßlitz				33	X								
Krankenhaus Schongau	Schongau	425	1,23	R	61	–					Mindestmengen-relevante OPS ohne Abschnitt C-5			
Kreiskrankenhaus Schrobenhausen GmbH	Schrobenhausen	70	1,04	R	59	X					Mindestmengen-relevante OPS ohne Abschnitt C-5			
Stadtkrankenhaus Schwabach gGmbH	Schwabach				107	–								

Für Leseanleitung und Datenquellen siehe S. 224–228.

Klinik	Ort	Geburtshilfe			Herzinfarkt		Transkatheter-Aortenklappen-implantationen			Zystektomie	Pankreas-Eingriffe		Ösophagus-Eingriffe	
		Geburten	Kaiserschnitte (O/E)	Strukturierter Dialog	Fälle	Herzkatheterlabor	Fälle	Todesfälle (O/E)	Strukturierter Dialog	Eingriffe	Eingriffe	Ausnahmetatbestand	Eingriffe	Ausnahmetatbestand
Wertachklinik Schwabmünchen	Schwab-münchen	427	1,62	A										
Krankenhaus St. Barbara	Schwandorf	759	0,79	R	150	X					Mindestmengen-relevante OPS ohne Abschnitt C-5			
Krankenhaus Rummelsberg	Schwarzenbruck				12	k.A.								
Krankenhaus St. Josef	Schweinfurt	895	1,04	R	198	X*					Mindestmengen-relevante OPS ohne Abschnitt C-5			
Leopoldina-Krankenhaus	Schweinfurt	1.452	0,98	R	245	k.A.				17	41		16	
Klinikum Fichtelgebirge gGmbH – Haus Selb	Selb				68	–								
Klinik Sonthofen	Sonthofen				4	#								
Fachklinik Stadtsteinach	Stadtsteinach				4	#								
Klinikum Starnberg	Starnberg	2.669	1,07	R	222	X*				6	Mindestmengen-relevante OPS ohne Abschnitt C-5			
Klinikum St. Elisabeth Straubing GmbH	Straubing	802	1,09	R	441	X*				18	7		3	
St. Anna Krankenhaus	Sulzbach-Rosenberg	544	1,22	R	75	k.A.								
Kliniken Nordoberpfalz AG – Krankenhaus Tirschenreuth	Tirschenreuth	365	1,67	A	55	–								
Klinikum Traunstein	Traunstein	> 0	DS	R	442	X*				20	16			
Gesundheitszentrum Treuchtlingen	Treuchtlingen				5	–								
Kreisklinik Trostberg	Trostberg				45	k.A.					Mindestmengen-relevante OPS ohne Abschnitt C-5			
Benedictus Krankenhaus Tutzing GmbH & Co. KG	Tutzing				88	–					13		13	
Arberlandklinik Viechtach	Viechtach				44	k.A.								
Krankenhaus Vilsbiburg	Vilsbiburg	219	1,01	R	22	–								
Krankenhaus Vilshofen	Vilshofen				121	X								
Schön Klinik Vogtareuth	Vogtareuth				97	X*								

Für Leseanleitung und Datenquellen siehe S. 224–228.

Klinik	Ort	Geburtshilfe			Herzinfarkt		Transkatheter-Aortenklappen-implantationen			Zystektomie	Pankreas-Eingriffe		Ösophagus-Eingriffe	
		Geburten	Kaiserschnitte (O/E)	Strukturierter Dialog	Fälle	Herzkatheterlabor	Fälle	Todesfälle (O/E)	Strukturierter Dialog	Eingriffe	Eingriffe	Ausnahmetatbestand	Eingriffe	Ausnahmetatbestand
Kliniken Nordoberpfalz AG – Krankenhaus Vohenstrauß	Vohenstrauß				12	–								
Krankenhaus Waldkirchen	Waldkirchen				42	–								
Kliniken Nordoberpfalz AG – Krankenhaus Waldsassen	Waldsassen				38	–								
Klinik Wartenberg – Professor Dr. Selmair GmbH & Co. KG	Wartenberg				2									
RoMed Klinik Wasserburg	Wasserburg am Inn	650	0,86	R	43	–								
Krankenhaus Wegscheid	Wegscheid				31	–								
Kliniken Nordoberpfalz AG – Klinikum Weiden	Weiden i. d. OPf.	1.310	0,97	R	655	X*				18	14			Mindestmengen-relevante OPS ohne Abschnitt C-5
Krankenhaus Weilheim	Weilheim	347	1,03	R	284	k.A.								
Klinikum Altmühlfranken Weißenburg	Weißenburg	598	1,28	H	35	–						Mindestmengen-relevante OPS ohne Abschnitt C-5		
Stiftungsklinik Weißenhorn	Weißenhorn				354	X*						Mindestmengen-relevante OPS ohne Abschnitt C-5		Mindestmengen-relevante OPS ohne Abschnitt C-5
Krankenhaus Markt Werneck	Werneck				11	k.A.								
Kreisklinik Wertingen	Wertingen				138	X*								
Kreisklinik Wolfratshausen gGmbH	Wolfratshausen	259	1,53	A	91	k.A.								
Kreisklinik Wörth an der Donau	Wörth a. d. Donau				30	X								
Juliusspital Würzburg	Würzburg				166	X*					26			Mindestmengen-relevante OPS ohne Abschnitt C-5
Missionsärztliche Klinik	Würzburg	1.980	0,96	R	21	#				21		Mindestmengen-relevante OPS ohne Abschnitt C-5		
Universitätsklinikum Würzburg	Würzburg	1.908	0,91	R	796	k.A.	126	1,07	R	64	66		17	
Arberlandklinik Zwiesel	Zwiesel	273	1,24	R	65	k.A.								

Für Leseanleitung und Datenquellen siehe S. 224–228.

Klinik	Ort	Geburtshilfe			Herzinfarkt		Transkatheter-Aortenklappen-implantationen			Zys-tek-tomie	Pankreas-Eingriffe		Ösophagus-Eingriffe	
		Geburten	Kaiserschnitte (O/E)	Strukturierter Dialog	Fälle	Herzkatheterlabor	Fälle	Todesfälle (O/E)	Strukturierter Dialog	Eingriffe	Eingriffe	Ausnahmetatbestand	Eingriffe	Ausnahmetatbestand
Berlin														
BG-Unfallklinik – Unfallkrankenhaus Berlin gGmbH	Berlin				679	X*	40	DS	R		15		16	
Bundeswehrkranken-haus Berlin	Berlin				42	X				8	5	ja	3	ja
Charité – Universi-tätsmedizin Berlin	Berlin	5.142	*	*	1.388	X*	284	0,87	R	136	213		82	
Deutsches Herz-zentrum Berlin, Stiftung des bürger-lichen Rechts	Berlin			R	333	X*	391	DS	R				Mindestmen-gen-relevante OPS ohne Abschnitt C-5	
Dominikus-Kranken-haus Berlin	Berlin				62	–								
DRK Kliniken Berlin Köpenick	Berlin	1.224	0,80	R	313	X*				6	59		11	
DRK Kliniken Berlin Mitte	Berlin				16	–					Mindestmen-gen-relevante OPS ohne Abschnitt C-5			
DRK Kliniken Berlin Westend	Berlin	2.625	0,90	R	383	X*					41		15	
Ev. Waldkrankenhaus Spandau	Berlin	2.231	0,80	R	59	k.A.					Mindestmen-gen-relevante OPS ohne Abschnitt C-5		Mindestmen-gen-relevante OPS ohne Abschnitt C-5	
Evangelische Elisa-beth Klinik	Berlin				26	k.A.								
Evangelische Lungen-klinik Berlin	Berlin				2	–								
Evangelisches Geriatriezentrum gGmbH (EGZB)	Berlin				71	k.A.								
Evangelisches Johannesstift Wichernkrankenhaus gGmbH	Berlin				28	k.A.								
Evangelisches Kran-kenhaus Hubertus Krankenhausbetriebs gGmbH	Berlin				48	X								
Evangelisches Krankenhaus Königin Elisabeth Herzberge gGmbH	Berlin				49	–				34	Mindestmen-gen-relevante OPS ohne Abschnitt C-5		Mindestmen-gen-relevante OPS ohne Abschnitt C-5	
Gemeinschaftskran-kenhaus Havelhöhe	Berlin	1.200	0,50	R	205	X*					16		Mindestmen-gen-relevante OPS ohne Abschnitt C-5	

Für Leseanleitung und Datenquellen siehe S. 224–228.

Klinik	Ort	Geburtshilfe			Herzinfarkt		Transkatheter-Aortenklappen-implantationen			Zystektomie	Pankreas-Eingriffe		Ösophagus-Eingriffe	
		Geburten	Kaiserschnitte (O/E)	Strukturierter Dialog	Fälle	Herzkatheterlabor	Fälle	Todesfälle (O/E)	Strukturierter Dialog	Eingriffe	Eingriffe	Ausnahmetatbestand	Eingriffe	Ausnahmetatbestand
Helios Klinikum Berlin-Buch	Berlin	2.967	0,90	R	208	X*				41	32		14	
HELIOS Klinikum Emil von Behring GmbH	Berlin				240	X*					17		20	
Immanuel Krankenhaus Berlin – Standort Wannsee	Berlin				4	#								
Jüdisches Krankenhaus Berlin – Stiftung des bürgerlichen Rechts	Berlin				320	X*								
Klinik für MIC – Minimal Invasive Chirurgie	Berlin									2			11	
Krankenhaus Bethel Berlin	Berlin				42	–								
Krankenhaus Hedwigshöhe	Berlin				250	X*				2	16		Mindestmengen-relevante OPS ohne Abschnitt C-5	
Krankenhaus Waldfriede e.V.	Berlin	1.140	0,90	R	16	–				6				
Malteser-Krankenhaus	Berlin				35	–								
Maria Heimsuchung Caritas-Klinik Pankow	Berlin	1.751	0,50	R	298	X*					11			
Martin-Luther-Krankenhaus, Berlin	Berlin	1.822	1,10	R	16	–					6	ja		
Park-Klinik Weißensee	Berlin				90	k.A.					14		9	ja
Paulinenkrankenhaus Berlin	Berlin				169	–								
Sana Klinikum Lichtenberg	Berlin	3.527	0,80	R	427	X*				4	74		22	
Sankt Gertrauden-Krankenhaus GmbH	Berlin	886	1,00	R	292	k.A.					24			
Schlosspark-Klinik	Berlin				45	k.A.					Mindestmengen-relevante OPS ohne Abschnitt C-5		1	ja
St. Hedwig-Krankenhaus Berlin	Berlin				31	k.A.				38	12			
St. Marien-Krankenhaus Berlin	Berlin				43	k.A.								
St.Joseph Krankenhaus	Berlin	4.231	0,70	R	24	k.A.					13			

Für Leseanleitung und Datenquellen siehe S. 224–228.

Klinik	Ort	Geburtshilfe			Herzinfarkt		Transkatheter-Aortenklappen-implantationen			Zystek-tomie	Pankreas-Eingriffe		Ösophagus-Eingriffe	
		Geburten	Kaiserschnitte (O/E)	Strukturierter Dialog	Fälle	Herzkatheterlabor	Fälle	Todesfälle (O/E)	Strukturierter Dialog	Eingriffe	Eingriffe	Ausnahmetatbestand	Eingriffe	Ausnahmetatbestand
Vitanas Klinik & Tagesklinik für Geriatrie	Berlin				19	–								
Vivantes Auguste-Viktoria-Klinikum	Berlin	1.553	0,80	R	294	X*				87	17		39	
Vivantes Humboldt-Klinikum	Berlin	1.177	0,80	R	317	X*	6	0,00	R	60	38		11	
Vivantes Ida-Wolff-Krankenhaus	Berlin				34	–								
Vivantes Klinikum Am Urban	Berlin	1.569	0,60	R	298	X*				45	15		1	ja
Vivantes Klinikum im Friedrichshain	Berlin	3.334	0,90	R	314	X*				30	10		6	ja
Vivantes Klinikum im Friedrichshain – öB Fröbelstraße Prenzlauer Berg	Berlin				26	#								
Vivantes Klinikum Kaulsdorf	Berlin	1.125	0,80	R	91	X					1	ja		
Vivantes Klinikum Neukölln	Berlin	3.577	0,90	R	609	X*					17		7	ja
Vivantes Klinikum Spandau	Berlin				267	X*				2	1	ja		
Vivantes Wenckebach-Klinikum	Berlin				241	X*								

Für Leseanleitung und Datenquellen siehe S. 224–228.

Klinik	Ort	Geburtshilfe			Herzinfarkt		Transkatheter-Aortenklappen-implantationen			Zystektomie	Pankreas-Eingriffe		Ösophagus-Eingriffe	
		Geburten	Kaiserschnitte (O/E)	Strukturierter Dialog	Fälle	Herzkatheterlabor	Fälle	Todesfälle (O/E)	Strukturierter Dialog	Eingriffe	Eingriffe	Ausnahmetatbestand	Eingriffe	Ausnahmetatbestand
Brandenburg														
Krankenhaus Angermünde	Angermünde				39	–								
Klinik Ernst von Bergmann Bad Belzig gGmbH	Bad Belzig				39	X								
HELIOS Klinikum Bad Saarow	Bad Saarow	612	1,11	R	424	X*				15	16			
Oder-Spree Krankenhaus GmbH	Beeskow				52	k.A.								
Immanuel Klinikum Bernau Herzzentrum Brandenburg	Bernau	525	0,91	R	714	X*	368	0,48	R		1	ja		
Asklepios Klinik Birkenwerder	Birkenwerder				2	–								
St. Marienkrankenhaus	Brandenburg				111	–								
Asklepios Fachklinikum Brandenburg	Brandenburg an der Havel				4	k.A.								
Städtisches Klinikum Brandenburg GmbH	Brandenburg an der Havel	995	0,91	R	339	X*				34	11		5	
Carl-Thiem-Klinikum Cottbus gGmbH	Cottbus	1.121	1,00	R	500	X*				31	48		9	
Sana-Herzzentrum Cottbus GmbH	Cottbus				342	X*	330	0,90	R					
Klinikum Barnim GmbH, Werner Forßmann Krankenhaus	Eberswalde	679	0,79	R	375	X*				6	12			
Städtisches Krankenhaus Eisenhüttenstadt GmbH	Eisenhüttenstadt	348	1,27	R	213	X*						Mindestmengen-relevante OPS ohne Abschnitt C-5		
Elbe-Elster Klinikum GmbH Krankenhaus Elsterwerda	Elsterwerda				65	k.A.								
Elbe-Elster Klinikum GmbH Krankenhaus Finsterwalde	Finsterwalde				54	k.A.								
Lausitz Klinik Forst GmbH	Forst	475	1,01	R	14	k.A.				15				
Klinikum Frankfurt (Oder) GmbH	Frankfurt (Oder)	882	1,18	R	342	X*				8	17			
Standort Frankfurt (Oder)	Frankfurt (Oder)				25	–								
Standort Seelow	Frankfurt (Oder)				40	k.A.								
Oberhavel Klinik Gransee GmbH	Gransee				25	–								

Für Leseanleitung und Datenquellen siehe S. 224–228.

Klinik	Ort	Geburtshilfe			Herzinfarkt		Transkatheter-Aortenklappen-implantationen			Zystektomie	Pankreas-Eingriffe		Ösophagus-Eingriffe	
		Geburten	Kaiserschnitte (O/E)	Strukturierter Dialog	Fälle	Herzkatheterlabor	Fälle	Todesfälle (O/E)	Strukturierter Dialog	Eingriffe	Eingriffe	Ausnahmetatbestand	Eingriffe	Ausnahmetatbestand
Naemi-Wilke-Stift	Guben				66	k.A.								
Oberhavel Kliniken GmbH/Klinik Hennigsdorf	Hennigsdorf				797	k.A.								
Elbe-Elster Klinikum GmbH Krankenhaus Herzberg	Herzberg	534	0,73	R	55	k.A.					1	ja		
Evangelische Kliniken Luise-Henrietten-Stift Lehnin	Kloster Lehnin				14	–								
Achenbach Krankenhaus Königs Wusterhausen	Königs Wusterhausen	787	0,86	R	92	#					Mindestmengen-relevante OPS ohne Abschnitt C-5			
KMG Klinikum Mitte GmbH Klinikum Kyritz	Kyritz				23	k.A.					Mindestmengen-relevante OPS ohne Abschnitt C-5			
Klinikum Niederlausitz GmbH	Lauchhammer	677	0,79	R	20	k.A.							6	ja
Spreewaldklinik Lübben	Lübben	473	0,97	R	97	X								
Evangelisches Krankenhaus Luckau gGmbH	Luckau				47	k.A.				4				
DRK Krankenhaus Luckenwalde	Luckenwalde	451	0,92	R	134	X*				18	13			Mindestmengen-relevante OPS ohne Abschnitt C-5
Evangelisches Krankenhaus Ludwigsfelde Teltow	Ludwigsfelde	453	0,97	R	63	k.A.								
Havelland Kliniken GmbH, Klinik Nauen	Nauen	379	1,12	R	250	X*				23	Mindestmengen-relevante OPS ohne Abschnitt C-5			
Ruppiner Kliniken	Neuruppin	784	1,08	R	155	X*				13	Mindestmengen-relevante OPS ohne Abschnitt C-5		Mindestmengen-relevante OPS ohne Abschnitt C-5	
Oberhavel Kliniken GmbH/Klinik Oranienburg	Oranienburg	856	1,30	A	16	k.A.								
Kreiskrankenhaus Prignitz gemeinnützige GmbH	Perleberg	371	0,98	R	188	X*								
Ev. Zentrum für Altersmedizin in Potsdam	Potsdam				52	k.A.								

Für Leseanleitung und Datenquellen siehe S. 224–228.

Klinik	Ort	Geburtshilfe			Herzinfarkt		Transkatheter-Aortenklappen-implantationen			Zystektomie	Pankreas-Eingriffe		Ösophagus-Eingriffe	
		Geburten	Kaiserschnitte (O/E)	Strukturierter Dialog	Fälle	Herzkatheterlabor	Fälle	Todesfälle (O/E)	Strukturierter Dialog	Eingriffe	Eingriffe	Ausnahmetatbestand	Eingriffe	Ausnahmetatbestand
Klinikum Ernst von Bergmann gemeinnützige GmbH	Potsdam	2.006	0,80	R	455	k.A.				31	35		13	
Klinikum Westbrandenburg GmbH – Standort Potsdam	Potsdam				2	#								
St. Josefs-Krankenhaus Potsdam-Sanssouci	Potsdam	837	0,85	R	237	X*								
MSZ Uckermark gGmbH, Kreiskrankenhaus Prenzlau	Prenzlau				58	k.A.								
KMG Klinikum Pritzwalk	Pritzwalk				16	k.A.					Mindestmengen-relevante OPS ohne Abschnitt C-5			
Havelland Kliniken GmbH, Klinik Rathenow	Rathenow	362	0,93	R	31	X*								
Immanuel Klinik Rüdersdorf	Rüdersdorf	930	0,87	R	64	–					21		Mindestmengen-relevante OPS ohne Abschnitt C-5	
Asklepios Klinikum Uckermark	Schwedt	356	1,34	A	320	X*				6	14			
Klinikum Niederlausitz GmbH	Senftenberg				306	X*								
Krankenhaus Spremberg	Spremberg				35	–								
Krankenhaus Märkisch Oderland GmbH	Strausberg	332	0,77	R	49	k.A.					Mindestmengen-relevante OPS ohne Abschnitt C-5			
Krankenhaus Märkisch-Oderland GmbH	Strausberg				26	k.A.					17			
Sana Krankenhaus Templin	Templin	226	1,17	R	44	–								
Asklepios Fachklinikum Teupitz	Teupitz				2	k.A.								
Johanniter-Krankenhaus im Fläming Treuenbrietzen GmbH	Treuenbrietzen				4	–								
KMG Klinikum Mitte GmbH, Klinikum Wittstock	Wittstock				278	X*								
Evang. Krankenhaus „Gottesfriede" Woltersdorf	Woltersdorf				45	–								

Für Leseanleitung und Datenquellen siehe S. 224–228.

Klinik	Ort	Geburtshilfe			Herzinfarkt		Transkatheter-Aortenklappen-implantationen			Zys-tek-tomie	Pankreas-Eingriffe		Ösophagus-Eingriffe	
		Geburten	Kaiserschnitte (O/E)	Strukturierter Dialog	Fälle	Herzkatheterlabor	Fälle	Todesfälle (O/E)	Strukturierter Dialog	Eingriffe	Eingriffe	Ausnahmetatbestand	Eingriffe	Ausnahmetatbestand
Bremen														
DIAKO Ev. Diakonie-Krankenhaus gemeinnützige GmbH	Bremen	674	1,20	R	75	k.A.				25	7	ja	Mindestmengen-relevante OPS ohne Abschnitt C-5	
Klinikum Bremen-Mitte	Bremen				78	–				78	58		29	
Klinikum Bremen-Nord	Bremen	2.061	0,91	R	275	X				2	5		1	
Klinikum Bremen-Ost	Bremen				109	–							3	ja
Klinikum Links der Weser	Bremen	2.858	0,98	R	1.932	X*	222	0,96	R		1	ja		
Krankenhaus St. Joseph-Stift Bremen GmbH	Bremen	2.135	0,79	R	121	k.A.				2	18		Mindestmengen-relevante OPS ohne Abschnitt C-5	
Rotes Kreuz Krankenhaus Bremen gGmbH	Bremen				188	X*					Mindestmengen-relevante OPS ohne Abschnitt C-5		14	
AMEOS Klinikum Am Bürgerpark Bremerhaven	Bremerhaven										11		8	ja
AMEOS Klinikum Mitte Bremerhaven	Bremerhaven				164	k.A.								
Klinikum Bremerhaven Reinkenheide gGmbH	Bremerhaven	1.840	0,91	R	519	X*				4	10			

Für Leseanleitung und Datenquellen siehe S. 224–228.

Klinik	Ort	Geburtshilfe			Herzinfarkt		Transkatheter-Aortenklappen-implantationen			Zystektomie	Pankreas-Eingriffe		Ösophagus-Eingriffe	
		Geburten	Kaiserschnitte (O/E)	Strukturierter Dialog	Fälle	Herzkatheterlabor	Fälle	Todesfälle (O/E)	Strukturierter Dialog	Eingriffe	Eingriffe	Ausnahmetatbestand	Eingriffe	Ausnahmetatbestand
Hamburg														
AGAPLESION DIAKONIEKLINIKUM HAMBURG	Hamburg	1.508	1,00	R	114	X*				2	12			
Albertinen-Haus	Hamburg				34	#								
Albertinen-Krankenhaus	Hamburg	2.770	0,88	R	373	k.A.	239	0,53	R	19	32		9	ja
Asklepios West-klinikum Hamburg GmbH	Hamburg				253	X*				8	5	ja	Mindestmen-gen-relevante OPS ohne Abschnitt C-5	
Asklepios Klinik Altona	Hamburg	3.064	1,15	R	528	X*				26	47		14	
Asklepios Klinik Barmbek	Hamburg	3.006	1,21	R	360	X*				67	83		37	
Asklepios Klinik Nord, Heidberg	Hamburg				358	X*				2			1	ja
Asklepios Klinik St. Georg	Hamburg				682	X*	315	0,63	R	16	3	ja		
Asklepios Klinik Wandsbek	Hamburg	880	1,28	U	472	X*				2	16		2	ja
Asklepios Klinikum Harburg	Hamburg	675	1,09	R	363	X*	136	0,71	R	41	30		5	ja
Bethesda Kranken-haus Bergedorf ge-meinnützige GmbH	Hamburg	737	1,00	R	313	X*					20			
Ev. Amalie Sieve-king – Krankenhaus	Hamburg	1.340	0,79	R	298	X*				4	Mindestmen-gen-relevante OPS ohne Abschnitt C-5		Mindestmen-gen-relevante OPS ohne Abschnitt C-5	
Evangelisches Krankenhaus Alster-dorf gemeinnützige GmbH	Hamburg				46	k.A.								
HELIOS Mariahilf Klinik Hamburg	Hamburg	1.755	0,95	R	79	X*					4	ja		
Israelitisches Krankenhaus in Hamburg	Hamburg				12	X*					84		43	
Kath. Marienkranken-haus gemeinnützige GmbH	Hamburg	3.737	0,93	R	179	X*				35	16		12	
Schön Klinik Ham-burg Eilbek	Hamburg				24	k.A.					11		7	ja
Universitäres Herz-zentrum Hamburg GmbH	Hamburg				634	X*	401	0,96	R					

Für Leseanleitung und Datenquellen siehe S. 224–228.

Klinik	Ort	Geburtshilfe			Herzinfarkt		Transkatheter-Aortenklappen-implantationen			Zystektomie	Pankreas-Eingriffe		Ösophagus-Eingriffe	
		Geburten	Kaiserschnitte (O/E)	Strukturierter Dialog	Fälle	Herzkatheterlabor	Fälle	Todesfälle (O/E)	Strukturierter Dialog	Eingriffe	Eingriffe	Ausnahmetatbestand	Eingriffe	Ausnahmetatbestand
Universitätsklinikum Hamburg-Eppendorf	Hamburg	3.248	0,78	R	133	X*				93		Mindestmengen-relevante OPS ohne Abschnitt C-5		Mindestmengen-relevante OPS ohne Abschnitt C-5
Wilhelmsburger Krankenhaus Groß-Sand	Hamburg				61	X*								

Für Leseanleitung und Datenquellen siehe S. 224–228.

Klinik	Ort	Geburtshilfe			Herzinfarkt		Transkatheter-Aortenklappen-implantationen			Zys-tek-tomie	Pankreas-Eingriffe		Ösophagus-Eingriffe	
		Geburten	Kaiserschnitte (O/E)	Strukturierter Dialog	Fälle	Herzkatheterlabor	Fälle	Todesfälle (O/E)	Strukturierter Dialog	Eingriffe	Eingriffe	Ausnahmetatbestand	Eingriffe	Ausnahmetatbestand
Hessen														
Kreiskrankenhaus des Vogelsbergkreises in Alsfeld GmbH	Alsfeld	324	1,46	H	59	k.A.								
Krankenhaus Bad Arolsen GmbH	Bad Arolsen				40	X*								
Hessische Bergland-klinik Koller GmbH	Bad Endbach				41	k.A.								
Klinikum Bad Hersfeld	Bad Hersfeld	1.014	0,97	R	169	k.A.				21	16		4	
Hochtaunus-Kliniken gGmbH – Bad Homburg	Bad Homburg	1.654	0,87	R	357	X*				17	Mindestmen-gen-relevante OPS ohne Abschnitt C-5		Mindestmen-gen-relevante OPS ohne Abschnitt C-5	
Hochwaldkranken-haus Bad Nauheim	Bad Nauheim	971	1,09	R	160	–								
Kerckhoff-Klinik GmbH	Bad Nauheim				812	X*	409	0,77	R					
HELIOS Klinik Bad Schwalbach	Bad Schwalbach				46	k.A.								
Otto-Fricke-Kran-kenhaus	Bad Schwalbach				28	–								
Kliniken des Main-Taunus-Kreises GmbH	Bad Soden am Taunus	1.286	1,12	R	570	k.A.				16	22		Mindestmen-gen-relevante OPS ohne Abschnitt C-5	
Asklepios Stadtklinik Bad Wildungen	Bad Wildungen				41	k.A.				18	3	ja		
Werner Wicker Kli-nik – Orthopädisches Schwerpunktklini-kum Werner Wicker GmbH & Co. KG	Bad Wildungen									2				
Heilig-Geist Hospital GmbH & Co. KG	Bensheim	280	1,37	A	14	k.A.								
DRK Krankenhaus Biedenkopf	Biedenkopf				69	k.A.								
BDH-Klinik Braunfels gGmbH	Braunfels				2	#								
Capio Mathilden-Hospital Büdingen	Büdingen				45	k.A.								
AGAPLESION ELISABETHENSTIFT EVANGELISCHES KRANKENHAUS	Darmstadt				83	X					11		7	ja
Alice-Hospital	Darmstadt	1.227	1,28	H	304	X*								
Klinikum Darmstadt GmbH	Darmstadt	1.687	1,17	R	393	X*				43	45		10	

Für Leseanleitung und Datenquellen siehe S. 224–228.

Klinik	Ort	Geburtshilfe			Herzinfarkt		Transkatheter-Aortenklappen-implantationen			Zystektomie	Pankreas-Eingriffe		Ösophagus-Eingriffe	
		Geburten	Kaiserschnitte (O/E)	Strukturierter Dialog	Fälle	Herzkatheterlabor	Fälle	Todesfälle (O/E)	Strukturierter Dialog	Eingriffe	Eingriffe	Ausnahmetatbestand	Eingriffe	Ausnahmetatbestand
Marienhospital Darmstadt gGmbH	Darmstadt	1.359	1,13	R	5	k.A.				2				
Dill Kliniken	Dillenburg	521	1,18	R	71	k.A.				8	1	ja		
Kaiserin-Auguste-Victoria Krankenhaus GmbH	Ehringshausen	422	1,09	R	2	k.A.				2				
Gesundheitszentrum Odenwaldkreis GmbH	Erbach	473	1,25	R	121	k.A.								
Klinikum Werra Meißner GmbH/ Standort Eschwege	Eschwege	397	1,00	R	292	X*					Mindestmengen-relevante OPS ohne Abschnitt C-5			
Diakonie-Krankenhaus Wehrda, Außenstelle Frankenberg	Frankenberg				5	#								
Kreiskrankenhaus Frankenberg	Frankenberg	449	1,00	R	112	X								
Klinik Maingau vom Roten Kreuz	Frankfurt				4	#								
Klinik Rotes Kreuz	Frankfurt				201	X*								
Sankt Katharinen Krankenhaus GmbH (260610100-01)	Frankfurt				52	X*	8	0,00	R	76				
Sankt Katharinen Krankenhaus GmbH (260610100-02)	Frankfurt				8	k.A.								
Krankenhaus Sachsenhausen	Frankfurt a. M.	1.165	0,90	R	89	X*								
AGAPLESION BETHANIEN KRANKENHAUS	Frankfurt am Main				447	X*	24	0,00	R					
AGAPLESION MARKUS KRANKENHAUS	Frankfurt am Main	801	1,28	A	160	X*				18	16		54	
Bürgerhospital und Clementine Kinderhospital gGmbH Standort: Bürgerhospital Frankfurt	Frankfurt am Main	3.227	1,00	R	23	X*					13			
Hospital zum Heiligen Geist	Frankfurt am Main	1.020	0,92	R	108	X*				2	Mindestmengen-relevante OPS ohne Abschnitt C-5			
Klinikum Frankfurt Höchst GmbH	Frankfurt am Main	2.318	1,04	R	273	X*				10	23		10	
Krankenhaus Nordwest	Frankfurt am Main	471	1,12	R	158	X*				15	48		16	
St. Elisabethen-Krankenhaus	Frankfurt am Main				29	#					7	ja	Mindestmengen-relevante OPS ohne Abschnitt C-5	

Für Leseanleitung und Datenquellen siehe S. 224–228.

		Geburtshilfe			Herzinfarkt		Transkatheter-Aortenklappen-implantationen			Zystektomie	Pankreas-Eingriffe		Ösophagus-Eingriffe	
Klinik	Ort	Geburten	Kaiserschnitte (O/E)	Strukturierter Dialog	Fälle	Herzkatheterlabor	Fälle	Todesfälle (O/E)	Strukturierter Dialog	Eingriffe	Eingriffe	Ausnahmetatbestand	Eingriffe	Ausnahmetatbestand
St. Marienkrankenhaus	Frankfurt am Main	1.258	1,01	R	14	k.A.								
Universitätsklinikum Frankfurt	Frankfurt am Main	1.884	0,81	R	319	X*	172	1,05	R	21	60		16	
Buergerhospital Friedberg	Friedberg				171	–					Mindestmengen-relevante OPS ohne Abschnitt C-5		Mindestmengen-relevante OPS ohne Abschnitt C-5	
Fritzlar	Fritzlar	655	1,10	R	166	X*								
Herz-Jesu-Krankenhaus gGmbH	Fulda	789	0,84	R	38	k.A.					Mindestmengen-relevante OPS ohne Abschnitt C-5			
Klinikum Fulda gAG	Fulda	1.414	1,15	R	468	X*	53	DS	R	54	28		16	
Krankenhaus Gelnhausen	Gelnhausen	1.678	1,22	R	264	X*				24	1	ja		
AGAPLESION Evangelisches Krankenhaus Mittelhessen	Gießen				338	k.A.					2	ja		
St. Josefs Krankenhaus Balserische Stiftung	Gießen	1.249	0,99	R	32	k.A.								
Universitätsklinikum Gießen und Marburg, Standort Gießen	Gießen	1.627	1,21	R	549	X*	102	DS	R	42	68		35	
AGAPLESION Pneumologische Klinik Waldhof Elgershausen	Greifenstein				4	k.A.								
Kreisklinik Groß-Gerau GmbH	Groß-Gerau	493	1,21	R	20	k.A.								
Kreisklinik Groß-Umstadt	Groß-Umstadt	453	1,30	A	363	k.A.					Mindestmengen-relevante OPS ohne Abschnitt C-5			
Klinikum Hanau GmbH	Hanau	1.506	1,01	R	416	X*				2	23		5	
Martin-Luther-Stiftung	Hanau				8	#								
St. Vinzenz Krankenhaus Hanau, Haupthaus	Hanau	1.082	0,85	R	54	–				2				
Kreiskrankenhaus Bergstrasse – eine Einrichtung des Universitätsklinikums Heidelberg	Heppenheim	569	1,25	R	365	X*					Mindestmengen-relevante OPS ohne Abschnitt C-5			

Für Leseanleitung und Datenquellen siehe S. 224–228.

Klinik	Ort	Geburtshilfe			Herzinfarkt		Transkatheter-Aortenklappen-implantationen			Zystektomie	Pankreas-Eingriffe		Ösophagus-Eingriffe	
		Geburten	Kaiserschnitte (O/E)	Strukturierter Dialog	Fälle	Herzkatheterlabor	Fälle	Todesfälle (O/E)	Strukturierter Dialog	Eingriffe	Eingriffe	Ausnahmetatbestand	Eingriffe	Ausnahmetatbestand
Evangelisches Krankenhaus Gesundbrunnen gGmbH	Hofgeismar				23	–								
Kreisklinik Hofgeismar	Hofgeismar	282	1,13	R	40	–								
Kliniken des Main-Taunus-Kreises GmbH	Hofheim				40	k.A.								
HELIOS St. Elisabeth Klinik Hünfeld	Hünfeld	655	0,63	R	20	–								
HELIOS Klinik Idstein	Idstein				48	k.A.				2				
Fachklinik für Lungenerkrankungen	Immenhausen				2	#								
AGAPLESION DIAKONIE KLINIKEN KASSEL	Kassel	1.895	1,04	R	176	X*					18			
Kassel	Kassel				216	X*				10				
Klinikum Kassel GmbH	Kassel	2.261	0,90	R	634	X*	67	DS	R	52	45		21	
Marienkrankenhaus Kassel	Kassel				27	k.A.							33	
Rotes Kreuz Krankenhaus Kassel Gemeinnützige GmbH Standort Wehlheiden	Kassel				173	X*					12		Mindestmengen-relevante OPS ohne Abschnitt C-5	
DRK-Klinik Kaufungen	Kaufungen				11	k.A.								
Hochtaunus-Kliniken gGmbH – Königstein Geriatrie	Königstein im Taunus				2	#								
Stadtkrankenhaus Korbach gGmbH	Korbach	290	1,22	R	168	X*				4				
St. Marien Krankenhaus Lampertheim GmbH seit 01.09.2016	Lampertheim				10	–								
Asklepios Klinik Langen	Langen	938	1,13	R	383	X*					4	ja	2	ja
Krankenhaus Eichhof Lauterbach	Lauterbach				97	X				8			1	
Asklepios Klinik Lich GmbH	Lich	1.038	1,06	R	60	–					24		1	ja
St. Vincenz-Krankenhaus Limburg	Limburg	1.324	1,13	R	483	k.A.					17			
Universitätsklinikum Gießen und Marburg GmbH, Standort Marburg	Marburg	1.543	1,20	R	645	X*	58	DS	R	36	63		13	
Diakonie-Krankenhaus Wehrda	Marburg/Lahn	629	0,98	R	148	X*								

Für Leseanleitung und Datenquellen siehe S. 224–228.

Klinik	Ort	Geburtshilfe			Herzinfarkt		Transkatheter-Aortenklappen-implantationen			Zystektomie	Pankreas-Eingriffe		Ösophagus-Eingriffe	
		Geburten	Kaiserschnitte (O/E)	Strukturierter Dialog	Fälle	Herzkatheterlabor	Fälle	Todesfälle (O/E)	Strukturierter Dialog	Eingriffe	Eingriffe	Ausnahmetatbestand	Eingriffe	Ausnahmetatbestand
Asklepios Schwalm-Eder-Kliniken GmbH, Klinikum Melsungen	Melsungen				32	–								
Ketteler Krankenhaus gGmbH	Offenbach	768	1,23	R	187	k.A.						Mindestmengen-relevante OPS ohne Abschnitt C-5		Mindestmengen-relevante OPS ohne Abschnitt C-5
Sana Klinikum Offenbach GmbH	Offenbach	1.399	1,02	R	447	X*				40	16		73	
Rotenburg	Rotenburg				31	–				2				
Herz-Kreislauf-Zentrum Klinikum Hersfeld-Rotenburg GmbH	Rotenburg a. d. Fulda				779	X*	102	DS	R					
Klinikum Bad Hersfeld – Herz-Kreislauf-Zentrum Klinikum Hersfeld-Rotenburg GmbH	Rotenburg a.d.F.				8	#								
St. Josefs-Hospital Rheingau	Rüdesheim				79	–								
GPR Klinikum	Rüsselsheim	1.200	1,18	R	317	X*				4	12			Mindestmengen-relevante OPS ohne Abschnitt C-5
Krankenhaus Schlüchtern	Schlüchtern				47	k.A.								
Gesundheitszentrum Wetterau gGmbH Kreiskrankenhaus Schotten	Schotten				38	–								
Asklepios Schwalm-Eder-Kliniken GmbH, Klinikum Schwalmstadt	Schwalmstadt	382	1,19	R	194	X*								
Asklepios Klinik Seligenstadt	Seligenstadt				70	k.A.								
Hochtaunus-Kliniken gGmbH – Usingen	Usingen				16	–								
St. Josef-Krankenhaus Viernheim	Viernheim				15	–								
S.Elisabeth Krankenhaus	Volkmarsen	406	1,04	R										
Klinik und Rehabilitationszentrum Lippoldsberg gGmbH	WAHLSBURG				21	k.A.								

Für Leseanleitung und Datenquellen siehe S. 224–228.

Klinik	Ort	Geburtshilfe			Herzinfarkt		Transkatheter-Aortenklappen-implantationen			Zystektomie	Pankreas-Eingriffe		Ösophagus-Eingriffe	
		Geburten	Kaiserschnitte (O/E)	Strukturierter Dialog	Fälle	Herzkatheterlabor	Fälle	Todesfälle (O/E)	Strukturierter Dialog	Eingriffe	Eingriffe	Ausnahmetatbestand	Eingriffe	Ausnahmetatbestand
Kreiskrankenhaus Weilburg gGmbH	Weilburg				25	–					Mindestmengen-relevante OPS ohne Abschnitt C-5		Mindestmengen-relevante OPS ohne Abschnitt C-5	
Klinikum Wetzlar-Braunfels	Wetzlar	594	1,18	R	454	X*				19	18		6	ja
Asklepios Paulinen Klinik	Wiesbaden	1.210	1,16	R	68	–				8	11			
DKD HELIOS Klinik Wiesbaden	Wiesbaden				27	k.A.								
HELIOS Dr. Horst-Schmidt-Kliniken Wiesbaden (260610393-01)	Wiesbaden	1.932	1,03	R	536	X*				46	31		22	
St. Josefs-Hospital Wiesbaden GmbH	Wiesbaden	1.645	1,06	R	523	X*					23		6	
Klinikum Werra Meißner GmbH/ Standort Witzenhausen	Witzenhausen				31	#								
Kreisklinik Wolfhagen	Wolfhagen				23	–								

Für Leseanleitung und Datenquellen siehe S. 224–228.

Klinik	Ort	Geburtshilfe			Herzinfarkt		Transkatheter-Aortenklappen-implantationen			Zystektomie	Pankreas-Eingriffe		Ösophagus-Eingriffe	
		Geburten	Kaiserschnitte (O/E)	Strukturierter Dialog	Fälle	Herzkatheterlabor	Fälle	TodesFälle (O/E)	Strukturierter Dialog	Eingriffe	Eingriffe	Ausnahmetatbestand	Eingriffe	Ausnahmetatbestand
Mecklenburg-Vorpommern														
AMEOS Klinikum Anklam	Anklam	410	1,32	A	23	–								
Sana-Krankenhaus Rügen GmbH – Akademisches Lehrkrankenhaus der Ernst-Moritz-Arndt-Universität Greifswald	Bergen auf Rügen	384	1,29	A	53	–								
KMG Klinik Boizenburg GmbH	Boizenburg				20	k.A.								
Bützow	Bützow				19	–								
MediClin Krankenhaus am Crivitzer See	Crivitz	391	0,66	R	11	–								
Kreiskrankenhaus Demmin GmbH	Demmin	574	1,12	R	17	–								
Universitätsmedizin Greifswald – Körperschaft des öffentlichen Rechts	Greifswald	1.144	1,00	R	362	k.A.	> 0	DS	R	48	47		13	
DRK-Krankenhaus Grevesmühlen gGmbH	Grevesmühlen				34	k.A.								
KMG Klinikum Güstrow	Güstrow	690	1,21	R	222	X*				9	12		4	
Westmecklenburg Klinikum Helene von Bülow	Hagenow	694	0,59	R	26	k.A.				2				
Krankenhaus Bad Doberan GmbH	Hohenfelde				37	–				8				
KLINIKUM KARLSBURG der Klinikgruppe Dr. Guth GmbH & Co. KG	Karlsburg				465	X*	249	0,99	R					
Westmecklenburg Klinikum Helene von Bülow	Ludwigslust				243	X*								
Dietrich-Bonhoeffer-Klinikum Standort Malchin	Neubrandenburg				7	k.A.								
Dietrich-Bonhoeffer-Klinikum Standort Neubrandenburg	Neubrandenburg	966	0,97	R	980	X*				10	55		12	
DRK-Krankenhaus Mecklenburg-Strelitz gGmbH	Neustrelitz	309	0,90	R	27	–								

Für Leseanleitung und Datenquellen siehe S. 224–228.

Klinik	Ort	Geburtshilfe			Herzinfarkt		Transkatheter-Aortenklappen-implantationen			Zys-tek-tomie	Pankreas-Eingriffe		Ösophagus-Eingriffe	
		Geburten	Kaiserschnitte (O/E)	Strukturierter Dialog	Fälle	Herzkatheterlabor	Fälle	Todesfälle (O/E)	Strukturierter Dialog	Eingriffe	Eingriffe	Ausnahmetatbestand	Eingriffe	Ausnahmetatbestand
AKG Klinik Parchim GmbH	Parchim	539	0,86	R	159	k.A.							Mindestmengen-relevante OPS ohne Abschnitt C-5	
Asklepios Klinik Pasewalk	Pasewalk	562	1,06	R	44	X				27				
MediClin Krankenhaus Plau am See	Plau am See				61	k.A.					Mindestmengen-relevante OPS ohne Abschnitt C-5			
BODDEN-KLINIKEN Ribnitz-Damgarten GmbH	Ribnitz-Damgarten				81	k.A.				11				
Klinikum Südstadt Rostock	Rostock	3.225	0,90	R	218	X*					61		18	
Universitätsmedizin Rostock – Teilkörperschaft der Universität Rostock	Rostock				520	X*	148	0,68	R	51	38		12	
HELIOS Kliniken Schwerin	Schwerin	1.306	0,78	R	418	k.A.	103	DS	R	13	33		10	
HELIOS Hanseklinikum Stralsund (261300367-01)	Stralsund	880	1,19	R	324	X*				2	32		10	
DRK Krankenhaus Grimmen GmbH	Süderholz				22	k.A.								
DRK-Krankenhaus Teterow gGmbH	Teterow				47	–								
AMEOS Klinikum Ueckermünde	Ueckermünde				39	k.A.								
MediClin Müritz-Klinikum	Waren	474	1,20	R	35	–				9	Mindestmengen-relevante OPS ohne Abschnitt C-5			
Klinik Amsee GmbH	Waren (Müritz)				4	#								
Sana HANSE-Klinikum Wismar GmbH	Wismar	684	0,98	R	313	X*				8	20			
Kreiskrankenhaus Wolgast gGmbH	Wolgast				60	k.A.								

Für Leseanleitung und Datenquellen siehe S. 224–228.

Klinik	Ort	Geburtshilfe			Herzinfarkt		Transkatheter-Aortenklappen-implantationen			Zystektomie	Pankreas-Eingriffe		Ösophagus-Eingriffe	
		Geburten	Kaiserschnitte (O/E)	Strukturierter Dialog	Fälle	Herzkatheterlabor	Fälle	Todesfälle (O/E)	Strukturierter Dialog	Eingriffe	Eingriffe	Ausnahmetatbestand	Eingriffe	Ausnahmetatbestand
Niedersachsen														
Aller-Weser-Klinik gGmbH, Krankenhaus Achim	Achim				47	k.A.								
Niels-Stensen-Kliniken Marienhospital Ankum-Bersenbrück GmbH	Ankum	820	1,03	R	28	–								
Ubbo-Emmius-Klinik gGmbH Ostfriesisches Krankenhaus, Klinik Aurich	Aurich	1.173	1,12	R	329	k.A.					1	ja	1	ja
Diana Krankenhausbetriebsgesellschaft mbH	Bad Bevensen				33	–								
Herz- und Gefäßzentrum Bad Bevensen	Bad Bevensen				495	k.A.	108	1,44	R					
HELIOS Klinik Bad Gandersheim	Bad Gandersheim	201	1,14	R	54	–								
Kirchberg-Klinik Bad Lauterberg	Bad Lauterberg				140	k.A.								
Deister Süntel Klinik	Bad Münder				17	–								
AGAPLESION EV. BATHILDISKRANKENHAUS gemeinnützige GmbH	Bad Pyrmont				137	X*					11		1	ja
Schüchtermann-Klinik	Bad Rothenfelde				973	X*	434	0,53	R					
Alexianer Kliniken Landkreis Diepholz GmbH, Klinik Bassum	Bassum				32	–					Mindestmengen-relevante OPS ohne Abschnitt C-5			
Inselkrankenhaus Borkum	Borkum				2	–								
St. Bernhard-Hospital gemeinnützige GmbH	Brake				101	–				2	Mindestmengen-relevante OPS ohne Abschnitt C-5			
Niels-Stensen-Kliniken Bramsche GmbH	Bramsche				10	–								
Herzogin Elisabeth Hospital	Braunschweig				22	k.A.								
Krankenhaus Marienstift	Braunschweig	926	1,01	R	69	–								
Städtisches Klinikum Braunschweig gGmbH	Braunschweig	2.148	0,99	R	797	X*	99	1,59	R	22	74		33	

Für Leseanleitung und Datenquellen siehe S. 224–228.

Klinik	Ort	Geburtshilfe – Geburten	Kaiserschnitte (O/E)	Strukturierter Dialog	Herzinfarkt – Fälle	Herzkatheterlabor	Transkatheter-Aortenklappenimplantationen – Fälle	Todesfälle (O/E)	Strukturierter Dialog	Zystektomie – Eingriffe	Pankreas-Eingriffe – Eingriffe	Ausnahmetatbestand	Ösophagus-Eingriffe – Eingriffe	Ausnahmetatbestand
OsteMed Klinik Bremervörde	Bremervörde	413	0,97	R	46	–								
Krankenhaus Buchholz	Buchholz in der Nordheide	730	0,94	R	318	X*					4	ja		
AGAPLESION EV. KRANKENHAUS BETHEL Bückeburg gGmbH	Bückeburg	671	0,99	R	28	k.A.								
KRH Klinikum Großburgwedel	Burgwedel	752	1,09	R	98	k.A.				27	14			
Elbe Klinikum Buxtehude	Buxtehude	891	0,84	R	195	k.A.					2			
ALLGEMEINES KRANKENHAUS CELLE	Celle	1.489	0,81	R	512	X*				34	19		10	
Asklepios Harzklinik Clausthal-Zellerfeld	Clausthal-Zellerfeld				23	k.A.								
St. Josefs-Hospital Cloppenburg	Cloppenburg	686	1,07	R	107	X						Mindestmengen-relevante OPS ohne Abschnitt C-5		
Krankenhaus Lindenbrunn	Coppenbrügge				4	k.A.								
Helios Klinik Cuxhaven GmbH	Cuxhaven	519	1,34	U	276	X*				12				
Krankenhaus St. Elisabeth gGmbH	Damme	485	1,00	R	59	–								
Capio Elbe-Jeetzel-Klinik Dannenberg	Dannenberg	307	1,11	R	63	X						Mindestmengen-relevante OPS ohne Abschnitt C-5		
Josef-Hospital Delmenhorst Krankenhaus gGmbH	Delmenhorst	870	0,89	R	31	#				8	4	ja	1	ja
Alexianer Landkreis Diepholz GmbH, Klinik Diepholz	Diepholz				225	X*				2				
St. Martini gGmbH Krankenhaus Duderstadt	Duderstadt	332	0,94	R	94	k.A.				2				
Einbecker Bürger-Spital gGmbH	Einbeck				38	k.A.								Mindestmengen-relevante OPS ohne Abschnitt C-5
Klinikum Emden – Hans-Susemihl-Krankenhaus gGmbH	Emden	760	1,20	R	90	–								

Für Leseanleitung und Datenquellen siehe S. 224–228.

Klinik	Ort	Geburtshilfe			Herzinfarkt		Transkatheter-Aortenklappen-implantationen			Zys-tek-tomie	Pankreas-Eingriffe		Ösophagus-Eingriffe	
		Geburten	Kaiserschnitte (O/E)	Strukturierter Dialog	Fälle	Herzkatheterlabor	Fälle	Todes-Fälle (O/E)	Strukturierter Dialog	Eingriffe	Eingriffe	Ausnahmetatbestand	Eingriffe	Ausnahmetatbestand
St. Marien Hospital gGmbH	Friesoythe	468	1,14	R	29	–								Mindestmengen-relevante OPS ohne Abschnitt C-5
AMEOS Klinikum Seepark Geestland	Geestland				2	#				27				
KRH Klinikum Robert Koch Gehrden	Gehrden	1.247	0,66	R	546	X*				37	28		15	
Klinik am Kasinopark	Georgsmarienhütte				11	k.A.								
Niels-Stensen-Kliniken Franziskus-Hospital Harderberg	Georgsmarienhütte	936	1,01	R	2	k.A.								
HELIOS Klinikum Gifhorn GmbH	Gifhorn	1.338	0,87	R	202	X*					13			
Asklepios Harzklinik Goslar	Goslar	508	1,03	R	333	k.A.				8		Mindestmengen-relevante OPS ohne Abschnitt C-5		Mindestmengen-relevante OPS ohne Abschnitt C-5
AGAPLESION KRANKENHAUS NEU BETHLEHEM gGmbH	Göttingen	1.092	0,96	R	142	X*								
Evangelisches Krankenhaus Göttingen-Weende gGmbH	Göttingen				44	k.A.				21	19			Mindestmengen-relevante OPS ohne Abschnitt C-5
Evangelisches Krankenhaus Göttingen-Weende gGmbH – Krankenhaus Neu-Mariahilf	Göttingen	596	0,97	R	9	k.A.								
Universitätsmedizin Göttingen	Göttingen	938	1,23	R	697	X*	280	0,83	R	50		Mindestmengen-relevante OPS ohne Abschnitt C-5		Mindestmengen-relevante OPS ohne Abschnitt C-5
Johanniter-Krankenhaus Gronau GmbH	Gronau				37	–								
MEDIAN Reha-Zentrum Gyhum GmbH & Co. KG	Gyhum				6	–								
Gesundheitseinrichtungen Hameln-Pyrmont GmbH – Sana Klinikum Hameln-Pyrmont	Hameln	1.432	1,12	R	360	X*				16	14			
Klinikum Hann. Münden	Hann. Münden				41	k.A.				10				

Für Leseanleitung und Datenquellen siehe S. 224–228.

Klinik	Ort	Geburtshilfe			Herzinfarkt		Transkatheter-Aortenklappen-implantationen			Zys-tek-tomie	Pankreas-Eingriffe		Ösophagus-Eingriffe	
		Geburten	Kaiserschnitte (O/E)	Strukturierter Dialog	Fälle	Herzkatheterlabor	Fälle	Todesfälle (O/E)	Strukturierter Dialog	Eingriffe	Eingriffe	Ausnahmetatbestand	Eingriffe	Ausnahmetatbestand
DIAKOVERE Friederikenstift	Hannover	1.653	0,73	R	88	–				27	21		Mindestmen-gen-relevante OPS ohne Abschnitt C-5	
DIAKOVERE Henriettenstift	Hannover	2.145	0,95	R	375	k.A.					10		11	
DRK-Krankenhaus Clementinenhaus	Hannover				250	X*								
KRH Klinikum Nordstadt	Hannover				105	k.A.					6	ja	16	
KRH Klinikum Siloah	Hannover				685	X*				60	34		3	ja
Medizinische Hoch-schule Hannover	Hannover	3.004	1,03	R	628	X*	203	DS	R	36	88		48	
Vinzenzkrankenhaus Hannover	Hannover	1.507	0,81	R	270	k.A.				42				
HELIOS St. Marien-berg Klinik Helm-stedt	Helmstedt	412	1,02	R	174	X					10			
HELIOS Klinik Herz-berg/Osterode	Herzberg am Harz	537	0,59	R	188	X					18		5	ja
BDH-Klinik Hessisch Oldendorf gGmbH	Hessisch Oldendorf				2	–								
HELIOS Klinikum Hildesheim GmbH	Hildesheim	1.359	0,90	R	201	k.A.				2	27		16	
St. Bernward Krankenhaus	Hildesheim	1.482	1,01	R	368	k.A.				50	18		6	
AGAPLESION EVAN-GELISCHES KRANKEN-HAUS HOLZMINDEN	Holzminden	428	0,71	R	299	X*					Mindestmen-gen-relevante OPS ohne Abschnitt C-5			
KRH Klinikum Agnes Karll Laatzen	Laatzen				58	k.A.					17		7	ja
Paracelsus-Klinik am Silbersee	Langenhagen				31	k.A.								
Borromäus Hospital Leer gGmbH	Leer	750	0,97	R	33	–				21	12		2	ja
Klinikum Leer gGmbH	Leer	864	1,05	R	533	X*					Mindestmen-gen-relevante OPS ohne Abschnitt C-5		Mindestmen-gen-relevante OPS ohne Abschnitt C-5	
KRH Klinikum Lehrte	Lehrte				78	k.A.					1	ja		
Klinik Lilienthal	Lilienthal				52	X					Mindestmen-gen-relevante OPS ohne Abschnitt C-5		Mindestmen-gen-relevante OPS ohne Abschnitt C-5	
Bonifatius Hospital Lingen	Lingen	1.163	1,24	R	252	X*				29	16		11	

Für Leseanleitung und Datenquellen siehe S. 224–228.

Klinik	Ort	Geburtshilfe			Herzinfarkt		Transkatheter-Aortenklappen-implantationen			Zystektomie	Pankreas-Eingriffe		Ösophagus-Eingriffe	
		Geburten	Kaiserschnitte (O/E)	Strukturierter Dialog	Fälle	Herzkatheterlabor	Fälle	Todesfälle (O/E)	Strukturierter Dialog	Eingriffe	Eingriffe	Ausnahmetatbestand	Eingriffe	Ausnahmetatbestand
St. Franziskus-Hospital	Lohne	477	1,36	U	15	–				8	Mindestmengen-relevante OPS ohne Abschnitt C-5			
St. Anna Klinik	Löningen				107	k.A.				8				
Städtisches Klinikum Lüneburg gemeinnützige GmbH	Lüneburg	1.716	1,05	R	282	X*				47	36		18	
Niels-Stensen-Klinikum Christliches Klinikum Melle	Melle	734	0,99	R	69	–								
Krankenhaus Ludmillenstift	Meppen	1.068	1,14	R	226	X*					10		Mindestmengen-relevante OPS ohne Abschnitt C-5	
KRH Klinikum Neustadt am Rübenberge	Neustadt a. Rbge.	1.071	0,93	R	265	k.A.					2	ja		
Helios Kliniken Mittelweser	Nienburg	637	0,86	R	200	k.A.					2	1	ja	
Ubbo-Emmius-Klinik gGmbH, Ostfriesisches Krankenhaus, Klinik Norden	Norden				198	–								
Helios Klinik Wesermarsch	Nordenham	309	1,10	R	79	k.A.				4				
Krankenhaus Norderney	Norderney	> 0	DS	R	23	–								
Euregio-Klinik Albert-Schweitzer-Straße GmbH	Nordhorn	878	1,00	R	289	X*					14		Mindestmengen-relevante OPS ohne Abschnitt C-5	
HELIOS Albert-Schweitzer-Klinik Northeim	Northeim	381	1,14	R	294	X*				12	11		1	ja
Evangelisches Krankenhaus Oldenburg	Oldenburg	1.279	0,89	R	38	k.A.								
Klinikum Oldenburg AöR	Oldenburg	1.853	1,07	R	984	X*	37	DS	A	61	32		17	
Pius-Hospital Oldenburg, Medizinischer Campus Universität Oldenburg	Oldenburg	316	1,33	U	72	–					37		19	
Klinikum Osnabrück GmbH	Osnabrück	1.596	1,19	R	304	X*				33	27		8	
Niels-Stensen-Kliniken Marienhospital Osnabrück	Osnabrück	1.625	1,01	R	628	X*					44		18	

Für Leseanleitung und Datenquellen siehe S. 224–228.

Klinik	Ort	Geburtshilfe			Herzinfarkt		Transkatheter-Aortenklappen-implantationen			Zystek-tomie	Pankreas-Eingriffe		Ösophagus-Eingriffe	
		Geburten	Kaiserschnitte (O/E)	Strukturierter Dialog	Fälle	Herzkatheterlabor	Fälle	Todesfälle (O/E)	Strukturierter Dialog	Eingriffe	Eingriffe	Ausnahmetatbestand	Eingriffe	Ausnahmetatbestand
Paracelsus-Klinik Osnabrück	Osnabrück				24	k.A.				4				
Niels-Stensen-Kliniken Krankenhaus St. Raphael Ostercappeln	Ostercappeln				49	–								
Kreiskrankenhaus Osterholz	Osterholz-Scharmbeck	527	1,14	R	110	–								
Capio Krankenhaus Land Hadeln	Otterndorf				34	k.A.								
Marien Hospital Papenburg Aschendorf	Papenburg	606	0,82	R	244	X*							Mindestmengen-relevante OPS ohne Abschnitt C-5	
Klinikum Peine gGmbH	Peine	435	0,93	R	202	X								
Christliches Krankenhaus Quakenbrück GmbH	Quakenbrück				230	X*								
Klinikum Schaumburg, Kreiskrankenhaus Rinteln	Rinteln				6	–								
AGAPLESION DIAKONIEKLINIKUM ROTENBURG gemeinnützige GmbH	Rotenburg (Wümme)	1.068	1,06	R	353	k.A.				29	25		14	
HELIOS Klinikum Salzgitter GmbH	Salzgitter	739	0,95	R	224	X*				20	3	ja		
St. Elisabeth Krankenhaus Salzgitter gGmbH	Salzgitter	365	1,08	R	60	k.A.								
Nordwest-Krankenhaus Sanderbusch	Sande				137	k.A.					2			
Asklepios Kliniken Schildautal	Seesen				131	k.A.					Mindestmengen-relevante OPS ohne Abschnitt C-5			
Hümmling Hospital Sögel gGmbH	Sögel	530	1,42	A	35	#				2				
Heidekreis-Klinikum GmbH Krankenhaus Soltau	Soltau				154	X								
Elbe Klinikum Stade	Stade	1.174	1,01	R	418	X*				36	29		Mindestmengen-relevante OPS ohne Abschnitt C-5	
Klinikum Schaumburg, Kreiskrankenhaus Stadthagen	Stadthagen	267	1,04	R	410	X*					13			

Für Leseanleitung und Datenquellen siehe S. 224–228.

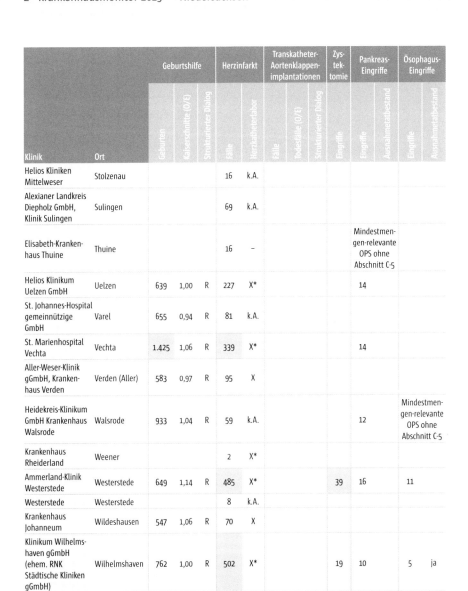

Klinik	Ort	Geburtshilfe			Herzinfarkt		Transkatheter-Aortenklappen-implantationen			Zystektomie	Pankreas-Eingriffe		Ösophagus-Eingriffe	
		Geburten	Kaiserschnitte (O/E)	Strukturierter Dialog	Fälle	Herzkatheterlabor	Fälle	Todesfälle (O/E)	Strukturierter Dialog	Eingriffe	Eingriffe	Ausnahmetatbestand	Eingriffe	Ausnahmetatbestand
Helios Kliniken Mittelweser	Stolzenau				16	k.A.								
Alexianer Landkreis Diepholz GmbH, Klinik Sulingen	Sulingen				69	k.A.								
Elisabeth-Krankenhaus Thuine	Thuine				16	–					Mindestmengen-relevante OPS ohne Abschnitt C-5			
Helios Klinikum Uelzen GmbH	Uelzen	639	1,00	R	227	X*					14			
St. Johannes-Hospital gemeinnützige GmbH	Varel	655	0,94	R	81	k.A.								
St. Marienhospital Vechta	Vechta	1.425	1,06	R	339	X*					14			
Aller-Weser-Klinik gGmbH, Krankenhaus Verden	Verden (Aller)	583	0,97	R	95	X								
Heidekreis-Klinikum GmbH Krankenhaus Walsrode	Walsrode	933	1,04	R	59	k.A.					12	Mindestmengen-relevante OPS ohne Abschnitt C-5		
Krankenhaus Rheiderland	Weener				2	X*								
Ammerland-Klinik Westerstede	Westerstede	649	1,14	R	485	X*				39	16		11	
Westerstede	Westerstede				8	k.A.								
Krankenhaus Johanneum	Wildeshausen	547	1,06	R	70	X								
Klinikum Wilhelmshaven gGmbH (ehem. RNK Städtische Kliniken gGmbH)	Wilhelmshaven	762	1,00	R	502	X*				19	10		5	ja
Krankenhaus Winsen (Luhe)	Winsen (Luhe)	734	0,93	R	79	k.A.					15		13	
Helios Klinik Wittingen GmbH	Wittingen				30	k.A.								
Krankenhaus Wittmund gGmbH	Wittmund	406	1,10	R	66	–								
Städtisches Klinikum Wolfenbüttel gGmbH	Wolfenbüttel	784	1,09	R	255	X*					10		4	ja
Klinikum Wolfsburg	Wolfsburg	1.770	1,11	R	408	X*				42	23		10	
OsteMed Martin-Luther-Krankenhaus	Zeven				17	–								

Für Leseanleitung und Datenquellen siehe S. 224–228.

| Klinik | Ort | Geburtshilfe | | | Herzinfarkt | | Transkatheter-Aortenklappen-implantationen | | | Zys-tek-tomie | Pankreas-Eingriffe | | Ösophagus-Eingriffe | |
		Geburten	Kaiserschnitte (O/E)	Strukturierter Dialog	Fälle	Herzkatheterlabor	Fälle	Todesfälle (O/E)	Strukturierter Dialog	Eingriffe	Eingriffe	Ausnahmetatbestand	Eingriffe	Ausnahmetatbestand
Nordrhein-Westfalen														
Franziskushospital Aachen GmbH	Aachen				27	k.A.				6				
Luisenhospital Aachen	Aachen	1.214	0,90	R	88	X*						Mindestmengen-relevante OPS ohne Abschnitt C-5		Mindestmengen-relevante OPS ohne Abschnitt C-5
Marienhospital Aachen	Aachen	609	0,94	R	66	k.A.					12			Mindestmengen-relevante OPS ohne Abschnitt C-5
Uniklinik RWTH Aachen	Aachen	1.318	1,10	R	966	X*	99	3,09	A	38	59		19	
Klinikum Westmünsterland St. Marien-Krankenhaus Ahaus	Ahaus	407	1,15	R	103	k.A.				16				
St. Franziskus-Hospital Ahlen	Ahlen	949	1,01	R	71	–					12			Mindestmengen-relevante OPS ohne Abschnitt C-5
Karolinen-Hospital-Hüsten	Arnsberg	1.203	0,85	R	208	X*						Mindestmengen-relevante OPS ohne Abschnitt C-5		Mindestmengen-relevante OPS ohne Abschnitt C-5
Marienhospital Arnsberg	Arnsberg				15	X*				16				
St. Johannes-Hospital Neheim	Arnsberg				28	–								
HELIOS Klinik Attendorn	Attendorn	472	1,13	R	168	X*								
HELIOS Klinik Bad Berleburg	Bad Berleburg	257	1,23	R	132	k.A.								
St. Josef Hospital Bad Driburg	Bad Driburg				33	–						Mindestmengen-relevante OPS ohne Abschnitt C-5		
CURA Kath. Krankenhaus im Siebengebirge	Bad Honnef	499	0,90	R	47	–								
Karl-Hansen-Klinik GmbH	Bad Lippspringe				4	#								
Herz- und Diabeteszentrum NRW	Bad Oeynhausen	>0	DS	H	615	X*	360	0,60	R					
MKK Krankenhaus Bad Oeynhausen	Bad Oeynhausen	554	0,85	R	79	k.A.								
St. Elisabeth-Hospital Beckum GmbH	Beckum				61	k.A.				2		Mindestmengen-relevante OPS ohne Abschnitt C-5		

Für Leseanleitung und Datenquellen siehe S. 224–228.

Klinik	Ort	Geburtshilfe			Herzinfarkt		Transkatheter-Aortenklappen-implantationen			Zystektomie	Pankreas-Eingriffe		Ösophagus-Eingriffe	
		Geburten	Kaiserschnitte (O/E)	Strukturierter Dialog	Fälle	Herzkatheterlabor	Fälle	Todesfälle (O/E)	Strukturierter Dialog	Eingriffe	Eingriffe	Ausnahmetatbestand	Eingriffe	Ausnahmetatbestand
St. Hubertus-Stift GmbH	Bedburg				22	–								
Maria-Hilf-Kranken-haus	Bergheim	585	1,24	R	76	k.A.								
Evangelisches Kran-kenhaus Bergisch Gladbach gGmbH	Bergisch Gladbach	671	1,19	R	381	X*					Mindestmen-gen-relevante OPS ohne Abschnitt C-5			
Marien-Krankenhaus Bergisch Gladbach	Bergisch Gladbach				23	–				29				
Vinzenz Pallotti Hospital GmbH	Bergisch Glad-bach Bensberg	1.849	0,57	R	43	k.A.								
Ev. Krankenhaus gGmbH Standort Bethel	Bielefeld	1.538	0,78	R	242	k.A.				2	13		2	ja
Evangelisches Kran-kenhaus Bielefeld gGmbH – Standort Johannesstift	Bielefeld				34	k.A.				46	13		2	ja
Franziskus Hospital Bielefeld	Bielefeld	836	1,02	R	39	X				34	9	ja	12	
Klinik Dr. Hartog	Bielefeld	289	1,31	H										
Klinikum Bielefeld, Standort Mitte	Bielefeld	1.134	0,93	R	455	X*				4	12		10	
Klinikum Bielefeld, Standort Rosenhöhe	Bielefeld				15	–							Mindestmen-gen-relevante OPS ohne Abschnitt C-5	
St. Agnes-Hospital Bocholt	Bocholt	873	1,03	R	481	X*				12	Mindestmen-gen-relevante OPS ohne Abschnitt C-5		Mindestmen-gen-relevante OPS ohne Abschnitt C-5	
Augusta-Kranken-Anstalt Bochum gGmbH	Bochum				4	k.A.								
Augusta-Kranken-Anstalt gGmbH Bochum	Bochum	731	0,99	R	165	X*				64	16		13	
Berufsgenossen-schaftliches Universitätsklinikum Bergmannsheil gGmbH	Bochum				525	X*	127	DS	R		Mindestmen-gen-relevante OPS ohne Abschnitt C-5		Mindestmen-gen-relevante OPS ohne Abschnitt C-5	
Marien-Hospital Wattenscheid	Bochum				18	k.A.								
Martin-Luther-Kran-kenhaus gGmbH – Voedestrasse	Bochum				65	X								
St. Elisabeth-Hospital	Bochum	1.186	1,12	R	23	k.A.								

Für Leseanleitung und Datenquellen siehe S. 224–228.

Klinik	Ort	Geburtshilfe – Geburten	Kaiserschnitte (O/E)	Strukturierter Dialog	Herzinfarkt – Fälle	Herzkatheterlabor	Transkatheter-Aortenklappen-implantationen – Fälle	Todesfälle (O/E)	Strukturierter Dialog	Zystektomie – Eingriffe	Pankreas-Eingriffe – Eingriffe	Ausnahmetatbestand	Ösophagus-Eingriffe – Eingriffe	Ausnahmetatbestand
St. Josef-Hospital	Bochum				172	k.A.					173	10		
St. Maria-Hilf-Krankenhaus	Bochum				27	k.A.								
Universitätsklinikum Knappschaftskrankenhaus Bochum	Bochum				33	k.A.				4	33	12		
HELIOS St. Josefs-Hospital Bochum-Linden	Bochum-Linden				19	k.A.								
Gemeinschaftskrankenhaus Bonn gGmbH, Haus St. Elisabeth	Bonn	660	0,74	R	28	X*					22	2	ja	
Gemeinschaftskrankenhaus Bonn gGmbH, Haus St. Petrus	Bonn				306	X*								
GFO Kliniken Bonn – Betriebstätte St. Josef	Bonn				420	k.A.								
GFO Kliniken Bonn – Betriebstätte St. Marien	Bonn	2.396	0,57	R	74	X*				2	19	2	ja	
Johanniter GmbH – Johanniter Krankenhaus Bonn	Bonn	722	1,05	R	77	k.A.				2	24	21		
Johanniter GmbH – Waldkrankenhaus Bonn	Bonn				39	k.A.				18				
Malteser Krankenhaus Seliger Gerhard Bonn/Rhein-Sieg	Bonn	581	0,87	R	28	k.A.				42				
MediClin Robert Janker Klinik	Bonn				2	#								
Universitätsklinikum Bonn	Bonn	1.710	1,16	R	811	X*	197	DS	R	29	49	12		
St. Marien-Hospital Borken	Borken	511	1,04	R	70	k.A.								
Knappschaftskrankenhaus Bottrop GmbH	Bottrop				41	k.A.				25	16			
Marienhospital Bottrop gGmbH	Bottrop				207	X*				Mindestmengen-relevante OPS ohne Abschnitt C-5			Mindestmengen-relevante OPS ohne Abschnitt C-5	
Städt. Krankenhaus Maria-Hilf Brilon gGmbH	Brilon	535	1,05	R	67	X*				4	Mindestmengen-relevante OPS ohne Abschnitt C-5			

Für Leseanleitung und Datenquellen siehe S. 224–228.

Klinik	Ort	Geburtshilfe			Herzinfarkt		Transkatheter-Aortenklappen-implantationen			Zys-tek-tomie	Pankreas-Eingriffe		Ösophagus-Eingriffe	
		Geburten	Kaiserschnitte (O/E)	Strukturierter Dialog	Fälle	Herzkatheterlabor	Fälle	Todesfälle (O/E)	Strukturierter Dialog	Eingriffe	Eingriffe	Ausnahmetatbestand	Eingriffe	Ausnahmetatbestand
Marienhospital Brühl	Brühl	616	1,05	R	104	–					14			
Lukas-Krankenhaus Bünde	Bünde				185	k.A.					8			
Ev. Krankenhaus Castrop-Rauxel	Castrop-Rauxel				158	X					Mindestmengen-relevante OPS ohne Abschnitt C-5		30	
St. Rochus-Hospital (Einrichtung der Kath. St. Lukas Gesellschaft)	Castrop-Rauxel	692	1,21	R	58	k.A.					Mindestmengen-relevante OPS ohne Abschnitt C-5			
Christophorus-Kliniken Coesfeld – Dülmen – Nottuln, Standort Coesfeld	Coesfeld	1.565	0,53	R	238	k.A.					20			
St. Vincenz-Krankenhaus	Datteln	1.830	0,96	R	75	–				25	12		Mindestmengen-relevante OPS ohne Abschnitt C-5	
Klinikum Lippe Detmold	Detmold	1.880	0,78	R	503	X*				28	42		12	
Evangelisches Klinikum Niederrhein gGmbH	Dinslaken				92	X	22	0,00	R	2	6	ja	Mindestmengen-relevante OPS ohne Abschnitt C-5	
St. Vinzenz-Hospital	Dinslaken	1.033	0,95	R	94	k.A.					2	ja	2	ja
Kreiskrankenhaus Dormagen	Dormagen	627	1,16	R	244	k.A.					Mindestmengen-relevante OPS ohne Abschnitt C-5			
St. Elisabeth-Krankenhaus Dorsten	Dorsten	494	1,48	H	88	X*								
Hüttenhospital Dortmund gGmbH	Dortmund				28	–								
Katholisches Krankenhaus Dortmund-West (Einrichtung der Kath. St. Lukas Gesellschaft)	Dortmund				53	k.A.								
Klinikum Dortmund Mitte	Dortmund	1.846	1,31	H	552	k.A.	144	DS	R	6	27		31	
Klinikum Dortmund Nord	Dortmund				22	#	> 0	DS	U	34	27		31	
Knappschaftskrankenhaus Dortmund, Klinikum Westfalen GmbH	Dortmund	752	0,68	R	392	X*				41	18		7	

Für Leseanleitung und Datenquellen siehe S. 224–228.

Klinik	Ort	Geburtshilfe			Herzinfarkt		Transkatheter-Aortenklappen-implantationen			Zystektomie	Pankreas-Eingriffe		Ösophagus-Eingriffe	
		Geburten	Kaiserschnitte (O/E)	Strukturierter Dialog	Fälle	Herzkatheterlabor	Fälle	Todesfälle (O/E)	Strukturierter Dialog	Eingriffe	Eingriffe	Ausnahmetatbestand	Eingriffe	Ausnahmetatbestand
Knappschaftskrankenhaus Lütgendortmund, Klinikum Westfalen GmbH	Dortmund				32	–					3		1	
Marien Hospital	Dortmund				28	–								
St. Josefs-Hospital	Dortmund	701	1,14	R	92	k.A.				28		Mindestmengen-relevante OPS ohne Abschnitt C-5		Mindestmengen-relevante OPS ohne Abschnitt C-5
St.-Elisabeth-Krankenhaus	Dortmund				64	–								
St.-Johannes-Hospital Dortmund	Dortmund	1.375	1,10	R	1.088	X*	297	1,17	R		13		10	
BETHESDA Krankenhaus	Duisburg	1.240	0,85	R	53	k.A.				4	13		7	
Evangelisches Klinikum Niederrhein gGmbH (260510325-01)	Duisburg				12	k.A.	>0	DS	R		8	ja		Mindestmengen-relevante OPS ohne Abschnitt C-5
Evangelisches Klinikum Niederrhein gGmbH (260510325-03)	Duisburg				802	X*	209	0,83	R					
HELIOS St. Johannes Klinik	Duisburg	914	1,21	R	302	X*				2	12		2	ja
Helios St. Marien Klinik	Duisburg				59	X*				28				
Johanniter-Krankenhaus Rheinhausen GmbH	Duisburg				315	X*				2	11		11	
Malteser Krankenhaus St. Anna	Duisburg	523	1,35	H	207	X*					12		1	ja
Malteser Krankenhaus St. Johannes-Stift	Duisburg				43	–								
Sana Kliniken Duisburg – Wedau Kliniken	Duisburg	1.679	1,21	R	153	k.A.				2				
Christophorus-Kliniken Coesfeld – Dülmen – Nottuln, Standort Dülmen	Dülmen				35	X*								
Krankenhaus Düren gem. GmbH	Düren	775	0,95	R	376	k.A.				32	13			
St. Augustinus Krankenhaus gGmbH	Düren				84	–								
St. Marien-Hospital gGmbH	Düren-Birkesdorf	1.350	1,06	R	55	–					10			

Für Leseanleitung und Datenquellen siehe S. 224–228.

Klinik	Ort	Geburtshilfe			Herzinfarkt		Transkatheter-Aortenklappen-implantationen			Zys-tek-tomie	Pankreas-Eingriffe		Ösophagus-Eingriffe	
		Geburten	Kaiserschnitte (O/E)	Strukturierter Dialog	Fälle	Herzkatheterlabor	Fälle	Todesfälle (O/E)	Strukturierter Dialog	Eingriffe	Eingriffe	Ausnahmetatbestand	Eingriffe	Ausnahmetatbestand
Augusta-Kranken-haus	Düsseldorf				359	X*					Mindestmen-gen-relevante OPS ohne Abschnitt C-5		Mindestmen-gen-relevante OPS ohne Abschnitt C-5	
Evangelisches Krankenhaus Düsseldorf	Düsseldorf	1.273	0,91	R	209	X*					49		10	
Florence-Nightingale-Krankenhaus	Düsseldorf	2.336	1,06	R	62	k.A.				24	23		15	
Krankenhaus Elbroich	Düsseldorf				2	–								
Marien Hospital Düsseldorf GmbH	Düsseldorf	1.046	0,47	R	52	k.A.				14	11		2	ja
Paracelsus Klinik Düsseldorf Golzheim	Düsseldorf									56				
Sana Kliniken Düsseldorf GmbH, Standort Benrath	Düsseldorf	718	0,99	R	367	X*				2	1	ja	4	ja
Sana Krankenhaus Gerresheim	Düsseldorf	536	1,02	R	57	k.A.				4	13		10	
St. Martinus-Krankenhaus Düsseldorf	Düsseldorf				45	–					Mindestmen-gen-relevante OPS ohne Abschnitt C-5			
St. Vinzenz-Kranken-haus	Düsseldorf				41	k.A.								
Universitätsklinikum Düsseldorf	Düsseldorf	2.035	1,25	R	871	X*	284	0,60	R	58	58		19	
St. Willibrord-Spital Emmerich-Rees gGmbH	Emmerich am Rhein	469	1,25	R	59	–					1			
St. Josef Kranken-haus	Engelskirchen				34	k.A.				13				
Ev. Krankenhaus Enger gGmbH	Enger				10	–								
Marien-Hospital Erftstadt-Frauenthal	Erftstadt				308	X*								
Hermann-Josef-Krankenhaus	Erkelenz	1.043	0,94	R	495	X*				27				
Marien-Hospital	Erwitte									50				
St.-Antonius-Hospital	Eschweiler	396	1,23	R	827	X*				38	Mindestmen-gen-relevante OPS ohne Abschnitt C-5			
Alfried Krupp Krankenhaus Rüttenscheid	Essen	993	0,91	R	262	X*				4	41		16	

Für Leseanleitung und Datenquellen siehe S. 224–228.

Klinik	Ort	Geburtshilfe			Herzinfarkt		Transkatheter-Aortenklappen-implantationen			Zystektomie	Pankreas-Eingriffe		Ösophagus-Eingriffe	
		Geburten	Kaiserschnitte (O/E)	Strukturierter Dialog	Fälle	Herzkatheterlabor	Fälle	Todesfälle (O/E)	Strukturierter Dialog	Eingriffe	Eingriffe	Ausnahmetatbestand	Eingriffe	Ausnahmetatbestand
Alfried Krupp Krankenhaus Steele	Essen				41	X*				34	11		4	ja
Elisabeth-Krankenhaus Essen	Essen	2.342	1,11	R	594	X*	142	0,61	R		Mindestmengen-relevante OPS ohne Abschnitt C-5		Mindestmengen-relevante OPS ohne Abschnitt C-5	
Elisabeth-Krankenhaus Essen, Haus Berge	Essen				16	–	4	DS	U					
Evangelisches Krankenhaus Essen-Werden	Essen				59	X*								
Katholische Kliniken Ruhrhalbinsel (St. Elisabeth Krankenhaus Niederwenigern)	Essen				13	–								
Katholische Kliniken Ruhrhalbinsel (St. Josef-Krankenhaus Kupferdreh)	Essen				77	k.A.					Mindestmengen-relevante OPS ohne Abschnitt C-5			
Katholisches Klinikum Essen – Betriebsteil Philippusstift	Essen				243	X*								
Katholisches Klinikum Essen – Marienhospital Altenessen	Essen	641	0,91	R	14	–				8	13		4	
Katholisches Klinikum Essen – St. Vincenz Krankenhaus	Essen				238	X*								
Kliniken Essen-Mitte Evang. Huyssens-Stiftung 01	Essen				7	–				53	20		25	
Kliniken Essen-Mitte Knappschaftskrankenhaus GmbH 02	Essen				16	k.A.								
St. Josef Krankenhaus Essen-Werden GmbH	Essen				2	k.A.							Mindestmengen-relevante OPS ohne Abschnitt C-5	
Universitätsklinikum Essen	Essen	1.714	1,09	R	653	X*	165	1,83	U	50	48		16	
Universitätsmedizin Essen Ruhrlandklinik – Westdeutsches Lungenzentrum	Essen				2	#							2	ja

Für Leseanleitung und Datenquellen siehe S. 224–228.

Klinik	Ort	Geburtshilfe			Herzinfarkt		Transkatheter-Aortenklappen-implantationen			Zystektomie	Pankreas-Eingriffe		Ösophagus-Eingriffe	
		Geburten	Kaiserschnitte (O/E)	Strukturierter Dialog	Fälle	Herzkatheterlabor	Fälle	Todesfälle (O/E)	Strukturierter Dialog	Eingriffe	Eingriffe	Ausnahmetatbestand	Eingriffe	Ausnahmetatbestand
Marien-Hospital	Euskirchen	758	0,83	R	283	k.A.						Mindestmengen-relevante OPS ohne Abschnitt C-5		
St.-Katharinen-Hospital GmbH	Frechen	488	1,21	R	305	X*				12		Mindestmengen-relevante OPS ohne Abschnitt C-5		
Diakonie Klinikum Krankenhaus Bethesda	Freudenberg				4	–								
St. Elisabeth-Krankenhaus Geilenkirchen gemeinnützige Gesellschaft mbH	Geilenkirchen				141	–								
St.-Clemens-Hospital Geldern	Geldern	1.067	1,14	R	125	X*				7				
Bergmannsheil und Kinderklinik Buer GmbH	Gelsenkirchen				197	X*				6		Mindestmengen-relevante OPS ohne Abschnitt C-5		Mindestmengen-relevante OPS ohne Abschnitt C-5
Elisabeth-Krankenhaus GmbH	Gelsenkirchen				20	k.A.								
Evangelische Kliniken Gelsenkirchen GmbH	Gelsenkirchen	640	0,89	R	45	–				2	19		12	
Marienhospital Gelsenkirchen GmbH	Gelsenkirchen	1.240	1,07	R	555	X*	23	DS	R	10	12			
Sankt Marien-Hospital Buer GmbH	Gelsenkirchen	888	1,03	R	49	X*				2	13			Mindestmengen-relevante OPS ohne Abschnitt C-5
St. Josef-Hospital	Gelsenkirchen				73	k.A.					10			Mindestmengen-relevante OPS ohne Abschnitt C-5
Hospital zum heiligen Geist	Geseke				24	–								
St. Barbara-Hospital	Gladbeck	510	1,02	R	150	–				6				
Wilhelm Anton Hospital	Goch				20	X*					15		12	
Maria-Josef-Hospital Greven GmbH	Greven				79	#								
Kreiskrankenhaus Grevenbroich St. Elisabeth	Grevenbroich	519	1,08	R	103	k.A.					13			
Evangelisches Lukas-Krankenhaus Gronau gGmbH	Gronau				16	k.A.								

Für Leseanleitung und Datenquellen siehe S. 224–228.

Klinik	Ort	Geburtshilfe			Herzinfarkt		Transkatheter-Aortenklappen-implantationen			Zystektomie	Pankreas-Eingriffe		Ösophagus-Eingriffe	
		Geburten	Kaiserschnitte (O/E)	Strukturierter Dialog	Fälle	Herzkatheterlabor	Fälle	Todesfälle (O/E)	Strukturierter Dialog	Eingriffe	Eingriffe	Ausnahmetatbestand	Eingriffe	Ausnahmetatbestand
St. Antonius-Hospital Gronau GmbH	Gronau	638	0,83	R	161	X*				24	5	ja		
Kreiskrankenhaus Gummersbach	Gummersbach	1.070	1,03	R	88	X*						Mindestmengen-relevante OPS ohne Abschnitt C-5		Mindestmengen-relevante OPS ohne Abschnitt C-5
Klinikum Gütersloh	Gütersloh	587	1,04	R	494	X*				19	3			Mindestmengen-relevante OPS ohne Abschnitt C-5
LWL Klinikum Gütersloh	Gütersloh				8	–								
Sankt Elisabeth Hospital	Gütersloh	1.210	0,73	R	41	k.A.								Mindestmengen-relevante OPS ohne Abschnitt C-5
St. Josef Krankenhaus Haan	Haan				63	–								
AGAPLESION ALLGEMEINES KRANKENHAUS HAGEN gem. GmbH	Hagen	1.117	1,06	R	243	X*				35	15			Mindestmengen-relevante OPS ohne Abschnitt C-5
Ev. Krankenhaus Elsey in Hohenlimburg gGmbH	Hagen				30	k.A.								
Ev. Krankenhaus Hagen-Haspe	Hagen	555	1,16	R	248	X*						Mindestmengen-relevante OPS ohne Abschnitt C-5		
HELIOS Klinik Hagen Ambrock	Hagen				4	–								
Katholisches Krankenhaus Hagen gem. GmbH – St. Johannes-Hospital-	Hagen				310	X*								
Katholisches Krankenhaus Hagen gem. GmbH – St. Josefs-Hospital-	Hagen				4	k.A.								
Katholisches Krankenhaus Hagen gem. GmbH – St. Marien-Hospital-	Hagen				6	k.A.								
Klinikum Bielefeld, Standort Halle/Westf.	Halle/Westfalen	415	1,39	H	14	–								
St. Sixtus-Hospital Haltern	Haltern am See	395	1,24	R	57	k.A.						Mindestmengen-relevante OPS ohne Abschnitt C-5		

Für Leseanleitung und Datenquellen siehe S. 224–228.

Klinik	Ort	Geburtshilfe			Herzinfarkt		Transkatheter-Aortenklappen-implantationen			Zystektomie	Pankreas-Eingriffe		Ösophagus-Eingriffe	
		Geburten	Kaiserschnitte (O/E)	Strukturierter Dialog	Fälle	Herzkatheterlabor	Fälle	Todesfälle (O/E)	Strukturierter Dialog	Eingriffe	Eingriffe	Ausnahmetatbestand	Eingriffe	Ausnahmetatbestand
Evangelisches Krankenhaus Hamm	Hamm	1.312	1,12	R	15	k.A.					9	ja	3	ja
St. Barbara-Klinik Hamm-Heessen	Hamm	739	0,99	R	154	k.A.					8	ja	Mindestmengen-relevante OPS ohne Abschnitt C-5	
St. Marien-Hospital Hamm gGmbH (260590388-01)	Hamm				19	–								
St. Marien-Hospital Hamm gGmbH (260590388-02)	Hamm				560	X*								
St. Josef-Krankenhaus, Hamm Bockum-Hövel	Hamm-Bockum-Hövel				14	k.A.				27				
Sankt Lucia Hospital	Harsewinkel				34	k.A.								
EvK Hattingen gGmbH	Hattingen				36	k.A.								
Klinik Blankenstein Hattingen	Hattingen				29	k.A.								
Städtisches Krankenhaus Heinsberg GmbH	Heinsberg	705	1,13	R	134	–				2	14			
Lungenklinik Hemer	Hemer				2	k.A.								
Paracelsus-Klinik Hemer GmbH	Hemer				46	–								
Gemeinschaftskrankenhaus Herdecke gGmbH	Herdecke	1.326	0,89	R	43	X					Mindestmengen-relevante OPS ohne Abschnitt C-5		Mindestmengen-relevante OPS ohne Abschnitt C-5	
Klinikum Herford	Herford	1.516	1,21	R	323	X*				20	17		7	
Mathilden Hospital	Herford	666	1,11	R	57	k.A.					8	ja		
Evangelisches Krankenhaus Herne – Standort Eickel	Herne				12	#					Mindestmengen-relevante OPS ohne Abschnitt C-5		2	
Evangelisches Krankenhaus Herne – Standort Herne-Mitte	Herne				77	k.A.					26		33	
Marien Hospital Herne, Klinikum der Ruhr-Universität Bochum	Herne	434	1,09	R	401	X*	13	DS	U	116	Mindestmengen-relevante OPS ohne Abschnitt C-5			
St. Anna Hospital	Herne	808	0,86	R	54	k.A.				6	45		13	
St. Marien Hospital Eickel	Herne										Mindestmengen-relevante OPS ohne Abschnitt C-5			

Für Leseanleitung und Datenquellen siehe S. 224–228.

Klinik	Ort	Geburtshilfe			Herzinfarkt		Transkatheter-Aortenklappen-implantationen			Zyst-ek-tomie	Pankreas-Eingriffe		Ösophagus-Eingriffe	
		Geburten	Kaiserschnitte (O/E)	Strukturierter Dialog	Fälle	Herzkatheterlabor	Fälle	Todesfälle (O/E)	Strukturierter Dialog	Eingriffe	Eingriffe	Ausnahmetatbestand	Eingriffe	Ausnahmetatbestand
Gertrudis-Hospital Westerholt	Herten				37	k.A.				6				
St. Elisabeth-Hospital Herten	Herten				114	X*							3	ja
St. Josefs Kranken-haus Hilden	Hilden	573	1,14	R	77	–								
St. Ansgar Kranken-haus Höxter	Höxter	933	0,81	R	306	X*				18		Mindestmen-gen-relevante OPS ohne Abschnitt C-5		
Sana-Krankenhaus Hürth	Hürth				212	X*								
St. Elisabeth-Krankenhaus	Ibbenbüren	527	1,18	R	4	–				14		Mindestmen-gen-relevante OPS ohne Abschnitt C-5		Mindestmen-gen-relevante OPS ohne Abschnitt C-5
von Bodelschwingh-Krankenhaus	Ibbenbüren				205	k.A.								
Evangelisches Kran-kenhaus Bethanien Iserlohn gGmbH	Iserlohn	1.027	1,40	H	142	X*								
Katholische Kliniken im Märkischen Kreis – St. Elisabeth Hospital	Iserlohn				80	–				28				
Marienhospital Letmathe, Märkische Kliniken GmbH	Iserlohn				40	–								
St. Elisabeth-Krankenhaus Jülich	Jülich				106	k.A.								
Hellmig-Krankenhaus Kamen, Klinikum Westfalen GmbH	Kamen				45	X*					18		7	
St. Bernhard-Hospital Kamp-Lintfort GmbH	Kamp-Lintfort				344	k.A.					8	ja	5	ja
Hospital zum Heili-gen Geist Kempen GmbH & Co. KG	Kempen	733	1,03	R	78	k.A.				28				
Katholisches Karl-Leisner Klinikum gGmbH Standort Marienhospital Kevelaer	Kevelaer				47	X*						Mindestmen-gen-relevante OPS ohne Abschnitt C-5		
Katholi-sches-Karl-Leisner – Klinikum gGmbH Standort St.-Anto-nius-Hospital	Kleve	1.105	0,90	R	452	k.A.				6				

Für Leseanleitung und Datenquellen siehe S. 224–228.

Klinik	Ort	Geburtshilfe			Herzinfarkt		Transkatheter-Aortenklappen-implantationen			Zys-tek-tomie	Pankreas-Eingriffe		Ösophagus-Eingriffe	
		Geburten	Kaiserschnitte (O/E)	Strukturierter Dialog	Fälle	Herzkatheterlabor	Fälle	Todesfälle (O/E)	Strukturierter Dialog	Eingriffe	Eingriffe	Ausnahmetatbestand	Eingriffe	Ausnahmetatbestand
Eduardus-Kranken-haus gGmbH	Köln				44	k.A.								
Evangelisches Krankenhaus Kalk gGmbH	Köln	1.141	0,86	R	291	X*					12			
Evangelisches Krankenhaus Köln-Weyertal gGmbH	Köln	1.345	0,85	R	37	–					Mindestmen-gen-relevante OPS ohne Abschnitt C-5			
Heilig Geist-Kranken-haus	Köln	1.039	0,88	R	69	–				41	Mindestmen-gen-relevante OPS ohne Abschnitt C-5			
Kliniken der Stadt Köln gGmbH – Krankenhaus Holweide	Köln	2.031	1,11	R	42	–				51	27		16	
Kliniken der Stadt Köln gGmbH – Krankenhaus Merheim	Köln				359	X*					25		12	
Kliniken Köln gGmbH – Kinder-krankenhaus Amster-damer Straße	Köln												Mindestmen-gen-relevante OPS ohne Abschnitt C-5	
Krankenhaus der Augustinerinnen	Köln	1.775	1,09	R	20	k.A.				2	37		14	
Krankenhaus Porz AM Rhein gGmbH	Köln	1.502	0,78	R	242	X*					14		Mindestmen-gen-relevante OPS ohne Abschnitt C-5	
Malteser Kranken-haus St. Hildegardis	Köln				46	k.A.				27				
St. Agatha Kranken-haus Köln	Köln				21	k.A.								
St. Antonius Kranken-haus, Köln	Köln				135	k.A.							12	
St. Elisabeth-Kranken-haus Köln GmbH	Köln	1.697	0,83	R	38	–				48	29			
St. Marien-Hospital	Köln				32	–								
St. Vinzenz-Hospital	Köln	1.125	0,83	R	411	X*					35			
Universitätsklinikum Köln	Köln	2.060	1,20	R	773	X*	317	0,51	R	59	59		185	
St. Franziskus-Hospital	Köln Ehrenfeld				60	–								
Alexianer Krefeld GmbH – Kranken-haus Maria-Hilf	Krefeld				186	X*				28				

Für Leseanleitung und Datenquellen siehe S. 224–228.

Klinik	Ort	Geburtshilfe			Herzinfarkt		Transkatheter-Aortenklappen-implantationen			Zys-tek-tomie	Pankreas-Eingriffe		Ösophagus-Eingriffe	
		Geburten	Kaiserschnitte (O/E)	Strukturierter Dialog	Fälle	Herzkatheterlabor	Fälle	Todesfälle (O/E)	Strukturierter Dialog	Eingriffe	Eingriffe	Ausnahmetatbestand	Eingriffe	Ausnahmetatbestand
HELIOS Klinikum Krefeld	Krefeld	1.783	0,97	R	556	X*	201	0,40	R	29	33		17	
Malteser Krankenhaus St. Josefs-hospital Uerdingen	Krefeld				48	–				18				
Helios-Klinik-Hüls	Krefeld-Hüls				32	k.A.				2				
Diakonie Klinikum Ev. Krankenhaus Kredenbach	Kreuztal				20	k.A.								
St. Martinus Krankenhaus	Langenfeld	603	1,24	R	28	k.A.								
Klinikum Lippe Lemgo	Lemgo				45	–								
HELIOS Klinik Lengerich	Lengerich				75	–								
St. Josefs-Hospital Lennestadt	Lennestadt	373	1,17	R	12	–								
Klinikum Leverkusen gGmbH	Leverkusen	1.592	1,11	R	572	X*				36	27		14	
St. Josef Krankenhaus Wiesdorf	Leverkusen				18	–								
St. Remigius Krankenhaus Opladen	Leverkusen	583	0,89	R	44	–								
Herz-Jesu-Krankenhaus	Lindlar				15	k.A.				2				
St. Josef-Krankenhaus	Linnich				91	k.A.								
Evangelisches Krankenhaus Lippstadt	Lippstadt	1.109	0,88	R	48	k.A.								
Dreifaltigkeits-Hospital	Lippstadt				329	X*				2	Mindestmengen-relevante OPS ohne Abschnitt C-5		Mindestmengen-relevante OPS ohne Abschnitt C-5	
Krankenhaus Lübbecke-Rahden, Betriebsstelle Lübbecke	Lübbecke	717	0,77	R	105	–				16				
Berglandklinik	Lüdenscheid	495	1,27	H										
Klinikum Lüden-scheid, Märkische Kliniken GmbH	Lüdenscheid	890	0,67	R	619	X*	18	DS	R	26	29		11	
Klinik am Park Lünen, Klinikum Westfalen GmbH	Lünen				34	k.A.					18		7	

Für Leseanleitung und Datenquellen siehe S. 224–228.

Klinik	Ort	Geburtshilfe			Herzinfarkt		Transkatheter-Aortenklappen-implantationen			Zystektomie	Pankreas-Eingriffe		Ösophagus-Eingriffe	
		Geburten	Kaiserschnitte (O/E)	Strukturierter Dialog	Fälle	Herzkatheterlabor	Fälle	Todesfälle (O/E)	Strukturierter Dialog	Eingriffe	Eingriffe	Ausnahmetatbestand	Eingriffe	Ausnahmetatbestand
Klinikum Lünen St.-Marien-Hospital	Lünen	804	1,09	R	425	X*				4	15		Mindestmengen-relevante OPS ohne Abschnitt C-5	
Klinikum Vest GmbH, Paracelsus-Klinik Marl	Marl	445	1,21	R	19	–				2				
Marien-Hospital Marl	Marl				371	X*				44	Mindestmengen-relevante OPS ohne Abschnitt C-5			
St.-Marien-Hospital Marsberg	Marsberg				23	–								
Krankenhaus Mechernich	Mechernich	814	0,84	R	232	k.A.				14				
Katholische Kliniken im Märkischen Kreis – St. Vincenz Krankenhaus	Menden	499	0,99	R	112	–							Mindestmengen-relevante OPS ohne Abschnitt C-5	
Meschede	Meschede	410	1,32	H	182	X*					Mindestmengen-relevante OPS ohne Abschnitt C-5			
Evangelisches Krankenhaus Mettmann GmbH	Mettmann	426	1,25	R	90	–					9	ja		
Johannes Wesling Klinikum Minden	Minden	1.666	0,83	R	444	X*				31	48		14	
Krankenhaus Bethanien für die Grafschaft Moers	Moers	1.310	1,28	U	297	X*				2	12		Mindestmengen-relevante OPS ohne Abschnitt C-5	
St. Josef Krankenhaus GmbH Moers – Betriebsstätte St. Josef Krankenhaus Moers	Moers	892	0,98	R	117	X*				38	8	ja		
Johanniter GmbH – Ev. Krankenhaus Bethesda Mönchengladbach	Mönchengladbach	429	1,16	R	183	X*				2	11			
Krankenhaus Maria Hilf	Mönchengladbach				8	k.A.					21		16	
Krankenhaus Neuwerk „Maria von den Aposteln" gGmbH	Mönchengladbach	1.079	1,04	R	52	k.A.					11			
Krankenhaus St. Franziskus	Mönchengladbach				374	X*				35				

Für Leseanleitung und Datenquellen siehe S. 224–228.

| Klinik | Ort | Geburtshilfe | | | Herzinfarkt | | Transkatheter-Aortenklappen-implantationen | | | Zys-tek-tomie | Pankreas-Eingriffe | | Ösophagus-Eingriffe | |
		Geburten	Kaiserschnitte (O/E)	Strukturierter Dialog	Fälle	Herzkatheterlabor	Fälle	Todesfälle (O/E)	Strukturierter Dialog	Eingriffe	Eingriffe	Ausnahmetatbestand	Eingriffe	Ausnahmetatbestand
Städtische Kliniken Mönchengladbach GmbH	Mönchengladbach	2.612	0,75	R	283	X*				36	7	ja		
Evangelisches Krankenhaus Mülheim an der Ruhr GmbH	Mülheim an der Ruhr	900	1,03	R	283	X*				2	31		11	
St. Marien-Hospital Mülheim an der Ruhr GmbH	Mülheim an der Ruhr				56	–								
Ludgerus-Kliniken Münster GmbH/ Clemenshospital	Münster	1.262	0,76	R	23	k.A.					11		14	
Ludgerus-Kliniken Münster GmbH/ Raphaelsklinik	Münster				180	X*				20	69		10	
LWL-Klinik Münster	Münster				4	–								
St. Franziskus-Hospital GmbH Münster	Münster	2.328	0,87	R	413	X*				4	27		15	
Universitätsklinikum Münster	Münster	1.304	1,01	R	492	X*	257	DS	R	70	68		73	
Herz-Jesu-Krankenhaus Hiltrup GmbH	Münster-Hiltrup	716	0,86	R	64	k.A.				45	Mindestmengen-relevante OPS ohne Abschnitt C-5			
Städtisches Krankenhaus Nettetal GmbH	Nettetal				48	–					Mindestmengen-relevante OPS ohne Abschnitt C-5			
Johanna-Etienne-Krankenhaus	Neuss	762	1,21	R	210	k.A.					25		6	ja
Städtische Kliniken Neuss – Lukaskrankenhaus GmbH	Neuss	1.658	0,95	R	454	X*	53	DS	R	48	27		13	
Christophorus-Kliniken Coesfeld – Dülmen – Nottuln, Standort Nottuln	Nottuln				24	X*								
Evangelisches Klinikum Niederrhein gGmbH	Oberhausen				6	k.A.				58				
Evangelisches Krankenhaus Oberhausen GmbH	Oberhausen	1.687	1,00	R	381	X*				38	3	ja	1	ja
HELIOS St. Elisabeth Klinik Oberhausen	Oberhausen				30	–								
St. Clemens Hospitale Sterkrade gGmbH	Oberhausen	1.305	1,05	R	222	X*					13			

Für Leseanleitung und Datenquellen siehe S. 224–228.

Klinik	Ort	Geburtshilfe			Herzinfarkt		Transkatheter-Aortenklappen-implantationen			Zys-tek-tomie	Pankreas-Eingriffe		Ösophagus-Eingriffe	
		Geburten	Kaiserschnitte (0/E)	Strukturierter Dialog	Fälle	Herzkatheterlabor	Fälle	Todesfälle (0/E)	Strukturierter Dialog	Eingriffe	Eingriffe	Ausnahmetatbestand	Eingriffe	Ausnahmetatbestand
St. Josef-Hospital	Oberhausen				25	X					Mindestmen-gen-relevante OPS ohne Abschnitt C-5			
St. Marien-Hospital	Oberhausen				21	X				2	11		Mindestmen-gen-relevante OPS ohne Abschnitt C-5	
Pius-Hospital Ochtrup	Ochtrup				10	–								
Marienhospital Oelde	Oelde	610	0,81	R	35	k.A.					Mindestmen-gen-relevante OPS ohne Abschnitt C-5			
St. Martinus-Hospital Olpe	Olpe	659	1,19	R	169	X*								
Elisabeth-Klinik gGmbH	Olsberg				20	–								
Brüderkrankenhaus St. Josef Paderborn	Paderborn				204	X*				26	12		10	
St. Johannisstift Ev. Krankenhaus Paderborn	Paderborn	965	0,85	R	29	k.A.								
St. Vincenz-Kran-kenhaus	Paderborn	2.134	0,85	R	382	k.A.				2	17		6	ja
Krankenhaus Plettenberg gGmbH	Plettenberg				44	–								
Sana Krankenhaus Radevormwald	Radevormwald				45	–								
Krankenhaus Lübbecke-Rahden, Betriebsstelle Rahden	Rahden				48	–								
Sankt Marien Krankenhaus	Ratingen	517	1,00	R	90	k.A.					Mindestmen-gen-relevante OPS ohne Abschnitt C-5			
Elisabeth Kranken-haus Recklinghausen	Recklinghausen				285	X*								
Klinikum Vest GmbH, Knappschaftskran-kenhaus Reckling-hausen	Recklinghausen	> 0	DS	H	362	k.A.					11		Mindestmen-gen-relevante OPS ohne Abschnitt C-5	
Prosper-Hospital gGmbH	Recklinghausen	745	0,98	R	106	k.A.				48	12		1	ja
Fabricius-Klinik Remscheid GmbH	Remscheid				18	–								
Sana-Klinikum Remscheid GmbH	Remscheid	1.382	1,00	R	620	X*					1	ja		

Für Leseanleitung und Datenquellen siehe S. 224–228.

Klinik	Ort	Geburtshilfe			Herzinfarkt		Transkatheter-Aortenklappen-implantationen			Zystektomie	Pankreas-Eingriffe		Ösophagus-Eingriffe	
		Geburten	Kaiserschnitte (O/E)	Strukturierter Dialog	Fälle	Herzkatheterlabor	Fälle	Todesfälle (O/E)	Strukturierter Dialog	Eingriffe	Eingriffe	Ausnahmetatbestand	Eingriffe	Ausnahmetatbestand
Sankt Vinzenz Hospital Rheda-Wiedenbrück	Rheda Wiedenbrück				54	k.A.					2	ja	1	ja
Gesundheitszentrum Rheine/ Jakobi Krankenhaus	Rheine				35	k.A.					Mindestmengen-relevante OPS ohne Abschnitt C-5			
Mathias-Spital Rheine/Gesundheitszentrum Rheine	Rheine	1.787	0,84	R	355	X*				24	16		6	ja
St. Josefs-Krankenhaus	Salzkotten	858	0,87	R	15	k.A.					Mindestmengen-relevante OPS ohne Abschnitt C-5			
Asklepios Klinik Sankt Augustin GmbH	Sankt Augustin	949	1,19	R										
Krankenhaus Schleiden	Schleiden				49	k.A.								
Fachkrankenhaus Kloster Grafschaft GmbH	Schmallenberg-Grafschaft				16	k.A.								
HELIOS Klinikum Schwelm	Schwelm	718	1,28	H	192	X*				14				
Marienkrankenhaus Schwerte	Schwerte	801	1,24	R	36	k.A.					10			
Marienkrankenhaus Schwerte-Schützenstrasse	Schwerte				22	k.A.								
HELIOS Klinikum Siegburg	Siegburg				534	X*	256	0,68	R		17			
Diakonie Klinikum Ev. Jung-Stilling-Krankenhaus	Siegen	1.254	1,18	R	43	k.A.				14	11		1	
Kreisklinikum Siegen GmbH	Siegen				443	X*				7	Mindestmengen-relevante OPS ohne Abschnitt C-5		Mindestmengen-relevante OPS ohne Abschnitt C-5	
St. Marien-Krankenhaus Siegen gGmbH	Siegen	1.067	0,78	R	541	X*					18		Mindestmengen-relevante OPS ohne Abschnitt C-5	
Eifelklinik St. Brigida GmbH & Co. KG	Simmerath	311	1,21	R	82	k.A.								
KlinikumStadtSoest gGmbH	Soest	638	1,01	R	117	X*				4	Mindestmengen-relevante OPS ohne Abschnitt C-5		Mindestmengen-relevante OPS ohne Abschnitt C-5	

Für Leseanleitung und Datenquellen siehe S. 224–228.

Klinik	Ort	Geburtshilfe			Herzinfarkt		Transkatheter-Aortenklappen-implantationen			Zys-tek-tomie	Pankreas-Eingriffe		Ösophagus-Eingriffe	
		Geburten	Kaiserschnitte (O/E)	Strukturierter Dialog	Fälle	Herzkatheterlabor	Fälle	Todesfälle (O/E)	Strukturierter Dialog	Eingriffe	Eingriffe	Ausnahmetatbestand	Eingriffe	Ausnahmetatbestand
Marienkrankenhaus gGmbH	Soest				206	X*								
Krankenhaus Bethanien gGmbH	Solingen				8	–								
St. Lukas Klinik	Solingen	24	1,13	R	52	–				4	12			
Städtisches Klinikum Solingen gemein-nützige GmbH	Solingen	1.348	1,05	R	460	X*				29	18		10	
Krankenhaus und MVZ Maria-Hilf Stadtlohn GmbH	Stadtlohn	468	0,95	R	104	X*				2				
Marienhospital Steinfurt	Steinfurt				15	k.A.					Mindestmen-gen-relevante OPS ohne Abschnitt C-5			
St. Rochus Kranken-haus Steinheim	Steinheim				27	–								
Bethlehem Gesundheits-zentrum Stolberg	Stolberg (Rheinl.)	1.454	0,87	R	80	X*								
Alexianer Tönisvorst GmbH – Kranken-haus Maria-Hilf	Tönisvorst				32	–								
GFO Kliniken Trois-dorf, Betriebsstätte St. Johannes Sieglar	Troisdorf	1.206	0,64	R	66	–				2	1	ja		
GFO Kliniken Trois-dorf, Betriebsstätte St. Josef Troisdorf	Troisdorf	926	0,88	R	55	–				21	2	ja		
Evangelisches Krankenhaus Unna	Unna				31	X					2			
Katharinen-Hospital gGmbH	Unna	976	0,88	R	403	X*				4	40		Mindestmen-gen-relevante OPS ohne Abschnitt C-5	
HELIOS Klinikum Niederberg	Velbert	1.342	1,03	R	285	X*				18				
Allgemeines Krankenhaus Viersen GmbH	Viersen	970	0,93	R	428	X*				13				
St. Irmgardis-Krankenhaus Viersen-Süchteln GmbH	Viersen-Süchteln				45	–								
Klinikum Westmüns-terland St. Marien-Hospital Vreden	Vreden				34	k.A.								

Für Leseanleitung und Datenquellen siehe S. 224–228.

Klinik	Ort	Geburtshilfe			Herzinfarkt		Transkatheter-Aortenklappen-implantationen			Zystektomie	Pankreas-Eingriffe		Ösophagus-Eingriffe	
		Geburten	Kaiserschnitte (O/E)	Strukturierter Dialog	Fälle	Herzkatheterlabor	Fälle	Todesfälle (O/E)	Strukturierter Dialog	Eingriffe	Eingriffe	Ausnahmetatbestand	Eingriffe	Ausnahmetatbestand
Kreiskrankenhaus Waldbröl	Waldbröl				504	X*					Mindestmengen-relevante OPS ohne Abschnitt C-5			
St.-Laurentius-Stift	Waltrop				16	–								
HELIOS Klinikum Warburg GmbH	Warburg				187	X*								
Josephs-Hospital Warendorf	Warendorf				249	X*					10			
Krankenhaus Maria Hilf	Warstein	258	0,96	R	30	k.A.								
Stadtklinik Werdohl, Märkische Kliniken GmbH	Werdohl				37	k.A.								
Mariannen-Hospital	Werl				37	–								
Krankenhaus Wermelskirchen GmbH	Wermelskirchen				60	k.A.								
Werne	Werne				59	k.A.				4				
Ev. Krankenhaus Wesel GmbH	Wesel				20	–					20		3	
Marien-Hospital Wesel gGmbH	Wesel	956	1,02	R	389	X*				29	17		3	
Dreifaltigkeits-Krankenhaus Wesseling	Wesseling				53	k.A.					27		12	
Orthopädische Klinik Volmarstein	Wetter				2	#								
St. Franziskus-Hospital	Winterberg				24	–								
HELIOS Klinik Wipperfürth	Wipperfürth	680	0,81	R	35	–								
Ev. Krankenhaus Witten gGmbH	Witten				35	–				21				
Marien Hospital Witten	Witten	1.940	1,19	R	364	X*					Mindestmengen-relevante OPS ohne Abschnitt C-5		Mindestmengen-relevante OPS ohne Abschnitt C-5	
AGAPLESION BETHESDA KRANKENHAUS WUPPERTAL gemeinnützige GmbH	Wuppertal	955	0,92	R	132	X*				2	13			
Helios Klinikum Wuppertal Bergisch-Land	Wuppertal	> 0	DS	R										
HELIOS Klinikum Wuppertal GmbH	Wuppertal	1.871	0,90	R	26	X*	> 0	DS	R	57	34		12	

Für Leseanleitung und Datenquellen siehe S. 224–228.

Klinik	Ort	Geburtshilfe			Herzinfarkt		Transkatheter-Aortenklappen-implantationen			Zys-tek-tomie	Pankreas-Eingriffe		Ösophagus-Eingriffe	
		Geburten	Kaiserschnitte (O/E)	Strukturierter Dialog	Fälle	Herzkatheterlabor	Fälle	Todesfälle (O/E)	Strukturierter Dialog	Eingriffe	Eingriffe	Ausnahmetatbestand	Eingriffe	Ausnahmetatbestand
HELIOS Klinikum Wuppertal GmbH Herzzentrum, Standort Elberfeld	Wuppertal				612	X*	154	DS	R					
Krankenhaus St. Josef	Wuppertal				6	X*								
Petrus-Krankenhaus	Wuppertal				301	X*					10			
Betriebsteil Bardenberg	Würselen				4	k.A.				33	19		8	
Betriebsteil Marienhöhe	Würselen	427	1,21	R	235	X				2	19		8	
Sankt Josef-Hospital GmbH	Xanten				43	–								

Für Leseanleitung und Datenquellen siehe S. 224–228.

Klinik	Ort	Geburtshilfe			Herzinfarkt		Transkatheter-Aortenklappen-implantationen			Zystektomie	Pankreas-Eingriffe		Ösophagus-Eingriffe	
		Geburten	Kaiserschnitte (O/E)	Strukturierter Dialog	Fälle	Herzkatheterlabor	Fälle	Todesfälle (O/E)	Strukturierter Dialog	Eingriffe	Eingriffe	Ausnahmetatbestand	Eingriffe	Ausnahmetatbestand
Rheinland-Pfalz														
St. Josef Krankenhaus	Adenau				4	k.A.								
DRK Krankenhaus Altenkirchen-Hachenburg (AK)	Altenkirchen				34	X								
DRK Krankenhaus Alzey	Alzey				80	–								
Rheinhessen-Fachklinik Alzey	Alzey				2	#								
Rhein-Mosel-Fachklinik	Andernach				4	–								
St. Nikolaus-Stifts-hospital GmbH Andernach	Andernach	584	1,09	R	53					8			1	ja
Klinikum Landau-Südliche Weinstraße – Klinik Annweiler	Annweiler				14	–								
DRK Kamillus Klinik	Asbach				37	k.A.								
Klinikum Landau-Südliche Weinstraße – Klinik Bad Bergzabern	Bad Bergzabern				17	k.A.								
Evangelisches Krankenhaus	Bad Dürkheim				64	–								
Hufeland-Klinik	Bad Ems				2	#								
Paracelsus-Klinik Bad Ems	Bad Ems				89	k.A.								
Diakonie Krankenhaus kreuznacher diakonie	Bad Kreuznach	1.280	1,19	R	449	X*				4				
Geriatrische Fachklinik Rheinhessen-Nahe Akutgeriatrie	Bad Kreuznach				12	–								
Krankenhaus St. Marienwörth	Bad Kreuznach	462	1,28	A	82	–					13		Mindestmengen-relevante OPS ohne Abschnitt C-5	
Krankenhaus Maria Hilf	Bad Neuenahr-Ahrweiler	460	0,85	R	284	X*				9	18		5	ja
Cusanus Krankenhaus Bernkastel-Kues	Bernkastel-Kues				28	k.A.								
Heilig-Geist-Hospital Bingen gGmbH	Bingen	317	1,29	A	31	–					Mindestmengen-relevante OPS ohne Abschnitt C-5			

Für Leseanleitung und Datenquellen siehe S. 224–228.

Klinik	Ort	Geburtshilfe			Herzinfarkt		Transkatheter-Aortenklappen-implantationen			Zystektomie	Pankreas-Eingriffe		Ösophagus-Eingriffe	
		Geburten	Kaiserschnitte (O/E)	Strukturierter Dialog	Fälle	Herzkatheterlabor	Fälle	Todesfälle (O/E)	Strukturierter Dialog	Eingriffe	Eingriffe	Ausnahmetatbestand	Eingriffe	Ausnahmetatbestand
DRK-Elisabeth-Krankenhaus	Birkenfeld	206	1,22	R	48	k.A.								
Marienhaus Klinikum Eifel – Standort Bitburg	Bitburg	601	1,17	R	260	X*				4	10			Mindestmengen-relevante OPS ohne Abschnitt C-5
Gemeinschaftsklinikum Mittelrhein, Heilig Geist	Boppard				31	–								
Marienkrankenhaus Cochem	Cochem				36	k.A.								
Krankenhaus Maria Hilf GmbH	Daun	425	1,10	R	54	–				8				
Herz-Jesu-Krankenhaus Dernbach	Dernbach	538	1,07	R	150	X*						Mindestmengen-relevante OPS ohne Abschnitt C-5		
Evangelisches Krankenhaus, Betriebsstätte Dierdorf	Dierdorf				2	–								
St. Vincenz-Krankenhaus Diez	Diez				27	k.A.								
Stadtklinik Frankenthal	Frankenthal	433	1,04	R	50	–					4	ja		
Asklepios Südpfalzklinik Germersheim	Germersheim	762	0,82	R	49	–								
Marienhaus Klinikum Eifel – Standort St. Elisabeth Gerolstein	Gerolstein				52	–								
Kreiskrankenhaus Grünstadt	Grünstadt	591	1,08	R	82	k.A.								
DRK Krankenhaus Altenkirchen-Hachenburg (HB)	Hachenburg	735	0,80	R	251	X*								
St. Josef-Krankenhaus Hermeskeil	Hermeskeil				69	k.A.						Mindestmengen-relevante OPS ohne Abschnitt C-5		
Klinikum Idar-Oberstein GmbH	Idar-Oberstein	604	1,02	R	181	X*				13	16			Mindestmengen-relevante OPS ohne Abschnitt C-5
Westpfalz-Klinikum GmbH – Standort I Kaiserslautern	Kaiserslautern	1.332	0,99	R	763	X*	66	DS	R	29	41		12	
Asklepios Südpfalzkliniken Kandel	Kandel	235	1,27	R	133	k.A.				2				

Für Leseanleitung und Datenquellen siehe S. 224–228.

Klinik	Ort	Geburtshilfe			Herzinfarkt		Transkatheter-Aortenklappen-implantationen			Zystektomie	Pankreas-Eingriffe		Ösophagus-Eingriffe	
		Geburten	Kaiserschnitte (O/E)	Strukturierter Dialog	Fälle	Herzkatheterlabor	Fälle	Todesfälle (O/E)	Strukturierter Dialog	Eingriffe	Eingriffe	Ausnahmetatbestand	Eingriffe	Ausnahmetatbestand
DRK Krankenhaus Kirchen	Kirchen	1.038	0,92	R	85	–								
Westpfalz-Klinikum GmbH – Standort III Kirchheimbolanden	Kirchheimbolanden	416	1,17	R	2	k.A.								
Diakonie Krankenhaus Standort Kirn	Kirn				10	–								
Brüderhaus Koblenz	Koblenz				6	#								
BundeswehrZentralkrankenhaus Koblenz	Koblenz				204	X*	92	0,99	R	29	14		Mindestmengen-relevante OPS ohne Abschnitt C-5	
Gemeinschaftsklinikum Mittelrhein, Ev. Stift. St. Martin	Koblenz				233	k.A.					13			
Gemeinschaftsklinikum Mittelrhein, Kemperhof	Koblenz	1.429	1,04	R	129	X*				31	23	11		
Gemeinschaftsklinikum Mittelrhein, St. Elisabeth Mayen	Koblenz	643	0,98	R	211	X*					14			
Marienhof Koblenz	Koblenz	1.441	0,87	R	411	X*								
Westpfalz-Klinikum GmbH – Standort II Kusel	Kusel				27	–								
St. Elisabeth-Krankenhaus	Lahnstein				36	–								
Klinikum Landau-Südliche Weinstraße – Klinik Landau	Landau				183	X*					14		Mindestmengen-relevante OPS ohne Abschnitt C-5	
Vinzentius-Krankenhaus Landau	Landau	1.077	1,01	R	152	X*				2				
Nardini Klinikum St. Johannis	Landstuhl	767	1,14	R	63	–				4				
Franziskus Krankenhaus Linz	Linz				32	k.A.								
Klinikum der Stadt Ludwigshafen am Rhein gGmbH	Ludwigshafen	551	1,03	R	730	X*	171	1,15	R	41	38		15	
Krankenhaus Zum Guten Hirten	Ludwigshafen				12	–								
St. Marien- und St. Annastiftskrankenhaus	Ludwigshafen	1.836	0,81	R	79	–					4	ja	1	ja
Katholisches Klinikum Mainz, Standort: St. Hildegardis Krankenhaus	Mainz				11	k.A.				22				

Für Leseanleitung und Datenquellen siehe S. 224–228.

Klinik	Ort	Geburtshilfe			Herzinfarkt		Transkatheter-Aortenklappen-implantationen			Zystektomie	Pankreas-Eingriffe		Ösophagus-Eingriffe	
		Geburten	Kaiserschnitte (O/E)	Strukturierter Dialog	Fälle	Herzkatheterlabor	Fälle	Todesfälle (O/E)	Strukturierter Dialog	Eingriffe	Eingriffe	Ausnahmetatbestand	Eingriffe	Ausnahmetatbestand
Katholisches Klinikum Mainz, Standort: St. Vincenz und Elisabeth Hospital	Mainz	2.434	0,71	R	259	X*					22			Mindestmengen-relevante OPS ohne Abschnitt C-5
Universitätsmedizin der Johannes Gutenberg-Universität Mainz	Mainz	1.959	1,09	R	1.142	X*	415	0,64	R	77	65		58	
Gesundheitszentrum Glantal	Meisenheim				38	–								
Brüderkrankenhaus Montabaur	Montabaur				30	k.A.				6				
Marienkrankenhaus Nassau	Nassau				4	k.A.								
Gemeinschaftsklinikum Mittelrhein, Paulinenstift	Nastätten				14	–								
Krankenhaus Hetzelstift	Neustadt an der Weinstraße	620	1,09	R	267	k.A.				14	16		10	
DRK Krankenhaus Neuwied	Neuwied	411	1,00	R	325	X*				2	7			
Marienhaus Klinikum St. Elisabeth Neuwied	Neuwied	1.664	1,06	R	198	X*				16	Mindestmengen-relevante OPS ohne Abschnitt C-5		Mindestmengen-relevante OPS ohne Abschnitt C-5	
Loreley-Kliniken Oberwesel	Oberwesel				12	–								
Städtisches Krankenhaus Pirmasens gGmbH	Pirmasens	717	1,18	R	218	X*				12	11		1	
St. Joseph Krankenhaus Prüm	Prüm	55	1,61	A	44	–								
Krankenhaus Maria Stern	Remagen				36	–								
Westpfalz-Klinikum GmbH – Standort IV Rockenhausen	Rockenhausen				72	k.A.								
St. Elisabeth-Krankenhaus Rodalben	Rodalben				70	k.A.					Mindestmengen-relevante OPS ohne Abschnitt C-5			
Kreiskrankenhaus St. Franziskus Saarburg GmbH	Saarburg				61	k.A.								
Evangelisches Krankenhaus, Betriebsstätte Selters	Selters				117	#								
Hunsrück Klinik kreuznacher diakonie	Simmern	440	1,22	R	211	k.A.								

Für Leseanleitung und Datenquellen siehe S. 224–228.

Klinik	Ort	Geburtshilfe			Herzinfarkt		Transkatheter-Aortenklappen-implantationen			Zystektomie	Pankreas-Eingriffe		Ösophagus-Eingriffe	
		Geburten	Kaiserschnitte (O/E)	Strukturierter Dialog	Fälle	Herzkatheterlabor	Fälle	Todesfälle (O/E)	Strukturierter Dialog	Eingriffe	Eingriffe	Ausnahmetatbestand	Eingriffe	Ausnahmetatbestand
Ahrtal-Klinik	Sinzig				6	k.A.								
Diakonissen-Stiftungs-Krankenhaus Speyer	Speyer	2.617	1,03	R	259	X*				2	16		12	
Sankt Vincentius Krankenhaus	Speyer				20	–				39	2			
Klinikum Mutterhaus der Borromäerinnen – Standort Mitte	Trier	1.744	1,25	R	61	k.A.				2	28		12	
Klinikum Mutterhaus der Borromäerinnen gGmbH – Standort Ehrang	Trier	895	1,27	R	23	#								
Klinikum Mutterhaus der Borromäerinnen gGmbH – Standort Nord	Trier	> 0	DS	R	6	#								
Krankenhaus der Barmherzigen Brüder Trier	Trier				762	X*	177	DS	R	30	20		3	ja
St. Elisabeth Krankenhaus Wittlich	Wittlich	946	1,15	R	287	X*					Mindestmengen-relevante OPS ohne Abschnitt C-5		Mindestmengen-relevante OPS ohne Abschnitt C-5	
Klinikum Worms gGmbH	Worms	1.885	0,92	R	397	X*				19	17		4	ja
St. Josef-Krankenhaus	Zell/Mosel				151	X*					Mindestmengen-relevante OPS ohne Abschnitt C-5			
Nardini Klinikum St. Elisabeth Zweibrücken	Zweibrücken				166	X					1	ja		

Für Leseanleitung und Datenquellen siehe S. 224–228.

Klinik	Ort	Geburtshilfe			Herzinfarkt		Transkatheter-Aortenklappen-implantationen			Zys-tek-tomie	Pankreas-Eingriffe		Ösophagus-Eingriffe	
		Geburten	Kaiserschnitte (O/E)	Strukturierter Dialog	Fälle	Herzkatheterlabor	Fälle	Todesfälle (O/E)	Strukturierter Dialog	Eingriffe	Eingriffe	Ausnahmetatbestand	Eingriffe	Ausnahmetatbestand
Saarland														
MARIENHAUS KLINIKUM SAARLOUIS – DILLINGEN	Dillingen				27	–								
Universitätsklinikum des Saarlandes	Homburg	1.713	1,32	U	462	X*	127	1,59	R	86	73		25	
Caritas-Krankenhaus Lebach	Lebach				89	–								
Marienhausklinik St. Josef Losheim	Losheim am See				15	k.A.								
Klinikum Merzig gGmbH	Merzig	557	1,36	U	94	–								
DRK Klinik Mettlach für Geriatrie und Rehabilitation	Mettlach				2	X*								
Diakonie Klinikum Neunkirchen gemeinnützige GmbH	Neunkirchen				43	k A					6		1	
Fliedner Krankenhaus Neunkirchen	Neunkirchen				20	–								
Marienhausklinik St. Josef Kohlhof	Neunkirchen	1.628	1,08	R	25	k.A.								
Marienhausklinik Ottweiler	Ottweiler				344	X*								
Knappschaftsklinikum Saar GmbH, Krankenhaus Püttlingen	Püttlingen				34	–					11			
CaritasKlinikum Saarbrücken Standort St. Josef	Saarbrücken				44	k.A.								
CaritasKlinikum Saarbrücken Standort St. Theresia	Saarbrücken	1.585	1,11	R	285	k.A.				2	15		13	
Evangelisches Stadtkrankenhaus Saarbrücken	Saarbrücken				63	k.A.								
Klinikum Saarbrücken	Saarbrücken	963	1,14	R	331	X*				23	25		3	
SHG-Klinik Halberg	Saarbrücken				6	k.A.								
SHG-Kliniken Sonnenberg	Saarbrücken				4	X*								
Krankenhaus Saarlouis vom DRK	Saarlouis	1.040	1,13	R	36	k.A.								
MARIENHAUS KLINIKUM SAARLOUIS – DILLINGEN	Saarlouis	862	1,09	R	579	X*				Mindestmengen-relevante OPS ohne Abschnitt C-5				

Für Leseanleitung und Datenquellen siehe S. 224–228.

Klinik	Ort	Geburtshilfe			Herzinfarkt		Transkatheter-Aortenklappen-implantationen			Zystektomie	Pankreas-Eingriffe		Ösophagus-Eingriffe	
		Geburten	Kaiserschnitte (O/E)	Strukturierter Dialog	Fälle	Herzkatheterlabor	Fälle	Todesfälle (O/E)	Strukturierter Dialog	Eingriffe	Eingriffe	Ausnahmetatbestand	Eingriffe	Ausnahmetatbestand
Kreiskrankenhaus St. Ingbert GmbH	St. Ingbert				87	–						Mindestmengen-relevante OPS ohne Abschnitt C-5		
Marienkrankenhaus St. Wendel	St. Wendel	488	0,96	R	56	k.A.								
Knappschaftsklinikum Saar GmbH, Krankenhaus Sulzbach	Sulzbach				91	–				47				
SHG-Kliniken Völklingen	Völklingen				918	k.A.	152	DS	R	37				
Marienhausklinik St. Elisabeth Wadern	Wadern				53	–								

Für Leseanleitung und Datenquellen siehe S. 224–228.

Klinik	Ort	Geburtshilfe			Herzinfarkt		Transkatheter-Aortenklappen-implantationen			Zystektomie	Pankreas-Eingriffe		Ösophagus-Eingriffe	
		Geburten	Kaiserschnitte (O/E)	Strukturierter Dialog	Fälle	Herzkatheterlabor	Fälle	Todesfälle (O/E)	Strukturierter Dialog	Eingriffe	Eingriffe	Ausnahmetatbestand	Eingriffe	Ausnahmetatbestand
Sachsen														
Paracelsus-Klinik Adorf/Schöneck – Standort Adorf	Adorf				36	k.A.								
EKA Erzgebirgsklinikum Annaberg gGmbH	Annaberg-Buchholz	587	0,88	R	152	X								
HELIOS Klinikum Aue	Aue	651	0,99	R	226	X*				40	13			
Oberlausitz-Kliniken gGmbH/Krankenhaus Bautzen	Bautzen	876	0,82	R	371	X*				15	19			
Oberlausitz-Kliniken gGmbH/Krankenhaus Bischofswerda	Bischofswerda	391	0,68	R	26	k.A.								
Sana Kliniken Leipziger Land GmbH – Klinikum Borna	Borna	1.160	1,06	R	229	X*				22	16			
Breitenbrunn	Breitenbrunn	389	0,89	R	27	–								
Deutsches Rotes Kreuz Krankenhaus Chemnitz-Rabenstein	Chemnitz	1.861	0,76	R	43	k.A.				2				
Klinikum Chemnitz gGmbH	Chemnitz	1.425	0,77	R	1.114	X*				2	30		19	
Zeisigwaldkliniken Bethanien Chemnitz	Chemnitz				31	–				69	14			
Fachkrankenhaus Coswig	Coswig				2	k.A.							2	ja
Kreiskrankenhaus Delitzsch GmbH – Standort Delitzsch	Delitzsch				29	–					20	Mindestmengen-relevante OPS ohne Abschnitt C-5		
Klinikum Döbeln	Döbeln				70	k.A.					18	Mindestmengen-relevante OPS ohne Abschnitt C-5		
Diakonissenkrankenhaus Dresden	Dresden	1.367	0,52	R	32	–				22	46			
Herzzentrum Dresden GmbH	Dresden				1.051	X*	337	0,38	R					
Krankenhaus St. Joseph-Stift Dresden GmbH	Dresden	1.603	0,51	R	30	–					22	Mindestmengen-relevante OPS ohne Abschnitt C-5		
Städtisches Klinikum Dresden – Standort Friedrichstadt	Dresden	667	0,66	R	344	X*				29	86		32	

Für Leseanleitung und Datenquellen siehe S. 224–228.

Klinik	Ort	Geburtshilfe			Herzinfarkt		Transkatheter-Aortenklappen-implantationen			Zystektomie	Pankreas-Eingriffe		Ösophagus-Eingriffe	
		Geburten	Kaiserschnitte (O/E)	Strukturierter Dialog	Fälle	Herzkatheterlabor	Fälle	Todesfälle (O/E)	Strukturierter Dialog	Eingriffe	Eingriffe	Ausnahmetatbestand	Eingriffe	Ausnahmetatbestand
Städtisches Klinikum Dresden – Standort Neustadt	Dresden	1.633	0,59	R	293	X*					15			
Universitätsklinikum Carl Gustav Carus Dresden an der Technischen Universität Dresden, Anstalt des öffentlichen Rechts des Freistaates Sachsen	Dresden	2.657	0,64	R	50	X*				140	129		76	
Klinikum Oberlausitzer Bergland gemeinnützige GmbH	Ebersbach-Neugersdorf	393	0,88	R	141	X*						Mindestmengen-relevante OPS ohne Abschnitt C-5		
Kreiskrankenhaus Delitzsch GmbH – Standort Eilenburg	Eilenburg	347	0,51	R	39	–						Mindestmengen-relevante OPS ohne Abschnitt C-5		
Kreiskrankenhaus Freiberg	Freiberg	769	0,71	R	152	–				23		Mindestmengen-relevante OPS ohne Abschnitt C-5		
HELIOS Weißeritztal Kliniken, Klinikum Freital	Freital	467	0,74	R	79	–					16		1	ja
HELIOS Weißeritztal-Kliniken, Klinik Dippoldiswalde	Freital				37	–								
Rudolf Virchow Klinikum Glauchau	Glauchau	430	0,81	R	107	k.A.								
Malteser Krankenhaus St. Carolus	Görlitz				40	k.A.				20				
Städtisches Klinikum Görlitz gGmbH	Görlitz	787	0,83	R	141	k.A.				2	14			
Muldentalkliniken GmbH, Gemeinnützige Gesellschaft Standort Grimma	Grimma	224	1,26	R	76	–						Mindestmengen-relevante OPS ohne Abschnitt C-5		
Klinik am Tharandter Wald	Halsbrücke				4	#								
DIAKOMED Diakoniekrankenhaus Chemnitzer Land gGmbH	Hartmannsdorf	243	0,82	R	94	–					1			
Lausitzer Seenland Klinikum GmbH	Hoyerswerda	673	0,68	R	241	X*				10				Mindestmengen-relevante OPS ohne Abschnitt C-5

Für Leseanleitung und Datenquellen siehe S. 224–228.

Klinik	Ort	Geburtshilfe			Herzinfarkt		Transkatheter-Aortenklappen-implantationen			Zys-tek-tomie	Pankreas-Eingriffe		Ösophagus-Eingriffe	
		Geburten	Kaiserschnitte (O/E)	Strukturierter Dialog	Fälle	Herzkatheterlabor	Fälle	Todesfälle (O/E)	Strukturierter Dialog	Eingriffe	Eingriffe	Ausnahmetatbestand	Eingriffe	Ausnahmetatbestand
Malteser Krankenhaus St. Johannes	Kamenz	457	0,48	R	41	–								
Heinrich-Braun-Klinikum gemeinnützige GmbH, Standort Kirchberg	Kirchberg				12	–					13		3	
Fachkrankenhaus Kreischa	Kreischa				4	#								
Ev. Diakonissenkrankenhaus Leipzig gGmbH	Leipzig				30	k.A.					Mindestmengen-relevante OPS ohne Abschnitt C-5		Mindestmengen-relevante OPS ohne Abschnitt C-5	
HELIOS Park-Klinikum Leipzig	Leipzig				22	X					19		1	ja
Herzzentrum Leipzig GmbH	Leipzig				1.383	X*	808	0,93	R					
Klinikum St. Georg gGmbH	Leipzig	1.585	0,88	R	426	k.A.				62	25		17	
St. Elisabeth-Krankenhaus Leipzig	Leipzig	2.676	0,64	R	29	–				40	15			
Universitätsklinikum Leipzig Anstalt öffentlichen Rechts	Leipzig	2.604	0,77	R	277	X*				38	30		36	
HELIOS Klinik Leisnig	Leisnig	538	0,96	R	86	k.A.					1	ja		
Deutsches Rotes Kreuz Krankenhaus Lichtenstein Gemeinnützige GmbH	Lichtenstein	514	0,82	R	45	–					Mindestmengen-relevante OPS ohne Abschnitt C-5			
ELBLANDKLINIKEN Stiftung & Co. KG, ELBLANDKLINIKUM Meißen	Meißen	711	0,89	R	64	k.A.					14			
KH Mittweida	Mittweida	491	0,97	R	45	X*					11			
Asklepios Orthopädische Klinik Hohwald	Neustadt				2	#								
Krankenhaus Emmaus Niesky	Niesky				55	–								
Haus Olbernhau	Olbernhau				56	–								
COLLM KLINIK OSCHATZ GmbH	Oschatz				36	–								
HELIOS Klinikum Pirna	Pirna	807	0,68	R	212	k.A.				17	1	ja		
HELIOS Vogtland-Klinikum Plauen	Plauen	902	0,93	R	507	X*				18	25		7	ja
Asklepios-ASB Klinik Radeberg	Radeberg				62	k.A.							Mindestmengen-relevante OPS ohne Abschnitt C-5	

Für Leseanleitung und Datenquellen siehe S. 224–228.

Klinik	Ort	Geburtshilfe			Herzinfarkt		Transkatheter-Aortenklappen-implantationen			Zys-tek-tomie	Pankreas-Eingriffe		Ösophagus-Eingriffe	
		Geburten	Kaiserschnitte (O/E)	Strukturierter Dialog	Fälle	Herzkatheterlabor	Fälle	Todesfälle (O/E)	Strukturierter Dialog	Eingriffe	Eingriffe	Ausnahmetatbestand	Eingriffe	Ausnahmetatbestand
ELBLANDKLINIKEN Stiftung & Co. KG, ELBLANDKLINIKUM Radebeul	Radebeul				42	k.A.					12			
Fachkrankenhaus für Geriatrie	Radeburg				4	–								
Paracelsus-Klinik Reichenbach	Reichenbach				12	–				12	Mindestmengen-relevante OPS ohne Abschnitt C-5			
ELBLANDKLINIKEN Stiftung & Co. KG, ELBLANDKLINIKUM Riesa	Riesa	622	0,65	R	403	X*				36	10			
Klinikum Obergöltzsch Rodewisch	Rodewisch	698	0,81	R	76	–								
HELIOS Klinik Schkeuditz GmbH	Schkeuditz	702	0,85	R	23	X					18		2	ja
Bergarbeiter-Krankenhaus Schneeberg gGmbH	Schneeberg				6	–								
Paracelsus-Klinik Adorf/Schöneck – Standort Schöneck	Schöneck				21	k.A.								
Sächsische Schweiz Klinik Sebnitz	Sebnitz				25	k.A.					Mindestmengen-relevante OPS ohne Abschnitt C-5			
Kreiskrankenhaus Stollberg gGmbH	Stollberg				83	–					11			
Kreiskrankenhaus Johann Kentmann gGmbH	Torgau	439	0,64	R	67	–								
Kreiskrankenhaus Weißwasser gGmbH	Weißwasser	355	0,97	R	45	–								
Pleißental-Klinik GmbH	Werdau	754	0,98	R	50	–					10		Mindestmengen-relevante OPS ohne Abschnitt C-5	
Muldentalkliniken GmbH, Gemein-nützige Gesellschaft Standort Wurzen	Wurzen	491	0,87	R	114	–								
Klinikum Oberlausitzer Bergland gemeinnützige GmbH	Zittau	381	1,08	R	77	–								
Haus Zschopau	Zschopau	528	1,14	R	57	X					10			

Für Leseanleitung und Datenquellen siehe S. 224–228.

| Klinik | Ort | Geburtshilfe | | | Herzinfarkt | | Transkatheter-Aortenklappen-implantationen | | | Zys-tek-tomie | Pankreas-Eingriffe | | Ösophagus-Eingriffe | |
		Geburten	Kaiserschnitte (O/E)	Strukturierter Dialog	Fälle	Herzkatheterlabor	Fälle	Todesfälle (O/E)	Strukturierter Dialog	Eingriffe	Eingriffe	Ausnahmetatbestand	Eingriffe	Ausnahmetatbestand
Sana Kliniken Leipziger Land GmbH – Klinik Zwenkau	Zwenkau				14	#								
Heinrich-Braun-Klinikum gemeinnützige GmbH, Standort Zwickau	Zwickau	670	1,11	R	420	X*				10	12		8	
Paracelsus Klinik Zwickau	Zwickau				32	–					Mindestmengen-relevante OPS ohne Abschnitt C-5			

Für Leseanleitung und Datenquellen siehe S. 224–228.

Klinik	Ort	Geburtshilfe			Herzinfarkt		Transkatheter-Aortenklappen-implantationen			Zys-tek-tomie	Pankreas-Eingriffe		Ösophagus-Eingriffe	
		Geburten	Kaiserschnitte (O/E)	Strukturierter Dialog	Fälle	Herzkatheterlabor	Fälle	Todesfälle (O/E)	Strukturierter Dialog	Eingriffe	Eingriffe	Ausnahmetatbestand	Eingriffe	Ausnahmetatbestand
Sachsen-Anhalt														
AMEOS Klinikum Aschersleben-Staßfurt GmbH	Aschersleben	581	0,82	R	206	X				32	18			
Lungenklinik Ballenstedt/Harz GmbH	Ballenstedt				2	k.A.								
Gesundheitszentrum Bitterfeld/Wolfen gGmbH	Bitterfeld-Wolfen	440	0,77	R	346	k.A.					9			
Harzklinikum Dorothea Christiane Erxleben GmbH, Standort Blankenburg	Blankenburg				16	–								
HELIOS Klinik Jerichower Land	Burg	397	1,17	R	72	k.A.					20			
AWO Krankenhaus Calbe	Calbe/Saale				28	k.A.								
MediClin Herzzentrum Coswig	Coswig (Anhalt)				430	X*	150	1,52	R					
Dessau-Roßlau	Dessau-Roßlau				24	–				38	Mindestmengen-relevante OPS ohne Abschnitt C-5		Mindestmengen-relevante OPS ohne Abschnitt C-5	
Städtisches Klinikum Dessau	Dessau-Roßlau	847	1,10	R	318	X*					12		12	
Altmark Klinikum Gardelegen	Gardelegen	375	0,87	R	58	k.A.								
Johanniter-Krankenhaus Genthin	Genthin				9	X*								
AMEOS Klinikum Halberstadt	Halberstadt	578	1,38	H	171	X*				15	15			
AMEOS Klinikum Haldensleben (261501008-00)	Haldensleben	26	0,44	R	112	k.A.				14	Mindestmengen-relevante OPS ohne Abschnitt C-5			
Diakoniekrankenhaus Halle	Halle				29	–					12			
BG Klinikum Bergmannstrost Halle	Halle (Saale)				8	–								
Krankenhaus Martha-Maria Halle-Dölau	Halle (Saale)				136	X*				31	29		10	
Krankenhaus St. Elisabeth und St. Barbara Halle (Saale) GmbH	Halle (Saale)	2.105	0,89	R	619	X*				4	16			

Für Leseanleitung und Datenquellen siehe S. 224–228.

Klinik	Ort	Geburtshilfe			Herzinfarkt		Transkatheter-Aortenklappen-implantationen			Zystektomie	Pankreas-Eingriffe		Ösophagus-Eingriffe	
		Geburten	Kaiserschnitte (O/E)	Strukturierter Dialog	Fälle	Herzkatheterlabor	Fälle	Todesfälle (O/E)	Strukturierter Dialog	Eingriffe	Eingriffe	Ausnahmetatbestand	Eingriffe	Ausnahmetatbestand
Universitätsklinikum Halle (Saale)	Halle (Saale)	1.109	1,05	R	357	X*	141	DS	R	51	22		11	
KMG Klinikum Havelberg GmbH	Havelberg				24	k.A.								
HELIOS Klinik Hettstedt	Hettstedt				4	–								
HELIOS Klinik Köthen GmbH	Köthen (Anhalt)	446	1,08	R	326	X*					1	ja		
Lungenklinik Lostau	Lostau				2	k.A.								
Evangelisches Krankenhaus Paul Gerhardt Stift	Luth. Wittenberg	704	0,79	R	187	X*				10	7	ja	2	ja
HELIOS Klinik Lutherstadt Eisleben	Lutherstadt Eisleben				206	X*				10	1	ja		
Klinikum in den Pfeifferschen Stiftungen	Magdeburg				144	X*								
KLINIKUM MAGDEBURG gemeinnützige GmbH	Magdeburg	1.439	1,03	R	399	X*	> 0	DS	R	32	30		18	
Krankenhaus St. Marienstift Magdeburg GmbH	Magdeburg	1.079	0,87	R	2	#				15	Mindestmengen-relevante OPS ohne Abschnitt C-5		Mindestmengen-relevante OPS ohne Abschnitt C-5	
Universitätsklinikum Magdeburg A. ö. R.	Magdeburg	1.276	1,07	R	474	X*	143	DS	R	31	72		21	
Carl-von-Basedow-Klinikum Saalekreis gGmbH	Merseburg	721	0,99	R	299	X*				20	15			
Klinikum Burgenlandkreis GmbH/ Saale-Unstrut Klinikum Naumburg	Naumburg	355	1,13	R	106	–								
HELIOS Bördeklinik	Oschersleben/ OT Neindorf				102	X				6				
Harzklinikum Dorothea Christiane Erxleben, Standort Quedlinburg	Quedlinburg	521	0,65	R	351	X*					5	ja	1	ja
Carl-von-Basedow-Klinikum Saalekreis gGmbH	Querfurt				14	k.A.								
Altmark Klinikum Salzwedel	Salzwedel	438	0,88	R	92	k.A.								
HELIOS Klinik Sangerhausen	Sangerhausen	757	0,73	R	56	–								
AMEOS Klinikum Schönebeck	Schönebeck	566	0,74	R	429	X*								

Für Leseanleitung und Datenquellen siehe S. 224–228.

Klinik	Ort	Geburtshilfe			Herzinfarkt		Transkatheter-Aortenklappen-implantationen			Zys-tek-tomie	Pankreas-Eingriffe		Ösophagus-Eingriffe	
		Geburten	Kaiserschnitte (O/E)	Strukturierter Dialog	Fälle	Herzkatheterlabor	Fälle	Todesfälle (O/E)	Strukturierter Dialog	Eingriffe	Eingriffe	Ausnahmetatbestand	Eingriffe	Ausnahmetatbestand
AGAPLESION DIAKONIE-KRANKENHAUS SEEHAUSEN	Seehausen/ Altmark				50	–					Mindestmengen-relevante OPS ohne Abschnitt C-5			
AMEOS Klinikum Staßfurt	Staßfurt				64	–								
Johanniter-Krankenhaus Stendal	Stendal	819	0,98	R	314	X*				18	6	ja		
Asklepios Klinik Weißenfels	Weißenfels	517	1,12	R	158	k.A.				20	8		3	ja
Harzklinikum Dorothea Christiane Erxleben, Standort Wernigerode	Wernigerode	688	1,06	R	56	X*					1	ja		
Klinikum Burgenlandkreis GmbH/ Georgius-Agricola-Klinikum Zeitz	Zeitz	402	1,13	R	116	–				2	Mindestmengen-relevante OPS ohne Abschnitt C-5		Mindestmengen-relevante OPS ohne Abschnitt C-5	
HELIOS Klinik Zerbst/ Anhalt	Zerbst	215	1,08	R	72	k.A.								

Für Leseanleitung und Datenquellen siehe S. 224–228.

Klinik	Ort	Geburtshilfe			Herzinfarkt		Transkatheter-Aortenklappen-implantationen			Zystek-tomie	Pankreas-Eingriffe		Ösophagus-Eingriffe	
		Geburten	Kaiserschnitte (O/E)	Strukturierter Dialog	Fälle	Herzkatheterlabor	Fälle	Todesfälle (O/E)	Strukturierter Dialog	Eingriffe	Eingriffe	Ausnahmetatbestand	Eingriffe	Ausnahmetatbestand
Schleswig-Holstein														
Klinikum Bad Bramstedt GmbH	Bad Bramstedt				21	–								
Asklepios Klinik Bad Oldesloe	Bad Oldesloe				201	X*								
HELIOS Agnes Karll Krankenhaus Bad Schwartau	Bad Schwartau				6	k.A.								
AK SEGEBERGER KLINIKEN GMBH	Bad Segeberg	643	1,02	R	6	k.A.				4	19		13	
SEGEBERGER KLINIKEN GMBH Am Kurpark	Bad Segeberg				224	X*	171	DS	R					
Medizinische Klinik Borstel	Borstel				4	–								
Westküstenklinikum Brunsbüttel	Brunsbüttel				47	k.A.								
imland GmbH – imland Klinik Eckernförde	Eckernförde	821	0,88	R	53	X*								
Regio Kliniken GmbH – Klinikum Elmshorn	Elmshorn				212	k.A.					Mindestmengen-relevante OPS ohne Abschnitt C-5		Mindestmengen-relevante OPS ohne Abschnitt C-5	
Sana Kliniken Ostholstein GmbH – Inselklinik Fehmarn	Eutin				17	k.A.								
Sana Kliniken Ostholstein GmbH – Klinik Eutin	Eutin	1.125	0,92	R	142	k.A.					Mindestmengen-relevante OPS ohne Abschnitt C-5		18	
Sankt Elisabet Krankenhaus Eutin	Eutin				19	k.A.								
Diakonissenkrankenhaus Flensburg	Flensburg	1.907	0,90	R	474	X*				26				
Malteser Krankenhaus St. Franziskus-Hospital	Flensburg				45	k.A.					23		10	
Geesthacht	Geesthacht				28	–								
Johanniter-Krankenhaus Geesthacht GmbH	Geesthacht	731	0,97	R	110	X*								
Westküstenklinikum Heide	Heide	1.086	1,33	U	349	k.A.					15		4	ja
Paracelsus-Nordsee-klinik Helgoland	Helgoland				6	#								

Für Leseanleitung und Datenquellen siehe S. 224–228.

Klinik	Ort	Geburtshilfe			Herzinfarkt		Transkatheter-Aortenklappen-implantationen			Zys-tek-tomie	Pankreas-Eingriffe		Ösophagus-Eingriffe	
		Geburten	Kaiserschnitte (O/E)	Strukturierter Dialog	Fälle	Herzkatheterlabor	Fälle	Todesfälle (O/E)	Strukturierter Dialog	Eingriffe	Eingriffe	Ausnahmetatbestand	Eingriffe	Ausnahmetatbestand
Henstedt-Ulzburg	Henstedt-Ulzburg	870	0,95	R	84	–					Mindestmen-gen-relevante OPS ohne Abschnitt C-5		Mindestmen-gen-relevante OPS ohne Abschnitt C-5	
Klinikum Nordfries-land gGmbH, Klinik Husum	Husum	806	1,06	R	339	X*					8	ja		
Klinikum Itzehoe	Itzehoe	1.522	1,10	R	262	X*				17	13		12	
Städtisches Kranken-haus Kiel GmbH	Kiel	1.963	1,00	R	538	X*				25	13		1	
UNIVERSITÄTSKLINI-KUM Schleswig-Holstein, Campus Kiel	Kiel	1.396	0,92	R	687	X*	224	1,23	R	54	51		48	
Kath. Marien-Kran-kenhaus Lübeck gemeinnützige GmbH	Lübeck	1.599	1,08	R										
Krankenhaus Rotes Kreuz Lübeck – Geriatriezentrum-	Lübeck				29	#								
Sana Kliniken Lübeck GmbH	Lübeck				325	X*				25	32		14	
UNIVERSITÄTSKLINI-KUM Schleswig-Holstein, Campus Lübeck	Lübeck	1.576	1,12	R	634	k.A.	177	0,58	R	57	78		18	
FEK – Friedrich-Ebert-Krankenhaus Neumünster GmbH	Neumünster	1.008	0,87	R	274	X*				24	13		11	
AMEOS Klinikum Neustadt	Neustadt i. H.				2	k.A.								
Schön Klinik Neustadt	Neustadt in Holstein				173	X*				9	15			
Klinikum Nordfries-land gGmbH, Klinik Niebüll	Niebüll	87	1,42	S	79	k.A.								
PRAXISKLINIK NORDERSTEDT	Norderstedt				68	X*								
Sana Kliniken Ostholstein GmbH – Klinik Oldenburg	Oldenburg				147	k.A.					Mindestmen-gen-relevante OPS ohne Abschnitt C-5			
Regio Kliniken GmbH – Klinikum Pinneberg	Pinneberg	1.375	1,15	R	290	k.A.				4	Mindestmen-gen-relevante OPS ohne Abschnitt C-5		Mindestmen-gen-relevante OPS ohne Abschnitt C-5	

Für Leseanleitung und Datenquellen siehe S. 224–228.

Klinik	Ort	Geburtshilfe			Herzinfarkt		Transkatheter-Aortenklappen-implantationen			Zystek-tomie	Pankreas-Eingriffe		Ösophagus-Eingriffe	
		Geburten	Kaiserschnitte (O/E)	Strukturierter Dialog	Fälle	Herzkatheterlabor	Fälle	Todesfälle (O/E)	Strukturierter Dialog	Eingriffe	Eingriffe	Ausnahmetatbestand	Eingriffe	Ausnahmetatbestand
Klinik Preetz	Preetz	467	0,99	R	79	X					Mindestmengen-relevante OPS ohne Abschnitt C-5			
DRK-Krankenhaus Mölln-Ratzeburg gGmbH	Ratzeburg	356	1,02	R	144	X								
Klinik für Geriatrie Ratzeburg GmbH	Ratzeburg				41	–								
Krankenhaus Reinbek St. Adolf-Stift GmbH	Reinbek	950	1,02	R	208	X*				4	38		24	
imland GmbH – imland Klinik Rendsburg	Rendsburg	913	0,97	R	301	X*				14	15		1	ja
HELIOS Klinik Schleswig GmbH	Schleswig	510	1,11	R	365	k.A.				6	1	ja		
DRK Krankenhaus Middelburg	Süsel				15	k.A.								
Asklepios Nordsee-klinik Westerland/Sylt	Sylt/OT Wester-land				63	k.A.					Mindestmengen-relevante OPS ohne Abschnitt C-5			
Klinikum Nordfries-land gGmbH, Klinik Tönning	Tönning				8	#								
Regio Kliniken GmbH – Klinikum Wedel	Wedel				28	k.A.				34	Mindestmengen-relevante OPS ohne Abschnitt C-5			
Klinikum Nordfries-land gGmbH, Insel-klinik Föhr-Amrum	Wyk	> 0	DS	S	26	–								

Für Leseanleitung und Datenquellen siehe S. 224–228.

Klinik	Ort	Geburtshilfe			Herzinfarkt		Transkatheter-Aortenklappen-implantationen			Zys-tek-tomie	Pankreas-Eingriffe		Ösophagus-Eingriffe	
		Geburten	Kaiserschnitte (O/E)	Strukturierter Dialog	Fälle	Herzkatheterlabor	Fälle	Todesfälle (O/E)	Strukturierter Dialog	Eingriffe	Eingriffe	Ausnahmetatbestand	Eingriffe	Ausnahmetatbestand
Thüringen														
Klinikum Alten-burger Land GmbH	Altenburg	443	1,12	R	169	X*					2	24	Mindestmen-gen-relevante OPS ohne Abschnitt C-5	
Robert Koch Kranken-haus Apolda GmbH	Apolda	642	0,68	R	37	k.A.								
Ilm-Kreis-Kliniken Arnstadt-Ilmenau gGmbH	Arnstadt	715	0,79	R	164	k.A.						1		
Zentralklinik Bad Berka GmbH	Bad Berka				881	X*	261	1,08	R	2	25		11	
DRK-Manniske-Krankenhaus Bad Frankenhausen	Bad Franken-hausen				62	k.A.					4	4		
Hufeland Klinikum GmbH, Standort Bad Langensalza	Bad Langensalza				221	k.A.					6	3	ja	
Klinikum Bad Salzungen GmbH	Bad Salzungen	659	0,60	R	254	X						10	Mindestmen-gen-relevante OPS ohne Abschnitt C-5	
HELIOS Klinik Blankenhain	Blankenhain				8	–					16			
Waldkrankenhaus „Rudolf Elle" GmbH	Eisenberg				59	–								
HELIOS Klinikum Erfurt	Erfurt	1.712	0,79	R	358	X*					41	28	13	
Katholisches Kran-kenhaus „St. Johann Nepomuk" Erfurt	Erfurt	669	0,87	R	216	X*					15	18	2	ja
SRH Krankenhaus Waltershausen-Friedrichroda GmbH	Friedrichroda	404	1,09	R	131	k.A.								
SRH Wald-Klinikum Gera GmbH	Gera	1.000	1,00	R	382	X*					44	72	20	
HELIOS Klinikum Gotha	Gotha	873	0,46	R	358	X*					15	28	4	ja
Kreiskrankenhaus Greiz GmbH	Greiz	489	0,90	R	96	X*					10	17	Mindestmen-gen-relevante OPS ohne Abschnitt C-5	
Eichsfeld Klinikum gGmbH	Heilbad Heiligenstadt	748	0,86	R	2	X*								
Henneberg-Kliniken – Betriebsgesellschaft mbH	Hildburghausen				183	k.A.					Mindestmen-gen-relevante OPS ohne Abschnitt C-5			

Für Leseanleitung und Datenquellen siehe S. 224–228.

Klinik	Ort	Geburtshilfe			Herzinfarkt		Transkatheter-Aortenklappen-implantationen			Zystektomie	Pankreas-Eingriffe		Ösophagus-Eingriffe	
		Geburten	Kaiserschnitte (O/E)	Strukturierter Dialog	Fälle	Herzkatheterlabor	Fälle	Todesfälle (O/E)	Strukturierter Dialog	Eingriffe	Eingriffe	Ausnahmetatbestand	Eingriffe	Ausnahmetatbestand
Ilm-Kreis-Kliniken Arnstadt-Ilmenau gGmbH	Ilmenau				35	k.A.				8				
Universitätsklinikum Jena	Jena	1.421	0,87	R	703	X*	143	0,59	R		57		19	
Eichsfeld Klinikum gGmbH	Kleinbartloff OT Reifenstein									22				
Eichsfeld Klinikum gGmbH	Leinefelde-Worbis OT Worbis				165	k.A.								
St. Elisabeth-Krankenhaus Fachklinik für Geriatrie	Lengenfeld unterm Stein				37	–								
Geriatrische Fachklinik „Georgenhaus"	Meiningen				33	k.A.								
HELIOS Klinikum Meiningen	Meiningen	536	1,16	R	273	X*				20	27		4	ja
Hufeland Klinikum GmbH, Standort Mühlhausen	Mühlhausen	768	0,70	R	56	X*					17			Mindestmengen-relevante OPS ohne Abschnitt C-5
Ökumenische Hainich Klinikum gGmbH	Mühlhausen				2	#								
Evangelisches Fachkrankenhaus für Atemwegserkrankungen	Neustadt Südharz				2	#								
Südharz Klinikum Nordhausen gGmbH	Nordhausen	704	0,92	R	294	k.A.				17	10		5	ja
Thüringen-Kliniken „Georgius Agricola" GmbH	Pößneck				27	k.A.						Mindestmengen-relevante OPS ohne Abschnitt C-5		Mindestmengen-relevante OPS ohne Abschnitt C-5
Thüringen-Kliniken „Georgius Agricola" GmbH, Standort Rudolstadt	Rudolstadt				44	k.A.								Mindestmengen-relevante OPS ohne Abschnitt C-5
Thüringen-Kliniken „Georgius Agricola" GmbH	Saalfeld	972	0,75	R	180	X*				22	19		13	
Kreiskrankenhaus Schleiz GmbH	Schleiz	349	1,46	U	37	–								
Elisabeth Klinikum Schmalkalden GmbH	Schmalkalden	97	1,37	S	138	X*								
DRK Krankenhaus Sömmerda	Sömmerda	307	0,64	R	120	k.A.					4			Mindestmengen-relevante OPS ohne Abschnitt C-5

Für Leseanleitung und Datenquellen siehe S. 224–228.

Klinik	Ort	Geburtshilfe			Herzinfarkt		Transkatheter-Aortenklappen-implantationen			Zystektomie	Pankreas-Eingriffe		Ösophagus-Eingriffe	
		Geburten	Kaiserschnitte (O/E)	Strukturierter Dialog	Fälle	Herzkatheterlabor	Fälle	Todesfälle (O/E)	Strukturierter Dialog	Eingriffe	Eingriffe	Ausnahmetatbestand	Eingriffe	Ausnahmetatbestand
DRK Krankenhaus Sondershausen	Sondershausen	412	0,79	R	76	–					4			
MEDINOS Kliniken des Landkreises Sonneberg GmbH – Standort Neuhaus	Sonneberg				26	–								
MEDINOS Kliniken des Landkreises Sonneberg GmbH – Standort Sonneberg	Sonneberg	332	0,92	R	94	k.A.								
SRH Zentralklinikum Suhl GmbH	Suhl	838	0,95	R	233	X*				28	8		2	
Klinik an der Weißenburg	Uhlstädt-Kirchhasel				2	#								
Sophien- und Hufeland-Klinikum gGmbH	Weimar	1.238	0,85	R	112	X				6	15			

Für Leseanleitung und Datenquellen siehe S. 224–228.